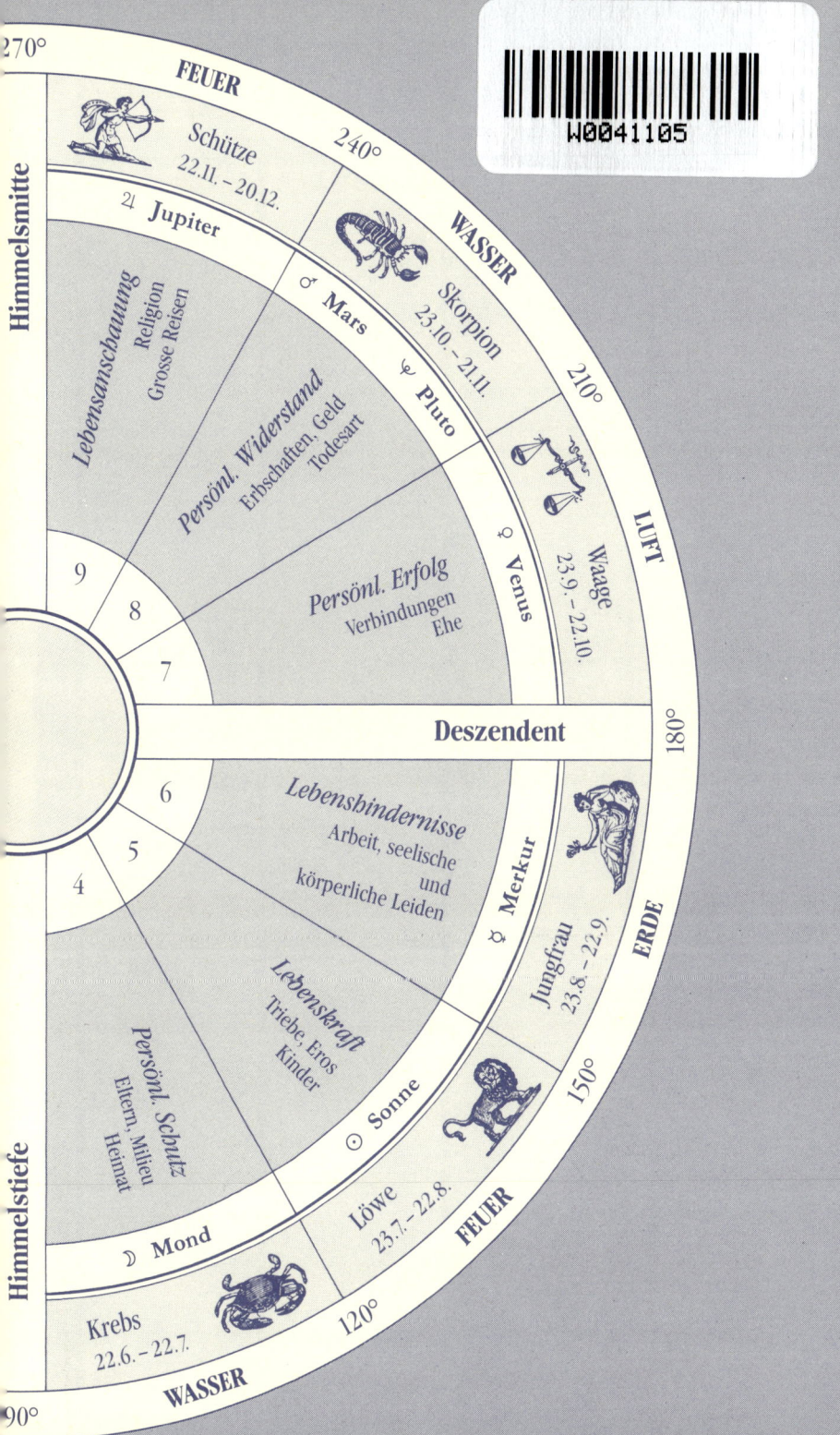

270°

FEUER

Schütze
22.11. – 20.12.

240°

WASSER

Skorpion
23.10. – 21.11.

♃ Jupiter

Himmelsmitte

♂ Mars

♇ Pluto

Lebensanschauung
Religion
Grosse Reisen

Persönl. Widerstand
Erbschaften, Geld
Todesart

210°

♀ Venus

LUFT

Waage
23.9. – 22.10.

Persönl. Erfolg
Verbindungen
Ehe

9

8

7

6

5

4

Deszendent

180°

Lebenshindernisse
Arbeit, seelische
und
körperliche Leiden

☿ Merkur

ERDE

Jungfrau
23.8. – 22.9.

Lebenskraft
Triebe, Eros
Kinder

☉ Sonne

150°

Löwe
23.7. – 22.8.

FEUER

Persönl. Schutz
Eltern, Milieu
Heimat

☽ Mond

Himmelstiefe

Krebs
22.6. – 22.7.

120°

WASSER

90°

W0041105

DER GROSSE ZODIAC

Sich selbst und seine Mitmenschen aus den Sternbildern erkennen

Mit Beiträgen von

Linda Goodman
André Barbault
Liz Greene
Joseph Polansky
und dem
American Astro
Analysts Institute

Scherz

Inhalt

Inhalt

Inhalt

Inhalt

SKORPION

SCHÜTZE

STEINBOCK

Inhalt

Inhalt

III. Erkenntnisse aus der Horoskopdeutung

IV. Historisches

V. Ein bißchen Theorie zur praktischen Anwendung

Der astrologische Leitspruch:
Erkenne dich selbst!

Wer schon einmal erlebt hat, wie sehr sich Zeugenaussagen voneinander unterscheiden können, weiß, daß zwölf verschiedene Leute ein und dasselbe Ereignis oft so schildern, als handle es sich um zwölf verschiedene Begebenheiten. Dabei will gar niemand lügen oder absichtlich übertreiben. Es ist einfach so, daß jeder seinen eigenen Standpunkt und seine eigene Überzeugung vertritt. Und die sind subjektiv, denn jedermann sieht das Leben und seine Umgebung durch die Brille seiner eigenen Persönlichkeit.

Das mag sehr einleuchtend klingen, und trotzdem ist es erstaunlich, wie uneinsichtig die Menschen in dieser Beziehung sind. Jeder hält sich selber nämlich für objektiv. Man lächelt zwar und mokiert sich über die komischen Ansichten anderer Leute. Aber wir finden es nicht mehr lustig, wenn unsere eigenen Überzeugungen ins Wanken geraten. Sehe ich ihn oder sie eigentlich richtig? Ist mein Verdacht wirklich begründet, daß mein Mann mich weniger liebt? Warum beurteilen mich meine Mitmenschen so falsch?

Hier kommt die Astrologie ins Spiel, denn mit ihrer Hilfe können wir sehr viel über uns erfahren. Sie liefert uns einen Schlüssel zu unserer Persönlichkeit und hilft uns zu erkennen, warum wir gewisse Menschen anziehen oder immer wieder in bestimmte Situationen hineingeraten. Das werden wir zwar auch weiterhin tun, aber wir haben die Dinge besser im Griff, statt ihnen ausgeliefert zu sein.

Greifen wir ein paar Beispiele von Sternzeichen heraus. Alle haben mehrere Facetten, die leicht erkennbar sind. Sie liegen sozusagen im Schaufenster. Demnach ist der Löwe warmherzig, selbstbewußt, großmütig, gesellig und sieht sich gerne als Mittelpunkt; die Jungfrau gilt als ordentlich, genau, adrett und stets gut vorbereitet; ein typischer Krebs ist empfindsam, phantasievoll, wankelmütig und auf Sicherheit bedacht; der Stier dagegen ist aggressiv, temperamentvoll und kämpferisch.

Nun haben aber alle Zeichen auch eine verborgene Kehrseite, von der man weniger gerne spricht, weil sie Schatten aufweist und man sich ihrer eher schämt. Dabei ist es wichtig, sie zu kennen, weil wir uns sonst unvermittelt in Stimmungen, Situationen und Beziehungen wiederfinden könnten, mit denen wir nie gerechnet hatten, in die wir uns aber unbewußt durch eine Art Kettenreaktion hineinmanövriert haben.

Und damit wären wir bei einem sehr wichtigen Punkt. Jeder Mensch hat eine Licht-, aber auch eine Schattenseite. Es ist natürlich, daß wir mit Hilfe der Astrologie am liebsten unsere Wunschträume und Bedürfnisse und unsere Art, uns zu geben, verstehen möchten und darüber die problematischere Seite unserer Persönlichkeit außer acht lassen. Und genau sie bringt uns in kritischen Augenblicken in Schwierigkeiten. Denn jedermann hat einen Hang, das, was er bei sich nicht kennt, in anderen wiederzufinden. Dafür kann er sie lieben oder hassen, ihnen das Leben schwermachen oder tiefes Mitleid empfinden, ihnen zu helfen oder sie zu beschützen suchen. Letzten Endes ist das alles subjektiv. Ob ein anderer Mensch wirklich der ist, für den wir ihn gehalten haben, zeigt sich erst dann, wenn eine Beziehung über das erste selige Flitterwochenstadium hinaus ist. Vielleicht haben wir uns nur in den versteckten Teil unserer selbst verliebt.

Das gilt nämlich für sehr viele Beziehungen, die fulminant starten – und dann ins Stocken geraten, wenn der Partner sich aus unerfindlichen Gründen «ändert». Dabei hat er sich gar nicht geändert – nur das Bild, das wir uns von ihm gemacht haben, ist auseinandergefallen und der wirkliche Mensch darunter zum Vorschein gekommen. Die Reaktion ist unterschiedlich, je nachdem, wie gut wir uns selbst kennen. Verraten oder betrogen hat uns der andere gar nicht, wenn er dem Bild, das wir uns von ihm machten, nicht gerecht wurde. Denn es war in Wirklichkeit ein Stück unserer eigenen Psyche.

Die Psychologie bezeichnet diesen weitverbreiteten Vorgang als Projektion. Und es gibt keinen Menschen, der nicht auf irgendeine Weise einen dunklen oder verborgenen Teil seiner selbst in andere hineinprojiziert. Solange wir das aber tun, können wir keine echte Beziehung aufbauen. Wir leben dann bloß in einer Traumwelt, aus der wir unweigerlich in die Wirklichkeit zurückgeholt werden.

Wenn es um Beziehungen geht, werden Menschen oft von Partnern angezogen, die als Aszendent das Zeichen haben, unter dem sie selbst geboren sind. In der herkömmlichen Astrologie betrachtet man das als starkes Band zwischen zwei Menschen. Manche aber mögen das Zeichen ihres Aszendenten nicht oder haben eine Abneigung gegen Menschen mit dem gleichen Sonnenzeichen. Sie können sich selbst nicht leiden und ärgern sich, wenn andere sie an diese Tatsache erinnern. Niemand hat nur ein Wesen. Wir haben alle viele Gesichter, viele Masken, viele Stimmen und viele Bedürfnisse. Manche davon vertragen sich und fördern sich gegenseitig; andere geraten hart miteinander in Konflikt. Erkenne dich selbst! Das bedeutet nicht nur, zu wissen, was einem an sich gefällt oder welche auffälligen Gewohnheiten und festen Vorstellungen man hat. Es bedeutet auch, seine dunkleren Seiten zu kennen, etwa die sozial unangepaßte Seite, die man vor anderen verbirgt, die «schwache» Seite, für die man sich schämt, die geheimen Sehnsüchte und das Verlangen, alles ebenso Teile der Persönlichkeit und ebenso notwendig wie die «akzeptableren» Wesenszüge. Darum prüfe man seinen Aszendenten sorgfältig. Die Verbindung zwischen Sonne und Aszendent ist wie die Ehe zweier Menschen. In mancher Beziehung passen sie zusammen, in anderer sind sie grundverschieden. Aber sie sind entschlossen, einen Weg zur Harmonie zu suchen, auch wenn das von beiden Opfer verlangt. Genauso ist es mit den verschiedenen Teilen unseres Wesens.

Erster Teil

Ein jeder ist in
seinem Element

Feuerzeichen – die Welt der Phantasie

Der Tierkreis beginnt mit dem Feuer, dem Geschenk, das Prometheus den Göttern stahl, um es den Menschen zu geben, damit sie hoffen, wachsen und sich entwickeln könnten. Wenn wir einen Sinn in den eigenartigen Feuerzeichen – *Widder*, *Löwe* und *Schütze* – finden wollen, in ihrem oft unverständlichen, aber immer dramatischen Verhalten im Leben und in ihren Beziehungen, müssen wir, wie bei allen mit dem Tierkreis verbundenen Symbolen, einen Augenblick über das Feuer nachdenken. Trotz der Vielfalt der Formen, die das Feuer annehmen kann, lassen sich zwei allgemeine Feststellungen machen. Erstens bringt es das Licht in die Dunkelheit. Zweitens läßt es sich nie in eine einzige Gestalt, Form und Größe einengen. Es ist flüchtig und unberechenbar. Und so ist es auch mit den Menschen, die astrologisch zum Element des Feuers gehören.

Die generellen Beschreibungen der Feuerzeichen lauten meist: warmherzig, aus sich herausgehend, ichbezogen, dramatisch, glücklich. Die Feuerzeichen scheinen an «Chuzpe» allen anderen überlegen zu sein. Niemand übertrifft den Widder an Wagemut; keiner kann es mit der Persönlichkeit und dem Durchsetzungsvermögen eines Löwen aufnehmen; gar nicht zu reden von der unübertroffenen Abenteuerlust des Schützen. Was aber steckt wirklich hinter diesen Feuermenschen? Alle diese hübschen Beschreibungen nützen nicht viel, wenn es dann um die enge Beziehung zu einem feurigen Temperament geht und man am eigenen Leib die oft übertrieben ausgeprägten Eigenheiten «feuriger» Verhaltensweisen zu spüren bekommt. Wie sieht denn nun das Leben durch diese feuersprühenden Augen aus, und was brauchen diese Wesen von der geliebten Person, dem Partner oder dem Freund?

Es gibt einen Grundgedanken, der helfen könnte: Für die Feuerzeichen ist das Leben ein Meer von Möglichkeiten. Solange es auszulotende Chancen gibt, offene Türen, neue Wendungen und Verwicklungen für eine Zukunft, in der alles offen ist, wird der Feuerzeichen-Mensch einigermaßen zufrieden sein – falls Zufriedenheit ein Wort ist, das man mit seiner ruhelosen Psyche in Verbindung bringen kann. Sobald man aber die Möglichkeiten streicht, die Türen schließt, die Zukunft zu genau plant und das kleine Chaos beseitigt, das das Leben für ihn lebenswert macht, wird der feurige Typ in Panik geraten. Man hat ihm das fortgenommen, wovon er existiert: die Fähigkeit, aus vagen Möglichkeiten etwas Schöpferisches zu schaffen. Und sobald man das getan hat, hat man ihn verloren. Für manche Menschen ist Sicherheit das wichtigste im Leben. Nicht für die Feuerzeichen. Ein wenig Sicherheit ja, aber zuviel davon, und sie fühlen sich lebendig begraben. Sie ersticken.

Man kann mit ihnen sehr wohl über Realität und Verantwortung reden. Sie verstehen das ganz genau. Es ist nur leider nicht *ihre* Realität. Insgeheim bleibt die «reale» Welt für einen Feuerzeichen-Menschen die Welt der Phantasie, die eigentlich enden sollte, wenn das letzte Märchenbuch weggepackt wird und die brutale Wahrheit über den Weihnachtsmann ans Licht kommt. Feuerzeichen müssen eben alles mythologisieren: andere Menschen, Berufe, Lebenssituationen und sich selbst. Für sie ist die Welt eine Bühne, und keiner spielt seine Rolle darauf mit solcher Grandezza wie sie.

Sicher kennen Sie den verbreiteten Hang der Feuerzeichen, aus jeder Mücke einen Elefanten zu machen. Bei ihnen geht es nicht um kleine Meinungsverschiedenheiten, es sind sofort Katastrophen. Bücher, Filme, Menschen sind nicht einfach nett, sie sind großartig, brillant, eine Offenbarung. Es ist schwer, der überwältigenden und ansteckenden Begeisterung der Feuerzeichen zu widerstehen. Mit ihrem Zorn ist es nicht anders. Feuerzeichen neigen nun einmal zur Übertreibung, sie verhalten sich theatralisch – sogar, wenn sie allein sind. Dabei sind sie nicht einfach verwöhnte Kinder, die Aufmerksamkeit erregen wollen. Sie brauchen den Mantel der Phantasie und die Beimengung leuchtender Farben und Töne für das graue und banale Geschehen, das alle Welt beharrlich als Wirklichkeit bezeichnet. Das Feuerzeichen gewinnt der pragmatischen Einstellung zum Leben nichts ab. Wenn man ihm die Phantasien und die Vorstellungen darüber, wie das Leben sein könnte, fortnimmt, hat man es verkrüppelt. Das ist absolut ernst zu nehmen. Wenn es etwas gibt, was den Feuerzeichen-Menschen heilig ist, sind es ihre Träume.

Vielleicht finden Sie die Feuertypen etwas egozentrisch und wenig einfühlsam. In mancher Hinsicht sind sie es – soweit es sich um die

Einzelheiten der irdischen Wirklichkeit handelt. Es geht dabei aber nicht wirklich um Gefühllosigkeit. Es geht darum, daß man die allumfassende Vision eines Feuerzeichens nicht auf etwas so Zeitliches und Langweiliges wie eine Tatsache einengen darf, weil es sich sonst bedroht fühlt. Wenn es zu lange auf eine Einzelheit starrt, hat es das Gefühl, daß ihm anderes entgeht. Feurige Menschen möchten den Sinn eines Bildes erfassen, ohne von ihm eingefangen zu werden, damit sie ihre inneren farbigen Eindrücke bewahren und mit allen anderen Eindrücken, die sie über das Leben sammeln, in Einklang bringen können. Aus diesem Grund sind so viele Feuerzeichen begeisterte und nimmermüde Reisende. Sie brauchen den Duft der großen, weiten Welt, des Lebens, aktueller Vorgänge, von Kulturen und fremden Völkern.

Am faszinierendsten aber ist für das Feuerzeichen die Zukunft. Die Vergangenheit hat nur als Tür Bedeutung, die in ein ganzes Netz möglicher Zukunftswege führt. Wenn ein feuriger Typ mit den nie enden wollenden und monotonen Anforderungen der materiellen Welt konfrontiert wird, läßt er möglicherweise das Ganze wie die sprichwörtliche heiße Kartoffel fallen und geht anderswohin. Das hat den Feuerzeichen den schlechten Ruf eingebracht, verantwortungslos und gefühlsarm zu sein, aber das sind sie nicht; sie können es nur nicht ertragen, eingesperrt zu werden.

Viele Feuerzeichen-Menschen besitzen die großartige Gabe der Ahnung. Wenn ein Feuerzeichen-Mensch eine Situation erfaßt, wird er selten Einzelheiten analysieren, oder falls er es tut, dann erst im nachhinein, um sich vor einem ihn bedrängenden Erdzeichen zu rechtfertigen, das nicht an «Ahnungen» glaubt. Der feurige Typ jedoch scheint in einem einzigen Augenblick alle Unterströmungen wahrnehmen und auf der Stelle Schlüsse ziehen zu können, die plötzlich in seinem Kopf da sind. Das Wie oder Warum kennt er selten. Er hat ein ausgezeichnetes Gespür, das oft augenfälligen Gegebenheiten zuwiderläuft, aber genau stimmt. Vielleicht könnte man diesen geheimnisvollen sechsten Sinn sogar magisch nennen. In Wirklichkeit benützen die Feuerzeichen eine andere Funktion ihrer Psyche als die Sinne oder den rationalen Verstand, um die Situation zu erfassen: die Intuition.

Darum scheinen die Feuerzeichen auch soviel Glück zu haben. Sie sind diejenigen, die beim Pferderennen und im Lotto gewinnen; die in die einzige Aktie investieren, die steigt, während der Markt zusammenbricht; die eine Gesellschaft gründen, um etwas zu produzieren, das in zwei Jahren plötzlich gebraucht wird; die in die Zukunft blicken und

Bücher schreiben, Filme produzieren oder Moden entwerfen, die mehr von einer Prophezeiung an sich haben als von einer Reflexion der Gegenwart. Was aber geschieht, wenn alles fehlschlägt, die Firma in Konkurs geht, der Markt zusammenbricht, das Geschäft sich zerschlägt? Nichts. Denn irgendwie wird sich schon eine Lösung ergeben. Feurige Menschen haben einen unerschütterlichen Zukunftsglauben, der andere zur Weißglut treibt. Auch wenn sie auf dem absoluten Tiefpunkt angekommen sind, eines Tages wird es irgendwie wieder in Ordnung kommen. Es sei denn, sie wären an einen Partner gebunden, der ihre Träume zerstört und sie überzeugt, daß der Weg zum Glück beim regelmäßigen kleinen Monatsgehalt, dem Reihenhaus im Vorort, den 2,3 Kindern, dem 1,5 Hund und dem allsonntäglichen Mittagessen mit den Schwiegereltern liegt. Es gibt nichts Traurigeres als einen edlen Ritter, der in rostiger Rüstung in der Trabantenstadt die Hecke schneidet.

Die Schwierigkeiten der Feuerzeichen lassen sich generell so zusammenfassen: Das Element des Feuers wird nicht gut mit dem Alltagsleben fertig. Bei aller wunderbaren Vision, Intuition, bei allem Elan und Scharfblick ist die Welt zum Unglück für die Feuerzeichen voller Hindernisse und sturer, konservativer Menschen. Für viele Feuerzeichen-Menschen ist sie anscheinend von vornherein bösartig entschlossen, sie zu deckeln. Sie müssen sie also entweder in großem Stil unterjochen oder sich in ihre seltsame Phantasiewelt zurückziehen. Die Frustrationen können in vielerlei wohlbekannter Gestalt daherkommen, von gesellschaftlichen Repressionen über Bürokratismus, Verkehrsgesetze, Steuern und Rechnungen bis zur Notwendigkeit, den Lebensunterhalt zu verdienen und sich daran zu erinnern, daß man diesen alten Inkubus, den eigenen Körper, ernähren, kleiden und pflegen muß.

So können unsere feurigen Freunde, die bei jedem Unternehmen, das mit Spekulation und dem Einsatz kreativer Ideen statt mit Routine und Detailgenauigkeit verbunden ist, fabelhaft erfolgreich sind, nicht aus dem Haus gehen, ohne die Autoschlüssel oder die Brieftasche zu vergessen. Sie können auch keine Straße entlang fahren, ohne eine Verkehrswidrigkeit zu begehen, falls der Motor, dieses gemeine Biest, überhaupt angesprungen ist. Diese Art von Erfahrung zwingt viele Feuerzeichen in das Syndrom des «unverstandenen Genies». In Wirklichkeit schafft nicht die Gesellschaft das Problem, wenngleich die sicher zu konservativ, zu gleichgültig ist und wenigstens zwanzig bis fünfzig Jahre hinter der sprunghaften, intuitiven Vision des Feuerzeichens herhinkt. Es ist die geheime, unbekannte und unbewußte Welt der Sinne, der Materie, die dem Feuer die größten Schwierigkeiten bereitet. Und oft ist es auch der eigene Körper. Eine große Zahl von Feuerzeichen-Menschen hat eine Abneigung gegen den eigenen Körper und das eigene Aussehen. Sie ist ein besonders deutliches Beispiel für die merkwürdige Phantasiewelt des Feuers, denn gerade diese Menschen können nach den allgemeinen Vorstellungen besonders schön sein. Aber der Körper, losgelöst von glänzenden, verschwommenen, wie durch einen Schleier gesehenen Bildern, entblößt vom Symbolischen, ein Körper, der krank wird, altert, Haare, Warzen, Schweiß und zuviel Zellgewebe produziert, der ist geheimnisvoll und erschreckend. Hieraus ließe sich schließen, daß viele Feuerzeichen-Menschen Hypochonder sind. Und so ist es auch. Die Hypochonder finden sich nicht unter den armen Jungfrauen. Die fürchten sich lediglich vor Ansteckung und Krankheiten, was etwas ganz anderes ist. Das Feuer hingegen fürchtet sich vor dem eigenen Körper, denn er erscheint ihm allzuoft als Feind, als Eindringling oder als etwas, in das es hineinge-stopft worden ist wie die Wurst in die Pelle. Feurige Menschen wären am liebsten nicht an einen Körper gebunden; er zwängt sie zu sehr ein, ist wie ein Korsett und irgendwie zu formend. Sie sind heitere Geister, schwebende Irrlichter, und diesen schwerfälligen Apparat mit sich herumzuschleppen, ist verdammt lästig. Wenn er richtig funktioniert, geht es noch an, aber wenn er das nicht tut, ist es eine elende Plackerei. Viele Gesundheitsapostel, Diätanhänger, Makrobioten und Masseure sind Feuerzeichen, die auf etwas übertriebene Art versuchen, mit dieser unbekannten und faszinierenden Welt der Sinne fertig zu werden.

Damit kommen wir zu dem, was Sie am meisten interessieren wird, wenn Sie mit jemand aus diesem feurigen Dreigestirn der Zeichen eng verbunden sind: ihrem Liebesleben. Auf die Gefahr hin, bei meinen Feuerzei-chenlesern die ihnen angemessene, feurige Explosion auszulösen, muß hier gesagt werden, daß das feurige Temperament mehr als jede andere Gruppe zu dem Gefühl neigt, auf sexuellem Gebiet nicht zu genügen. Ich sagte *Gefühl*. Das hat nichts mit der Ausführung zu tun, von der viele Feuerzeichen so besessen sind, daß sie, gäbe es dafür Wettbewerbe, zweifellos alle Preise davontragen würden. Es geht um die verborgenen, vagen und quälenden Gefühle, auf sexuellem Gebiet ein Versager zu sein, und das kommt wiederum vom fehlenden Verständnis für den eigenen Körper. Wenn man sich nicht mit dem eigenen Körper anfreunden kann, bleibt einem die Sexualität ein Rätsel, und man hat oft das Gefühl, daß der eigene Körper sich selbständig macht. Das Feuer hat noch etwas Merkwürdiges an sich. Es ist so in der Phantasie verwurzelt, daß der Körper unzuverlässig wird und schnell dazu neigt, die Auswirkung von seelischen Störungen, Abneigungen, Furcht und Wut in Formen zu zeigen, die wir höflich mit «sexuellen Schwierigkeiten» umschreiben. Es sind nicht wirkliche sexuelle Störungen. Sie hängen mit der schwachen Verbindung des Feuers mit der Erdoberfläche zusammen und können Beziehungen erheblich stören. Das Feuer lebt in der Welt der Phantasie. Die Dinge an sich sind im besten Fall langweilig und im schlimmsten furchteinflößend. Sie müssen Bedeutungen unterlegt bekommen und mit prächtigen oder romantischen Begriffen ausgefüllt werden. Darum ist das Element der Phantasie bei den romantischen Beziehungen eines Feuerzeichens meist stark entwickelt. Unter Phantasie verstehen wir hier Vorfreude, Bildhaftigkeit, Erwartung, das Verlangen nach erotischer Stimulierung in verbaler, visueller und imaginärer Form. Keiner erfreut sich so sehr an Strip-Clubs, Pornofilmen, erotischen Fotografien und schwarzen Dessous wie ein Feuerzeichen. Tatsächlich ist dieser Aspekt der Phantasie bei den Feuerzeichen oft so stark, daß er wichtiger sein kann als der eigentliche Liebesakt. Für sie ist Sex ebensosehr eine Sache des Geistes wie des Körpers.

Nun sind erotische Phantasien an sich ganz normal. Das Problem setzt erst mit der Wahl der Partner ein. Leider werden die Feuerzeichen als Gruppe am stärksten von der Erde angezogen. Die Erde aber ist das nüchternste, körperlichste, sinnlichste und am wenigsten phantasievolle aller astrologischen Elemente.

Die nüchterne Einstellung der Erde zur Sexualität kann unser feuriges Zeichen mit einigem Unbehagen erfüllen. Wenn es das Gefühl hat, erfolgreich agieren zu müssen, ist diese Erwartung katastrophal. Jede Art von Erwartung erdhaften Agierens, ob sexuell oder nicht, führt für ein Feuerzeichen wahrscheinlich zur Katastrophe. Wenn Feuerzeichen ihrer Phantasie beraubt werden, reagieren sie oft mit Impotenz oder Frigidität. Schuld daran ist die komplizierte Einstellung des Feuers zu den Sinnen. Aber das Feuerzeichen, das versagt, wird immer dazu neigen, den Partner zu beschuldigen, denn es ist sehr unbequem, sich selbst die Schuld zu geben.

Überkompensation, dieser verbreitetste menschliche Wesenszug, zeigt sich bei den Feuerzeichen oft als Versuch, sexuelle, materielle oder sogar athletische Meisterschaft zu demonstrieren. Der Unterschied zwischen dem feurigen und dem erdigen Spitzensportler ist der, daß der erdgebundene Athlet – auf sexuellem oder anderem Gebiet – Freude an seinem Tun hat und deshalb der Beste sein will. Der Feurige hingegen will gewinnen wegen der Vorfreude und der Erinnerung. Die Handlung als solche ist für ihn gar nicht so interessant.

Liebesbeziehungen beginnen für die Feuerzeichen oft als Märchen und enden in einem Käfig. Das ist kein Vergnügen, denn dieser Hang zur Unzuverlässigkeit in Beziehungen führt zu großer Einsamkeit und tiefen Versagensgefühlen. Und um es noch komplizierter zu machen: Feuerzeichen-Menschen fällt es oft sehr schwer, ihre Wünsche zu formulieren, teils, weil Phantasien sich nicht gut in Worten ausdrücken lassen, und teils, weil die anderen, nüchterneren Typen die Gewohnheit haben, Träume zu zerstören.

Feuerzeichen-Menschen neigen zu heftigen physischen Leidenschaften, die sie Liebe nennen. Das endet meist mit der traurigen Erkenntnis, daß in der Nacht alle Katzen grau sind. Dann werden sie leicht zynisch und brutal, um ihre große romantische Veranlagung und ihren Idealismus zu tarnen. Immer suchen sie rastlos nach dem Seelengefährten, der instinktiv die Ängste erkennt, von denen sie getrieben werden; der ihnen keine Erklärungen abverlangt; der ihr kleines heimisches Herdfeuer zu einer mächtigen, kreativen Feuersbrunst entfacht; der sie festhält, ohne sie gefangenzunehmen. Aber solche Menschen existieren nur in der Phantasie, denn kein Partner aus Fleisch und Blut, zu welchem astrologischen Element er auch gehören mag, kann allnächtlich ein neues Drehbuch erfinden. Früher oder später müssen die Feuerzeichen lernen, ihre Visionen mit ein wenig Realismus und der Anerkennung der Dinge, wie sie nun mal sind, auszubalancieren. Die Gegenwart kann ebenso interessant sein wie die Vergangenheit und die Zukunft. Tatsachen können so aufregend sein wie Möglichkeiten. Aber balancieren ist nicht dasselbe wie verändern. Wer glaubt, er könne das Feuer zur sanftmütigen, häuslichen Kreatur zähmen, muß damit rechnen, sich schwer zu verbrennen.

Erdzeichen – die Welt der Wirklichkeit

Da Erde das ist, worauf wir stehen, aus dem wir erschaffen sind, was uns erhält und worin wir unlösbar verwurzelt sind, ist das Element Erde in der Astrologie ein Symbol der dreidimensionalen Welt der Materie, die sichtbare Verbindung von Raum und Zeit. Die Erde ist real, zuverlässig, vorhanden und gegenwärtig. Und die Erdzeichen – *Stier, Jungfrau* und *Steinbock* – sind in erster Linie Realisten. Erdzeichen interessieren sich nicht für das Warum und Wie, fragen nicht danach, was sein könnte, was gewesen ist oder was sein sollte. Sie interessieren sich für das, was geschieht. Sie sind immer pragmatisch.

Wirklich wichtig beim Studium der Astrologie ist nicht das Katalogisieren von Verhaltensweisen, sondern das Verständnis für das echte Wesen, die innere Motivation und die Art der Wahrnehmung des Lebens, die von Menschen eines Zeichens – oder einer Gruppe von Zeichen, die einem Element zugeordnet sind – geteilt werden. Reines Katalogisieren der Züge von Jungfrau, Stier und Steinbock wird diesem faszinierenden, scheinbar schlichten, oft unterbewerteten und unterschätzten Element nicht gerecht. Die echte Erdzeichen-Persönlichkeit hat keine Zeit für abstruse kosmologische Spekulationen. Sie interessiert sich viel mehr dafür, was gerade in der Welt geschieht, wie man damit umgeht und fertig wird, wie man Ordnung und Sicherheit in einem chaotischen Kosmos schafft, wie man seine Fähigkeiten einsetzt, für sich ein produktives und nützliches Leben aufzubauen.

In den meisten Fachbüchern werden die drei Erdzeichen mit denselben Adjektiven beschrieben. Zum Beispiel: praktisch, fähig, vernünftig, sinnlich, realistisch, gut organisiert, auf Geld, Sicherheit und Status ausgerichtet. Das trifft weitestgehend zu. Was den Realitätssinn betrifft – oder was wir kraft unserer Sinne als Realität betrachten –, übertreffen die Erdtypen alle anderen. Irgendwie gelingt es ihnen, in das willkürliche Angebot von Anregungen, dem die Sinne ausgesetzt sind, Ordnung zu bringen. Sie prüfen jede Erfahrung oder jedes Objekt einzeln, untersuchen seine Gesetze und seine Natur, nehmen es in sich auf, wenden sich dann dem nächsten zu und bauen allmählich aus Tatsachen und Erfahrung einen Begriff, der ihnen ermöglicht, im Leben zu funktionieren. Sie können mit den Gegebenheiten dieses Lebens umgehen. Die Feuerzeichen verbringen viel Zeit damit, Gott zu geben, was Gottes ist, während die Erdzeichen sorgfältig darum bemüht sind zu erfahren, was der Kaiser braucht und erwartet.

Fast alle Erdzeichen fühlen sich in ihrem Körper wohl. Sie mögen ihren Körper, empfinden ihre Haut als angenehme Hülle und glauben oft sogar, selbst ihr Körper zu sein. Wenn man mehrere Menschen einzeln fragt: «Wer bist du?» und ihre erste spontane Antwort nimmt, wird man feststellen, daß die Elemente sich sehr schnell zu erkennen geben. Die Intuitiven werden zu formulieren versuchen, daß sie ihre innere geistige Substanz sind, ihre kreative Quelle. Das Erdzeichen wird sagen, daß es sich als Körper empfindet. Was für einen besseren Freund als den Körper soll es geben? Er ist für viele von uns die eigentliche Realität. Darum sind Erdzeichen-Menschen meistens gesund; sie unterdrücken und unterschätzen die Bedürfnisse des Körpers nicht.

Sie fühlen sich in der gegenständlichen Welt zu Hause und werden normalerweise mit Geld und Verpflichtungen so mühelos fertig, daß ihre feurigen Kollegen geradezu erschüttert sind. Erdmenschen können ihre Wünsche verwirklichen. Sie nehmen sich die Zeit, die praktischen Aspekte einer Situation zu erforschen, und greifen nicht nach dem Unerreichbaren. Darum sind sie in jenen Gebieten erfolgreich, in denen es um Disziplin, harte Arbeit, Anpassung, Fleiß, Geduld und Sorgfalt geht. Das Feuer ist viel zu flatterhaft, um sich solchen Geduldsproben zu stellen. Die Erde weiß, daß jeder Geburt eine Schwangerschaft vorausgehen muß. Wenn man die Augen fest auf den Boden richtet, entgeht einem kein Hindernis auf dem Weg. Allerdings sieht man auch nie etwas vom Himmel. Und es ist naheliegend, daß man ein Bild des Universums bekommt, das nur Stückwerk ist und sich auf die ewige monotone Wiederholung täglichen Kleinkrams beschränkt.

Die große Gefahr für die Erdzeichen ist es, die ungezügelteren, großartigeren, phantastischeren Traumbilder und Neigungen ihrer Natur zu negieren, zu unterschätzen oder zu unterdrücken und dadurch dem Dogmatismus, der Engstirnigkeit, Herrschsucht, Übervereinfachung und einem zwanghaften Herumkommandieren zu verfallen. Wo die Einzelheiten des Alltagslebens die Traumbilder der Feuerzeichen bedrohen, bedroht eine zu starke Einbildungskraft die Sicherheit der Erdzeichen. Das Feuer fürchtet die Ordnung; die Erde fürchtet die Unordnung.

Weil das dem Leben innewohnende Chaos, seine Zufälligkeiten, seine Wechselhaftigkeit und Veränderlichkeit für den Erdzeichen-Menschen so erschreckend sind, möchte er Festungen errichten, in die er sich zurückziehen und in denen er sich sicher fühlen kann vor der allgegenwärtigen Bedrohung durch das Unbekannte. Wie das Feuer das Unbekannte, Niegesehene liebt, verehrt die Erde das Bekannte, Vertraute und Zuverlässige. Das so widersprüchliche Leben vereint beides. Während die Erdmenschen mit Leichtigkeit mit den Gegebenheiten der materiellen Welt fertig werden, droht ihnen immer die Gefahr, die innere Bedeutung des eigenen Lebens zu übersehen. Wegen ihrer Angst vor dem Chaos und dem Unbekannten oder Veränderlichen werden die Erdzeichen oft von irrationalen Ängsten und vagen Vorahnungen heimgesucht.

Manchmal begegnet man Erdzeichen-Menschen, die ihre Phantasie und Intuition so brutal unterdrückt haben, daß sie in einem nie endenden grauen Dämmerlicht von Arbeit und Routine leben. Während sie allmählich Berge von Besitztümern um sich aufhäufen, gelingt es ihnen nie, die innere Leere auszufüllen. Und aus ihrem tiefsten Inneren kann man ihr Klagen hören, die Sehnsucht nach einem Sinn, nach dem Gefühl, Teil eines größeren Lebens zu sein, nach der Hoffnung auf die Zukunft. All die viele Arbeit macht es schwer für sie, schöpferisch zu leben. Es läßt sich auch so ausdrücken: Das Problem der Erdzeichen-Menschen liegt darin, daß sie nicht wissen, wie man spielt. Sie haben das Stadium der Kindheit vergessen, das uns nicht verlorengeht, nur weil unser Körper erwachsen geworden ist. Heimlich lebt in uns allen ein Kind, das voller Verwunderung und Naivität und Hoffnung ist, daß das Leben uns Überraschungen, Freuden und unerwartete Gaben bringen wird. Wenn das Feuer das ewige Kind ist, ist die Erde der ewige alte Mann oder die ewige alte Frau. Erdzeichen wirken oft alt, wenn sie jung sind, weil sie soviel Verantwortungsbewußtsein haben, und gerade diese Gabe, die ihnen erlaubt, nüchtern das zu betrachten, was sie im Leben erreichen müssen, ist auch ihr größter Feind. Wenn der Erdzeichen-Mensch sich nicht aus der Versklavung durch die Tretmühle befreien kann, die er «Wirklichkeit» nennt, wird er besonders dazu neigen, den Tod als Abrechnung und Gerichtsurteil zu fürchten; als endgültiges Resümee seines Lebens, dessen eigentliche Bedeutung ihm entgangen ist.

Feuerzeichen verspüren oft eine tiefe, geheime Sehnsucht nach genau der Sicherheit, Stabilität und «Normalität», die sie womöglich vor anderen als langweilig und erstickend schmähen. Erdzeichen dagegen haben eine ebenso geheime und unausgesprochene Sehnsucht nach dem Geistigen. Das tritt dann häufig in der Verkleidung des Aberglaubens auf, was sie peinlich berührt, weil sie doch die ersten sind, die nach Tatsachen verlangen und scheinbar nicht hinters Licht geführt werden können. Aber es gibt kein spirituell leichtgläubigeres Element als die Erde, obwohl man seinen Erdzeichen-Freund wahrscheinlich erst unter Alkohol setzen muß, ehe er zugibt, daß er dauernd auf Holz klopft, nie unter Leitern durchgeht und Angst davor hat, Salz zu verschütten. Erdzeichen sind von Geistern, Übersinnlichem und anderen parapsychologischen Erscheinungen fasziniert. Für die Feuerzeichen gehören sie zum normalen Leben. Der Erdzeichen-Mensch jedoch betrachtet diese Phänomene selten als natürlichen Bestandteil des Universums, der vielleicht noch nicht richtig verstanden wird. Er «glaubt» an das «Übernatürliche» nur ganz heimlich, ohne dessen Bedeutung zu begreifen. Wie nicht anders zu erwarten, sucht er bei seinem Partner nach diesen Gaben. Die Erde wird vom Feuer angezogen und das Feuer von der Erde. Der Erdmensch läßt sich häufig bei der bedachten, systematischen Werbung um ein Liebesobjekt beobachten, das Medium, Inspiration, schöpferischen Geist versinnbildlicht – den Führer, der mit ihm die Geheimnisse des Kosmos teilt, den Überbringer von erregendem Geschehen, von Feuer und Leben. Leider können diese feurigen Partner, die vielleicht geistig oder unbewußt mit inneren Mysterien in Verbindung stehen, diese Art des Sehens nicht wie Brot und Käse austeilen. Solche Erfahrungen bleiben auf die Person beschränkt, sind nur ihr eigen und in konkreten Begriffen nicht zu erklären.

Man kann sich leicht vorstellen, vor welchen Problemen ein Erdmensch steht, der die dunkle und flüchtige Symbolsprache des Feuers verstehen möchte. Er kann einfach nichts akzeptieren, das nicht durch die Zeugenaussage seiner Sinne bestätigt ist. Er ist wie ein an einer langen Leine an einen Pfosten gebundener Hund. Er rennt unaufhörlich im Kreis herum, kommt aber nie weiter, als es die Länge der Leine erlaubt – und die Leine steht hier für sein Beharren, daß die Sinne das einzige Mittel sind, die Wirklichkeit zu erfassen.

Die Erdzeichen können hervorragende Aufbauer, Versorger, Hausväter oder Hausmütter sein und gewissenhaft für die sorgen, die sie lieben. Ihre Hauptsünde ist niemals der Mangel an Fürsorge oder Mühe, sondern der an Vorstellungskraft. Dadurch unterdrücken und zerstören sie durch zu starke Betonung des Praktischen oft ihre eigene erwachende Kreativität – und leider auch die anderer.

Wir wissen allzugut, wie sich dieses Verhalten auf die jüngeren Generationen ausgewirkt hat. Man könnte sagen, daß der Blickwinkel der Erdzeichen nach den Schrecken zweier Weltkriege und nach schweren wirtschaftlichen Depressionen für einige Zeit sogar zur allgemeinen Lebenshaltung unserer Gesellschaft wurde. Das Resultat waren zwei ganze Generationen von Aussteigern und Deserteuren, die heftig gegen die übertriebenen, erdgebundenen Werte rebellierten, die ihnen von wohlmeinenden Eltern aufgezwungen wurden; von Erwachsenen nämlich, die nach den durchlebten wirtschaftlichen und politischen Alpträumen und Unsicherheiten dieses Jahrhunderts vergessen hatten, daß die Zukunft immer neue Möglichkeiten in sich birgt. Erdmenschen schätzen nur das, was sie kennen und was sie durch ihre Sinne wahrnehmen. Dadurch entgeht ihnen sehr viel. Wer gibt sein letztes Geld für Blumen aus, um seiner Seele wohlzutun, wo doch ein Topf Suppe viel vernünftiger wäre?

Der Ärger ist, daß das Erdzeichen sein Leben lang andere mit Dingen versorgen wird, von denen es glaubt, daß sie sie brauchen, nur weil es sie selbst braucht. Und wenn dann der feurige Partner zu erkennen gibt, daß er lieber Blumen als Suppe haben möchte, ist das wie ein Schlag ins Gesicht. Das alte Problem also, das für uns alle gilt: Verschiedene Menschen sehen verschiedene Wirklichkeiten und haben verschiedene Wünsche.

Wenden wir uns nun ein wenig eingehender den Erdzeichen und seinen Beziehungen zu anderen zu. Es dürfte mittlerweile klar sein, daß ein Erdmensch, wenn auf sexuellem Gebiet alles stimmt und er in einer Situation lebt, die sein Verlangen nach materieller Sicherheit befriedigt, im allgemeinen solide, treu und unerschütterlich – zumindest meistens – in einer Partnerschaft verharrt, die andere Elemente, besonders das Feuer, zur Verzweiflung triebe. Während die Erde sich immer sicherer fühlt, empfindet das Feuer immer stärker das Eingesperrtsein. Und obwohl die Sinnlichkeit den Erdmenschen oft zu Seitensprüngen verleitet, die ihm ebenso angenehm sind wie eine wirklich gute Mahlzeit, wird er selten etwas unternehmen, das die Substanz einer langwährenden Beziehung oder Ehe gefährdet, wenn diese sein Bedürfnis nach Sicherheit und gesellschaftlicher Anerkennung erfüllt. Gesellschaftliche Aner kennung ist für das Erdzeichen ungeheuer wichtig, denn die Gesellschaft bietet Sicherheit. Die Gesellschaft ist eine Schöpfung der Erdzeichen. Sie schützt und erhält. Sie bewahrt Traditionen und bietet Regeln, nach denen das Verhalten und das Leben in ein System gebracht werden können. Erdzeichen-Menschen lieben so etwas. Das Feuer haßt es. Das Feuer ist leidenschaftlich individualistisch und wird sich immer als außerhalb der Gesellschaft stehend oder nicht an sie angepaßt empfinden. Sie ist ihm einfach zu konservativ, zu traditionell und zu sicher.

In Gesprächen zwischen Erde und Feuer kommen sehr häufig die Begriffe normal und anormal vor. Die Normalität – was immer das sein mag – ist sicher, beständig, ein Maßstab, mit dem die Erdtypen ihre Realität messen können. Anormalität ist Krankheit. Für das Feuer ist Normalität langweilig, Anormalität ist für das Feuer einfach ein anderer Ausdruck für Individualismus. Beide Zeichen fürchten und sehnen sich insgeheim nach dem Gegenteil. Erdzeichen-Menschen würden dann und wann einmal gern total verrückt sein. Feuerzeichen-Menschen würden dann und wann einmal gern vollkommen durchschnittlich sein.

Weil die Wirklichkeit für den Erdmenschen auf dem beruht, was er vor sich hat, ist die physische Präsenz des Partners und die Tatsache, daß eine Ehe existiert, bereits gleichbedeutend mit Partnerschaft. All das Gerede, daß der Beziehung etwas fehlt, ist für ein Erdzeichen reichlich unverständlich. Pflicht, Treue, Verantwortung, Zusammengehörigkeit und Sicherheit sind sehr viel wichtiger als ein wilder, romantischer Idealismus. Die feineren Nuancen einer Beziehung kann der Erdmensch oft nicht wahrnehmen. Es ist tragisch, daß ihm darüber der Partner verlorengeht, der nach chaotisch-feuriger Essenz geistiger und seelischer Leidenschaft sucht. Gewöhnlich wird es das Feuer sein, das eine Verbindung mit einem Erdzeichen löst, es sei denn, das Feuerzeichen hatte eine Affäre zuviel und das Erdzeichen zöge sich verwundet und rachsüchtig zurück.

Unter rein sexuellen Schwierigkeiten leiden die Erdzeichen selten. Wohl aber können sie beim Ausleben erotischer Phantasien gehemmt sein; sie erweisen sich als ziemlich prüde, wenn es um etwas exotischere Liebesspiele geht. Sie halten viel von den Sinnen und wenig von der Phantasie.

Luftzeichen – die Welt der Vernunft

Die Luft ist von den vier astrologischen Elementen das am wenigsten Greifbare. Das Feuer kann verbrennen oder wärmen, das Wasser kann ertränken oder erfrischen, die Erde kann begraben oder Frucht tragen. Aber die Luft kann man nicht sehen. Wie der Geist – mit dem sich jahrhundertelang endlose philosophische Spekulationen befaßt haben – ist die Luft flüchtig, bewegt, hauchartig, klar durchsichtig und, so könnte man es ausdrücken, definitiv abstrakt.

Die Astrologie benützt eine Bildersprache, um gewisse Wahrheiten über das Leben und die Menschen auszudrücken. Die überlieferten Symbole, die zu jedem Zeichen und Element gehören, machen bestimmte Mitteilungen. Die drei Bilder für die drei Luftzeichen sind *Zwillinge, Waage, Wassermann*. Die Luft ist damit das einzige Element ohne ein Tier-Symbol. Bei ihnen gibt es kein animalisches Verhalten. Sie denken. Und darum haben sie die Chance, über Moral, Werte, Prinzipien, Konzepte, Systeme, richtiges und falsches Verhalten, soziale Regeln und alles andere nachzudenken, das sich als Methode verwenden läßt, Erfahrungen zu bewerten. Luft ist das menschlichste Element, der Stoff, der den Menschen befähigt hat, Gesellschaftsformen, Regeln für das Zusammenleben und ethische Gebote zu schaffen, zu schreiben, zu lernen und das riesige, ehrfurchteinflößende Gebiet von Segnungen und Flüchen zu überschauen, das der Begriff moderne Technologie zusammenfaßt. Die Luft hat den Menschen zum Herrn seines Planeten gemacht, wenigstens bildet er sich das ein.

Ein Luftzeichen ist vor allem vernünftig. Es wird nicht gleich hysterisch, wenn etwas nicht nach seinem Wunsch geht, weil es auf den Trick gekommen ist, auch andere als nur die eigenen Ansichten gelten zu lassen. Es ist objektiv genug, um zu erkennen, daß die Welt nicht nur aus ihm besteht, und darum auch bereit, Schwierigkeiten und Wechselfälle mit philosophischer Gelassenheit hinzunehmen. Selbst in der Wut wird das Luftzeichen noch versuchen, seinem Gegner Vernunft einzureden. Im übrigen ist es ein großer Verfechter ethischer Begriffe wie Anstand und Ehrlichkeit. Es ist im allgemeinen darauf eingestellt, die Gesellschaft als einen Organismus anzusehen, der zum Wohle aller seiner Mitglieder geschaffen ist, und wird darum freiwillig das bekämpfen, was es als selbstsüchtiges oder irrationales Verhalten empfindet. Von seinem Standpunkt aus ist so etwas einfach nicht fair. Und weil das Luftzeichen meist gebildet ist oder aber sich selbst gebildet hat, verfügt es über eine Vielzahl an Quellen, aus denen es seine Geisteshaltung und seine Überzeugung schöpfen kann. Luftzeichen sind selten engstirnig. Auf anderen Gebieten mögen sie kleinkariert sein, aber ihr Geist ist immer neuen Ideen geöffnet.

Der Luftzeichen-Mensch wird wegen seiner steten Neigung zu Reflexionen kaum spontan reagieren. Er wird jede Situation sorgfältig prüfen und sich einfach in sie hineinfühlen. Er ist logisch und braucht Erklärungen und Namen für die Dinge, die in seinem Gesichtskreis auftauchen. Sie brauchen nicht greifbar, müssen aber erklärbar sein. Manchmal ist er so logisch, daß er einen zum Wahnsinn treibt, wenn er Erklärungen für Gefühle, Zustände, Stimmungen oder nicht rationale Intuitionen verlangt, die sich noch nach Millionen Jahren dem sorgfältigen Sezieren durch seinen analytischen Verstand entziehen werden. Er kann es soweit treiben, daß man das Gefühl bekommt, sich mit einer Kreuzung zwischen einem Computer und einem Eisschrank eingelassen zu haben. Selbstverständlich bringen solche ausgesuchten Tugenden ebenso ausgesuchte Probleme mit sich, und das größte Problem der Luftzeichen ist ihre scheinbare Kälte, wenn es um normale menschliche Beziehungen geht.

Luftzeichen-Menschen können den Eindruck machen, überaus kalt zu sein. Keineswegs jedoch beim gesellschaftlichen Umgang. Kein anderes Element kann sich mit solcher Eleganz in einer Gruppe bewegen, ob es um Geplauder, um ein weites Feld interessanter Themen, um objektive und intelligente Gespräche, anregende Konversation oder die Duldsamkeit gegenüber den Standpunkten anderer geht. Aber die arktische Brise umweht einen manchmal, wenn man mit einem Luftzeichen-Menschen allein ist und darüber sprechen möchte, wie man sich fühlt, und er dann lange darüber nachdenkt, wie er sich fühlt, und des weiteren nachdenkt, wie der andere sich fühlt, und dann darüber, wie er denkt, daß er sich fühlt, und bis er das dann alles zu seiner Zufriedenheit überlegt, sortiert, benannt, analysiert, bewertet und den Raster darüber gelegt hat, der ihm die genaueste Differenzierung seiner Lebensideale liefert, ist – wie es so schön heißt – der Augenblick vorbei.

Luftzeichen streben als Gruppe mehr nach Objektivität als jede andere. Sie kommen ihr auch ziemlich nahe; sie haben die unschätzbare Gabe, Menschen, Ereignisse und Ideen außerhalb ihres persönlichen Erfahrungsbereichs für ebenso wertvoll, achtenswert und interessant zu halten wie die Dinge, die ihr persönliches Leben berühren. Tatsächlich messen sie oft dem großen Bild soviel mehr Gewicht bei, daß darüber das kleine Bild – vor allem das persönlicher Beziehungen – weit in den verschwommenen Hintergrund rückt und andere sich am Ende merkwürdig unbedeutend vorkommen und sich ihrer eigenen Ansprüche schämen. Aber ohne das Element der Luft würden wir immer noch Mammuts mit Steinen erschlagen und hätten das Rad nie erfunden; die Fähigkeit, abstrakt zu denken, verdanken wir dem Element der Luft.

Eine gute Methode, Luftzeichen zu verstehen, ist die, zu beobachten, wie sie sich bemühen, Dinge zu erfassen. Sie fragen ständig «Warum?», ganz im Gegensatz zu anderen Zeichen, die entweder mit einem schlichten «Mir gefällt es» oder «Ich finde es gräßlich» reagieren und kühne Spekulationen über die Natur des Menschen und den Kosmos den Philosophen überlassen. Aber Luftzeichen sind, auch wenn sie keine gute Schulbildung haben, von Natur aus Philosophen. Auch auf prosaischer Ebene wird der Forscherdrang der Luftzeichen sofort aktiv und etwa nach den Geheimnissen der Wirtschaftsstruktur einer Firma, der Zusammensetzung eines Düngemittels, der Bewirtschaftung landwirtschaftlicher Flächen oder den Spannungen, Problemen und Gesetzen innerhalb soziologischer Gruppen suchen. Ein Schlüsselwort der Luftzeichen ist Vernunft, ein anderes Logik und ein drittes, ebenso wichtiges, System. Die Luft ist das Element der Systeme. Alles muß nach einem zusammenhängenden Muster funktionieren. Wenn etwas nicht in das Muster paßt, erfindet der Luftzeichen-Typ entweder ein neues Muster – oft heißt es Philosophie, Psychologie oder Religion – oder er weigert sich, dieses Etwas als Realität anzuerkennen. Dinge, die nicht in Muster passen, sind für ein Luftzeichen überaus ärgerlich. Dazu gehören irrationale, unerklärbare Verhaltensformen, ungewohnte Gefühle und Stimmungen, die nicht ins *Schema* passen, ungewöhnlich charismatische oder seltsam magnetische Persönlichkeiten sowie Handlungen, die aus keinem offensichtlichen Grund heraus geschehen. Zu erwarten, daß es etwas akzeptiert, ohne es zu verstehen, ist hoffnungslos. Luftzeichen müssen alles verstehen. Ihr ganzes Weltbild beruht auf ihrer Fähigkeit, die Dinge zu verstehen. Nimmt man ihnen das, hat man ein sehr verängstigtes Einzelwesen vor sich.

Die Seite des Lebens, die sich am hartnäckigsten jeder Einordnung widersetzt, die sich Analysen und Strukturen entzieht, die nicht verbal erklärt oder erfaßt werden kann, ist für die Luft sowohl das ärgerlichste als auch das faszinierendste, was es auf der Welt gibt: das Gefühl.

Tatsächlich haben Luftzeichen-Menschen davor oft solche Angst, daß sie sich besondere Mühe geben, zur passenden Zeit Gefühle zu zeigen, um ja nicht als herzlos und kalt verschrien zu werden. Das Gefühl, plötzlich im Kalten zu stehen, ist für alle, die mit Luft-Menschen zusammenleben, eine gemeinsame Erfahrung. Es ist, als wäre der Mensch in der einen Minute da und in der nächsten verschwunden, während sein Körper noch auf dem Stuhl sitzt und spricht. Wenn man unbeteiligt ist, ist das amüsant zu beobachten. Man kann direkt das Knipsen des Schalters hören, wenn das Luftzeichen seine Gefühlsreaktionen ins Unterbewußte schiebt und seine Gefühlsskala Null anzeigt. Für den liebenden Partner aber ist es äußerst verletzend; denn es ist so, als hätte jemand die Schnur durchgeschnitten und ihn mutterseelenallein gelassen. Die Luft unterdrückt Gefühle, mit denen sie nicht umgehen kann. Unterdrücken soll hier nicht beherrschen heißen. Es ist viel schlimmer. Sie werden einfach ausgelöscht. Das Luftzeichen ist sich ihrer gar nicht mehr bewußt, und man weiß nicht mehr, woran man ist. Zornig? Verletzt? Von der spiegelglatten Oberfläche ist das nicht mehr abzulesen, und durch dieses totale Nicht-Reagieren kommt man sich gemein, unvernünftig und zänkisch vor. Man sollte sich da nicht täuschen lassen, sondern erkennen, was das Luftzeichen selber nicht von sich weiß. Das Element der Luft maskiert so eine sehr gefühlsintensive Natur, die ihm höllische Angst einjagt. Wenn der Luftmensch Glück hat, wird er sich ihrer lange Zeit nicht bewußt werden. Vielleicht sollte ich sagen: Wenn er kein Glück hat. Denn je länger er seine Gefühlsreaktionen blockiert, desto schwerer wird die unvermeidliche Explosion werden. Und sie ist unvermeidlich. Was nicht ausgelebt ist, stirbt nicht. Psychische Energie verschwindet nicht, nur weil man etwas gegen sie hat. Sie geht einfach in den Untergrund und kommt in einer dunklen Nacht wieder an die Oberfläche, wenn man ihr gerade den Rücken zukehrt.

Unter der Leichtblütigkeit verbirgt sich viel Feinfühligkeit, eine wache Sensibilität, auf die es zurückgeht, daß der Luftmensch viel leichter verletzt und viel tiefer verwundet werden kann als alle anderen Zeichen.

Sie ist auch der Grund, warum er zur Gefühlsabhängigkeit neigt und sich nach Zärtlichkeit und Zuneigung sehnt, aber um nichts in der Welt geradeheraus darum bitten kann. Wenn andere Elemente sich schwach, ängstlich, allein gelassen, eifersüchtig, verletzt, wütend, zurückgewiesen oder bis zum Wahnsinn verliebt fühlen, müssen sie das mitteilen. Die Erde kauft dann vielleicht Blumen, das Feuer wird ein überschwengliches Gedicht schreiben und das Wasser die Umwelt geradezu in Gefühlen ertränken. Aber die Luft? Die wird über das Wetter sprechen. Oder über die politische Lage oder Probleme der Gewerkschaft. Wer etwas von Körpersprache versteht, kann vielleicht die Erweiterung der Pupillen, die Bewegungen der Hände, den Tonfall erfassen und so die Übermittlung von Gefühlstatsachen aufnehmen, die das Luftzeichen selber, wenn es sich darüber im klaren wäre, in große Verlegenheit stürzen würde.

Wenn es um Gefühle geht, sind die auf dem Gebiet des Denkens und Verstehens allen anderen überlegenen Luftzeichen nichts als Kinder. Ihr ganzes Spektrum, sowohl auf der hellen als auf der dunklen Seite, entspricht der Natur eines Kindes. Einerseits ist ihre Naivität rührend und schön, und jede Gefühlserfahrung hat eine Tiefe und Bedeutung, die den oberflächlicheren Zeichen entgeht. Luftzeichen können wirklich verzaubern, weil sie so kindlich sind und Kinder immer noch auf Wunder reagieren. Sie können auch rührend vertrauensvoll sein, so sehr sogar, daß sich der andere immer von seiner besten Seite zeigen und sie anständig behandeln will. Der dem Luftzeichen angeborene Idealismus wirkt magnetisch; man möchte seinen Idealen nachkommen. Die Reinheit seiner Gefühle und das Fehlen weltlicher Gesinnung mag für es selbst hinderlich sein, aber sie sind ein seltenes und kostbares Geschenk.

Andererseits haben die Luftzeichen auch die Egozentrik, Abhängigkeit, das launische Wesen und die Überempfindlichkeit eines Kindes. Doch statt der typischen Wutanfälle von Kindern, die sich vernachlässigt fühlen, kommt es bei den Luftmenschen zu Eingeschnapptsein oder einer kühlen Atmosphäre. Das heißt: Du hast mich zurückgewiesen. Jetzt werde ich dich zurückweisen. Diese Art von Verdrossenheit und unbewußter Verstimmung ist schwer zu ertragen, wenn man sie sich nicht erklären kann.

Das Luftzeichen sagt die Wahrheit, wie es sie sieht. Es sagt immer die Wahrheit, und das ist einer seiner größten Fehler. Zum Beispiel, wenn es verkündet, daß man schrecklich aussieht oder daß es einen gerade heute nicht besonders mag. Aber das ist ihm nicht bewußt. Und wenn es herausbekommen will, was geschehen ist, heißt das, daß es sich der eigenen Gefühle bewußt werden muß. Und damit der Tatsache, daß man es verletzt, vernachlässigt oder eifersüchtig gemacht hat, oder was immer für Gefühle es empfindet, die es aber nie im Leben bereit sein wird einzugestehen.

Keine Frage, von allen Elementen ist dieses seltsame Wesen in Liebesdingen das schwierigste. Es sei denn, man besitzt die telepathische Begabung, Gefühle zu erkennen. Dann ist alles in Ordnung, denn es ist der Glanz und das Elend der Luftmenschen, daß sie, wenn sie ihr Herz verschenken, es für immer tun – wie Kinder. Dumm dabei ist nur, daß sie es verschenken können, ohne es zu wissen, und dann lösen sie die Bindung – oder der andere löst sie – und entdecken diese Tatsache erst nach dreißig Jahren, wenn es zu spät ist. Hier zeigt sich eines der Paradoxe der menschlichen Natur im ganzen Umfang. Jedes Element des Tierkreises steht mit einem Lebensbereich in Verbindung und hat die besondere Gabe, sich in dieser Sphäre besonders auszudrücken. Jedes Element hat aber auch eine geheime Unterseite, die genau das Gegenteil ist, wie der Sog der hereinkommenden Flut. Dem Verhalten nach ist die Luft ein ziemlich frostiges Element. Aber wenn man die obere Schicht durchstößt und an dem ewigen Analysieren und rationalen Einordnen vorbeikommt, das ständig in diesem luftigen Verstand stattfindet, wird man entdecken, daß die Gefühle des Luftmenschen tief und stark sind, sogar so tief und stark, daß sie ihn ängstigen. Emotionell ist die Luft ein Kind. Die Natur der Gefühle eines Kindes ist naiv, intensiv und nicht sehr flexibel. In Gefühlsdingen ist die Luft nicht sonderlich verfeinert, obwohl man glauben könnte, daß bei all dem eleganten, gesellschaftlichen Charme und der Ungezwungenheit, mit der sie flirtet, plaudert und kluge Einwürfe macht, Bindungen für sie leicht sein sollten. Aber das stimmt nicht. In Wirklichkeit hat sie die Verwundbarkeit, Empfindlichkeit und die Sehnsüchte kindlichen Gefühlslebens in einem erwachsenen Körper. Luftzeichen wissen oft selbst nicht, wie tief ihre Gefühle reichen. Sie können den Partner daher zur Verzweiflung treiben, weil es ihnen in engen Bindungen an Wärme fehlt. Man bekommt das Gefühl, daß sie einen nicht anders behandeln als alle anderen Menschen: fair, mit höflichem Interesse, aber mit Abstand. Aber wenn man diese Seite ihrer Natur versteht und sie sanft soweit bringen kann, daß sie sich öffnen (Luftmenschen können wie gelähmt werden, wenn sie mit heftig geäußerten emotionellen Forderungen konfrontiert werden), wird man mit der ganzen Zartheit und Tiefe dieser naiven, aber starken Liebe belohnt. Hinter dem kühlen Verstand verbirgt sich bei den Luftzeichen ein unheilbarer Romantiker, der unfähig ist, aus Diplomatie oder Berechnung Gefühle einzusetzen.

Wasserzeichen – die Welt der Gefühle

In der Astrologie ist das Wasser das rätselvollste aller Elemente. Es ist das «primitivste» insofern, als es am weitesten von dem rationalen Bereich entfernt ist, den wir «menschliches Denken» nennen. Die Symbole der drei Wasserzeichen *Krebs, Skorpion* und *Fische* sind alle drei Kaltblüter, auf der Leiter der Evolution weit unter dem Reich der warmblütigen Säugetiere, aus dem die zweifelhafte Spezies Mensch hervorgegangen ist. Alle drei bewohnen Regionen der Erde, in denen der Mensch nicht leben kann: die Tiefe des Ozeans, die unfruchtbaren Küsten, die Wüste. Im Symbolismus des Elementes Luft zum Beispiel gibt es kein tierisches Wesen.

Bei Betrachtung des Wassers dagegen fällt das Fehlen des Menschlichen auf. Dies bedeutet nun nicht, daß die Wasserzeichen kalt wären. Keineswegs. Aber es könnte bedeuten, daß die Strukturen, Theorien und Prinzipien differenzierter menschlicher Gedankengänge nicht der Denkweise dieser schwer zu durchschauenden Zeichen entsprechen. Die Wasserzeichen gehören ins Reich der Natur; sie sind instinktsicher, vertraut mit dem, was nicht rational, was unerklärbar und manchmal magisch ist. Sie werden alle von Gefühlen geleitet – und Gefühle sind nichts, was sich statistisch messen, durch Hypothesen definieren oder in rationell verständliche Gesetze pressen läßt.

Eine der Grundeinstellungen zum Leben ist für die Wasserzeichen: Was man fühlen kann, ist wirklich. Und weil das, was man fühlt, so ganz intim und subjektiv ist, tritt es nur für die Person als Realität in Erscheinung, die die Empfindung hat. Alle Wasserzeichen können nicht gut mit anderen über sich sprechen. Im allgemeinen versuchen sie es nicht einmal, sondern verlassen sich in schwierigen Situationen ganz auf ihre Instinkte. Sie werden selten mit rationalen Begründungen erklären können, warum sie etwas getan haben. Bedrängt man sie, werden sie entweder mürrisch und verstummen, oder sie kommen mit unausgegorenen und geradezu absurden rationalen Deutungen an. Die Sprache des Herzens ist eben nicht übersetzbar.

Für die Wasserzeichen ist das Wichtigste auf der Welt das Gefühl, ganz besonders die Objekte ihrer Gefühle – und das sind meistens Menschen. Beziehungen zu Menschen sind für die Wasserzeichen das Lebenselixier. Stärker als die anderen Elemente fürchten sie Einsamkeit und Isolation. Sie brauchen den ständigen Kontakt mit Menschen, brauchen den Austausch von Gefühlen und die Sicherheit und Liebe enger Bindungen. Ein Wasserzeichen, das sich von anderen zurückgezogen und sich in sich verkrochen hat, ist ein trauriges Wesen. Für viele Wasserzeichen sind andere Menschen das Wichtigste im Leben, und daher rührt auch ihre oft erdrückende Neigung, sich selbst zum Schaden durch andere zu leben.

Dieses Element ist sehr phantasiebegabt. Wassermenschen haben eine großartige Phantasie und sind empfindsam, wahrnehmungsfähig und tiefschürfend. Aber sie haben auch Angst vor allem, was ihren häuslichen Frieden stören könnte.

Nicht, daß die Wasserzeichen sich nie veränderten. Sie ändern sich ständig, und das mit einer Plötzlichkeit, die besonders die Luftzeichen verstört. Ihre Gefühle wandeln und ändern sich. Himmelhoch jauchzend, zu Tode betrübt, und das von Tag zu Tag. Die meisten Wasserzeichen-Menschen sind launisch. Fühlen ist eben dem Wasser ähnlich; es fließt und wandelt sich je nach der Form, auf die es trifft. Und so sind auch Wassermenschen nicht beständig in ihren Stimmungen, zumindest die, die mutig genug sind, ihr wahres Wesen anderen zu offenbaren. Das beunruhigt sie auch nicht, denn sie sind daran gewöhnt. Hochs und Tiefs ängstigen sie nicht, ebensowenig wie Ärger und Angst, Liebe und Haß. Diese Dinge sind beunruhigend für die rationaleren Zeichen, weil sie mit den eigenen Stimmungsumschwüngen nicht fertig werden.

Das Wasser ist auch ein sehr differenziertes Element. Für die Wasserzeichen ist nichts nur schwarz oder weiß. Für Wassermenschen sind alle Menschen vielschichtig und müssen so genommen werden, wie sie sind, und nicht, wie sie aus idealistischer Sicht sein sollten. In dieser Beziehung sind die Wasserzeichen realistischer als alle anderen. Sie machen selten viel Getue darum, aber sie wissen es.

Und weil sie es wissen, sind die Wertungen der Wasserzeichen immer relativ. Sie haben starke Zuneigungen und Abneigungen – und das ist für sie sehr typisch. Wassermenschen reagieren spontan auf andere. Warum, können sie meistens nicht erklären. Andererseits aber sind sie liberal genug, zu wissen, daß die eigene Reaktion nicht allgemeingültig zu sein braucht. Die meisten Wasserzeichen werden nicht sagen: «Er ist ein übler Typ.» Sie werden zugeben, daß dies nur ihre eigene Meinung ist. «Ich mag ihn nicht», sagen sie deshalb vermutlich, und dabei bleibt es.

Gefühlen wohnt aber auch eine Logik inne, und die Wertigkeiten der Wasserzeichen sind ebenso komplex, feinfühlig und ebenso sorgfältig aus Assoziationen und Nuancen zusammengesetzt wie die Theorien und Ideale der Luftzeichen. Diese Vorgänge finden nur eben nicht in ihrem Kopf statt; sie kommen, um es populär auszudrücken, aus dem Bauch. Gewöhnlich ist sich der Wasserzeichen-Mensch des Prozesses gar nicht bewußt. Der ganze komplizierte Mechanismus des Aufstellens von Wertmaßstäben und Urteilen findet irgendwo in der Tiefe ihrer Psyche statt. Sie wissen nicht, warum es so ist, sie fühlen es nur. Als Resultat von inneren Prozessen, die sich dem Intellekt entziehen. Ärgerlich für andere ist nur, daß sie meistens mit ihren Urteilen recht behalten.

Eine andere Facette dieser merkwürdigen Begabung, die Gefühlslage eines Menschen oder einer Situation «riechen» zu können, ist das, was wir Geschmack nennen. Geschmack ist schwer zu definieren, weil er mit so vielen Dingen wie Ästhetik und Kunst und Schönheit verbunden ist. Dies alles sind Begriffe, die so hoffnungslos relativ sind, daß man jederzeit darüber in erbitterten Streit geraten kann. Geschmack ist ganz und gar persönlich. Und etwas, das die Wasserzeichen im Überfluß zu haben scheinen. Das Wissen von den Theorien der Ästhetik mag ihnen fehlen, aber gerade diese Theorien können ja zu entsetzlichen Geschmacksverirrungen führen.

Die Wasserzeichen sind meist mit der dunkleren Seite der menschlichen Natur sehr gut bekannt. Weil sie von Natur aus mitfühlend sind, offenbaren sich ihnen die Menschen, und sie erfahren viele Geheimnisse. Sie nehmen auch sehr schnell alle Unterströme im Gefühlsleben anderer wahr, weil sie die merkwürdige Gabe haben, zu fühlen, was ein anderer fühlt, und sich leicht in seine Gefühlssituation versetzen können. Aus diesem Grund eignen sich viele Wasserzeichen ausgezeichnet zu Seelsorgern, Ärzten, Anwälten und Lehrern. Die sanfte, zarte Art der Wasserzeichen wird nie bedrängend oder aggressiv; sie zeigt Einfühlungsvermögen und Verständnis. Und sie öffnet die Herzen. Schwierig ist nur, daß sie dazu den direkten, persönlichen Kontakt brauchen. Abstrakte Diskussionen über menschliches Leid bedeuten dem Wasser nichts. Stößt es aber auf ein Einzelwesen, dem es schlecht geht, wird es sofort reagieren.

Bei soviel Tugenden läßt sich mit einer guten Portion Laster rechnen.

Die lassen sich jedoch mit nur einem Wort zusammenfassen: Vernunft. Wasserzeichen fällt es schwer, logisch zu denken. Das hat nichts mit Intelligenz zu tun. Es gibt brillante Mathematiker, die keine Spur von Menschenkenntnis besitzen, und es gibt brillante Menschenkenner, die ums Leben nicht richtig addieren können. Von den zahllosen Arten von Intelligenz ist vermutlich keine besser als die andere. Bei den Wasserzeichen handelt es sich um die Intelligenz des Herzens. Sie wissen etwas über Menschen, kennen ihre Nöte und Gefühle. Besonders objektiv ist das Element Wasser jedoch nicht; es fällt ihm schwer, über den eigenen Gartenzaun hinauszublicken.

Aus diesem Grund sind die Wassermenschen oft unvernünftig, und sie sind auch oft unfair. Ungeniert setzen sie sich eigene Wertmaßstäbe, die für andere nicht gelten. Und dagegen kommt man nicht an, weil sie nicht argumentieren können. Statt dessen sind sie mit einem verwunderlichen Schwall von Meinungen aus zweiter Hand, mit viel «es heißt» und «man sagt» bei der Hand, mit Zeitungszitaten und einer Menge völlig unvernünftiger Erklärungen, die es tatsächlich geben oder auch nicht geben mag. Kurz gesagt, das Wasser ist fähig, die Wahrheit zu beugen, weil Wahrheit etwas Abstraktes ist. Für die Wasserzeichen gibt es viele Wahrheiten, je nachdem, von welcher Seite die Sache betrachtet wird.

Manche Wasserzeichen sind charmant infantil, wenn es um abstrakte Ideen geht. Sie sind die «hilflosen, femininen» Typen beider Geschlechter, die nichts über «diesen politischen Kram» wissen, der so schrecklich schwierig und langweilig ist. Dabei geht es nicht nur um Frauen, denn auch die Wasserzeichen-Männer sind groß in Äußerungen wie: «Ich bin nur ein schlichter Arbeiter, der sein Brot verdienen will.» Sie wollen nicht erkennen, daß die «Gesellschaft» nicht etwas Abstraktes ist, das nur an die Tür klopft, wenn die Steuern fällig werden, sondern eine Gemeinschaft von Individuen. Das Wasser kann, um es deutlich zu sagen, auf der breiten sozialen Ebene sehr verantwortungslos sein.

Das größte Problem des Wassers bei Beziehungen ist, daß es oft nichts anderes sehen kann als eben diese Beziehung. Das wirkt sich entweder als eine den anderen lähmende Überängstlichkeit oder zu starke Anhänglichkeit oder als Herrschsucht aus. Die ständige Beachtung, die die Wasserzeichen ihren Lieben angedeihen lassen, die übertriebene Anhänglichkeit, kann zum Problem werden. Wenn für das Wasser der geliebte Mensch das Wichtigste in seinem Leben ist, kann es für diesen geliebten Menschen erdrückend werden. Typisch dafür sind die Wasserzeichen-Eltern, die es hassen, wenn ihre Kinder erwachsen werden und ihrer Fürsorge nicht mehr so stark bedürfen. Wasserzeichen müssen gebraucht werden. Das ist ein Grundzug ihres Wesens. Wenn ein anderer in Not ist, wachsen sie über sich selbst hinaus. Sie können für einen geliebten Menschen buchstäblich das Leben opfern. Die Luft bringt Opfer für Ideale; das Wasser für geliebte Menschen. Damit laden sie anderen oft schwere Verpflichtungen auf. Wenn man alles für jemanden opfert, wird der mit Schuldgefühlen reagieren. Neun- von zehnmal wird er mit Abneigung zurückzahlen, denn niemand will sich so schuldig fühlen. Es ist wichtig für die Wasserzeichen, daß sie die Zügel gelegentlich fallen lassen, und noch wichtiger ist, daß sie nehmen lernen. Immer nur geben schafft kein gutes Verhältnis; denn dann bekommt der andere nie die Chance, sich zu revanchieren. Und nach einiger Zeit muß er sich wegen seines Egoismus selbst hassen.

Das Wasser hat die fatale Tendenz, in anderen Menschen Schuldkomplexe zu wecken, weil es so viele Gefühle investiert. Und es fühlt sich dann von «kalten, gefühllosen» Kindern, Geliebten, Ehegatten verletzt, weil die diese Schuldgefühle einfach nicht mehr ertragen können. In der Fachsprache nennt man das «emotionelle Erpressung». Die Wasserzeichen beherrschen diese Kunst meisterhaft.

Das Wasserzeichen ist immer da, wenn es gebraucht wird, fühlt sich aber zurückgewiesen, wenn man seine Hilfe nicht nötig hat. Eine schwierige und widersinnige Situation. Wenn das Wasser nicht gebraucht wird, fehlt ihm das Herzblut. Was kann es dagegen tun? Möglicherweise löst es sich aus der Beziehung und stürzt sich in die Arme des nächsten Geliebten, nur um traurig zu entdecken, daß alles beim alten geblieben ist. Die Wasserzeichen werden von den Luftzeichen fasziniert, angezogen, aber auch irritiert. Das Wasser bewundert die Unabhängigkeit der Luft, ihre Kühle, Weltgewandtheit, Distanz und ihr Abstandhalten. Viele Wassermenschen verfallen dem Irrtum, dieser kühle, unabhängige Luftpartner sei insgeheim ein gefühlsseliges Kind, das nur sehr viel Liebe brauche. Das mag sein. Aber ständig von seinem Partner bemuttert zu werden, löst dieses Problem auch nicht.

Ohne das Wasser gäbe es keine menschliche Beziehung, keine Zuneigung, keine Liebe. Zuviel davon aber läßt einen ertrinken. Ein wenig «Ertränktwerden» könnten wir in unserer gefühlsarmen Zeit sicher ganz gut gebrauchen. Denn ein Gehirn ohne Herz erstarrt in Unbeweglichkeit, oder es zerstört die Welt.

Zweiter Teil

Charakter und Schicksal des Menschen in den zwölf Sternbildern

WIDDER

Die Psychologie des Widders

Die bloße Tatsache, daß der Widder das erste Zeichen des Zodiakus darstellt, symbolisiert ihn als das unkomplizierteste Wesen der Tierkreistypen.

Der Astrologe Cyrill Wilczkowski skizziert den Widder-Typ «als kindliches Gemüt, das die Gespaltenheit und die Zerrissenheit einer Erwachsenenseele nicht kennt, als Seele wie aus einem Guß. Wie beim Kind besteht fast kein Zwischenraum zwischen Wunsch und Tat; Traum vermischt sich oft mit Wirklichkeit. Er ist nicht berechnend und nicht listig. Seine Handlungen sind offen und spontan. Wie das Kind kennt er keine andere Vergangenheit als die unmittelbare. Sein Leben richtet sich auf die Zukunft, deren dunkle Drohungen er kaum erahnt. Er unterscheidet kaum zwischen Möglichem und Unmöglichem. Ihm fehlt der Sinn für Proportionen... Er fürchtet sich vor Schatten und erkennt wirkliche Gefahren nicht. Um der ungewissen Angst des Augenblicks zu entfliehen, stürzt er sich in wahnwitzigste Abenteuer.»

Ein «primärer» Mensch

Diese wenigen Striche umschreiben die Anlagen eines Menschen, bei dem, wie die Psychologen sagen, zum größten Teil «Primärfunktionen» vorherrschen. Bei einem solchen Menschen rufen die gewonnenen Eindrücke unmittelbare und größte Wirkung hervor, die sich aber rasch erschöpft, nicht von Dauer ist und keine Spuren hinterläßt. Er lebt, handelt und denkt in der Gegenwart; seine Reaktionen sind schnell und kurz; er ist impulsiv, aufbrausend, aber schnell getröstet, sofort versöhnt, unbeständig in seinen Sympathien, stets auf der Jagd nach neuen Begegnungen, leicht zu überzeugen, nach Abwechslung drängend, widersprüchlich in seinem Verhalten, zuchtlos in seinem Leben.

Sein beschleunigter Lebensrhythmus ist angetrieben von motorischer

Unruhe, großer Stoßkraft, heftigen, oft extrem-übertriebenen Reaktionen und ungestümer Aggressivität. Seine betonte Tatkraft macht ihn zu einem fortwährend beschäftigten, aufbrausenden und unermüdlichen Menschen. Er muß handeln, er muß sich äußern, er stürzt sich förmlich auf Hindernisse, sein Eroberungsdrang ist unstillbar. Initiative und Unternehmungsgeist liegen ihm im Blut: er entflammt sich für Pläne und Heldentaten. Kampf verdoppelt seine Kräfte, Hindernisse stacheln seinen Eifer an. Dieser männliche Tatmensch ist wagemutig, setzt alles aufs Spiel, um sein Ziel zu erreichen, und kostet die Wirkung seiner Taten auf andere voll aus.

Aber so vortrefflich, gefährlich und kraftvoll ein solcher Mensch den Angriff führt, so rasch schwindet seine Selbstgewißheit, wenn das Ziel in Reichweite rückt. Er hat sogar die Eigentümlichkeit, seine Unternehmungen im Stiche zu lassen, noch bevor er sie zu Ende geführt hat. Ihn reizt der Angriff, die Verlockung, die Sofortlösung. Stößt sein Vorhaben auf Widerstände, ergeben sich neue Tatsachen oder erweist sich das Unternehmen gar als eintönig-regelmäßig, so nimmt die Spannung ab; das Interesse schwindet, und der Widder-Typ hält nach einem neuen Betätigungsfeld Ausschau.

Dennoch ist sein Selbstbehauptungswille gegenüber andern recht bedeutend. Er weiß andere für seine Ziele zu begeistern; allerdings ist er viel eher ein Anreger und Bahnbrecher als eine ausgeprägte Führernatur. Im übrigen hat er Qualitäten genug, um den «Chef zu spielen»: schnellen Rhythmus, Dynamik, Tüchtigkeit, klaren Kurs, Entschlossenheit. Er ist eher Chef aus Instinkt als bewußter Führer. Wer ihm folgt, muß die Augen offenhalten: seine Kühnheit ist oft verwegen.

Der Heißblütige

Dem Widder-Typ eignet neben seiner fortwährenden sprunghaften Aktivität auch eine ausgesprochene Erregbarkeit, die leicht in Aggressivität umschlägt. Diese Erregbarkeit bekundet sich in wilden Ausbrüchen, im Drang nach Unabhängigkeit, der sich, mit Undiszipliniertheit vermischt, in scharfer Herausforderung offenbart. Für ihn sind oft erst verbotene Früchte begehrenswert. Sein blindes Draufgängertum verführt ihn zu kindlicher Maßlosigkeit: er will alles oder nichts.

Gewiß, diese Heißblütigkeit verzehnfacht seinen Tatwillen, sie peitscht ihn hoch, sie berauscht ihn. Doch ist diese Erregbarkeit in ihrer Wirkung nicht immer von gutem, ihre Gefahren sind nicht zu übersehen.

Blinder Eifer kann in Nervenzusammenbruch umschlagen: die Kraft ist geschwunden, die Feder zerbrochen, die Gewißheit dahin.

Man kann vom Widder-Typ nicht genug Objektivität gegenüber der Außenwelt verlangen, an der er so heißen Anteil nimmt. Sein feuriges Herz ist erfüllt von Gemütsbewegungen, Begeisterung, unbefangener und naiver Leidenschaft; davon rühren denn auch seine Fehlurteile her; seine Ansichten gewinnen leicht utopischen Charakter. Seine Phantasie vergrößert und vergröbert die Dinge, seine Welt ist nicht weit entfernt von der eines Don Quijote. Er unterstellt den Menschen seine eigenen Gefühle; so bleibt es nicht aus, daß er in geradezu despotischer Beharrlichkeit oft anderen Menschen seinen Geschmack aufdrängt.

Seine Stärke

Es fällt nicht schwer, festzustellen, woher diese «Natur aus einem Guß» ihre Überlegenheit bezieht: Spontaneität hält den Widder-Typ in fortwährendem Zustand der Frische und der Erneuerung. Seine Kraft liegt in der oft gleich einer sprungbereiten Feder gespannten Dynamik, in seinem naiven Kinderglauben, seinem jugendlichen Schwung voller Kraft und Edelmut.

Automatische Handlungen gibt es bei einem solchen Improvisator nicht; seine Reaktionen sind kaum vorauszusehen, seine Reflexe überraschen. Man hat das Gefühl, als verfügte er trotz seiner fast kindlichen Schlichtheit über eine unerschöpfliche Tastatur stets neuer psychologischer Verhaltensweisen.

Seine Schwäche

Seine Schwäche, die nicht minder stark zum Vorschein kommt, liegt in seinen Illusionen, seiner Verwegenheit und seiner Unbesonnenheit, alles zu wagen. Diese Eigenschaften, zusammen mit der Gabe, sich hinreißen zu lassen, sich leicht und rasch zu begeistern, lassen ihn jedes Maß verlieren. Er will «mit dem Kopf durch die Wand», er begeht unüberlegte Handlungen, wird jähzornig, braust auf und bereut seine Haltung kurz darauf. Er muß also seinen ersten Impuls beherrschen lernen. Sein Drang nach Neuem, in vernünftige Bahnen geleitet, wird dann zum Quellgrund unerschöpflicher Jugend.

Die Intelligenz

Für den Widder-Typ wie für alle andern Tierkreistypen gilt das gleiche: er hat kein allgemein bestimmbares Intelligenzniveau. Es gibt kein Zeichen, das intelligenter wäre als das andere, wie es auch weder gute noch böse Zeichen gibt.

Aber auf der Grundlage des Temperaments und des Charakters jedes Zeichens hebt sich ein besonderer Intelligenztypus ab. Dem Widder-Typ eignet vor allem ein Geist des Erfinderischen, der Improvisation und der Reform; er will hervorstechen, indem er Neues, noch nie Dagewesenes unternimmt oder indem er ganz einfach der Erste sein will. Er nimmt im wahrsten Sinne des Wortes Partei; er ist fähig, sich mit der ganzen Glut seines Wesens vorgefaßten Meinungen zu verschreiben, oft mit einer geradezu abstoßenden, blinden Parteilichkeit. Hierin liegt seine Stärke und Schwäche zugleich: eine schnelle und glückliche Intuition, aber ein einseitiges Urteil, ein unbeständiger Geist.

Ein solcher Typ kann dank seiner Ursprünglichkeit wirklich neue, gute Ideen hervorbringen und andere mit neuen Theorien und Auffassungen wachrütteln. Der höherentwickelte Typ besitzt einen wahrhaft genialen Geist: er schreckt vor nichts zurück, wenn es gilt, neue Ideen und Thesen zu verfechten. Er überzeugt, genauer: er reißt mit, er verführt, er besticht. Er hat die Gabe, andern eine neue Welt zu erschließen.

Diese Geisteshaltung nennt der Schweizer Psychologe C. G. Jung die intuitive Funktion, die feine Witterung, die spontan Wahrnehmungen aus dem Unbewußten vermittelt.

Jung selbst sagt vom intuitiven Typ: «Er hat eine feine Witterung für Keimendes und Zukunftverprechendes. Nie findet er sich in stabilen, seit langem bestehenden und wohlgegründeten Verhältnissen von allgemein anerkanntem, aber beschränktem Wert. Da er immer auf der Suche nach neuen Möglichkeiten ist, droht er in stabilen Verhältnissen zu ersticken. Er erfaßt neue Objekte und Wege mit großer Intensität und mit bisweilen außerordentlichem Enthusiasmus, um sie ohne Pietät und anscheinend ohne Erinnerung kaltblütig aufzugeben, sobald ihr Umfang festgestellt ist und sie weiter keine beträchtliche Entwicklung mehr vorausahnen lassen ... So kann er sich als Initiator oder doch wenigstens als Förderer aller Anfänge ungemeine Verdienste erwerben. Er ist ein natürlicher Anwalt aller zukunftversprechenden Minoritäten. Da er, wenn er weniger auf Sachen als auf Menschen eingestellt ist, gewisse

Fähigkeiten und Möglichkeiten in ihnen ahnungsweise erfaßt, so kann er auch Leute ‹machen›.» (C. G. Jung: «*Psychologische Typen*»)

Über den extravertierten Intuitiven schreibt Jung: «Niemand hat wie er die Fähigkeit, seinen Mitmenschen Mut zu machen oder Begeisterung einzuflößen für eine neue Sache, auch wenn er sie schon übermorgen wieder verläßt... Könnte er bei der Sache bleiben, so kämen ihm die Früchte seiner Arbeit zu, aber nur allzubald muß er der neuen Möglichkeit nachrennen und seine eben bepflanzten Felder verlassen, die andere ernten werden.»

Aber es gibt auch – von einem starken saturnischen Einfluß geprägt – Widder-Geborene, die dem introvertierten intuitiven Typus angehören. Bei diesen richtet sich – nach Jung – die Intuition auf innere Objekte und «bewegt sich von Bild zu Bild, allen Möglichkeiten des gebärenden Schoßes des Unbewußten nachjagend, ohne den Zusammenhang der Erscheinung mit sich herzustellen... So ergibt sich ein eigenartiger Typus, nämlich der mystische Träumer und Seher einerseits, der Phantast und Künstler anderseits, deren Wirklichkeit vor allem das von Bildern erfüllte Unbewußte ist, die innere Welt, unerschöpflich an Reichtum, Visionen, Inspirationen.» Dies ist mehr oder weniger der Fall bei den saturngeprägten Widder-Typen Baudelaire, Goya, Mallarmé, van Gogh, Savonarola.

Politik

In der Politik herrschen die Instinkte: der Widder-Typ als Politiker ist denn auch leicht zu erkennen. Er wirkt als streitbarer Parteigänger, der unerschrocken sein Ziel verfolgt. Er packt gradlinig und wagemutig eine Aufgabe an; ihm geht es um Biegen oder Brechen, er verlangt überall Sofortlösungen. Ist der Widder-Typ stark von Mars beeinflußt, so bricht er bedenkenlos einen Streit vom Zaun; er ist der erste, der auf der Straße demonstriert, zum Agitator wird und Streiks auslöst.

Es ist daher nicht verwunderlich, daß der Widder-Typ sich hauptsächlich von extremistischen Parteien angezogen fühlt; hier kann er seinem Draufgängertum, ja seinem Fanatismus freien Lauf lassen; der undisziplinierte Widder wird schnell ein «Anwerber» und «Trommler», der andere zum Entschluß antreibt.

Ist er Mitglied einer gemäßigten Partei, so gehört er wenigstens zu ihrem extremen Flügel. Er ist Einpeitscher und Volkstribun. Deutliche Widder-Eigenschaften erkennt man bei Bismarck, Cromwell, Gambetta, Göring, Hitler, Lenin, Napoleon III. und Ribbentrop.

Kunst

Der im Widder geborene oder vom Widder beeinflußte Künstler liebt ins Auge springende Bilder, lebendige und kontrastreiche Farben, starke Impressionen, gesalzene Sprache. Er findet Geschmack an Blut, an Taten, an Kämpfen, am Tierischen, Wilden, Lasterhaften, Obszönen, am Gräßlichen... Natürlich nicht alles zugleich, meist übernimmt er nur einen oder zwei Aspekte dieser Skala.

Unter den Begründern der futuristischen Malerei finden sich ausgesprochene Widder-Typen. Widdergeist hat dieser modernistischen Strömung zum Durchbruch verholfen, die in einem einzigen kühnen Aufruf zum Widerstand gegen Museen und Akademien die Dynamik des modernen Lebens pries.

Der ultra-realistische Schriftsteller, der bissige Kritiker, der zornige Polemiker, der Dichter, der das Häßliche und das Überspannte verherrlicht, der Skandal-Chronist: sie alle bleiben ihrem Temperament treu. Dem Widder liegt die «Rolle» des Aufständischen, er will Bahnbrecher sein, immer zuvorderst stehen, ohne Tradition und ohne Vergangenheit, in der Überzeugung, daß mit ihm die Geschichte einen neuen Anfang nehme.

Fraglos fühlt sich die Phantasie des echten Widders zum bevorzugten Leitbild des Salamanders hingezogen, der sich, inmitten von Flammen, im eigenen Feuer verzehrt.

Diese «Feuer»-Eigenschaft der schöpferischen Phantasie wird man bei den verschiedensten Widdern jeweils in deren individueller Färbung wiederfinden (Baudelaire, Goya, Mallarmé, van Gogh, Zola).

Die äußere Erscheinung des Widders

Die Gestalt

Die Astrologen tappen hinsichtlich der Tierkreis-Morphologie fast gänzlich im dunkeln. In einzelnen astrologischen Kreisen ist es dennoch große Mode, das Geburtszeichen eines Menschen aus seinem Antlitz abzulesen. Es gibt zwar gewisse Annäherungswerte, aber die Fälle, in denen der ideale Prototyp dem lebendigen Gesicht entspricht, sind äußerst selten.

Den Widder-Typ, dessen Äußeres durch keine Planetensignatur und durch kein «fremdes» Tierkreiszeichen verändert wurde, erkennt man gewöhnlich an seinem kräftigen, massigen Kopf. Noch auffallender ist das scharfe, vorspringende Profil, das gekrümmte Stirnblatt, der kräftige Nasenrücken mit der nach oben gerichteten Nasenspitze und den großen Nasenlöchern. Die Kraft des Kopfes äußert sich oft im vorspringenden Stirnansatz. Der Nacken ist breit, der Hals muskulös. Der durchschnittliche Typ ist eher mager oder schlank, jedoch muskulös.

Gang und Mimik

Man erkennt den Widder-Typ leicht an seiner Gangart: ob verspätet oder nicht, er hat es immer eilig; er schreitet zielbewußt, schnell, entschlossen. Viele Widder marschieren den Kopf nach vorn gerichtet, gleichsam als wollten sie sich auf etwas stürzen, einen Gegner zum Kampf stellen, ein Hindernis überrennen.

Sein Händedruck ist fest, eigenwillig, manchmal sogar überwältigend. Seine Stimme ist gebieterisch und laut; sie kann ebensogut überzeugend wie anklagend klingen. Sein stechender Blick schleudert oft Blitze. Seine lebhaften, aufbrausenden Gebärden wirken eckig, rauh und heftig.

Der Widder-Typ hat seinen ganz besonderen Stil, der ihn sogar am

Steuer seines Autos kennzeichnet. Er berauscht sich an der Schnelligkeit. Die Straße wird ihm zur Piste, auf der er einen Wettstreit austrägt. Kampf ist ihm wichtiger als Landschaft und Ziel. Er schätzt es gar nicht, überholt zu werden; nichts regt ihn mehr auf als Verkehrsstockungen.

Gesundheit

Ein eindeutiger Widder-Typ untersteht dem cholerischen Temperament; dieses beeinflußt auch seinen Gesundheitszustand.

Vom Choleriker hat er die Lebenskraft, die Dynamik, den Tatwillen, die physische Stärke und eine große Widerstandskraft gegen Müdigkeit. Seine stark entwickelte Muskulatur wird durch Übung noch verstärkt. Seine Zirkulations- und Atmungsorgane entsprechen dem bedeutenden Kräfteverbrauch. Sein Energieumsatz ist leicht erhöht.

Wenn er erkrankt, treten ungestüme physiologische Reaktionen auf und äußern sich in heftigen Fieberanfällen. Daher ist er auch weitgehend widerstandsfähig gegen Infektionskrankheiten. Seine Anfälligkeit liegt im Bereich des Kopfes: Schädel, Hirnlappen, Augen, Ohren, Zähne. Seine gewohnheitsmäßige Unvorsichtigkeit (von Draufgängertum bis zu echtem Mut) bewirkt, daß er Unfällen stärker ausgesetzt ist als Krankheiten.

Der Widder-Typ nimmt sich nicht die Zeit, wirklich zu leben, er neigt zu Exzeß und zu Mißbrauch; er schont seinen Organismus nicht, sondern «heizt» ihn vielmehr zum äußersten auf: eine Kerze, die an beiden Enden brennt. So kennt der Widder-Typ denn auch nach ungeordneter oder verschleuderter Jugend oft ein rasches Altern. Er ist einer fast unbegrenzten Anstrengung fähig, doch auf die Dauer vermag der Körper mit dem Kräfteverbrauch nicht Schritt zu halten; ein Rückschlag kann dann sehr ernster Natur sein.

Handschrift

Es gibt wohl keine ausgesprochene Widder-Handschrift, doch sind verschiedene Merkmale für sie charakteristisch. Der Einfluß des dominierenden Planeten erklärt die Unterschiede innerhalb der gleichen Tierkreisfamilie (Widder-Venus, Widder-Mars, Widder-Saturn usw.). Es handelt sich hier deshalb einzig darum, die Vielfalt der Merkmale grundlegender Dynamik der Widder-Handschrift klarzumachen.

Feurige Beweglichkeit drückt sich in der Schrägstellung der Buchstaben aus, in der fortschreitend und klar aufsteigenden Bewegung der Linien, in den «tanzenden» Buchstaben, den ansteigenden Endlinien, den kleinen, lebhaften, kräftigen Strichen, dem plötzlichen Energiedruck, dem ruckartigen Vorwärtsschreiten, den spitzen Winkeln, den teilweise getrennten Buchstaben, ohne daß die Schrift jedoch zerfiele.

Die Zukunftsfreudigkeit des quicklebendigen Widders offenbart sich auch im Schriftbild: in den fanatisch wirkenden, übertriebenen T-Strichen und den vorauslaufenden I-Punkten.

Der klassische Widder-Typ, der nicht durch andere Planeteneinflüsse verändert ist, verwendet auch im Schriftbild die Formen, die Schnelligkeit, Reizbarkeit, Überstürztheit, Tatendrang und kraftvolle Männlichkeit verraten: Vereinfachung der Form, energische, klare Ober- und Unterlängen und Anfangsbuchstaben, jedoch vernachlässigtes Wortende, kurze, abgeschnittene Züge, schnelles Tempo und scharfe Gliederung.

Kleidung

Die Widder-Frau bemüht sich mehr als jede andere, ihrer Kleidung eine persönliche Note zu geben. Sie folgt keiner Mode, sie geht ihr lieber voran: sie will Vorbild sein. So trägt sie in großem Maße dazu bei, eine Mode zu schaffen und zu verbreiten. Hat aber die Mode endlich ihre Anhänger gefunden, so sieht sie sich unverzüglich nach Neuem um.

Beobachtungen des heutigen Bekleidungsgeschmacks der Frauen lassen mit guten Gründen annehmen, daß es weibliche Widder-Typen waren, die sich als erste die Haare kurz schneiden ließen, die kurze, enganliegende und herausfordernde Röcke trugen usw. Sie waren die Vorkämpfer extravaganter Moden, und sie scheuten auch nicht vor anstößigen Toiletten zurück. Sie hatten großen Anteil an der Vermännlichung der weiblichen Kleidung (George Sand: Widder-Mond).

Vielleicht gibt es auch «Widder-Frisuren», die diesem Frauentyp liegen. Gemeint sind jene, die ihre Locken oder Zöpfe an den Schläfen einrollen gleich den Hörnern des Widders. Fraglos wagen wir uns hier auf ein umstrittenes Gebiet: es ist nicht mehr als reine Vermutung, bloße Neugierde.

Mit größerer Bestimmtheit spricht man dagegen von der ungezwungenen Wahl farbenfroher, leuchtender Stoffe und vom reichlichen Verbrauch von Schminke bei den Frauen des Zeichens; doch auch vom geraden Gegenteil: Make-up kann mitunter gänzlich fehlen.

Den Widder-Mann kennzeichnet hauptsächlich ein Punkt: er trägt keine Hüte. Meist legt er Wert auf eine etwas eigenwillige Frisur. Der junge Widder-Typ läßt seine rebellischen Haarsträhnen gerne frei wachsen oder frisiert sie nach der Art Jean-Paul Belmondos oder Charles Bronsons.

Das Verhalten des Widders

Die Liebe

Das Liebesleben des Widders hat ausgesprochen anziehende, daneben aber auch weniger angenehme Seiten. Im Widder offenbaren sich das Feuer und die ersten Ausbrüche des Frühlings; sein Herr ist der streitlustige, feurige Mars. Dementsprechend ist Venus im Widder geschwächt, sie befindet sich hier im «Exil». Das will besagen: wenn die isolierte, richtungslose Kraft des Mars triumphiert, bildet das zarte Empfinden den leicht verletzlichen Gegenpol dieses Zeichens. Im Gegenprinzip der Liebeskräfte Mars-Venus herrscht Begierde über Empfinden, die Leidenschaft über die Zärtlichkeit. Dies ist denn auch das Hauptmerkmal dieses Zeichens.

Von allen Typen ist der Widder zweifellos der triebhafteste und der entfesseltste Liebhaber. In ihm brodelt die aufbrausende Energie, die sich in wildem Überschwang Luft macht.

Für den männlichen Widder-Typ ist die Liebe ein herrliches Abenteuer, das ihn völlig in seinen Bann schlägt; er empfindet in Herzensdingen den Reiz eines sportlichen Wettstreits, der von ihm den Einsatz aller Kräfte verlangt. Wie kaum ein anderer kennt er die «Liebe auf den ersten Blick». Jäh reißt ihn die Glut seiner Erregung, seiner Begierde hin – so lange, bis die verzehrende Leidenschaft abklingt. Sein Pulsschlag ist erhöht, seine Erregung gesteigert, seine Freude am Liebeskampf groß: ein unermüdlicher, spannungsgeladener Eroberer.

Der Mann

Der Widder-Mann auf niederer Stufe versucht die Frau zu beherrschen und seinem Sexualtrieb zu unterwerfen. Noch heute gehört zu den Widder-Geborenen jener unentwickelte Typ, der in der Frau nur die

Sklavin seiner Lüste sieht. Der höhere Widder-Typ dagegen sucht in der Frau das Wesen, das ihn bewundern soll. Er erwartet von ihr, daß sie ihm von Zeit zu Zeit Gelegenheit biete, eine große Tat zu vollbringen. Er liebt sie in dem Maß, als er sich in ihren Augen als Held spiegeln kann. Jeder Verlust an Ansehen ist die größte Beleidigung, die man ihm zufügen kann. Vermag er nicht Bewunderung zu erregen, spielt er den gefürchteten Tyrannen: er will herrschen.

Einen solchen Gefährten muß man wichtig nehmen, man muß ihn herausstellen, man muß ihm beweisen, daß er jemand ist! Er liebt es, bei jeder Gelegenheit seine Frau immer wieder erobern zu können, sie zu leiten und zu beherrschen. Er wünscht sie sich als Schülerin auf einem Gebiet, auf dem er glänzen kann. Am meisten fürchtet er, sie könnte ihn in seinem Vorwärtsdrang aufhalten. Todfeind seines Ehelebens ist die Langeweile; Eintönigkeit und Stille sind ihm unerträglich.

Die Frau

Die Widder-Frau ist nicht viel anders als ihr männlicher Artgenosse. Auch sie will in Liebe und Ehe herrschen. Das fällt ihr leicht, wenn ihre Liebeswahl auf einen schwachen, gefügigen Mann fällt. Sonst muß sie sich entscheiden, ob sie mit ihm wetteifern oder zusammenarbeiten will. Sie unterwirft sich aus freien Stücken nur dann, wenn ihr Gefährte ihr wirklich überlegen ist, und zwar in Stärke ebenso wie in menschlicher Größe.

Steht nicht nur die Sonne, sondern auch der Mond im Widder und weist dieser gleichzeitig einen Mars-Aspekt auf, so haben wir es mit einer Frau mit starkem männlichem Einschlag zu tun (z. B. Simone de Beauvoir und George Sand).

Die Widder-Frau kennt Leidenschaftsausbrüche, die sie auf der Stelle befriedigen möchte. Sie hat Bedürfnisse, die sie nicht von sich aus überwinden und unterdrücken kann. Vom Mann erwartet sie, daß er ihren Wünschen sogleich entspreche, sonst läuft er Gefahr, ihre Achtung zu verlieren. Wenn die Widder-Frau liebt, hält sie nichts mehr zurück. Der Mann, den sie liebt, ist der Schönste, der Größte und der Beste von allen. Sie ist eine wunderbare Geliebte; zeitweiliges Übermaß ist leicht zu entschuldigen: es geht schnell vorüber...

Der Widder-Typ beiderlei Geschlechts kennt ein schwieriges Alter: die Pubertät. Das junge Mädchen kann durch den Ausbruch der eigenen sexuellen Gefühle, die es noch nicht bewußt begreift, verleitet werden, die Geschlechtlichkeit als ein Spiel aufzufassen; ehe sie sich vorsieht, kann sie sich wie in absichtslosem Spiel verschenken.

Die «wilden Jahre» sind auch beim männlichen Typ zu fürchten; beim dissonanten Widder können sich natürliche Verirrungen der Pubertätsjahre bis ins Erwachsenenalter erstrecken. Don Juan und Casanova sind berühmte Beispiele dafür. Das Alter schützt diesen Typ nicht vor der «Liebe auf den ersten Blick». Untreue ist das Damoklesschwert, das über seiner Ehe schwebt. Es braucht wenig, schon wird das Heim im Stich gelassen, die Ehe zerbrochen, die Scheidung vollzogen. Die Streitlust in der Liebe, ein Kennzeichen des Widders, hat gesiegt.

Auf jeden Fall scheint ihm die Liebe nur noch wertvoller, wenn es gilt, einen Widersacher in die Knie zu zwingen.

Beim harmonischen Typ kann das Eheleben durchaus glücklich verlaufen. Die Partner helfen sich gegenseitig, das Glück zu suchen, das in Mäßigung und Geduld verborgen liegt, den natürlichen Tatendrang in die richtigen Bahnen zu lenken, ohne die Begeisterung zu schmälern, einander geduldig zuzusprechen, um unüberlegte Handlungen zu verhüten und den Eindruck zu erwecken, daß die «Kursänderung» eigentlich dem eigenen Willen entspringt...

Der Widder und die anderen Zeichen

Widder und Widder: regen einander an und können sich helfen, den Tatendrang in die richtigen Bahnen zu lenken. Gefahr der Übersteigerung.

Widder und Stier: haben wenig gemeinsam und sind einander fremd. Doch können sie sich gegenseitig von großem Nutzen sein.

Widder und Zwilling: sind sich sympathisch. Sie regen sich gegenseitig an; die Wechselwirkung kann sehr fruchtbar sein.

Widder und Krebs: sind sich so fremd wie Wasser und Feuer. Der eine will vorwärts, der andere rückwärts; der eine ist hart, der andere zart. Ein gegenseitiges Verständnis ist schwierig.

Widder und Löwe: spannen ihre Kräfte in gegenseitigem Einverständnis und gemeinschaftlichem Willen zusammen.

Widder und Jungfrau: verstehen einander selten; nur unter dem Druck der Notwendigkeit und der Umstände können sie zusammenwirken.

Widder und Waage: sind gegensätzliche Naturen, doch ergänzen sie sich. Sie können sich gegenseitig stoßen und verletzen; aber sie ziehen einander an und können ein Paar bilden, dem vielerlei Möglichkeiten offenstehen.

Widder und Skorpion: geraten gegenseitig wegen ihrer angeborenen Aggressivität in Konflikt. Doch wenn sie sich – etwa wie zwei Komplizen – zu gemeinsamem Vorhaben zusammenschließen, können sie viel erreichen.

Widder und Schütze: verstehen sich gut. Dieser dämpft jenen; umgekehrt treibt der Widder den Schützen mit seiner Dynamik vorwärts.

Widder und Steinbock: stehen einander gegenüber wie ein heißblütiges und ein kaltblütiges Wesen; ihr Verhalten zueinander ist unfreundlich; Konflikte sind unvermeidbar.

Widder und Wassermann: verkörpern eine gute Verbindung; sie sind beide von Idealismus und Zuversicht erfüllt.

Widder und Fische: haben wenig gemein. Ein gegenseitiges Einverständnis in wichtigen Problemen ist kaum möglich.

Alle diese Angaben haben natürlich nur ganz allgemeinen Wert. Einzig die Gegenüberstellung der persönlichen, minutengenauen Horoskope zweier Menschen verbürgt eine gewisse Sicherheit.

Beruf, Arbeit und Geld

Im allgemeinen ist die Berufswahl für den jungen Widder-Typ kein Problem. Schon frühzeitig hat er seine Vorliebe entdeckt; er fühlt sich zu einer verlockenden Karriere berufen.

Stark und unternehmungslustig, wählt er einen Beruf, in dem er seine Kräfte voll einsetzen kann. Sein Temperament macht ihn für eine «sitzende» Tätigkeit wenig geeignet; vielmehr liegt ihm eine Arbeit, die seine Muskeln beansprucht; dazu soll es eine Funktion sein, die ihm jeden Tag etwas Neues bringt, eine Arbeit, die Wagemut von ihm fordert, ein Berufsgebiet, auf dem es irgendwie eine Heldentat zu verwirklichen und zu erfüllen gilt.

Es ist nicht verwunderlich, daß sich viele Widder-Typen jenen Berufen zuwenden, wo sich noch Neuland erschließen läßt und sie sich als Pioniere und Bahnbrecher in ihrem Element fühlen.

Es ist angesichts der rund 30 000 bekannten Berufe ein Ding der Unmöglichkeit, alle aufzuzählen, die dem Widder-Typ entsprechen. Man kann höchstens einige der charakteristischsten Berufe skizzieren, der «sadistischen» Berufe, wie Szondi sie bezeichnet. Der Widder ist unbestritten aggressiv; der Beruf, den er wählt, umfaßt im allgemeinen eine Tätigkeit, die seine gewaltigen Bedürfnisse nach Kraftäußerung und nach Auseinandersetzung mit Problemen, Objekten und Menschen weitgehend befriedigt. Nachstehend eine Liste von Beispielen:

Neigungen: Aggressivität, Machtgefühl, aktive Männlichkeit
Objekte: Eisen, Metall, Feuer, Maschinen, Tiere, Menschen
Arbeitsgeräte: Hacke, Beil, Hammer, Meißel, Messer, Schmiedehammer
Orte: Schlachthof, Stall, zoologischer Garten, Kaserne, Fabrik, Mine, Gießerei, Sportplatz; Operations- und Sektionssaal, Gerichtssaal
Möglichkeiten: Bergwerke, Eisenindustrie, Gießereien, Metallbearbeitung, allgemeine Industrie, Maschinenbau; Metzgerei, Wursterei, Schlächterei, Jagd, Dressur, Aufzucht, Gymnastik; Landesverteidigung, Armee, Polizei; Anwalt, Tierheilkunde, Zahnheilkunde, Chirurgie, Bildhauerkunst

Von allen Typen hat der junge Widder am wenigsten Schwierigkeit, sich in eine *Arbeitsgemeinschaft* einzufügen. In dieser Hinsicht ist er wirklich verblüffend. Aber sein Arbeitstempo ist ungleich. Seine Tätigkeit wird eher durch Intuition, durch Augenblickseinfall, angeregt als durch einen wohlberechneten, detaillierten, methodischen Plan. Arbeit im stillen Kämmerlein sagt ihm nicht zu; er braucht die Zusammenarbeit, doch will er einen besonderen Platz einnehmen. Bemerkt er den Vorsprung eines Kollegen, so fühlt er sich fast wider Willen angespornt, ihn zu überflügeln. Er ist nicht der Mann der kleinen Einzelheiten, sondern der Mann der großen Linien.

Seinen Vorgesetzten gegenüber verhält er sich nicht überaus diszipliniert, sondern recht ungezwungen. Wenn er sich gefesselt fühlt, wird er unzufrieden, bricht Streit vom Zaun, wird leicht zum «Rädelsführer». Spürt er hingegen, daß seine Vorgesetzten ihn schätzen, zeigt er einen erstaunlichen Eifer.

Zu seinen Kollegen verhält er sich kameradschaftlich, ist schnell auf vertrautem Fuß und behandelt sie mit rauher, oft brutaler, ja herrischer Offenheit. Bei seinen Untergebenen duldet er keinen Ungehorsam.

Die besten Leistungen vollbringt der Widder in leitender Stellung. Ist seine Position untergeordnet, so muß seiner Tatkraft freier Spielraum gelassen werden, und seine persönliche Initiative sollte sich ungehindert entfalten können. Seine Selbstachtung darf nicht verletzt werden: er ist ein Mensch mit ausgesprochenem Ehrgefühl.

Der Widder-Typ hat eine fast triebhafte *Einstellung zum Geld*. Spontan wie er ist, widersteht er kaum jemals der Verlockung, sich die Dinge zu kaufen, nach denen ihn jeweils verlangt. Sparen kann er nicht, höchstens im Hinblick auf einen großen Kauf in der Zukunft. Doch selbst das ist recht fraglich, denn plötzlich mag er nicht länger zuwarten. Er schafft sich etwas Billigeres an, das er sofort haben kann. Diese Verschwendungssucht kennzeichnet besonders den jungen Widder-Typ. Man denke an Baudelaire, der in wenigen Wochen sein ganzes Erbe verschleuderte.

Reichtum liegt beim Widder nicht in besten Händen. Er geht im allgemeinen leichtsinnig damit um. Er benötigt unbedingt ein neues Auto, neue Möbel; er macht Geschenke, er spielt den Großzügigen... wie herrlich, so aus dem vollen zu schöpfen!

Doch auch der Widder-Typ kennt, je nach seinem persönlichen Geburtshoroskop, bedeutende finanzielle Möglichkeiten. Ist das Widder-Zeichen von starken Planeten besetzt oder beeinflußt, die sein Organisationstalent fördern, so kann der Widder-Geborene alle Kräfte entfalten, getreu dem Grundsatz seines Wesens: Wer nichts wagt, gewinnt nichts. Ein beredtes Beispiel verkörpert John Pierpont Morgan (Sonne, Merkur, Venus im Widder), der Stahlmagnat, der den größten Trust der Welt gründete.

Die «Chancen» des Widders liegen jedoch zweifellos im Gewinn außerhalb der Regel: in unverhofften, guten Geschäften. Aber solche Transaktionen bergen große Risiken; wenn der Widder sich zu weit in Spiel, Lotterie und Spekulationen einläßt und keinen Gewinn davonträgt, ist er entmutigt; schlimmer noch: er verliert den Glauben an sich selbst – und damit alles.

Gemischte Widder-Typen

Wir kennen unser Sonnenzeichen; aus der Anleitung am Ende des Buches können wir das Aszendentzeichen berechnen. Die Werte dieser beiden Zeichen zusammen ergeben folgende allgemeine Charakterisierung:

Widder – Stier: *Aszendent Widder und Sonne im Stier*
                   oder
                   Sonne im Widder und Aszendent im Stier

Die beiden ersten Zeichen zusammen ergeben spannungsreiches Leben, starkes Temperament und große Lebenskraft. Aus ihnen gehen die Naturhaften, die Leidenschaftlichen, die Genießer (d'Annunzio, Giono, Vlaminck) hervor, doch auch herrische, eigensinnige Willensnaturen mit großer Überzeugungsgewalt und nur teilweise fruchtbarer Tätigkeit (Hitler, Lenin, Ribbentrop).

Widder – Zwillinge: *Aszendent Widder und Sonne in den Zwillingen*
                       oder
                       Sonne im Widder und Aszendent in den Zwillingen

Die Kombination dieser beiden Zeichen erzeugt eine bewegliche, rastlose, impulsive, allen möglichen Launen unterworfene Natur, zugleich ausdauernde Jugendlichkeit: lebhaft, neugierig, begeisterungsfähig, opportunistisch, dem Augenblick verfallen, dazu strahlende, funkelnde, beredte, einfallsreiche und intuitive Intelligenz (Blum, Gallieni).

Widder – Krebs: *Aszendent Widder und Sonne im Krebs*
                    oder
                    Sonne im Widder und Aszendent im Krebs.

Hier stehen sich zwei grundverschiedene Naturen gegenüber: die eine drängt vorwärts, kühn und waghalsig; sie lebt für die Zukunft und den Fortschritt... die andere geht rückwärts, zieht sich in sich selbst zurück, lebt in eigener, verletzlicher Empfindsamkeit, in Vergangenheit und Erinnerung. Davon rührt ihre innere Zerrissenheit her: abwechselnd extravertiert und introvertiert; Zeiten fieberhafter Fröhlichkeit wechseln mit Zeiten tiefer Depressionen (Goya, Proust, van Gogh).

Widder – Löwe: *Aszendent Widder und Sonne im Löwen*
                   oder
                   Sonne im Widder und Aszendent im Löwen

Ein feuriges Temperament strahlt kampfeslustige, kühne und großzügige Tatkraft aus. Herrisch und ehrsüchtig, begehrt diese Natur nach Unabhängigkeit und Befehlsgewalt, besonders wenn sie sich zu höherem Auftrag berufen fühlt... Sie entflammt sich für alles Edle, Großherzige. Ihr Schlüsselwort heißt Karriere. Ehre, Einfluß und Ansehen zählen hier. Die Energie ist außerordentlich groß (Bismarck, Bolivar, Claudel, Wilhelm I.).

Widder – Jungfrau: *Aszendent Widder und Sonne in der Jungfrau*
                       oder
                       Sonne im Widder und Aszendent in der Jungfrau

Zwischen diesen beiden Zeichen gibt es wenig Verwandtschaft. Man erkennt häufig eine Doppelnatur, die des Widders: impulsiv, kühn, abenteuerlich; die der Jungfrau: vorsichtig, gemäßigt, praktisch. Mit zunehmendem Alter können zwei Kräfte zu anregender Einheit verwachsen: praktische Verwirklichung moderner Ideen wie auch Freiheit und Unabhängigkeit, die man sich durch Disziplin, Sicherung und Organisation geschaffen hat. Allerdings kommt es manchmal zu inneren Konflikten, Skrupeln und Schuldgefühlen (Baudelaire, Descartes).

Widder – Waage: *Aszendent Widder und Sonne in der Waage*
oder
Sonne im Widder und Aszendent in der Waage

Auch dies eine Verbindung mehr oder weniger entgegengesetzter Kräfte. Innere Konflikte können denn auch nicht ausbleiben: ein Schaukelspiel zwischen einer «frühlingshaften» Natur, der glühenden und feurigen des Widders, und der «herbstlichen» Natur der Waage: Geselligkeit, Mäßigung, Sympathie und Beschwichtigung (Gogol, Lamartine).

Widder – Skorpion: *Aszendent Widder und Sonne im Skorpion*
oder
Sonne im Widder und Aszendent im Skorpion

Die Verbindung dieser zwei Marszeichen verstärkt die aggressiven, triebhaften und leidenschaftlichen Neigungen. Menschen mit dieser Kombination sind herrisch und undiszipliniert, fest in ihren Entschlüssen, kritisch im Urteil, schroff in ihren Beziehungen, heftig in ihren Äußerungen. Ihr Wille ist unerbittlich, ihre Feindschaft zu fürchten, ihre triebhafte Leidenschaft gefährlich, gleichzeitig aufbauend und zerstörerisch.

Widder – Schütze: *Aszendent Widder und Sonne im Schützen*
oder
Sonne im Widder und Aszendent im Schützen

Durch diese Kombination entsteht ein feuriger Charakter, der erobern und zugleich erkennen will. Seine spontane Natur drängt nach Freiheit und Selbständigkeit. Mitteilungsdrang, mitreißende Beredsamkeit, bestrickende Überzeugungskraft für eine gute Sache. Vorliebe für schwierige Vorhaben und für ritterliche geistige Auseinandersetzungen (Honegger, Zola).

Widder – Steinbock: *Aszendent Widder und Sonne im Steinbock*
oder
Sonne im Widder und Aszendent im Steinbock

Der außerordentliche Widerspruch zwischen dem lebenswarmen, explosiven Widder und dem kalten, auf sich selbst konzentrierten Steinbock äußert sich meist in einem inneren Zwiespalt, wobei abwechslungsweise die impulsive, leidenschaftliche Natur und die bedächtige, beschauliche, «winterliche» Natur vorherrschen. Es kann auch vorkommen, daß die beiden Naturen sich vereinen und einen wachsamen, willensstarken Charakter bilden, der seine ehrgeizigen Ziele eisern und rücksichtslos verfolgt (Mallarmé, Napoleon III., Savonarola).

Widder – Wassermann: *Aszendent Widder und Sonne im Wassermann*
oder
Sonne im Widder und Aszendent im Wassermann

In dieser Verbindung kommen starkes Unabhängigkeitsgefühl und feurige Freiheitsliebe zum Ausdruck. Es sind in der Regel idealistische, erfinderische, provozierende und originelle Menschen, die sich für neue Ideen begeistern; Erneuerer, manchmal naive Utopisten oder Revolutionäre, auch geschickte Bastler. Philosophisch oder wissenschaftlich interessiert, stellen sie sich uneigennützig in den Dienst hoher Ideale.

Widder – Fische: *Aszendent Widder und Sonne in den Fischen*
oder
Sonne im Widder und Aszendent in den Fischen

Hier grenzt die Welt des «Wassers», der Unentschlossenheit, des Zögerns, der Ungewißheit an die Welt des «Feuers», der Entschlossenheit, des Ausbruchs, der feurigen Lebhaftigkeit. Das innere Feuer kann sich entflammen für ein Opfer, das der Mensch zu bringen gewillt ist: für die Verteidigung der Schwachen, für die Beschützung der Unterdrückten. Er ist voll guten Willens und fähig, sich für andere hinzugeben. In einzelnen Fällen verfügt er über eine prophetische Intelligenz, die sich auf einmalige Weise offenbaren kann (Kopernikus, Einstein, Gorki, Vigny).

Die Bedeutung der Planeten im Widder

Wenn man die Beziehungen zwischen Tierkreis und Planeten erforschen will, so muß man zuerst die Bedeutung der Planeten in den Zeichen erkennen. Dies ist nur möglich, wenn ein minutengenaues Horoskop vorliegt. Die nachfolgenden Ausführungen gelten demnach für die aus den Ephemeriden ersichtlichen Gestirnstände.

Mond: bedeutet die animalische Seite, die Triebhaftigkeit, das unbewußte, ungestaltete Leben. In diesem psychischen Bereich machen sich die Widder-Kräfte geltend, z. B. oft heftige Leidenschaften (George Sand). Die Weiblichkeit der Frau neigt zur Vermännlichung (Simone de Beauvoir), der Mann kann dem Einfluß der männlichen Frau erliegen (Anatole France). Die impulsive, unstete, unrealistische, kindliche Seite wird verstärkt.

Merkur: stellt Bewußtsein, Vernunft und Verstand im seelischen Leben dar. Die Widder-Natur prägt hier ihre Geistigkeit (Zola, van Gogh).

Mars: verkörpert die Aggressivität in ihrer ganzen Heftigkeit. Bei extravertierter Haltung neigt der Mensch, wenn nichts ihn zurückhält, zu Gewalttat und maßloser Übertreibung (Gambetta, Göring, Lenin, Napoleon III., Zola), bei Introversion hat er ein heftiges, oft selbstzerstörerisches Innenleben.

Venus: symbolisiert die Welt der Gefühle und das Trachten nach Liebe. Der Widder leiht ihnen das Feuer seiner Leidenschaft (Goya, Ludwig XV., Mallarmé, Therese von Avila). Doch Venus, die hier im Exil steht, wird geschwächt und verliert ihre weiblichen Qualitäten und ihre Zärtlichkeit.

Jupiter: entfaltet die Kräfte des Widders und stellt sie in den Dienst humaner Ideale. In gewissen Fällen entwickelt er die jovialen Züge eines cholerischen Charakters, in andern offenbart sich natürliche Autorität und Überlegenheit (Brahms, Descartes).

Saturn: kehrt die Eigenschaften des Zeichens nach innen: in kühner Forschung, im Betreten von Neuland, in Selbstzergliederung oder in bewußt gestaltetem Werk (Baudelaire, Einstein, Haydn). Erhält Saturn jedoch schlechte oder ungünstige Aspekte, so hemmt er oft die Vitalität, zerstört die Spontaneität; die aggressive Roheit des Zeichens nimmt zerstörerischen oder selbstzerstörerischen Charakter an, mitunter in tragischem Sinn.

Uranus: zeigt eindeutige Verwandtschaft mit dem Zeichen infolge seines reformistischen, revolutionären, freiheitlichen und kühnen Charakters; er verstärkt die Kräfte des Feuers und läßt prometheische Auflehnung hervortreten.

Neptun: verleiht der Neigung des Zeichens zum Abenteuerlichen utopischen Charakter nach Art eines Don Quijote (Cervantes), eine ideologische oder mystische Zielrichtung (Lenin), oder auch eine Neigung zur Flucht ins Sensationelle und in den Skandal (Erik Satie).

Pluto: wird als neuer Herr des Zeichens zusammen mit Mars genannt. Er offenbart hier seine heftigste Aggressivität, jedoch oft in herzenskalter Weise.

STIER

Die Psychologie des Stiers

Der Stier gehört dem Erdelement an. Diesem entsprechen Triebäußerungen und Erdenschwere. «Die Erdzeichen tendieren», wie E. C. Kühr schreibt, «zu einer triebbetonten Auseinandersetzung mit dem Irdischen durch Bindung an die eigene Scholle, Streben nach materieller Sicherung und nach Realisierung von Ideen, Vertiefung in alle Einzelheiten der Erscheinungswelt und Ausbildung des Sachbewußtseins.»

Der Stier ist zudem ein fixes Zeichen. Mit andern Worten: «Die dem fixen Zeichen jeweilig entsprechende psychische Energie wird nicht nach außen ausgeströmt, sondern bewahrt, akkumuliert und durch diese Stauung intensiver. Aus diesem Grunde entspricht dem Zeichen die gesammelte Energie, das Kräftereservoir, die Fixierung und die Entfaltung durch Ruhe, Beharrlichkeit und Stetigkeit bis zur Starrheit.»

Der «sekundäre» Typ: ein psychischer «Wiederkäuer»

Ein Mensch mit typischer Sekundärfunktion bedarf geraumer Zeit, bis die Reize aus der Außenwelt in sein Wesen eindringen. Dann aber wirken sie lange nach und beeinflussen sein Verhalten tiefgreifend. Ein «sekundärer» Typ hat Ereignisse und Eindrücke schrittweise und allmählich innerlich zu verarbeiten. Nur langsam verschmilzt Neues mit Altgewohntem. Er pflegt inmitten der Gegenwart die Vergangenheit wieder zu fühlen, wieder zu überdenken und wiederzukäuen. Er ist tatsächlich ein psychischer «Wiederkäuer». Die innige Verbindung mit und Abhängigkeit von der Vergangenheit gehört wesentlich zu seinem Charakterbild. Er ist damit zugleich beständig in seinen Zuneigungen, treu seinen Bindungen, er hängt an Jugendfreundschaften und kehrt gerne an seinen Geburtsort zurück. Doch verharrt er auch in seinen üblen Launen, seinen Skrupeln, seiner konservativen Haltung; er kann ebenso treu ergeben sein wie nachträgerisch. Er hält ein für allemal fest an eingewöhnten Verrichtungen, an der unveränderlichen Einteilung seiner Tage, an der Wiederkehr ein und derselben Vergnügungen, kurz, er ist ein Gewohnheitsmensch und in Vorurteilen befangen, von denen er nicht losläßt. Eindrücke häufen sich an, stauen sich, bis sie sich dann plötzlich in unerwarteten Handlungen entladen, die seine Umwelt nur mit größter Mühe zu begreifen vermag. Er ist eigensinnig und für gute Ratschläge unzugänglich, Wechsel widerstrebt ihm, rasche Anpassung ist ihm unmöglich; er fügt sich nur mühsam in eine vielfältige Umwelt oder in gewandelte Umstände. Ihm droht die Gefahr des «Automatismus». Sein geistiges Leben erstarrt in Systematik. Er handelt in strenger Übereinstimmung mit seinen Grundsätzen, treu seinem Wort und seinen Idealen. Pflichtversäumnis ist ihm ein Greuel.

Wie Magensäure bei schlechter Verdauung stoßen Beleidigungen und Kränkungen in ihm auf. Sie vernarben, aber sie werden nicht vergessen. Sein seelisches Wohlbefinden hängt stark vom Wiederkäuungsprozeß und von der Bewältigung einer oft hemmenden Vergangenheit ab.

Diese Sekundärfunktion ist besonders ausgeprägt, wenn im Geburtshoroskop dieses Typs der Planet Saturn dominiert.

Der Träge

Der «Wiederkäuungsvorgang» fällt mit einem verlangsamten Lebensrhythmus zusammen. Der Stier-Typ untersteht dem phlegmatischen Temperament. Der Phlegmatiker sucht die Verwirklichung auf der Linie des geringsten Widerstandes. Er ist demnach auch eher lässig und bequem, er reagiert langsam und strebt sein Ziel auf Umwegen an. Nur schwer sind seine angestauten Gefühle zu wecken. Er macht den Eindruck, als hätte er zuerst eine große, schwerfällige Masse aufzuheizen. Dies trifft hauptsächlich bei Stier-Geborenen zu, deren Geburtshoroskop eine Saturn-Dominante aufweist. Bei schlechten Aspekten haben diese Menschen ein abgestumpftes Gefühlsleben; sie sind schweigsam, melancholisch, begriffsstutzig, problemlos – dumpfe Genießer, die sich nur schwer aus ihrer rein passiven Erdgebundenheit lösen, um geistige Ziele anzustreben.

Wird aber der Stier-Typ von einer sogenannten «heißen» Dominante (Mars, Sonne, Jupiter) beherrscht, so rührt er sich und reagiert auf Reize. Einmal in voller Fahrt, geht er schnurstracks seinen Weg, setzt seine massiven Stierkräfte ein, um Hindernisse niederzustampfen, und verfolgt sein Ziel eigensinnig und beharrlich.

Infolge dieses schrittweisen Vorgehens ändert die Sekundärfunktion ihr Wesen: der schweigsame, kalte, unempfindliche Phlegmatiker wird zum heißblütigen, optimistischen, leicht erregbaren Sanguiniker. Der Charakter, eben noch in sich gekehrt, ruhig, beinahe schläfrig und träge, wandelt sich: der gleiche Mensch wird jetzt sinnlich angeregt, leicht gereizt und unternehmend; er sprüht geradezu vor Lebenslust.

Der «orale» Instinktive

Aus der Sicherung und dem materiellen Komfort entwickelt der Stier-Typ seinen Lebensgeschmack, verteidigt er sich gegen Gefahren und gestaltet er sein persönliches Leben. Er ist zunächst und vor allem ein physisch *gesunder* Mensch, instinktiv und in direktem Kontakt mit der Natur.

C. G. Jung beschreibt diesen Typus mit folgenden Worten: «Sein stetiges Motiv ist, das Objekt zu empfinden, Sensationen zu haben und womöglich zu genießen. Er ist kein unliebenswürdiger Mensch, im Gegenteil, er ist häufig von erfreulicher und lebendiger Genußfähigkeit, bisweilen ein lustiger Kumpan, bisweilen ein geschmackvoller Ästhet. Im ersteren Fall hängen die großen Probleme des Lebens ab von einem mehr oder weniger guten Mittagstisch, im letzteren gehören sie zum guten Geschmack. Insofern er denkt und fühlt, reduziert er immer auf objektive Grundlagen, d. h. auf Einflüsse, die vom Objekt kommen, unbekümmert auch um die stärkste Beugung der Logik. Tastbare Wirklichkeit läßt ihn unter allen Umständen aufatmen. In dieser Beziehung ist er von unerwarteter Leichtgläubigkeit. Sein Ideal ist die Tatsächlichkeit. Er hat keine Ideen-Ideale, darum auch keinen Grund, sich irgendwie gegen die tatsächliche Wirklichkeit fremd zu verhalten. Das drückt sich in allen Äußerlichkeiten aus.»

Seine Instinkte sind stark, seine Sinnlichkeit ist übermächtig. Diese beherrschende Sinnenhaftigkeit ist in seinem Wesen zutiefst verwurzelt. Sie will ergreifen, zupacken, aufsaugen. Die Psychoanalyse bezeichnet einen solchen Typ als «oral», weil seine Impulse auf den «Saugkontakt» ausgerichtet sind. Der Stier-Typ will soviel wie nur möglich an sich reißen, er ist gierig und gewinnsüchtig. Besitzerinstinkte herrschen vor. Die gleiche besitzergreifende Anlage offenbart sich im Gefühlsbereich: er ist leicht eifersüchtig, will besitzen und ist auch schnell von etwas besessen. Es scheint, als könnte er nicht leben, ohne soviel wie möglich zu «verschlingen»: Gegenstände und Menschen seiner Umwelt.

Diese Instinktnatur tritt um so stärker hervor, je mehr im Geburtsbild die «Instinkt-Planeten» vorherrschen: vor allem Mars und Jupiter.

Unschwer wird damit auch der Zusammenhang klar, der zwischen dem Oral-Komplex und dem Bacchantischen besteht, ebenso die starke Liebe zu Natur und Erde.

Der dionysische Mensch

C. G. Jung zitiert (in *«Psychologische Typen»*) in einem Kapitel über «das Appollinische und das Dionysische» vor allem Nietzsche, der das Dionysische wesentlich als einen psychischen Rauschzustand bezeichnet:

«‹Das Dionysische ist die Befreiung des schrankenlosen Triebes, das Losbrechen der ungezügelten Dynamik... Das Dionysische ist vergleichbar dem Rausch, der das Individuelle auflöst in die kollektiven Triebe und Inhalte, eine Zersprengung des abgeschlossenen Ich durch die Welt...› Die Darstellung Nietzsches läßt ohne weiteres erkennen, daß damit eine Entfaltung gemeint ist, ein Herauf- und Herausströmenlassen, eine die Welt umfassende Bewegung, wie sie auch Schiller in seiner Ode ‹An die Freude› schildert. Das ist dionysische Expansion. Es ist ein Strom mächtigsten All-Empfindens, der unwiderstehlich hervorbricht und wie stärkster Wein den Sinn berauscht. Es ist eine Trunkenheit im höchsten Sinne.»

Für den dionysischen Menschen ist das Leben ein Fest, ein bacchantischer Reigen, aus dem er alle Sinnenfreuden schöpft. Doch das Leben wird ihm auch zum Trauergesang der Knechtschaft und Sklaverei. Das Wort ist nicht zu stark: dieser Mensch wird dem, was er besitzt, hörig. Er wird zum Sklaven einer sinnlichen Leidenschaft oder der Habsucht; er verfällt Gegenständen oder Menschen.

Kein Wunder, daß bei einem so erdgebundenen und der Materie verhafteten Menschen ein Angstgefühl vor den unkontrollierbaren Neigungen seines Wesens, die ihn zu überfluten drohen, aufkommen muß: es ist das Erschrecken des passiven Elements, das wilden Triebkräften ausgesetzt ist. Wird das Gleichgewicht gestört, so verbohrt sich der dionysische Stier-Typ in Gewissensbisse, in hartnäckiges Grübeln über seinen wenig asketischen Lebenswandel. Damit aber wird Unordnung, Triebstauung, Hemmung und Lähmung Tür und Tor geöffnet.

Wenn Mars das Geburtshoroskop beherrscht, können die blinden, gestauten, zerstörerischen Kräfte explosionsartig ausbrechen. Diese

«Stier-Wut» ist denn auch typisch sekundär: es bedarf erst wiederholter Reize, Kränkungen und Verletzungen seines Selbstgefühls – im Gegensatz zum Widder, dem «primären» Typ, der jedesmal aufbraust –, um ihn in Harnisch zu bringen. Er wiederkäut seinen Groll im stillen; äußerlich bewahrt er die übliche Ruhe, aber nur ein Tropfen zuviel bringt den Krug zum Überlaufen. Dann schlagen Geduld und Friedfertigkeit jäh in wilde Wut um, dann verliert er jedes Maß. Abgesehen jedoch von diesen episodischen Ausbrüchen, verhält er sich im täglichen Leben friedlich, gefällig, gutmütig, einfach, ja liebevoll. Denn Venus ist die Gebieterin des Stier-Zeichens – sie beherrscht auch die Triebkräfte und Leidenschaften des harmonischen Stier-Typs.

Die Intelligenz

Der Stier-Typ verfügt über einen realistischen und praktischen Geist, viel gesunden Menschenverstand und schlichtes Urteilsvermögen. Er kennt seinen Weg und weicht keinen Zoll breit davon ab. Er verliert sich nicht in den Wolken, er steht fest auf der Erde. Seine Intelligenz ist zweckgerichtet: sie hat praktischen und nützlichen Zielen des Verbrauchs und des materiellen Lebens zu dienen.

Sein Geist denkt gleichsam mit den Händen: er geht von sinnlicher Anschauung aus, er entfaltet sich im Gegenständlichen und setzt sich mit der Wirklichkeit auseinander. Für einen so realistisch denkenden Typ droht die Gefahr allzu großer Bindung an materiellen Schein und an Äußeres; allzuleicht kann er das Opfer einer Illusion seiner Sinne werden. Zudem beschränkt sich sein Wirklichkeitssinn oft nur auf den stofflichen Wert der Dinge, auf den Gesichtspunkt des nur praktischen Menschen. Er ist ein guter Beobachter, wenn sein Interesse geweckt wird. Klar erfaßt er die sachlichen Gründe und hat ein gutes Gedächtnis. Doch er begreift nur langsam und bedächtig; immer wieder kommt er auf die gleiche Sache zurück. Neues muß er sich geradezu in den Kopf «hineinhämmern». Doch was er einmal verarbeitet hat, bleibt sein unveräußerlicher geistiger Besitz.

Innerer Überzeugung, die sich auf Sinneswahrnehmung stützt, traut er freilich mehr als einem geistig-abstrakt erarbeiteten Urteil. Höher als Analyse stehen ihm Fühlen und Empfinden. Nur langsam legt er sich fest. Hat er aber einen Entschluß gefaßt, so bringt ihn nichts mehr davon ab. Seine Wahl bleibt unerschütterlich. Er ist denn auch im wahrsten Sinne konservativ bis in die Knochen.

Die philosophische Einstellung

Im philosophischen Denken des Stiers lassen sich mehrere Grundrichtungen unterscheiden.

Das Charaktermerkmal der «Sekundarität», des «Wiederkäuens», veranlaßt den stiergeborenen Denker zur Bildung klarer Begriffssysteme. Repräsentativster Ausdruck dieser Grundhaltung ist Immanuel Kant (Sonne im Stier), dessen Sekundarität noch durch Saturn verschärft wird: sein ganzes Leben widmet er beharrlichem Nachdenken.

Kierkegaard (Sonne und Venus im Stier) ist gleicherweise ein typischer Fall. Doch in der denkerischen Leistung macht sich die Sinnlichkeit des Zeichens geltend. Kierkegaards mystischem und philosophischem Elan liegen denn auch seine jeweils auf schmerzliche Weise gelösten Verlobungen zugrunde.

Das Zeichen der Erde und der Materie ist aber vor allem in der geistigen Hinwendung zum Materialismus zu erkennen. In verschiedenen Abstufungen und Graden ist dies im Kritizismus (Kant), im Positivismus (Comte: Aszendent-Stier) und zumal im Marxismus (Marx: Sonne und Mond, Lenin: Sonne und Merkur) festzustellen.

Der Stier ist vielleicht das unreligiöseste Tierkreiszeichen, insoweit es fest in der Wirklichkeit verwurzelt ist. Religiöser Sinn kann ihm überhaupt abgehen. Bricht jedoch eine innere Krise aus, so erlebt er die Angst vor Tod und Jenseits; eine «Bekehrung» beruht dann vorwiegend auf berechnender Sicherung. Religiöse Veranlagung wird meist aus außerchristlichen Quellen gespeist. Eine Art «materialistischer Mystik» vom Schlage eines Lukrez umschreibt im allgemeinen das «religiöse Gefühl» des Stier-Denkers.

Die äußere Erscheinung des Stiers

Die Gestalt

Wohlbekannte Kennzeichen des Stier-Typs sind der kurze, dicke Stiernacken, das trapez- oder abgestumpft-pyramidenförmige Gesicht, die starken Schultern, die breite Stirn, die kurze, fleischige und vierkantige Nase, der dicklippige Mund, die großen, weit auseinanderliegenden Augen. Dazu ein schwerer, massiger Körper – im Gegensatz zum mageren oder schlanken Widder – der den Eindruck «bulliger», geballter Kraft vermittelt. Harmonisch und ausgeglichen sind seine Bewegungen, und auch seine ganze Erscheinung ermangelt trotz der Schwerfälligkeit keineswegs einer gediegenen Anmut; seine Gesichtszüge sind angenehm und freundlich: Stierkinder sind Venuskinder!

Die drei Erscheinungsformen des Stiers in der Natur kehren in den astrologischen Typen wieder: der «Kuh-Typ» ist lymphatisch; untere Gesichtshälfte und Bauch stehen leicht gewölbt vor. Der weibliche Typ hat einen stark entwickelten Busen. Der «Ochsen-Typ», weniger lymphatisch, besitzt einen friedlichen, arbeitsamen und ausgeglichenen Charakter. Der «Stier-Typ» ist ein ausgesprochener Sanguiniker, mit dicker Unterlippe und kantigen Schultern.

Gang und Mimik

Auch an der Gangart ist der ausgeprägte Stier-Typ leicht zu erkennen. Er vermittelt den Eindruck, als habe er sehr viel Zeit und kenne keine Eile. Muß er jedoch pünktlich sein, so stürmt und rennt er keineswegs vorwärts, wie viele andere, sondern er marschiert mit gleichmäßigen, ausgeglichenen Schritten, den Kopf zur Erde gesenkt, die Augen auf den Boden geheftet, als käme ihm von dort schützende Hilfe. Er steht fest auf der Erde; mehr als jeder andere gehorcht er dem Gesetz der Schwerkraft.

Sein Händedruck ist warm und herzlich, die Stimme sympathisch. Bei der Frau klingt sie weich, angenehm, beinahe bestrickend; manchmal weist sie eine leicht schleppende, sehnsüchtige oder sinnliche Klangfarbe auf. Unter dem Zeichen des Stiers, das Hals und Kehlkopf beherrscht, findet man erstaunlich viele Sänger und Sängerinnen: Line Renaud (Aszendent Mars und Jupiter), Enrico Caruso (Aszendent), Bing Crosby (Sonne-Merkur-Mars), Tino Rossi (Sonne) und Charles Trenet (Sonne und Merkur).

Gesundheit

Ein ausgeprägter Stier-Typ ist von starker physischer Konstitution. Bedeutende organische Widerstandskraft kann ihm unter Umständen ein langes Leben ohne besondere Gebrechlichkeit verbürgen.

Aber der Stier-Typ erkennt seine Grenzen nicht. Hartnäckig überschreitet er sie immer wieder: er arbeitet sich fast zu Tode. Hat er seine Kräfte aufgebraucht, findet er seinen Lebensrhythmus erst nach langer Erholungszeit wieder.

Der Stier-Typ ist auch ein großer Esser; er kümmert sich im allgemeinen wenig um eine gemäßigte Lebenshaltung oder gar um Diät. Geregelte Verdauung ist nicht seine Stärke. Gibt er sich, unwissentlich oder in übermäßigem Vertrauen in seine organischen Naturkräfte, kulinarischen Exzessen hin, so kann er in der Folge unter Fettsucht, Zuckerkrankheit und Leberanfällen leiden, zumal wenn er Warnungen in Form von gutartigen Infektionskrankheiten in den Wind geschlagen hat.

Nach der astrologischen Überlieferung ist der Stier-Typ besonders anfällig für Halskrankheiten, für Mundhöhlen-, Kehlkopf-, Halsdrüsen-, Stimmbänder- und Lungenspitzen-Erkrankungen. Der Stier steht physiologisch in Verbindung mit dem gegenüberliegenden Zeichen, dem Skorpion, das die Geschlechts- und Ausscheidungsorgane beherrscht.

Es ist – beiläufig bemerkt – bezeichnend, daß ausgerechnet ein Arzt im Zeichen des Stiers, der auch vom Skorpion stark geprägt ist, versucht hat, die Beziehungen zwischen physischem und psychischem Gleichgewicht zu erforschen: Sigmund Freud.

Kleidung

Die Stier-Frau – vor allem unter Venus-Einfluß – hat einen ausgezeichneten Geschmack. Sie beweist ihn auch in der Art, wie sie sich kleidet.

Große Ansprüche stellt sie nicht: sie kleidet sich weder auffallend noch übertrieben, wie etwa Frauen im Zeichen des Widders oder des Wassermanns. Sie steht zu ihrer eigenen, selbständigen Geschmacksrichtung und macht keine Modetorheiten mit. Sie bevorzugt frühlingshafte Weiblichkeit: glänzende, seidene Stoffe und weite Röcke.

Die Stier-Geborenen mit Saturn-Dominante messen ihrer Kleidung weit weniger Wichtigkeit bei; sie neigen vielmehr zu Nachlässigkeit. Nur schwer trennen sie sich von ihren alten Kleidern. Die Launen der Mode machen sie nicht mit.

Das Verhalten des Stiers

Die Liebe

Platon hat im «*Gastmahl*» die «Unterscheidung des himmlischen und gemeinen Eros» beschrieben. Er sagt: «Wie sollten nicht zwei Göttinnen sein? Die eine ist ja die ältere, die mutterlose Tochter des Uranos, welcher wir auch den Beinamen der himmlischen geben, und dann die jüngere, des Zeus und der Dione Tochter, welche wir auch die gemeine nennen.»

Platon unterscheidet demnach Venus-Urania und Venus-Pandemia, die himmlische und die irdische Liebe.

«Beide», meint Schmitz, «unterscheiden sich nicht dem Wesen nach, sondern nur nach dem Grad, in dem Venus zum Stoff hinabgestiegen ist, um dort ihre Aufgabe zu erfüllen. In der Astrologie entspricht der Urania das Taghaus der Venus, die Waage. Sie ist ein Luftzeichen und verkörpert somit das höhere, geistige Element. Venus erweckt im Stoff, im Gegensatz zum aktiven Willen des Mars, den passiven Willen: den Wunsch. Sie teilt dem Stoff ihre Empfänglichkeit mit und gibt ihm zugleich Anziehungskraft, ja die Kraft zu bezaubern, zu verführen. So wird sie im Zeichen des Stiers zur irdischen Liebe.»

Der Stier-Typ hat ein Herz voller Empfindungen, die zugleich zart und sinnlich sind. Die beiden Ergänzungspole der Liebe – Gefühl und Lust – verschmelzen zu einer leidenschaftlichen Ganzheit; er fühlt und empfindet ungeteilt, einfach und natürlich.

Der Stier-Typ wirft sich indes nicht – wie der Widder-Typ – der Liebe blindlings in die Arme. Sein Gefühl entwickelt sich nur langsam; es wächst beinahe unbewußt, wird auf halbem Wege vielleicht wieder abgeschwächt oder zurückgedrängt, bis endlich die unwiderstehliche Leidenschaft ihn packt. Hat sein Herz gesprochen, dann ein für allemal. Allzuviel Anstrengung kostet ihn der Aufschwung, als daß er nun auf halbem Wege stehenbliebe. Wenn er aber liebt, so vermag nichts und niemand mehr ihn daran zu hindern, er selbst nicht und noch weniger andere. Er geht bis ans Ende seiner Passion, sei sie für ihn Glück oder Unglück.

Hier stößt man abermals auf das feste Erdzeichen, das Ausdruck des Besitzertriebs ist. Dieser führt zu erstaunlicher Beständigkeit und Treue in den Empfindungen. Die Versprechen «auf Zeit und Ewigkeit», diese alten Tauschmünzen, haben bei ihm noch Kurswert. Der Besitzerinstinkt des Zeichens offenbart sich in der hartnäckigen Bindung an das geliebte Wesen. Er will es besitzen wie ein eifersüchtig bewachtes Eigentum. Der Stier-Typ kennt nur ungeteilte Liebe.

Mars steht im Zeichen des Stiers im «Exil», das heißt, seine Stellung ist geschwächt. Wird er in einem Geburtshoroskop von ungünstigen Aspekten getroffen, so besteht Gefahr, daß ungestüme Triebinstinkte hervorbrechen, blinde Sinnlichkeit, Ausschweifungen, Orgien, dumpfes Genießertum, Eifersucht. Was dann an die Oberfläche dringt, sind die trüben Züge, die eine Herkunft vom Tier, vom Stier, verraten.

Der Mann

Der Stier-Mann ist ein guter Ehegefährte. Liebe und Güte sind ihm eins. Er umgibt seine Ehefrau mit großer Zärtlichkeit und nennt sie unerschütterlich seine «bessere Hälfte». Natürliche Güte macht ihn in extremen Fällen sogar zum Pantoffelhelden. Enttäuschungen aber erschüttern ihn, den Verlust des geliebten Wesens kann er nicht verschmerzen. Die Enttäuschung läßt ihn verbittern; der melancholische Grundzug seines Wesens kann zuzeiten sehr stark durchbrechen. Mehr als jeder andere braucht der Stier-Typ in seinem Eheleben die körperliche Verbindung.

Die Frau

Im allgemeinen ist die Stier-Frau eine sanfte, freundliche Ehegefährtin. Sie hat nicht selten ein frisches, rosiges Gesicht mit Wangengrübchen. Sie liebt Natur und Blumen; geschmackvoll schmückt sie ihr Heim. Den Kindern ist sie eine ausgezeichnete Mutter. Auch ihr bedeutet das Geschlechtsleben viel. Doch vergehen oft viele Jahre vom ersten sinnlichen Erwachen in früher Jugend bis zu voller Geschlechtsreife. In der Zeit, die dazwischen liegt, ist sie eine ideale Freundin.

Selbstverständlich gelten diese Ausführungen nur für den Grundtyp des Zeichens. Planetensignaturen prägen die Anlagen noch in besonderem Sinn. Ungünstige Mond- und Saturn-Aspekte hemmen die volle Entfaltung des Liebeslebens der Frau. Können andere Frauen eine angeborene oder zufällige Frigidität ohne Schaden auf sich nehmen, so ist es der Stier-Frau nahezu unmöglich, den Verlust der körperlichen Liebe zu ertragen. Dieser Zustand kann schädliche Auswirkungen auf die Gesundheit haben. Der Charakter wird hart und herausfordernd, das psychische Gleichgewicht gestört. Doch auch dieser Frau ist die Hartnäckigkeit des Stier-Typs eigen. Sie ist durchaus imstande, ein praktisches Ideal zu verwirklichen; sie vermag sich selbst zu überwinden.

Der Stier und die anderen Zeichen

Stier und Widder: finden wenig innere Übereinstimmung und sind sich fremd. Sie können sich jedoch auch gegenseitig ergänzen, der eine mit seiner feurigen Dynamik, der andere mit seiner Beständigkeit.

Stier und Stier: Übereinstimmung vor allem im Bereich des sinnenhaften Lebens. Anderseits kann der Eigensinn und die Starrköpfigkeit beider bei Auseinandersetzungen zu Konflikten führen.

Stier und Zwillinge: müssen die Kluft zwischen Schwerfälligkeit und Leichtigkeit, Stetigkeit und Unbeständigkeit überbrücken. Übereinstimmung ist schwierig.

Stier und Krebs: verhalten sich zueinander harmonisch und friedlich, obwohl der träumerische Krebs nicht ganz zur realistischen Diesseitigkeit des Stiers paßt. Beide aber lieben ein ruhiges und einfaches Leben.

Stier und Löwe: mehr Streit als Verständnis. Sie sind beide oft zu absolut, als daß sie eine einmal bezogene Stellung aufgäben.

Stier und Jungfrau: sind sich sympathisch und stimmen vor allem auf Grund ihres praktischen Wirklichkeitssinns überein.

Stier und Waage: kennen dank ihrer venusischen Prägung innere Verwandtschaft: Güte und Gefühlsreichtum. Harmonie ist möglich, wenn die instinktive «irdische» Venus des Stiers nicht mit der verfeinerten «himmlischen» Venus der Waage in Konflikt gerät.

Stier und Skorpion: ziehen sich unwiderstehlich an, doch nicht immer zu ihrem Heil; oder dann stoßen sie sich ab. Nie aber stehen sie sich gleichgültig gegenüber. Entweder wilder Zusammenprall der Gegensätze oder stets neue Anziehung und Qual.

Stier und Schütze: verstehen sich in gemeinsamer dionysischer Lebensauffassung. Guter, doch meist oberflächlicher Kontakt.

Stier und Steinbock: ziehen einander an. Sie bauen beide auf der Realität auf; ihre Unternehmen sind meist von Bestand.

Stier und Wassermann: sind Antipoden. Der Stier lebt in materieller Diesseitigkeit, der Wassermann im Bereich vergeistigter Gefühle.

Stier und Fisch: verstehen sich gut. Sie stimmen im Gefühlsleben überein, wenn sie auch sonst in verschiedenen Welten leben.

Alle diese Angaben haben natürlich nur ganz allgemeinen Wert. Einzig die Gegenüberstellung der persönlichen, minutengenauen Horoskope zweier Menschen verbürgt eine gewisse Sicherheit.

Beruf, Arbeit und Geld

Bei der Berufswahl kommt dem jungen Stier-Geborenen seine überlegte und bedächtige Lebensart zustatten. Er hat dadurch gute Aussichten, einen Beruf zu wählen, der ihm zusagt. Eine Tätigkeit, die regelmäßige Arbeitsgänge und Zuverlässigkeit voraussetzt, wird ihm besonders liegen. Seiner Art entsprechend, vermag er in einem Beruf, der klare Ordnung, strenge Pflichterfüllung und eingewöhnte Methoden fordert, Höchstleistungen zu vollbringen.

Freilich sagt ihm betäubende Eintönigkeit nicht zu; dennoch verbürgen sein natürlicher Rhythmus und sein Beharrungsvermögen eine gute Leistung. Dies trifft vor allem für Stier-Geborene zu, in deren Horoskop Saturn oder Mond vorherrschen.

Stier-Typen mit Mars-Jupiter-Sonne-Dominanten brechen leichter aus der «Tretmühle» aus. Ihre Erfüllung finden sie in Berufen mit weitgesteckten Zielen, die auf ausgedehnten Erfahrungen beruhen und oft ein ganzes Leben in Anspruch nehmen können. Nachstehend eine Liste von Beispielen:

Neigungen: Automatische Arbeitsgänge
Funktionen: Berühren, prüfen, empfinden
Objekte: Erde, Steine, Holz, Tiere, Nahrungsmittel, Geld, Leder, Stoffe
Orte: Flachland, Felder, Gärten, Lagerhäuser, Kaffeehäuser und Restaurants, Lebensmittelhandel; Banken, Börsen
Möglichkeiten: Landwirtschaft, Ackerbau, Gartenkultur, Gemüsebau, Blumenzucht, Weinbau; Architektur, Maurerarbeit, Tischlerei; Milchwirtschaft, Käserei, Bäckerei, Konditorei, Süßwaren; Börse, Geldspekulation, Volkswirtschaft, Kunstgewerbe, Schneideratelier, Modesalon, Schönheitssalon, Schmuckindustrie, Lederhandel, Kunst, vor allem Musik

Die Planeten-Dominante bestimmt die *Berufsrichtung* des einzelnen. So neigt Saturn zu Berufen, die mit der Erde im Zusammenhang stehen, Jupiter und Sonne zu Bautätigkeit, der Mond zu Pflanzen- und Tierzucht sowie zu Lebensmittelhandel. Merkur fördert eher Berufe des Geldwesens und Venus mit Sonne den Kunsthandel. Venus und Neptun können dem Stier-Typen starke Musikalität verleihen und ihn für alle Berufe auf dem Gebiet der Musik befähigen, sei es als Interpret oder als schöpferischer Komponist.

Es ist leicht zu erraten, daß der Stier-Typ *die Arbeit* eher langsam und bedächtig anpackt. Doch schwer fällt ihm nur der Anfang. Einmal ins Joch gespannt, verrichtet er die Arbeit in regelmäßigem Tempo und mit hartnäckiger Ausdauer. Wenn er seinen Beruf liebt, ist es für ihn Ehrensache, sein Bestes zu geben. Er setzt seinen ganzen Ehrgeiz in die Leistung. Seine Arbeitsweise fußt auf der Erfahrung. Mit der Zeit entwickelt er denn auch Organisation, System und Methode. Er fügt sich leicht in Gruppenarbeit ein, er hat Sinn für Mannschaftsgeist und unterstützt seine Kameraden.

Seinen Vorgesetzten gegenüber verhält er sich respektvoll und diszipliniert. Aber er verabscheut es, ausgenutzt zu werden. Er will für seine Arbeit gut bezahlt werden. Geld bedeutet ihm höchsten Lohn der Arbeit.

Der Stier-Typ weiß genau, daß ihm auf dieser Erde nichts mühelos in den Schoß fällt. Auf dieser Erfahrung baut er seinen Berufsweg auf.

Sein Erfolg geht Hand in Hand mit beruflicher Treue. Selten wechselt er den Arbeitsplatz, noch seltener den Beruf. Als Arbeitnehmer harrt er jahrzehntelang im gleichen Geschäft aus und erhält schließlich eine Auszeichnung für langjährige Dienste. Ist er selbständiger Unternehmer, so baut er langsam, Schritt für Schritt, sein Unternehmen aus. Klein fängt er an, Stück für Stück baut er sein Geschäft auf, von Jahr zu Jahr erweitert er seinen Kundenkreis, verstärkt seinen Personalbestand und wird schließlich Besitzer eines blühenden Unternehmens.

Doch birgt diese Arbeitsweise eine Gefahr. Der Mensch verschreibt sich der Arbeit auf Leben und Tod. Er wird zum Sklaven seines Geschäfts, denn er kann nicht mehr ausspannen. Er arbeitet vom frühen Morgen bis zum späten Abend, ja bis tief in die Nacht hinein. Er gönnt sich keine Stunde der Erholung und keine Ferien. Er hört weder auf Ratschläge, noch belehren ihn die Erfahrungen anderer. Rückt dann sein Lebensabend heran, so ist er ausgepumpt, ausgelaugt und erschöpft.

Der Stier-Typ ist seiner Anlage gemäß ein «oraler» Menschentyp. «Oral» wird abgeleitet von «Mund» (lat. os): er will soviel als möglich besitzen, seinen Hunger stillen, seine Gier befriedigen. *Geld* bedeutet ihm viel, wenn nicht alles. Schon in frühen Jahren treten die Züge der Habsucht, die Gier nach Reichtum und *Besitz* hervor. Verhängnisvoll wird diese Neigung, wenn das Geburtsbild eines Stiers ungünstige Saturn-Aspekte aufweist. Habgier, Goldrausch, der Tanz ums Goldene Kalb können zur fixen Idee ausarten. Habsucht wird dann zum einzigen Lebenszweck, der alle Kräfte auffrißt.

Das Leben vieler Stier-Typen wird von der Macht des Geldes beherrscht. Der Maler Georges Braque – mit fünf Planeten im Stier und im zweiten Haus – erzielt schon zu Lebzeiten mit seinen Bildern die höchsten Preise.

Hugo Stinnes, der seinerzeit als reichster Mann Deutschlands galt, hat an der Spitze des zweiten Hauses das Zeichen des Stiers.

Karl Marx, ein echter Stier-Typ, setzte sich im *«Kapital»* nicht ohne tieferen Grund mit der sozialen Problematik des Geldes auseinander.

Die ewigen Geldnöte des Königs Eduard VII. von England sind bekannt. Er hat die beiden chaotischen Planeten Uranus und Neptun im zweiten Haus (Schmitz).

Andere verbringen ihr Leben im Zeichen von Soll und Haben, von Schulden oder Bankrott. So oder anders spielen Geld und Besitz immer eine Rolle im Leben eines Stiers.

Gemischte Stier-Typen

Wir kennen unser Sonnenzeichen; aus der Anleitung am Ende des Buches können wir das Aszendentzeichen berechnen. Die Werte dieser beiden Zeichen zusammen ergeben folgende allgemeine Charakterisierung:

Stier – Widder   *Aszendent Stier und Sonne im Widder*
                      oder
                      Sonne im Stier und Aszendent Widder

Die Verbindung dieser beiden Zeichen offenbart Temperament, Ungestüm, Feuer und Lebensschwung; Feinfühligkeit, Leidenschaft und Genießertum (Bela Bartok, d'Annunzio, Giono, Ninon de Lenclos, Vlaminck). Aber sie fördert auch Eigensinn, Hartnäckigkeit, zwingende Überzeugungskraft, bedeutende Arbeitskraft und kämpferischen Willen (Hitler, Lenin, Ribbentrop, Thorez).

Stier – Zwillinge   *Aszendent Stier und Sonne in den Zwillingen*
                      oder
                      Sonne im Stier und Aszendent Zwillinge

Zum fixesten Erdzeichen gesellt sich das beweglichste, zum beständigsten das unbeständigste, zum erdgebundenen das entwurzelte. Meist ergeben sich daraus zwei selbständige Persönlichkeiten mit eigenen Verhaltens- und Wirkungsbereichen: hier treu, dort untreu, hier gebunden, dort gelöst, einerseits dem Instinkt hörig, anderseits dem Geiste hingegeben, gleichzeitig schwerfällig und geistreich, irdisch und luftig. Man denkt unwillkürlich an Goethes «Zwei Seelen wohnen, ach, in meiner Brust» und an den realistischen Maler Courbet, dessen Kunst aus dem Instinkt und gleichwohl von einem Ideal ausgeht.

Stier – Krebs   *Aszendent Stier und Sonne im Krebs*
                       oder
                       Sonne im Stier und Aszendent Krebs

Hier herrschen vor allem die Mondkräfte, das Formgebende, das
Frauliche und Mütterliche und oft auch das Vegetative. Empfindsamkeit,
Erregbarkeit, Phantasie, Hang zur Romantik, Liebe zur Natur und zum
einfachen Leben. Anhänglichkeit, Familiensinn, Konservatismus, Voraussicht, Zuversicht, Sparsamkeit, Fruchtbarkeit (Fauré, Grant, Tschai-
kowsky).

Stier – Löwe   *Aszendent Stier und Sonne im Löwen*
                       oder
                       Sonne im Stier und Aszendent Löwe

Diese Kombination bewirkt eine starke, naturhafte Persönlichkeit, ein
forderndes Temperament, einen leidenschaftlichen Willensmenschen
voll zwingender Überzeugungskraft, Selbstvertrauen, Ehrgeiz und
Überlegenheitsgefühl – einen Vollstrecker aufbauender Ideen. Stetig,
beständig, entschieden in Sympathien und Abneigungen, verachtet ein
solcher Mensch halbe Maßnahmen und Ausflüchte (Alexander II.,
Balzac, Dumas, Montherlant).

Stier – Jungfrau   *Aszendent Stier und Sonne in der Jungfrau*
                       oder
                       Sonne im Stier und Aszendent Jungfrau

Einfache, friedfertige, praktische, ehrliche, bescheidene und ordnungs-
liebende Natur, logisch und haushälterisch, mit ausgeprägtem Sinn für
das Nützliche und einem gesunden Menschenverstand.

Stier – Waage   *Aszendent Stier und Sonne in der Waage*
                       oder
                       Sonne im Stier und Aszendent Waage

Der doppelte venusische Einfluß bewirkt einen freundlichen, geselligen
und harmonischen Charakter. Ein solcher Mensch wird nie Anstoß
erregen, kann aber zu Trägheit und Bequemlichkeit neigen. Er hat Sinn
für Ästhetik und künstlerische Neigungen und möchte mit aller Welt im
Frieden leben.

Stier – Skorpion	*Aszendent Stier und Sonne im Skorpion* oder *Sonne im Stier und Aszendent Skorpion*

Die Persönlichkeit wird durch zwei gegensätzliche Triebkräfte geformt. Meist akuter Konflikt zwischen heißem Verlangen nach materiellen Gütern und Sicherung einerseits und den Instinkten und selbstzerstörerischen Kräften des Skorpions anderseits. Wenn sich die beiden Kräfte verbinden, entsteht eine sinnenhafte, leidenschaftliche, imponierende Persönlichkeit (Wagner).

Stier – Schütze	*Aszendent Stier und Sonne im Schützen* oder *Sonne im Stier und Aszendent Schütze*

In dieser Kombination herrschen die dionysischen Kräfte vor. Naturverbundenheit und Sinnenfreude. Bei höheren Typen fühlt der Mensch sich über die Sinnlichkeit hinaus zu ethischen Idealen hingezogen.

Stier – Steinbock	*Aszendent Stier und Sonne im Steinbock* oder *Sonne im Stier und Aszendent Steinbock*

Die beiden Erdzeichen verstärken sich und äußern sich in einer robusten, konzentrierten Natur. Ein Mensch mit dieser Verbindung ist arbeitsam und ausdauernd; er läßt von seinem Weg nicht ab: er zahlt den Preis und erreicht das einmal gesteckte Ziel unter allen Umständen (Stalin).

Stier – Wassermann	*Aszendent Stier und Sonne im Wassermann* oder *Sonne im Stier und Aszendent Wassermann*

Diese Verbindung verleiht Interesse für Menschheitsprobleme und Sinn für soziale Fragen. Sie kann in weiten Kreisen beliebt machen. Die beiden großen amerikanischen Präsidenten Roosevelt und Washington sind bemerkenswerte Beispiele für diese Kombination. Doch ist auch ein Konflikt denkbar zwischen Besitzertrieb und Uneigennützigkeit.

Stier – Fische   *Aszendent Stier und Sonne in den Fischen*
                      oder
                      Sonne im Stier und Aszendent Fische

Die Sinnlichkeit wird leicht diffus und verschwommen. Die Welt diesseits vitaler Begierden zerfließt zu grenzenlosen Wünschen ohne feste Fixierung. Doch kann sich die Verbindung sehr fruchtbar auswirken, oft in einer Güte, die bis zur Selbstlosigkeit reicht.

Die Bedeutung der Planeten im Stier

Wenn man die Beziehungen zwischen Tierkreis und Planeten erforschen will, so muß man zuerst die Bedeutung der Planeten in den Zeichen erkennen. Dies ist nur möglich, wenn ein minutengenaues Horoskop vorliegt. Die nachfolgenden Ausführungen gelten demnach für die aus den Ephemeriden ersichtlichen Gestirnstände.

Mond: bekräftigt die Qualitäten des Mütterlichen, gibt schöpferische Phantasie, Fruchtbarkeit, Produktivität (Selma Lagerlöf, Hans Albers). Die Liebe zur Natur verbindet sich mit einem einfachen, gutmütigen Charakter. Der mit Mond im Stier Geborene vertraut seinen natürlichen Wünschen und erlegt sich keinen Zwang auf. Bei der Frau verstärken sich die weiblichen Eigenschaften des Zeichens.

Merkur: unterstreicht die intellektuellen Anlagen und Fähigkeiten des Zeichens beträchtlich, allerdings eher nach der materiellen Seite hin. Gesunder Menschenverstand (Metternich, Richard Wagner).

Venus: betont besonders die sinnlichen Züge des Zeichens, die «Früchte der Erde». Der Charakter ist gütig, warmherzig, friedlich, liebevoll. Das Leben wird in vollen Zügen genossen (Courbet, Giono, Elizabeth Taylor). Treffen schlechte Aspekte die Venus in dieser Stellung, so entsteht ein sinnlicher, genußsüchtiger, kleinlicher Charakter (Katharina von Medici, Verlaine).

Mars: hebt die triebhaften Züge des Zeichens hervor. Wird er nicht von guten Aspekten unterstützt, so bricht der Stier in blinder Wut und mit der Kraft eines Büffels los (Hitler, Stalin, Hindenburg, Trotzki). Die mit Mars im Stier Geborenen sind leicht erregbar und der stürmischsten Leidenschaften fähig, sei es im persönlichen Lebensbereich (Katharina II., die Pompadour, George Sand) oder auf sozialer Ebene: stets maßlos, übersteigert, herausfordernd und alle Ordnung sprengend.

Jupiter: steigert Lebenskraft, Genußfreude und Daseinsbehagen. Er fördert den Hang zum Irdischen; Besitzertrieb wendet sich vorwiegend materiellen Problemen und Gewinnen zu (Lenin, von Brauchitsch). Auf höherer Ebene, bei guten Aspekten, bringt diese Stellung künstlerische Neigungen (Delacroix, Matisse) hervor.

Saturn: betont die langsame, ununterbrochene Anstrengung, ruhige und regelmäßige Ausdauer, Beharrlichkeit, geistiges «Wiederkäuen», auch fixe Ideen.

Uranus: verschärft bei schlechten Aspekten den Eigensinn, die Halsstarrigkeit und fixe Ideen; bei guten Aspekten den prometheischen Willen zu Leistung und Werk (Beethoven).

Neptun und Pluto: die Wirkungen der langsamen Planeten werden im persönlichen Horoskop oft gar nicht wahrgenommen, wenn sie nicht an sehr «empfindlichen» Punkten stehen. Bisher nur unvollständig erforscht, lassen sie noch keine klaren Deutungen zu.

ZWILLINGE

Die Psychologie des Zwillings

Einen allgemeinen Eindruck des Zwillings-Typs vermitteln die beiden hervorstechendsten Charaktereigenschaften: die «Primarität» und das «verbreitete Bewußtseinsfeld».

Die «Primarität» bezeichnet die Wesensanlage beweglicher und flächiger Empfindungen; die einmal aufgenommenen Eindrücke lösen unmittelbar die höchstmögliche Wirkung aus, lassen jedoch keine Spuren zurück. Erfahrungen und Erlebnisse wirken sich denn auch nicht auf lange Sicht aus.

Beim Typus mit «verbreitetem Bewußtsein» verflacht die Aufmerksamkeit und zerfließt im flüchtigen Spiel wechselnder Eindrücke. Eine solche Anlage führt zur Zerstreuung, Flatterhaftigkeit, Bummelei und Unschlüssigkeit.

Beide Eigenschaften verbinden sich beim Zwillings-Typ. Die Beweglichkeit der Eindrücke bildet somit einen vorherrschenden Zug seines Wesens. Dabei kann die erste oft eine ähnliche Wirkung hervorrufen wie die zweite. Otto Gross, der den Begriff der Primärfunktion geprägt und definiert hat, nennt den Primär-Typ «den Typus mit verflacht-verbreitetem Bewußtsein». Er versteht darunter den Menschen, der zahlreiche Eindrücke aufzunehmen vermag, jedoch Einzelheiten kaum beachtet – daher denn auch die geringe Tiefe der Eindrücke.

Dieser Typus ist nach Gross vorzugsweise auf praktische Ziele ausgerichtet, rasch paßt er sich der Umgebung an. «Das Innenleben überwiegt nicht, weil es nicht zur Ausbildung großer Vorstellungskomplexe kommt.»

Eine gute Darstellung des positiven und negativen Ausdrucks dieses Zwillings-Typus gibt Erich Carl Kühr (*Psychologische Horoskopdeutung*):

«Rasche Auffassung mit einem guten Blick für alle Einzelheiten und den Nützlichkeitswert der Dinge verbindet sich mit einem vielseitigen, immer regen Interesse, das sich auf alle intellektuell irgendwie erfaßbaren Gebiete erstreckt. Dieser Typ ist darum immer bereit zu lernen, seine Kenntnisse zu erweitern, alles zu erfahren, über alles unterrichtet zu sein, über alle Dinge, auch die neuesten Errungenschaften, mitsprechen zu können und alles möglichst nüchtern und sachlich zu behandeln. Meist besitzt er daher umfassende Kenntnisse, die er gern und mit großem Geschick auch andern vermittelt, sei es durch Rede oder Schrift, für die ihm eine ausgezeichnete Darstellungsgabe zur Verfügung steht. Er versteht gewandt und scharfsinnig zu argumentieren und darum als Vertreter oder Gegner einer Sache sehr überzeugend zu wirken. Bei seiner Arbeit stützt er sich nur auf seinen scharfen Intellekt und schaltet bewußt alle Gefühlsgründe vollkommen aus.

Die schlechte Ausprägung zeigt ein rein oberflächliches und sehr flüchtiges Interesse an den Dingen, das sich stärker auf Neugierde als auf Wissensdrang stützt. Das Wissen entartet zur Vielwisserei ohne inneren Gehalt, die natürliche Klugheit zur vermeintlichen Überklugheit, die alles selbst am besten zu wissen glaubt, die Einsichtsfähigkeit in intellektuelle Zusammenhänge führt zur vollständigen Einsichtslosigkeit in andere (höhere) Zusammenhänge, der Intellekt verselbständigt sich und verliert den Zusammenhang mit den lebenden Kräften, er wird blutleer, seelisch entwurzelt, arbeitet mit Begriffsschemen als Hirnakrobat, Wortmechanist und erweist sich als vorstellungsarm und lebensfremd, führt zu sophistischer Beweisführung oder zu einem Redeschwall ohne Inhalt.»

Bewegt und beschleunigt

Die Zwillinge sind das beweglichste Zeichen des Tierkreises: eine Kombination des luftigen Elements und der veränderlichen Dynamik. Kein Wunder, daß diesem Typ das Reisen im Blut liegt und er sich nur in der Regsamkeit zu Hause fühlt. Er ist lebhaft, unstet und rührig; er liebt die Abwechslung, die Veränderung bis zum krankhaften Wandertrieb des Vagabunden.

Diese Beweglichkeit verbindet sich mit einem beschleunigten Lebensrhythmus – ein Vorzug, den die Zwillinge mit dem Widder gemeinsam haben. Der Verstand ist unaufhörlich beschäftigt und hüpft von einem Gegenstand zum andern. Er entspringt einem inneren Drang nach Veränderung, nach Erfassen der Dinge und ihrem Wesensgehalt, jedoch ohne Tiefgründigkeit. Die Aufmerksamkeit erschöpft sich jeweils in

Zwillinge

flüchtiger Berührung. «Er will gern alles probieren, ohne sich dabei festlegen zu müssen. Oft tanzen ihm drei, vier, fünf einander widersprechende Philosophien gleichzeitig im Kopf herum. Spirituell lebt er gern in einer Art von zweidimensionaler Welt. Die Tiefe fehlt ihm.» (Louis de Wohl: «*Sterne, Krieg und Frieden*»)

Dennoch kann diese Tiefe auch einem Zwillings-Typ eigen sein, wenn im persönlichen Horoskop die sogenannten festen Zeichen (Stier, Löwe, Skorpion und Wassermann) von Planeten besetzt sind oder Merkur günstige Aspekte von andern Planeten erhält. Dann bringt diese Konstellation, wie Oscar H. Schmitz («*Geist der Astrologie*») schreibt, «im Verein mit Venus echte Künstler, mit Jupiter Juristen, Theologen, hohe Beamte, Würdenträger, mit Uranus die originellsten Denker usw.» hervor.

Biegsam und anpassungsfähig

Im Gegensatz zum «negativen» Jungfrau-Typ, der nur nach Art einer Fotoplatte passiv registriert, ist der Zwillings-Typ von biegsamer Widerstandskraft. Die vielfältigen Eindrücke, die er aufnimmt, dringen nur bis knapp unter die Oberfläche, sie beherrschen ihn nicht, er bewahrt sein persönliches Lebensgefühl. Er biegt sich, doch er bricht nicht.

Sein Verhalten ist voll elastischer Spannkraft. Seine innere Befehlszentrale verteilt die Kräfte je nach Bedarf, reagiert sofort auf Herausforderungen von außen und stellt die Verbindungen her: eine eigentliche Wechselrede zwischen dem Wesen und der äußeren Welt, zwischen Geist und Gefühl.

Seine Anpassungsfähigkeit ist außerordentlich groß. Er fühlt sich durch tausend Fäden an seine Umwelt geketet und bewahrt dennoch eine gewisse Distanz. Leicht und mühelos findet er Kontakt und schafft mit seiner jugendlich-fröhlichen Art eine wohltuende Atmosphäre. Er ist wißbegierig und ein unterhaltsamer Gesprächspartner, geistreich und idealistisch. Überall fühlt er sich zu Hause, auch in den fremdesten Verhältnissen. Diese verwandeln ihn geradezu. Man könnte beinahe glauben, er werde durch das Milieu erst geschaffen und durch die Umstände gestaltet. Aber innerlich bleibt er sich selbst treu, er findet sich auch in der Vielfalt äußerer Kulissen immer wieder. Leicht versetzt er sich in die Haut anderer, freilich meist in der oberflächlichen Haltung der Nachahmung. Er selbst fühlt sich nicht gebunden und zu nichts verpflichtet. Jedesmal zieht er – auch in den kompliziertesten Situationen –

90

geschickt den Kopf aus der Schlinge. Mit seiner inneren Freiheit spielt er wie ein Komödiant, den es drängt, eine Rolle zu spielen, und der dazu auch hervorragend geeignet ist. Hier sei abermals an die Entsprechung zwischen Zwillingen und Jugendalter erinnert: wenn der lunare Typ, seiner Entsprechung zum Kindheitsalter gemäß, sein Leben träumt oder seinen Traum lebt, so spielt der merkurische Typ sein Leben oder lebt sein Spiel. Er befindet sich im Stadium des Spiels und nimmt die Dinge nicht völlig ernst; er fühlt sich zu allen möglichen Abenteuern hingezogen, weil er sich keinem verpflichtet weiß. Kein Wunder, daß in einem solchen Menschen Unruhe, Zögern, Zaudern, Zweifel aufkommen; er weiß im Grunde nicht recht, was er eigentlich will und wofür er geschaffen ist. In extremen Situationen baut er sein Leben auf Sand, ein Leben, in dem Einfälle und Virtuosentum wohl möglich sind, in dem Beständiges und «letzte Dinge» jedoch nicht Fuß fassen können.

Die Vorzüge des harmonischen Typs können beim disharmonischen in schwere Nachteile umschlagen: beim kleinsten Hindernis, das es zu überwinden gilt, wird die Ungeduld zur Nervenkrise, er wird zappelig, sprunghaft und zerfahren. Er erliegt leicht den Versuchungen und knüpft wahllos Verbindungen an. Biegsamkeit und Anpassungsfähigkeit entarten zu Charakterlosigkeit.

«Sein oder Nichtsein...»

Bei alledem darf die Doppelnatur des Zeichens nicht übersehen werden: zwei innere Persönlichkeiten stehen sich in ständiger Wechselrede gegenüber. Die innere Spannung überträgt sich auf verschiedene Bereiche. Zugrunde liegt das Gefühl der inneren Gespaltenheit mit ihren seelischen Problemen. Der Mensch ist gleichzeitig ein Ja und ein Nein, männlich und weiblich, Tag und Nacht, schwarz und weiß... Der eine Zwilling kann zum Schaden des andern überwiegen. Es geht im Grunde um jenes zweite Ich, das sich wie ein Schatten abzeichnet, das der Mensch nicht sein will und das er dennoch ist. Die innere Verdoppelung äußert sich noch in einem andern Aspekt: ein Teil des Wesens handelt, der andere schaut zu – wiederum ein Motiv der Entwurzelung; der Mensch ist zugleich Handelnder und Zuschauer seiner selbst, spontan und grüblerisch. Das bedeutet keine Minderwertigkeit, denn er vermag dadurch seine Situation stets neu zu überdenken und sich im Geiste zu abstrahieren.

Problematischer ist die innere Dualität des Zwillings-Typs, wie sie beim französischen Existenzphilosophen und Dramatiker Jean-Paul Sartre zum Ausdruck kommt. Man bedenke zunächst, daß der Zwillings-Typ seine Persönlichkeit im Austausch mit einem wechselnden Milieu gestaltet. Die Beziehung zu andern ist entscheidend. In seinem Innern haben sich die «andern» eingenistet, sie bewohnen es, sie sprechen in ihm, und mit ihrem Blick entdeckt er seine Natur. Der Mensch leidet darunter, doch er bedarf der andern, da er sich nicht allein zu verwirklichen vermag. Er braucht die andern, damit er sich selbst als existent empfindet. Der Autor verwandelt sich in einen Akteur – entsprechend einer Logik, die die andern Menschen in Zuschauer verwandelt. Zwei Wesen stehen sich in seiner Psyche gegenüber: das *Für-sich-Sein* (der Mensch für sich selbst) und das *Für-andere-Sein.*

Kraft dieser *zweiten Natur* wird der Mensch in seinem Innersten das Objekt der andern und damit sich selber fremd. Seine Wahrheit, die ihm von außen kommt, widerspricht seiner tiefsten Gewißheit. Er fühlt sich nicht als dieses Wesen, die andern machen ihn dazu. «Entscheidend ist nicht», meint Sartre, «was man aus uns macht, sondern was wir selbst aus dem machen, was man aus uns gemacht hat.»

In jedem Vertreter des Zeichens schlummert die Dualität, die Doppel-polarität, die Wechselrede zweier Persönlichkeiten. Wir erkennen zwei verschiedene Zwillings-Typen: Den einen könnte man den «Kastor»-Typ nennen (emotionell-inaktiv – die Leier entspricht dem Dichter, der er häufig auch ist), den zweiten den «Pollux»-Typ (unemotionell-aktiv – die Keule des Herakles in der Hand dieses geschickten Intellektuellen ist als Bild gar nicht abwegig).

In dieser Wesensteilung werden die beiden Pole der merkurischen Zwillinge sichtbar.

Der «Kastor»-Typ

Emotionalität und Primarität sind in diesem Typ vorherrschend. Ein «Kastor»-Typ ist ein Zwilling (oder ein Merkurier), in dessen Horoskop die *lunaren* Qualitäten (Mond, Neptun) gegenüber den solaren vorherr-schen.

Ihn kennzeichnen zunächst die bedeutende Beweglichkeit der Gefühle, die unstete Gemütslage, der Hang nach ständigen Gefühls-schwankungen. Zuvorderst stehen die wachen Sinne, die feine Witte-rung, das Fingerspitzengefühl. An zweiter Stelle folgt die Neigung zu Kunst und Literatur, an dritter die Heftigkeit der Gefühle, die sich im

Überschwang und in Superlativen ausdrückt: entzückend und entsetzlich, herrlich und abscheulich, himmlisch und höllisch. Viertens folgt das Bedürfnis nach Erregungszuständen. Hieraus entsteht die Lust an Vergnügungen und Zerstreuungen, die Liebe zum Spiel, der Drang, andere zu verblüffen und in Erstaunen zu setzen. An fünfter Stelle steht die Veränderungssucht: die Unfähigkeit, sich irgendwo festzusetzen, die Reiselust, die Flucht nach fernen Ländern, der Wohnungswechsel, die wechselnde Stimmung und Laune, der Veränderungsdrang in Beruf, Liebe und Freundschaft; rasch, heftig und leicht werden Bindungen geknüpft, ebensoschnell wieder gelöst. Schließlich die Überzeugungskraft, ein besonderes Merkmal des «Kastor»-Typs, die aus den lebhaften Augen, den raschen Gebärden, den überzeugenden Ansichten und der blühenden Phantasie spricht.

Je verführerischer er wirkt, desto mehr liebt man ihn. Man weiß: sind seine Gefühle auch nur von kurzer Dauer, so sind sie doch aufrichtig und ungeheuchelt.

Der «Pollux»-Typ

Im Horoskop des «Pollux»-Typs überwiegen die *solaren* Werte (Sonne, Uranus, Jupiter) die lunaren Qualitäten.

Verglichen mit dem «Kastor»-Typ ist dieser ruhig, beherrscht und geistesgegenwärtig. Verstand bestimmt sein Leben. Er handelt so, wie er denkt. Seine Interessen sind denn auch intellektueller Art oder neigen jedenfalls in diese Richtung. Sein Geist ist kühl, ihm fehlt die seelische Atmosphäre. Ihn charakterisiert ein sachliches, nüchternes Innenleben, er sieht die andern durch seine leidenschaftslose Begriffswelt, innerlich steht er ihnen fern. Freiheit und nüchterner Verstand gehen ihm über alles. Die Liebe bedeutet ihm Ansporn zu zynischen, sarkastischen und ironischen Bemerkungen. Er ist der sachliche, nüchterne Techniker und oft mit einem gewissen Zeichentalent begabt. Seine ganze Persönlichkeit ist auf zweckmäßiges Verhalten und auf persönliche Interessen ausgerichtet. Er ist weltgewandt, politisch begabt und auch diplomatisch geschickt in den menschlichen Beziehungen, die er zu seinen Gunsten ausnützt. Kurz, ein geschmeidiger Realist, der sich wandelnden Umständen beinahe sofort anzupassen vermag. Er verteidigt die Vernunft gegen den Fanatismus. Dank seiner bedeutenden geistigen Gewandtheit zeichnet er sich in verschiedenen Literaturzweigen aus: in Literaturkritik, Journalismus und Schriftstellerei.

Die äußere Erscheinung des Zwillings

Die Gestalt

Körperlich ist der Zwillings-Typ der reine Ausdruck der merkurischen Anlage: meist schmal und «in die Länge gezogen», gleicht er einem Halbwüchsigen, der wie ein Spargel in die Höhe schießt. Seine Gestalt ist gelenkig, oft von elfenhafter Zierlichkeit. Brustkasten und Unterleib sind schmal und flach, Hals, Beine und Arme lang.

Sein Gesicht ist dreieckig oder oval und zuweilen länglich. Die Nase lang, fein, mit beweglichen Nasenflügeln. Das Kinn lang, spitz und hervorspringend, die Stirn breit.

Auffallend sind die feinen Gesichtszüge und der lebhafte Ausdruck. Die Augen blicken spöttisch, die Mundwinkel sind leicht ironisch verzogen.

Gestalt und Ausdruck bewahren oft bis ins Alter den Anschein jugendlicher, manchmal spitzbübischer Frische.

Gang und Mimik

Man erkennt den Zwillings-Typ am schnellen, beschwingten Gang. Ein ausgeprägter Merkurier – meinen die Astrologen – berührt mit den Fußspitzen kaum die Erde, als besäße er, gleich dem mythologischen Gott, geflügelte Fersen.

In seiner Haltung kommt die nervöse Unrast des ganzen Körpers zum Ausdruck: quecksilbrig und arhythmisch sind seine Bewegungen. Er spart nicht an Gebärden, kann niemals stillstehen, hüpft von einem Bein aufs andere, rührt sich ohne Unterlaß. Er plaudert viel, geizt nicht mit Worten, Erklärungen und Kommentaren. Diskussionen liebt er über alles. Seinen Redefluß unterstreicht er mit Gesten, Handbewegungen und mit ausdrucksvoller Mimik. Ein Spötter, erweist er sich oft als ausgezeichneter Imitator, der jede Rolle zu spielen weiß.

Sein Händedruck ist geschmeidig, seine Stimme melodiös, seine Sprechweise nicht selten etwas überhastet. Er ist in vielen Sprachen zu Hause; mit Leichtigkeit übernimmt er fremde Akzente und freche Anleihen aus dem Gassenjargon und ahmt alle möglichen Dialekte nach. Auch in dieser Hinsicht zeigt sich die Fähigkeit des Zwillings-Typs, sich mühelos in andere Menschen zu versetzen.

Gesundheit

Im allgemeinen verfügt der ausgeprägte Zwillings-Typ eher über eine schwache Konstitution und wenig Widerstandskraft, dafür jedoch über bedeutende psychische Vitalität. Aus ihr schöpft er immer wieder und mühelos neue Kräfte.

Er schenkt seiner Gesundheit nicht übermäßig große Aufmerksamkeit; Essen und Trinken betrachtet er als schlichte Notwendigkeit. Er knabbert mehr, als daß er ißt – unregelmäßig und zu jeder Stunde, wie es ihm eben einfällt. Kleine Platten in reicher Auswahl schätzt er über alles. Zuzeiten leidet er an Appetitlosigkeit. Mängel auf physischem Gebiet werden durch intensives psychisches Leben wettgemacht. Seine Sinnesorgane nehmen mehr Eindrücke auf als die der meisten anderen Typen. Diese Reaktionsfähigkeit auf jeden Reiz führt zuzeiten denn auch zu Schlaflosigkeit.

Auf sexuellem Gebiet ist er oft grillenhaft, vielleicht auch etwas kompliziert, aber selten neigt er zu Übertreibungen.

Die astrologische Überlieferung ordnet den Zwilligen den Brustkasten, die Atmungsorgane, die Arme, die Hände und das Nervensystem zu, ferner die Erkrankungen dieser Organe: Asthma, Bronchitis, Tuberkulose, Nervenentzündungen aller Art. Oft sind seine Leiden auch allergischer Natur. Der Zwillings-Typ muß daher seine Nerven schonen und einer geregelten Atemtätigkeit die nötige Beachtung schenken. Überreizung der Nerven, Überarbeitung und Managertum sind die Ursachen seiner Übel.

Kleidung

Der Zwillings-Typ legt in der weiblichen und der männlichen Mode mehr Gewicht auf Phantasie als auf Eleganz.

Die Frau ist oft geschickt im Entwerfen und Anfertigen von Kleidungsstücken, ohne das Schneidern erlernt zu haben.

Die Doppelnatur des Zeichens tritt auch hier wieder hervor. Die Zwillings-Frau bevorzugt zweiteilige und halbsportliche Kleidung, beidseitig tragbare Regenmäntel, bunte Stoffe mit Linien- und Farbenspiel. Vor allem darf die Kleidung ihre Bewegungsfreiheit nicht einengen und soll auch stets einen jugendlichen Anstrich haben.

Zum Zwillings-Mann: der «Kastor»-Typ nimmt oft stutzerhafte und mondäne Allüren an; er ist gepflegt, trägt gerne seltene, wirkungsvolle, gesuchte Kleidung. Der «Pollux»-Typ dagegen ist für Modetorheiten weniger anfällig. Seine Kleidung betont maßvoll das Jugendliche, sein unbekümmertes Gehaben und den guten Geschmack.

Das Verhalten des Zwillings

Die Liebe

Der verliebte Zwilling ist ein vollendeter Freier. Sein erster Kontakt, seine Liebeserklärung, seine Liebesbriefe und seine unwiderstehliche Höflichkeit sind von entwaffnendem Charme.

Hat man es freilich mit einem Zwillings-Typ zu tun, dessen Horoskop die schlechten Charakterzüge betont, so wirft das Liebesleben mancherlei Probleme auf.

Vor allem droht dieser Typ im Zustand der Pubertät steckenzubleiben. Der Jüngling braucht vielfältigen Kontakt mit der Weiblichkeit, um seine Männlichkeit zur Geltung zu bringen. Wird diese Periode nicht abgeschlossen, so bleibt er der ewige «Hofmacher»; die Liebe wird zum fortwährenden Getändel, zum Hirnfieber, das ihn wohl verwirrt, aber nicht endgültig bindet. Ist die Neugierde verflogen, das Vergnügen, der Flirt vorüber, so bleibt nichts mehr zurück.

Länger als andere verharrt der Zwillings-Typ im Zustand der Pubertät. Seine ersten Kontakte sind die zu Geschwistern, später die zu Kameraden. Wesentlicher als die sexuellen sind die geistigen Beziehungen für den Jüngling. In gewisser Weise empfindet er als Heranwachsender bisexuell. Bald ist der Vater, bald die Mutter das Objekt seiner größeren Neigung. Die Anziehungskraft, die anfangs beide Geschlechter auf ihn ausüben, entspricht der hermaphroditischen Natur des merkurischen Zeichens.

Sein erstes Liebesempfinden ist reine Neugier, erwachende Wißbegier, die alles erfassen möchte und die vor nichts haltmacht. Neugierde treibt ihn zum Flirt und zu lockenden Abenteuern. Er lebt in einer Welt unzähliger Erregungszustände; Freuden und Leiden lösen sich in diesem Liebeskaleidoskop ab. Stets braucht er neue Nervenerregungen. Empfindet er die Gefühle auch lebhaft und stark, so sind sie doch meist rasch vergänglich.

Dieses Verhalten trifft vor allem auf den empfindsamen «Kastor»-Typ zu; der «Pollux»-Typ hingegen verhält sich reservierter. Er verteidigt sich gegen die leidenschaftlichen Gefühle mit der Kraft seines Intellekts. Er durchdenkt und zergliedert sie viel zu sehr, als daß er in die «Falle der Leidenschaft» ginge. Er analysiert seine Empfindungen, dämpft sie ab und verteidigt sich gegen die Macht der Leidenschaft durch die Ironie. Doch davon abgesehen, verhalten sich beide Typen im allgemeinen in ihrem Liebesleben gleich.

Diese Haltung kann sich in einer geschickten und egoistischen Genuß-taktik, wenn nicht in vorsichtigem Sich-Zurückziehen ausdrücken; aber sie verbirgt auch eine gewisse Form von Liebes-Unvermögen, die Flucht vor der Liebes-Verpflichtung.

Umgekehrt paßt sich der Zwillings-Typ jeder Liebes-Situation höchst geschickt an; er ist verständnisvoll, duldsam, gefällig. Leicht und ungezwungen knüpft er die ersten Liebesbande, macht er seine Liebeser-klärungen, verfaßt er zärtliche Briefe und – hält sich zugleich einen Ausschlupf und Fluchtweg frei. Diplomatisch ändert er seine Haltung je nach den Umständen und hat einen unerschöpflichen Vorrat an Ent-schuldigungen für seine Fehler.

Diese Diplomatie hält ihn auch über Wasser, wenn die Doppelnatur des Zeichens ihn dazu verleitet, zwei Eisen im Feuer zu halten, die beide gleich unentbehrlich scheinen.

Das Dreieck-Verhältnis

Das bisexuelle Dreieck-Verhältnis aus den Kinderjahren, eine psychische Fixierung des Kindes an die beiden Elternteile, wiederholt sich in der Pubertätszeit mit neuen Gefühlsobjekten. Es entsteht dann ein Dreieck-Verhältnis, das verschiedene Formen annehmen kann. So kennt man zum Beispiel die gemeinsame Liebe zweier Mädchen zu ihrem Lehrer; oder ein Mädchen verliebt sich in einen Schulkameraden und macht die beste Freundin zum «Postillon d'amour». Auch ein rivalisierendes Dreieck-Verhältnis kann entstehen: zwei Freundinnen verlieben sich in den gleichen Knaben. In diesem Fall verzichtet eines der Mädchen; es überläßt den Kameraden der Freundin und befreit sich aus dem Dreieck-Verhältnis; oder aber es «erobert» ihn und nimmt ihn der Freundin weg.

Ein Überbleibsel dieses latenten Dreieck-Verhältnisses findet sich in jedem Zwillings-Typ wieder. Oft nehmen die Beziehungen zum Ehe-partner geschwisterliche Form an, die nicht selten dauernder sind als die auf dem Eros gegründeten. Er (oder sie) erweist sich als angenehmer Kamerad, paßt sich dem Partner an und nimmt an seinen Sorgen teil.

Der Mann

ist in seinen Gefühlen meist unsicher. Seine Gefährtin hat ihm zu helfen, die innere Einheit zu verwirklichen. Erst dann findet er sich in seinem Dasein zurecht.

Bei ungünstigen Aspekten ist der «Kastor»-Typ ein verliebter, ungebundener «Schmetterling». Schnell verschenkt er sein Herz; ebenso schnell nimmt er es zurück. Stets jagt er nach Neuem, stets findet er betörende Worte, um seine Partnerin einzulullen. Seine Verführungskunst ist groß. Ungewollt fügt er damit denen, die ihn lieben, von dem Augenblick an, da sie sich an ihn binden, Kummer und Leid zu.

Der «Pollux»-Typ mag von Verantwortung und Bindung nichts wissen. Mit Ironie und Skepsis wehrt er sich gegen die Liebe und versucht sie lächerlich zu machen. Höchstens empfindet er freundschaftliche Liebe. Er hängt an seinem Junggesellendasein. Erst später vielleicht geht er eine Vernunftehe ein.

Die Frau

ist ausgesprochen anpassungsfähig, verständnisvoll und klug. Taktvoll ordnet sie sich dem Partner unter und übernimmt seine Lebensgewohnheiten. Geschickt und feinfühlig nimmt sie Anteil an seinem Beruf und an seinen Geschäften – oft mehr als an ihrer Haushaltung. Sie ist eine ausgezeichnete Mitarbeiterin. Allzuoft jedoch tritt sie selbst in den Hintergrund: sie wird zum Zwilling ihres Gatten, zu einem Double.

Bei ungünstigen Aspekten gehört die Zwillings-Frau keinem und jedem an. Es fällt ihr schwer, nein zu sagen und sich nicht erobern zu lassen. Der Mann, an den sie sich bindet, fühlt sich wohl geliebt; doch muß er bald einsehen, daß er in Wirklichkeit nur einen unbedeutenden Teil ihrer Gefühle besitzt. Sie ist durchaus fähig, einen verträumten, feinfühligen Künstler um eines erfolgreichen Geschäftsmannes oder eines bourgeoisen, aufgeblasenen Beamten willen zu verlassen. Sie gehört dem einen so gut wie dem andern; stets fühlt sie sich an ihrem Platz. Rasse, Religion, Herkunft kümmern sie wenig.

Zwillinge

Der Zwilling und die anderen Zeichen

Zwilling und Widder: empfinden sich als sympathisch. Eine gute Verbindung.

Zwilling und Stier: Distanz zwischen Leichtigkeit und Schwerfälligkeit. Zusammenwirken von Beweglichkeit und Festigkeit nur schwerlich möglich.

Zwilling und Zwilling: dem inneren Zwiespalt und der Unstetigkeit fehlt der ruhende Pol. Die intellektuelle Lebendigkeit wird äußerst anregend und gestaltet das Leben interessant und vielseitig.

Zwilling und Krebs: recht gute Kombination von Intellekt und Herz.

Zwilling und Löwe: schnelle Sympathie. Vereinigung von Verstand und Kraft.

Zwilling und Jungfrau: kaum je echte Harmonie. Dem allzu beweglichen Zeichen steht ein allzu erdnahes gegenüber.

Zwilling und Waage: rascher Kontakt, gemeinsamer Geschmack, ausgezeichnete Weg- und Lebensgefährten.

Zwilling und Skorpion: rasche Verständigung, vor allem auf intellektuellem Gebiet, wenn beide es verstehen, ihre latente Kritiklust zu dämpfen.

Zwilling und Schütze: sprechen nicht dieselbe Sprache. Die gleichen Wirklichkeiten empfinden sie verschieden. Gemeinsamkeit möglich angesichts ihrer beiderseits großen Reiselust.

Zwilling und Steinbock: Kontakt nur schwerlich denkbar. Sie verstehen sich nicht, sie beachten sich kaum – dabei könnten sie sich gegenseitig von Nutzen sein.

Zwilling und Wassermann: gegenseitige Anziehung und Annäherung. Zusammenwirken im Dienste eines Ideals.

Zwilling und Fisch: ein Zwiegespräch zwischen einem Geschwätzigen und einem Stummen. Sie leben auf zwei verschiedenen Ebenen, zwar Seite an Seite, doch ohne Verständnis füreinander: zwei Fremde.

Alle diese Angaben haben natürlich nur ganz allgemeinen Wert. Einzig die Gegenüberstellung der persönlichen, minutengenauen Horoskope zweier Menschen verbürgt eine gewisse Sicherheit.

Beruf, Arbeit und Geld

Der innere Zwiespalt des Zeichens tritt auch zutage, wenn der junge Zwillings-Typ sich für einen Beruf entscheiden muß. Gewöhnlich zaudert er lange Zeit, ehe er eine Wahl trifft. Er fühlt sich fähig, mehrere Berufe zugleich auszuüben, die ihn aus verschiedenen Gründen locken. Er weiß, daß er zur Entscheidung noch nicht reif genug ist. Wählen heißt für ihn, sich für einen einzigen Weg entschließen – und das liegt ihm ganz und gar nicht.

Ein Zwillings-Typ braucht einen Beruf, der seiner Regsamkeit, seiner Anpassungsfähigkeit, seiner Geschicklichkeit voll Rechnung trägt und überdies seine Lust an Veränderung und Bewegungsdrang befriedigt. Der Zwillings-Typ ist denn auch für eine abwechslungsreiche Tätigkeit wie geschaffen. Sind diese Grundbedingungen nicht vorhanden, so ist zu befürchten, daß er sein Leben unschlüssig vertrödelt oder wiederholt nach «Luftveränderung» verlangt – kurz, ein unstetes Berufsleben führt.

Nachstehend eine eher unvollständige Liste von Berufsrichtungen, die dem Charakter des Zwillings-Typs am ehesten entsprechen:

Neigung: Bewegungsdrang, Austausch, Kontakte, Vermittlung.

Funktionen: Sehen, hören, verstehen, sprechen.

Objekte: Feder, Papier, Bücher, Zeitungen, Telefon, Schreib- und Rechenmaschine, Druckerpresse, Fortbewegungsmittel.

Handlungen: Lesen, schreiben, rechnen, analysieren, sprechen, diskutieren, übersetzen, auslegen, übermitteln, anpassen, austauschen, fortbewegen.

Orte: Buchhandlung, Verlag, Druckerei, Bibliothek, Zeitungsredaktion, Übermittlungsämter (Post, Telefon, Telegraf), Vermittlungsbüros, Bahnhof, Radio, Markt, Straße.

Zwillinge

Der Zwillings-Typ reagiert dank seiner Beweglichkeit sehr schnell, er verliert keine Zeit und packt die *Arbeit* sofort an.

Doch er ist kein Vorbild an Regelmäßigkeit. Seine Pünktlichkeit läßt zu wünschen übrig; wird er nicht geradezu gezwungen, zur Arbeit pünktlich zu erscheinen, so erlaubt er sich einen mehr als nur freiheitlichen Stundenplan. Seine Widerstandskraft ist nicht so groß, daß er pausenlos arbeiten könnte. Seine Konzentrationsfähigkeit läßt rasch nach, wenn er müde wird. Er weiß das selbst sehr genau; von Zeit zu Zeit muß er denn auch ausspannen.

Zwingt man dem Zwillings-Typ eine Arbeitsweise auf, die ihm nicht liegt, so vermindert man damit seine Leistung. Da überdies sein Urteil leicht beeinflußbar ist, lähmt ihn jede fremde Einmischung. Eine rührige Arbeitsgruppe, die sich gegenseitig anregt und in der eine angenehme und freundschaftliche Atmosphäre herrscht, fördert ihn und spornt ihn an. Unter diesen Bedingungen eignet er sich trotz seiner Neigung zur Improvisation auch zur Gruppenarbeit.

Der Zwillings-Typ braucht Lob und Anerkennung von seinem Vorgesetzten. Wenn einmal Konflikte auftreten, kann er scharf reagieren, ironisch, ungebührlich, ja hart.

Mit seinen Mitarbeitern steht er auf gutem Fuß. Kameradschaftlich verhält er sich auch zu Untergebenen. So kann es vorkommen, daß diese ihm den Gehorsam schuldig bleiben oder sogar seine Autorität untergraben.

Niemand ist besser geeignet zu Verhandlungen, zur Vermittlung als er. Er versteht es glänzend, Rapporte zu schreiben, Kontakte zwischen verschiedenen Dienstzweigen herzustellen oder ein Unternehmen ins Rollen zu bringen.

Das Schlimmste, was einem Zwillings-Typ in seinem Beruf geschehen kann, ist, nicht ernst genommen zu werden. Wie der Halbwüchsige, so wünscht auch er, daß man ihn voll anerkenne.

Zwei bedeutende Trümpfe besitzt der Zwillings-Typ: seine Schlauheit und seine Diplomatie. Er rechnet weniger mit seiner eher begrenzten Arbeitskraft als vielmehr mit seiner Intelligenz und seiner Gerissenheit. Zu diesem Typ gehören auch: der Pfiffikus und Schläuling, der Intrigant, der Bluffer, ferner der vorsichtige Lavierer, der das Beste aus jeder Situation herausholt und günstige Gelegenheiten im Nu erfaßt. Er versteht zu improvisieren, weiß aufzutreten, die Dinge klarzustellen; immer und sofort ist er im Bild.

Vermag der Zwillings-Typ seine inneren Widersprüche und seine

Oberflächlichkeit zu meistern, wird er sich in fast jeder Stellung auszeichnen.

Die *Einstellung* des Zwillings-Typs *zum Geld* ist Schwankungen unterworfen. Sie erinnert abermals an die Doppelnatur des Zeichens und an die beiden Typen «Kastor» und «Pollux».

Der intellektuelle Zwillings-Typ bekundet hauptsächlich Interesse für geistige Dinge: Studien, Wissenschaft, künstlerische Liebhabereien und Literatur. Er braucht viel eher geistige Nahrung als materielle Befriedigung. Geld interessiert ihn daher kaum. Er begreift nicht, daß es Menschen gibt, die ihr Leben lang nach Geld und Reichtum trachten. Ein Zwillings-Typ wird logischerweise kaum zu großem Reichtum gelangen. Geldbesitz lockt ihn nur insoweit, als er sich damit leisten kann, was ihn freut und was ihm behagt. Er gibt Geld gerne aus, unberechenbar und unvorsichtig. Er wird deshalb auch leicht ausgenützt. Doch finanzielle Knappheit berührt ihn nicht tiefer. Er gibt sich mit dem zufrieden, was er besitzt.

Der andere Zwillings-Typ ist recht eindeutig materialistisch eingestellt. Er ist der Praktiker, der geschickte Interessenvertreter, der vorsichtige Geschäftsmann, dessen Leben sich einzig um Geld dreht. Er schlägt aus allem Gewinn; er schreckt auch vor Geldspekulationen nicht zurück. Seine Erfolgstechnik ist kaum mehr zu überbieten. Merkur ist ja der Gott der Kaufleute und der Händler!

Doch auch der Gott der Diebe... Treten die negativen Merkur- oder Zwillings-Züge infolge ungünstiger Aspekte verstärkt hervor, so wendet sich das Blatt: der Taschendieb tritt auf den Plan, der Schwindler, der Betrüger, der Hochstapler, der Gauner, der Windbeutel – alle, für die der Zweck die Mittel heiligt.

Es mag auch vorkommen, daß beide Typen – der intellektuelle wie der materialistische Zwilling – sich in einem Menschen verbinden, so daß er beider Züge aufweist. In den meisten Fällen überwiegt der eine oder der andere.

Gemischte Zwillings-Typen

Wir kennen unser Sonnenzeichen; aus der Anleitung am Ende des Buches können wir das Aszendentzeichen berechnen. Die Werte dieser beiden Zeichen zusammen ergeben folgende allgemeine Charakterisierung:

Zwillinge – Widder   *Aszendent Zwillinge und Sonne im Widder oder Sonne in den Zwillingen und Aszendent Widder*

Die beiden Zeichen innewohnende Zugriffigkeit wird noch verstärkt. Sie bewirkt eine rasch entschlossene, rastlose, hin und her gerissene, unstete, impulsive Natur: himmelhoch jauchzend, zu Tode betrübt – all dies auch nach den ersten Jugendstürmen. Von starker Empfindsamkeit geprägter Verstand, der von überallher den Honig des Geistes bezieht und der zugleich zu Proselytenmacherei neigt. Bestechende geistige Fähigkeiten, verknüpft mit Beredsamkeit, Intuition und plötzlich aufleuchtenden Einsichten.

Zwillinge – Stier   *Aszendent Zwillinge und Sonne im Stier oder Sonne in den Zwillingen und Aszendent Stier*

Zum beweglichsten Zeichen gesellt sich das fixeste, zum unstetesten das stabilste, zum entwurzeltsten das tiefstverwurzelte. Meist ergibt sich daraus eine Verbindung zweier autonomer Individualitäten mit ihren jeweils persönlich geprägten Verhaltensweisen. Der Mensch ist einmal treulos, dann wieder treu ergeben, hier selbstlos, dort stark gebunden, auf einem Gebiet reiner Verstandesmensch, auf dem andern bloßes

Triebwesen. Ein solcher Mensch kann zugleich geistreich und schwerfällig, «luftig» und «erdgebunden» sein.

Zwillinge – Krebs   *Aszendent Zwillinge und Sonne im Krebs*
                       oder
                       Sonne in den Zwillingen und Aszendent
                       Krebs

Die Verbindung zwischen den Qualitäten des Merkur und des Mondes
bringt eine jugendlich, ja kindlich wirkende Natur hervor. Sie fördert
Unstetigkeit, Haltlosigkeit und Unselbständigkeit. Umgekehrt ist ein
solcher Mensch für alle neuen Eindrücke stets offen und empfindet recht
deutlich die jeweils herrschende Umweltstimmung. Von seinem Milieu
hängt es ab, ob er innerlich verarmt oder sich zu bereichern vermag.
Lebhafter Geist und fühlendes Herz – beide zusammen können das
Innenleben vertiefen, doch auch zu einer seelischen Zerrissenheit führen:
einem leichten, munteren Geist steht dann ein intensives Gefühlsleben
gegenüber (Cocteau, Corot, Pissarro, J.-J. Rousseau).

Zwillinge – Löwe   *Aszendent Zwillinge und Sonne im Löwen*
                      oder
                      Sonne in den Zwillingen und Aszendent
                      Löwe

Umschreibt die Formel Zwillinge-Krebs den «Kastor»-Typ, so liegt hier
eher die Tendenz zum «Pollux»-Typ vor. Die Verbindung Zwillinge-
Löwe ist recht harmonisch: sie umfaßt die Qualitäten der Jugend und der
Reife. Eine solche Kombination bewirkt einen kraftvollen, edlen, großzügigen Charakter mit schnellen und geschmeidigen Reaktionen, lebhaf-
tem Verstand und einer gewissen psychischen Fluidität (Dürer, Gauguin, Monteverdi).

Zwillinge – Jungfrau   *Aszendent Zwillinge und Sonne in der Jung-*
                       frau
                       oder
                       Sonne in den Zwillingen und Aszendent
                       Jungfrau

Diese Kombination unterstreicht die Merkur-Kräfte, die ebensogut materiellen Interessen wie geistigen Bestrebungen dienstbar sein können. Der Verstand ist aufs Praktische gerichtet. Urteilskraft, Kritik und Beobachtungsgabe sind seine Waffen. Doch können die Talente eines solchen Menschen auch durch einen Minderwertigkeitskomplex getrübt und beeinträchtigt sein. In solchen Fällen sind auch starke Nervosität und seelische Erkrankungen nicht ganz ausgeschlossen.

Zwillinge – Waage	*Aszendent Zwillinge und Sonne in der Waage*
	oder
	Sonne in den Zwillingen und Aszendent Waage

In dieser Verbindung überwiegt das Luft-Element: eine mitteilsame, bewegliche, konziliante, leicht verzeihende Natur tritt hervor, die stets auf öffentliche Meinung sowie auf Sitten und Gebräuche Rücksicht nimmt. Der Mensch ordnet sich in die Gemeinschaft ein, ohne dabei jedoch seine Denk- und Handlungsweise zu unterdrücken oder preiszugeben. Er strebt nach geistiger Harmonie und ist offen für jede Art von Wahlverwandtschaften (Le Corbusier, Verdi).

Zwillinge – Skorpion	*Aszendent Zwillinge und Sonne im Skorpion*
	oder
	Sonne in den Zwillingen und Aszendent Skorpion

Diese Kombination bewirkt eine unruhige, zu neurotischen Zuständen neigende Natur. Die tiefe innere Rastlosigkeit kann eine bedeutende Neugier und Wißbegierde hervorbringen: der Mensch will den «inneren Mechanismus» der Dinge erforschen; seine Kritik gilt den Forschungsgrundlagen in jeder Form. Die Unrast kann freilich auch zu reformerischem Eifer und zu fanatischem Gerechtigkeitsgefühl führen. Möglich ist auch ein aggressiv sich gebärdender Freiheitsdrang (Sartre, Céline).

Zwillinge – Schütze	*Aszendent Zwillinge und Sonne im Schützen*
	oder
	Sonne in den Zwillingen und Aszendent Schütze

Es ist dies die unzweideutigste Konstellation der inneren Zerrissenheit, der Spaltung, der Entzweiung, der Aufsplitterung. Der Mensch befindet sich im Zwiespalt zwischen zwei gegensätzlichen Individualitäten. Daraus ergeben sich: Unsicherheit, Unschlüssigkeit, Launenhaftigkeit, ferner oft Doppelzüngigkeit, komödiantische Fähigkeiten und phantasievolle Inspiration (Gérard Philipe, Musset, Schumann).

Zwillinge – Steinbock   *Aszendent Zwillinge und Sonne im Steinbock*
oder
Sonne in den Zwillingen und Aszendent Steinbock

Zwei Seelen hausen in der Brust eines solchen Menschen, einander fremd, doch nicht unbedingt im Gegensatz. Die Zwillings-Seite, ganz Jugend, ganz Beweglichkeit und Anpassungsfähigkeit, steht der Steinbock-Seite gegenüber: der Strenge, dem Ernst, dem wahren Streben, der Zucht. Im günstigen Fall ist Ambition mit Geschicklichkeit gepaart.

Zwillinge – Wassermann   *Aszendent Zwillinge und Sonne im Wassermann*
oder
Sonne in den Zwillingen und Aszendent Wassermann

Das Luft-Element herrscht vor: lebhafte Empfindsamkeit, Einfühlungsvermögen und großzügiges Wohlwollen für andere, bei aller inneren Unabhängigkeit. Vertiefte Intelligenz, voller Verständnis und psychologischem Feingefühl. Oft neigt ein solcher Mensch zu fortschrittlichen Idealen, zu wagemutigem Beschreiten von Neuland (Rossini, Jules Verne).

Zwillinge – Fische   *Aszendent Zwillinge und Sonne in den Fischen*
oder
Sonne in den Zwillingen und Aszendent Fische

Eine dissonante Veranlagung. Sie kann sich abträglich auswirken: der Charakter wird unentschlossen, unstet. Er unterwirft sich den wandelnden Gefühlen einer inneren Zerrissenheit. Gewissenskrisen können Minderwertigkeitskomplexe auslösen (Oscar Wilde).

Die Bedeutung der Planeten in den Zwillingen

Wenn man die Beziehungen zwischen Tierkreis und Planeten erforschen will, so muß man zuerst die Bedeutung der Planeten in den Zeichen erkennen. Dies ist nur möglich, wenn ein minutengenaues Horoskop vorliegt. Die nachfolgenden Ausführungen gelten demnach für die aus den Ephemeriden ersichtlichen Gestirnstände.

Mond: das schnellste Gestirn im beweglichsten Zeichen bewirkt den ausgesprochen *nervösen* Typ, der zum «Kastor»-Typ gerechnet wird. Die psychische Beweglichkeit ist gewaltig: das ganze Wesen empfindet unmittelbar und gleich auf den ersten Anhieb. Ein solcher Typ kennt nur ein Gesetz: Lust und Laune nach eigenem Belieben, zwangloses Spiel seiner Phantasie. Er geht, wohin ihn das Leben führt, wohin ihn der Wind trägt, und gibt sich der Heftigkeit seiner augenblicklichen Gefühlsempfindung hin. Der rasche Sinneswechsel kann auch im Dienste eines wendigen Verstandes (Talleyrand) stehen oder Ausdruck einer äußerst lebhaften Natur sein (Chateaubriand, Giraudoux, Le Corbusier, Mussorgskij, Musset, Offenbach, Gérard Philipe, Rossini).

Merkur: besitzt hier eine brillante Intelligenz. Diese kann rasch reagieren, die widersprüchlichsten Elemente in sich aufnehmen und leichtfüßig klar und kritisch im Dienste eines Geistes vom Schlage des «Figaro» stehen: voller Lebensart, ohne Skrupel, unverschämt und geistreich (Courteline, Offenbach).

Venus: bringt in die Liebesempfindung eine gewisse Subtilität: sie kann ebensosehr einen Menschen mit verfeinertem Geschmack bewirken, der seine Gefühle vergeistigt (Anatole France, Petrarca), wie einen andern, der sich gegen die eigenen Gefühle durch beißenden Witz zur Wehr setzt (Rivarol).

Mars: dessen Aggressivität in den Zwillingen sich intellektuell äußert, wirkt positiv als Fähigkeit zu Kritik, Ironie und Auseinandersetzung – negativ als geistige Grausamkeit (Tristan Bernard, Schumann).

Jupiter: der in den Zwillingen im Exil steht, ist hier – angesichts seiner beeinträchtigten Autorität und Macht – etwa mit einer Respektsperson zu vergleichen, die von flegelhaften Halbwüchsigen umringt wird. Dennoch gilt diese Stellung für Diplomatie und schlaue Schachzüge als sehr günstig (Richelieu, Waldeck-Rousseau).

Saturn: befindet sich als der «Uralte» in den Zwillingen in merkwürdiger Position. Bestenfalls verträgt er sich mit dem vom Verstand geprägten Charakter des Zeichens. Sein Hang zu schwerfällig-trockener Abstraktion wird aufgelockert, aber die spontane Reaktionsfähigkeit des reinen Zwillings kann beeinträchtigt werden.

Uranus: fördert ebenfalls die Verstandesqualitäten des Zeichens und nimmt sie zugleich in die Zügel, wogegen Neptun seine ungestüme Gemütsart noch verschärft.

KREBS

Die Psychologie des Krebses

Die Persönlichkeit des Krebs-Typs untersteht im allgemeinen dem lymphatischen Temperament, das eine träge und langsame Entwicklung bewirkt: der Krebs-Geborene scheint es mit dem Wachstum nicht sonderlich eilig zu haben. Er verharrt gerne in der Kindheit. Er lebt in seinen Träumen, in einem Meer verschwommener Empfindungen und unbestimmter Eindrücke. In erster Linie hängt er von elementaren Bedürfnissen ab: Hunger, Durst, Schlaf... Es gibt wohl kaum einen anderen Tierkreis-Typ, der in so hohem Maße von diesen körperlichen Trieben bestimmt wird. Übermäßige Gaumenfreuden aber drohen seine höheren Gefühle zu ersticken.

Das Leben des lymphatischen Krebs-Typs wurzelt in den dunklen Kräften des Unbewußten, im Instinkt, in der Sinnenhaftigkeit. Aus dieser Welt taucht er langsam empor, wie ein Wesen, das seine Schale nur zögernd durchbricht, um sich behutsam aufzuschwingen. Es scheint, als lebe er abgeschlossen von der Wirklichkeit der Außenwelt, gleich einem Tier, das eingekapselt in seiner Schale haust und in deren Innern es in einem stillen nächtlichen Leben dahindämmert. Stille Wasser sind tief!

Die Mutterbindung

Man suche die Mutter, und man findet den Krebs! Was Wunder, daß dieses Wesen, innerlich so kindlich und zärtlich, zerbrechlich und verletzlich, im ersten Reflex zum Rückzug auf sich selbst und zur Flucht in die sanfte Geborgenheit des Mutterschoßes neigt? Der Rückwärtsgang des Krebses bedeutet in dieser Hinsicht Anklammerung an die Kindheit, an die Mutter, an der das Kind unzertrennlich hängt. Sie ist die Nähr-Mutter, die Sicherheit gebende Mutter, die zärtliche Mutter. So wächst der Krebs-Geborene auf, die Augen auf die Mutter geheftet, der Vergangenheit zugewandt. Groß geworden, gedenkt er voller Rührung seiner Kindheits- und Familien-Erinnerungen; er kehrt dorthin zurück, wo er aufgewachsen ist. Rückerinnerung, Anhänglichkeit und Heimweh nehmen in seinem seelischen Leben einen wichtigen Platz ein; er spiegelt sich geradezu in seiner Vergangenheit, und jedes Bild wird ihm zur Erinnerung.

Diese Identifikation mit der Mutter gibt dem Krebs-Mann *weibliche Züge;* er neigt zu reiner Passivität, leichter Erregbarkeit, weiblicher Empfindsamkeit und zum Hang nach Häuslichkeit, zum Heim, zur Intimität... Sein Sicherheitsbedürfnis kann ihn schüchtern machen, ängstlich und prüde; wehrlos steht er oft den Härten des Lebens gegenüber. Daher gestaltet sich das äußere Leben dieses so sehr nach heimischer Abgeschlossenheit verlangenden Wesens meist recht mühselig.

Ist die Identifikation mit der Mutter sehr stark ausgeprägt, so kann sich sogar ein Komplex bilden, der die persönliche Selbstbehauptung zu untergraben droht. Der Mensch wird dann kleinmütig, unterwürfig, unentschlossen; er sucht Schutz im unbewußten Wunsch, ein Kind zu bleiben. Das Bewußtsein konzentriert sich auf sich selbst: der Mensch wird scheu, müßiggängerisch, er schwebt in den Wolken, er verkriecht sich in der Einsamkeit, er sucht Zuflucht bei Büchern, bei allem, was seine Abgeschiedenheit fördert. Gegen außen hin aber ist er die Unsicherheit selbst. Eine einzige Gefühlsregung kann lange Zeit in ihm nachklingen. Er lullt sich förmlich in ein weiches, verzärteltes Leben ein; kindlich bleiben dann seine Gefühle; er wird egozentrisch, eigenbrötlerisch, abergläubisch – ein Phantast, der stets am Rande einer Zauberwelt lebt. Er kann urplötzlich aus seinem Lebenskreis ausbrechen und muß es dann hinnehmen, daß dieser «Rückzug» oft als Gleichgültigkeit gewertet wird. In Wahrheit ist aber der Krebs-Typ (neben dem Fische-Typ) das gefühlsbetonteste, das sensibelste Wesen, das sich denken läßt! Die Gefahr, die ihm droht, heißt: die innere Welt, die er sich schafft, wird zum Ersatz für die äußere. Es ist eine Scheinwelt, ein künstliches Gebilde, denn sie will sich den Realitäten nicht anpassen. Ähnlich dem Symbol des Krebses «schreitet der Mensch rückwärts mit geschlossenen Augen einer unsicheren Zukunft entgegen».

Selbstverständlich erwartet nicht jeden Krebs-Geborenen dieses Los. Doch zum Verständnis eines Menschen sind – neben den positiven Qualitäten – auch die *möglichen* negativen Tendenzen zu beachten.

Am Ende entscheidet alles die Intensität der «Mutterbindung». Je stärker der Krebs-Geborene von seiner Mutter abhängig ist, je länger er unter ihrem psychischen Einfluß steht, desto mehr ist zu fürchten, daß er im Leben harten Bewährunsproben ausgesetzt sein wird.

Es gibt Krebs-Geborene, die zur Mutter in einem Oppositionsverhältnis stehen: sie bemängeln die Mutter, bekämpfen sie, lehnen sie ab und hassen sie mehr oder minder. Damit aber setzen sie auch alle Werte, die die Mutter verkörpert, herab: Sensibilität, Intuition, Irrationales. Doch haben diese rationalen, trockenen, ja kalten Krebs-Menschen wirklich ihre psychische Verbundenheit mit der Mutter zerrissen? Es geht letztlich nicht darum, entweder von der Mutter abzuhängen oder sie abzulehnen, sondern die mütterlichen Kräfte in einer reichen, selbständigen Persönlichkeit zu verwirklichen.

Fraglos verläuft die psychische Entwicklung einer Krebs-Frau weitaus leichter, es sei denn, sie lehne sich aus einem innern Konflikt gegen die Mutter und damit gegen ihre Berufung als Frau und Mutter auf. Die Identifikation mit der Mutter erlaubt es ihr ohne weiteres, die Gefühlskräfte, die die Größe einer Frau ausmachen, voll zu entfalten. Manchmal allerdings will sie nichts als Mutter und Hausfrau sein: sie klammert sich dann eigensinnig an ihren persönlichen Besitz, sie will nur behüten und beschützen, um plötzlich alle bestehenden Beziehungen fallenzulassen und sich in sich selbst zurückzuziehen.

Die Welt der inneren Bilder

Der Krebs-Geborene auf der Suche nach seiner eigenen «Grundmelodie» ist ganz nach innen gekehrt; seine Stimmungen wechseln schnell. Ins tätige Leben greift er selten ein. Zwar nimmt er mit allen Sinnen begierig auf, was um ihn vorgeht, und gibt sich jedem Eindruck hin, aber nur um diese äußere Welt mit seinen Stimmungen und Gefühlen zu durchtränken. Starke Vorstellungs- und Einbildungskraft machen ihn zum Narziß und zum Lyriker. Er klammert sich an seine inneren Bilder und nur an sie. Vermag er die Gesichter, Melodien und Farben der äußeren Welt aus der Fülle seiner inneren Erlebnisse in gültiger Form zu fassen, so wird er zum schöpferischen Gestalter.

Der Krebs-Typ ist der Natur innig verbunden. Sie bietet dem «einsamen Spaziergänger» Zuflucht, wenn er sich, wie es oft der Fall ist, vor den Menschen scheu zurückzieht. Ein Krebs-Typ, der der Natur unempfindlich gegenübersteht, hat auch seine Mutter abgelehnt. Zwischen Mutter und Natur herrscht ein enger gefühlsmäßiger Zusammenhang.

Der lunare Krebs-Typ fühlt sich in der «Nacht des Lebens» zu Hause. «Im Bildraum der Phantasie greifen Traum- und Wachwirklichkeit ineinander. Erlebnisse des Tages spinnen sich in der Nacht fort, williger zurechtgestellt nach Wunsch oder Bedürfnis, Erwarten und Befürchten des Träumenden. Erwachend ruft er sich zur begrifflichen Ordnung, ausgerichtet auf bewußt definierte Realität. Doch auch sie nimmt er gestalthaft wahr, und insgeheim wird das bewußte Geschehen mitbestimmt vom weiterlaufenden unbewußten, um bei nachlassender Aufmerksamkeit als Tagtraum die Wahrnehmungen zu überschleiern» (Thomas Ring, «*Astrologische Menschenkunde*»).

Der Krebs-Typ sieht und liebt die Wirklichkeit nur durch den Schleier seiner Illusionen: auf alles und jedes überträgt er sein Gefühl: *er träumt sein Leben, wenn er seinen Traum nicht leben* kann. Manchmal ist er selbst ein Traum für andere, und diese sind ihm wie ein Traum. Phantasie ist sein Hauptmerkmal! Sie färbt jede Wirklichkeit, beherrscht seine Launen, einmal fröhlich, einmal melancholisch. Er ist ein Elegiker, ein Romantiker, der im Banne des Wunderbaren und Phantastischen steht.

Im Zeichen des Krebses blühen die schönsten Blumen, reifen die herrlichsten Früchte der Poesie. Aber es kann umgekehrt auch zum Nährboden neurotischer Verdrängungen und Minderwertigkeitsgefühle werden, die aus der Spannung zwischen Wollen und Handeln herrühren.

Ein seelisches Janusgesicht

Wie die anderen Tierkreis-Typen, so verhalten sich auch die Krebs-Geborenen recht unterschiedlich. Auch die Krebs-Familie kennt verschiedene Charaktere, je nach der Planetensignatur im jeweiligen persönlichen Horoskop. Der Krebs-Typ schwankt ewig zwischen zwei Träumen. Er ist tief verwurzelt im Heimatboden, und zugleich lockt ihn das Fernweh, das Fremde, das Exotische und Phantastische. «Wo ich nicht bin, dort möcht' ich sein.»

Dem Charakter nach unterscheidet man zwei Typen: zunächst den mehr beschaulichen, den seßhaften Typ, der einem im Hafen verankerten Schiff gleicht. Er paßt sich den irdischen, den prosaischen Dingen gefügig an, er ist sachlich und materialistisch, einfach, ruhig, versöhnlich und häuslich, manchmal ein bißchen schwerfällig und ohne augenscheinliche Leidenschaften.

Der zweite Krebs-Typ, der entwurzelte, hungert geradezu nach Abwechslung, er will aus dem selbstgebauten Gefängnis ausbrechen und kümmert sich wenig um praktische Dinge des gewöhnlichen Alltags. Er ist der geborene Sonderling, schrullenhaft und launisch, aber oft auch herzerfrischend und bezaubernd. Wie ein Irrlicht blendet er: mal hier, mal dort; dabei ist er vielseitig, unstet und unbefriedigt wie etwa der französische Dichter, Schriftsteller, Regisseur und Schauspieler Jean Cocteau (mit Sonne und Mars im Krebs).

Ein Krebs-Typ mit dominierendem Saturn in seinem Geburtsbild ist selten glücklich. Quälen ihn nicht innere Probleme, so brütet er über seinem Gesundheitszustand. Immerzu beschäftigt er sich mit sich selbst, grübelt nach und verliert vor lauter Nachsinnen sein Ziel aus den Augen. Er wird skrupulös, er resigniert, voller Melancholie klagt er sich selbst an, meidet die Menschen und lebt in Vergangenheit und Erinnerung.

Einen Krebs-Typ mit Mond-, Merkur- oder Mars-Dominante drängt es nach Abwechslung. Immerzu sind seine Gefühle in Wallung, knüpft er eine Liebesbindung nach der andern, wandert er von einem Ort zum andern, wechselt er den Lebenskreis – einzig an die inneren Bilder seiner empfindlichen Seele und seines empfänglichen Gemüts gebunden.

Das reine Gedächtnis

Gedächtnis, Einbildungskraft und Intuition sind die hervorstechendsten Eigenschaften des Krebs-Typs.

Vermag er sich von seiner Kindheit nicht loszureißen, so bleibt sein Denken unselbständig und in sentimentalen Vorurteilen gefangen. Sein leicht erregbarer, phantastischer Geist gefällt sich in nebelhaften Fiktionen, in Gedanken, die sich im Kreis drehen, in halben Wahrheiten, die zu nichts führen. Gerade diese Empfindungs- und Gemütstiefe aber macht beim gelösten und gereiften Krebs-Typ, der sich zu innerer Klarheit durchgerungen hat, die Wärme seines Geistes aus. Seine Wahrheit rührt denn auch oft aus seinem tiefsten Innern her, sie ist erfühlt und erlebt.

Mit Mond im Krebs hat der französische Philosoph Henri Bergson die Rolle der Intuition erforscht und umschrieben. Er meint, im Bewußtsein könne nie «dasselbe» wiederkehren, schon deshalb nicht, weil jedem spätern Augenblick die *Erinnerung* an den früheren Augenblick einge-woben sei: Zeit und Raum, Gedächtnis und Materie, Lebensschwung-kraft und körperlicher Stoff; überall stoße der Mensch im Grunde auf die Zweiheit schöpferischen Werdens und festen Seins. Aber der Mensch erkenne diese zwei Prinzipien immer nur in ihrer Vereinigung. So schreibt E. von Aster: «... den Schwung des Lebens fühlen wir als unsern Körper durchwirkendes Leben, das Bewußtsein ist ein von erinnerndem Wiedererkennen durchzogenes Sehen und Tasten der uns umgebenden räumlichen Dinge... Das Gehirn engt das Bewußtsein ein, indem es dieses in den Dienst des organischen Lebens stellt, es wirkt als ein ‹organischer Filter› unserer Wahrnehmungen und Erinnerungen.»

Die äußere Erscheinung des Krebses

Die Gestalt

Das Äußere eines Krebs-Typs ist, wie jenes der andern Tierkreis-Typen, nicht mit Bestimmtheit zu erkennen. Krebs-Geborene mit dominierendem Saturn können blaß und schmächtig sein, diejenigen mit dominierendem Jupiter beleibt und besonnen.

Die Tradition schreibt dem Krebs-Typ Trägheit zu, ein «Vollmondgesicht», Hängebacken, volle Lippen, ausdrucksvollen und sinnlichen Mund, ferner die Neigung zu Doppelkinn und gewölbter Stirn mit niederem Haaransatz, wodurch sie weniger groß erscheint, als sie in Wirklichkeit ist, schließlich wenig ausgeprägte Kiefer, wässerige graue oder hellblaue hervorquellende Augen und eine kleine, an der Wurzel eingedrückte Stupsnase. Weite Poren, die Haut oft schwammig und aufgedunsen und unbestimmte Züge – das Profil wirkt verschwommen und unfertig, der Gesamteindruck eher kindlich. Die Hautfarbe ist vielfach blaß oder fahl, der Blick sanft und träumerisch-unbestimmt, der Ausdruck ängstlich, naiv, verwundert oder abwesend.

Gang und Mimik

Haltung und Gangart eines Krebs-Typs wirken im großen und ganzen lässig und träge. In seinem Auftreten aber können sich Unterschiede zeigen. So ist der eine langsam und zerstreut, der andere nervös und aktiv. Der eine birgt seine Gefühle unter einer Maske des Gleichmuts, der andere ist leicht verletzt, errötet wegen Kleinigkeiten, die Tränen kommen ihm schnell: alle Gefühle, die ihn bewegen, sind mühelos auf seinen Gesichtszügen abzulesen.

Bei allen indessen fühlt man große Menschlichkeit, betont noch durch Einfachheit und Vertraulichkeit. Ihr Händedruck ist molligweich, anschmiegsam, ihre Stimme eher schüchtern und verhalten.

Gesundheit

Der gemeinsame Name der furchtbaren Krankheit des Krebses mit dem vierten Tierkreiszeichen ist rein zufällig. Die unter diesem Zeichen Geborenen brauchen nicht zu befürchten, daß sie dieser Krankheit mehr als andere unterworfen sein könnten.

Weder die astrologische Tradition noch die moderne Statistik geben sichere Anhaltspunkte dafür, welche Planetenkonstellationen mit der Krebskrankheit zusammenhängen. Immerhin ist festgestellt worden, daß in den Jahren von 1914 bis 1940, als Pluto das Zeichen des Krebses durchwanderte, Krebserkrankungen (Brustkrebs bei den Frauen, Darmkrebs bei den Männern) im Steigen begriffen waren. Damit ist indes nichts Allgemeingültiges ausgesagt; Pluto bedeutet für die Menschheit wie für jeden einzelnen eine Art inneren Dämon, eine Geißel, die negative Aspekte eines Zeichens verstärken kann, ohne daß er jedoch der Krebskrankheit im besondern zugeordnet wäre. In den Jahren vor 1914, als Pluto das Zeichen der Zwillinge durchlief, stellte man eine Zunahme der Tuberkulose und der Erkrankungen der Atmungswege fest und seit 1940 (Pluto im Löwen) ein Ansteigen der Herz- und Kreislaufstörungen. Daß Pluto, der «innere Quälgeist», zu Krankheit allgemein in Beziehung steht, ist allerdings nicht ganz von der Hand zu weisen. Leib und Seele sind unzertrennlich verbunden; oft ist eine Krankheit die körperliche Reaktion auf ein geistiges oder seelisches Leiden.

Beim Krebs-Typ ist dies oft der Fall. Als Gefühlsmensch ist er vielen Stimmungsschwankungen unterworfen. Er reagiert langsam, unberechenbar und meist träge. Ein bezeichnendes Merkmal ist sein unwiderstehliches Schlafbedürfnis. Auch wenn er die Augen offen hat, schließt er sie immer wieder; man muß ihn geradezu wachrütteln, damit er sich in der Außenwelt zurechtfindet. Räkeln, Gähnen, Recken und Strecken pflegen seiner Tätigkeit regelmäßig vorauszugehen. Ein Mittagsschläfchen ist ihm unentbehrlich, ebenso die warmen Pantoffeln und ein Lehnstuhl am Ofen, wenn es Abend wird.

Die astrologische Überlieferung schreibt dem Krebs-Typ die Mondsüchtigkeit, kindliche Überempfindlichkeit und Empfänglichkeit für Nervenkrankheiten zu, die von abnormer seelischer Verletzlichkeit bis zur Hysterie (bei ungünstigen Konstellationen) reichen können. Die moderne Psychoanalyse versucht, zwischen Mutterkomplex und Magengeschwüren eine innere Verwandtschaft zu beweisen: einen Komplex der «Entwöhnung» oder des Grolls. Sie meint, daß Magengeschwüre infolge des Zwiespalts zwischen Unabhängigkeitsdrang einerseits und Bedürfnis nach Verhätschelung anderseits entstehen können.

Kleidung

Im Zeichen des Krebses liegt das Hauptmerkmal der Frauenmode in ihrer Fraulichkeit. Tatsächlich pflegt die Krebs-Frau liebevoll und sorgfältig ihren Körper, beinahe so wie eine Katze. Ihr feines Empfinden bevorzugt Spitzen, Seide, zarte Farben und üppige Haartrachten. Ihr Auftreten zeugt von diskreter Eleganz und schlichter Anmut. Marie-Antoinette (Aszendent Krebs) und ihre Epoche offenbaren recht deutlich den Stil des Krebs-Typs. Die Krebs-Frau unserer Tage folgt gefügig den jeweils herrschenden Modelaunen; am Ende aber wählt sie, was ihre Weiblichkeit betont.

Es kommt vor, daß der Krebs-Jüngling auf auserlesene, etwas gesuchte Kleidung Wert legt. Der Krebs-Mann dagegen ist zu sehr mit seinem Innenleben beschäftigt, als daß er auf sein Äußeres viel Gewicht legen würde; meist kleidet er sich unsorgfältig, unelegant, ja sogar ausgesprochen lässig.

Das Verhalten des Krebses

Die Liebe

Der Krebs, das weibliche Mondzeichen, verkörpert das Familienleben: die Mutter, das Elternhaus, das eigene Heim und die Erziehung der Kinder; der Krebs-Geborene hat ein starkes Verlangen nach eigenem Herd. Diese Gefühle übertragen sich denn auch auf den Bereich der Liebe: er ist entweder Kind oder Mutter, er will sich bemuttern lassen, oder er bemuttert selbst.

Das romantische Herz des Krebs-Typs ist erfüllt von einer ewigen Sehnsucht nach Zärtlichkeit, stets auf der Suche nach vollkommener Liebe, in die die Phantasie tausend Arabesken flicht. Für dieses leicht verletzliche, kindliche Herz bedeutet die Liebe ein einziges Wiegenlied, eine schwärmerische Leidenschaft, halb verloren in einer Traumwelt jenseits des Alltags. Werden seine Illusionen grausam zerschlagen, so erleidet er meist einen Schock, der ihn taumeln läßt, gleich einem Faustschlag in den Magen. Doch geschieht es auch, daß die Liebe in seiner Seele voller Sehnsüchte schlummert bis zu dem Tag, da er sein Idealbild auf die Auserkorene überträgt. Traumbilder steigen dann aus seinem Unbewußten auf. Ein Wunder erfüllt sich: die Begegnung mit der «Schwester-Seele», für die alle Gefühle aufgespart sind.

Oft folgt jedoch schmerzliche Ernüchterung. Der junge, schüchterne Krebs-Mann entdeckt eine fremde, ja feindliche Welt. Keine schützende Hand leitet ihn mehr. Keiner ahnt die Geheimnisse seines Herzens, keiner nimmt Rücksicht auf seine Empfindsamkeit, auf seine Illusionen. Tief verwundet zieht er sich in sich selbst zurück. Er verbirgt sein Verlangen, seine Wünsche aus Angst vor Verspottung. Allzu idealistisch, vermag er seinen Traum nicht zu verleugnen; so zieht er es vor, ihn in den Tiefen seiner Seele zu begraben. Er mag keinen billigen Kompromiß, er ist zu träge, Hindernisse zu überrennen. So wählt er die Flucht.

Je höher das Ideal, je zerbrechlicher der Liebeswahn, dem er in seinem Herzen frönt, desto mehr droht er an den wiederkehrenden Schocks des Alltags zu scheitern. Dann «sucht er die Einsamkeit, kapselt sich in den Seidenkokon ein, den die eigene Seele gewebt» (Strindberg). Fortan träumt er einzig noch von unerreichbarer Liebe.

Der abgehärtete Krebs-Mensch hofft weiter auf die Erfüllung seines Traumes. Am Ende aber droht auch er in Gefühlsbindungen zu erstikken, die ihm zum Gefängnis werden, eingekerkert in eine abgeschlossene Welt ohne Verbindung zu den übrigen Menschen.

Der Mann

In diesem Zeichen kommen zwei gegensätzliche Typen vor. Der eine ist friedfertig, einfach und ruhig. Durch seine Frau liebt er Heim und Nestwärme, seinen Flecken Erde, sein Haus, seine Möbel, wertvolle Gegenstände aus seiner Kindheit. Treu und beständig, lebt er allein für die Seinen. Er braucht eine intime, trauliche Atmosphäre, um sich abends nach der Arbeit auszuruhen. Mit seiner Frau zusammen teilt er sich in die liebende Sorge um die Kinder. Er ist denn auch ein guter Ehemann und Vater; er hat seine Kindheitskrise überwunden und ist zu einem «mütterlichen», guten, treubesorgten und beschützenden Mann geworden.

Der Gegentyp, dank dem Mond der «geheimen Alchimie der Dinge» zugänglich, ist nervös, launisch, phantastisch. Aus seinem Herzen macht er ein «Musée imaginaire», eine imaginäre Bildergalerie; die Schlösser dazu hat er verstopft, die Schlüssel weggeworfen. Er empfindet sich selbst als Rätsel, und er ist es auch für andere (Byron und Modigliani). Schrullenhaft und verkauzt, scheint er von einem innern Dämon besessen. Zuzeiten lebt er in einem absonderlichen Gemütszustand, der ihm selber fremd ist. Er erweckt den Eindruck eines verwöhnten Kindes, das sich weigerte, größer zu werden; er ist unerträglich in seiner überreizten Erregtheit und in seinen egoistischen Ansprüchen. Außerstande, die Frau zu lieben, weil seine Mutterbindung nicht von der Beziehung zur Frau abgelöst wurde, äußert sich seine Liebesunfähigkeit in immer neuen, ungestillten Abenteuern. So ist er der geborene Schürzenjäger, stets auf der Jagd nach einem neuen Gesicht, einer neuen Figur, einem neuen Parfum; unverbindlich wie ein Irrlicht: ein ruheloser «Mondsüchtiger». Eines Tages schließt er sich vielleicht an eine ältere oder reifere Frau an, die ihm Ruhe bietet, die seiner Unstetigkeit das Gefühl der

Sicherheit entgegenstellt und die ihn zum wirklichen Kontakt mit den Menschen führt. Dann aber vermag der Krebs-Typ, der bisher im Banne lunarer Spukgestalten und saturnischer Erstarrung lebte, einen Hauch von Poesie und Zauber um sich zu verbreiten.

Die Frau

Allzuviel Krebs-Einfluß kann zur Ehelosigkeit führen, wenn der Mensch sich von den Eltern nicht lösen kann. Dies gilt für gewisse alte Jungfern, die zu lange im Elternhaus blieben und die trotz natürlicher, weiblicher und mütterlicher Gefühle allein geblieben sind.

Sehr oft ist die vom Krebs beherrschte Frau eine «Kind-Frau»: unbefangen, arglos und anmutig; sie träumt von der «blauen Blume der Romantik», vom «stillen heimlichen Glück im Winkel». Als Kind spielte sie mit Puppen, später erweist sie sich als die Mutter-«Gluckhenne», die ihre Küken wärmt. Sie ist mehr Mutter als Frau; manchmal frigid, flüchtet sie in die Liebe zum Kind, in ein «Niemandsland» kindhafter Gefühle und verlogener Begeisterung. Noch einen Schritt weiter, und sie verwirklicht den Freudschen «Iokaste-Komplex»: die leidenschaftliche, eifersüchtige und besitzergreifende Leidenschaft, mit der die Mutter ihren Sohn gierig an sich kettet. Außerhalb der mütterlichen Liebe kann dieser Frauentyp nur ein illusorisches Idealbild lieben, dem er immer neue Namen gibt; er erlebt denn auch eine Liebesenttäuschung nach der andern. Das ist gewöhnlich das Los der ausgesprochen disharmonischen Krebs-Frau.

Harmonische Typen dagegen sind fähig, die große Liebe zu erfahren, die Liebe zu einer verschwisterten Seele: die seelische Vertrautheit zwischen dem Paar wirkt wie eine Art Telepathie, die sie auch auf Entfernung gleiche Gefühle und Gedanken erleben läßt.

Auch bei der Frau unterscheidet man zwei extrem gegensätzliche Typen: die eine erniedrigt sich oft so weit, daß sie einzig noch zum Sexualobjekt des Mannes wird.

Der andere Typ hingegen stellt sich selbst auf ein unerreichbar hohes Piedestal und fordert eine fast unmögliche Liebe. Sie verkörpert eigentlich den reinsten und tiefsten weiblichen Archetyp: sie weckt im Mann die *«Anima»*, das Leitbild des ewig Weiblichen, das im tiefsten Innern jedes Mannes schlummert und das ihn dazu führt, ein ideales, geheiligtes, oft unantastbares Wesen zu lieben.

Auch die Krebs-Frau kennt zwei Formen der Liebeswahl; die erste wählt einen aktiven, überaus männlichen Mann, den sie freilich allzu gerne überschätzt. Er bedeutet ihr das Bild des idealisierten Vaters. Die zweite wendet sich dem vielversprechenden Jüngling zu, dessen Entwicklung sie fördern und dessen Selbstvertrauen sie stärken kann.

Im ersten wie im zweiten Fall identifiziert sie sich so sehr mit dem Mann, daß beider Glück aufs günstigste gefestigt wird: sie paßt sich in den großen Dingen an, überläßt dem Mann die Initiative und verzichtet auf ihre persönliche Eigenart. Erst in der Selbsthingabe in der Ehe findet sie sich selbst. Wenn sie wahrhaft geliebt wird, erweist sie sich als ideale Ehegefährtin.

Der Krebs und die anderen Zeichen

Krebs und Widder: verhalten sich zueinander wie Wasser und Feuer; der eine geht rückwärts, der andere drängt vorwärts; der eine ist feinfühlig und weiblich, der andere hart und sehr männlich. Einklang scheint ausgeschlossen.

Krebs und Stier: empfinden leicht Sympathie füreinander, obschon die Traumwelt des Krebses und der Trieb-Realismus des Stiers nicht immer zusammenpassen wollen. Beide aber lieben das einfache, friedliche Leben.

Krebs und Zwilling: leben zusammen etwa wie ein Kind und ein Jugendlicher, der eine mit dem Herzen, der andere mit dem Geist; sie verstehen einander gut und lieben beide die Abwechslung.

Krebs und Krebs: verstehen sich gegenseitig ohne viel Worte. Doch droht ihnen die Gefahr zu großer Passivität und damit einer gewissen Langeweile. Keines wirkt auf das andere anregend und anfeuernd, nachdem einmal starke Gefühle verebbt sind.

Krebs und Löwe: sind so verschieden wie Nacht und Tag. Der eine ist verinnerlicht und rezeptiv, der andere expansiv und imposant. Nur geringes gegenseitiges Verständnis.

Krebs und Jungfrau: finden sich ohne Mühe im privaten Leben. Beide leben von innen her, sind zurückhaltend und feinfühlig; doch hat der eine zuviel Gefühl, der andere zuviel Verstand.

Krebs und Waage: zwei gefühlvolle, sentimentale Naturen. Doch liegen ihre Gefühle nicht auf gleicher Ebene: die eine ist zu innerlich für die andere, die mehr nach außen lebt.

Krebs und Skorpion: finden sich in ihrem tiefsten Gefühlsbereich. Zwei komplexe Naturen: sie können eine Vertrautheit schaffen, zu der niemand sonst Zugang hat. Schmerzliche, doch beständige Bindung der Leidenschaft zueinander.

Krebs und Schütze: haben außer ihrer Reiselust wenig gemeinsam; auf moralischer Ebene immerhin stimmen sie miteinander überein.

Krebs und Steinbock: ein unüberbrückbarer Gegensatz! Überempfindlichkeit und Kälte, Kind und Greis. Wie sollten sie da harmonieren!

Krebs und Wassermann: phantasievolle Naturen alle beide; die eine vom Wasserzeichen bestimmt, die andere vom Luftzeichen. Eine erfreuliche Verbindung kann sich hier entwickeln.

Krebs und Fisch: haben viel gemeinsam; sie verstehen sich intuitiv. Beider Ideal ist die Güte. Tiefe und beständige gegenseitige Liebe.

Alle diese Angaben haben natürlich nur ganz allgemeinen Wert. Einzig die Gegenüberstellung der persönlichen, minutengenauen Horoskope zweier Menschen verbürgt eine gewisse Sicherheit.

Beruf, Arbeit und Geld

Bei der Berufswahl erliegt der junge Krebs-Typ oft dem Einfluß seiner Umgebung. Nicht selten wählt er den Beruf des Vaters, es sei denn, aus lauter Auflehnung entschließt er sich für einen Beruf, der der Familientradition radikal entgegengesetzt ist.

Angesichts der beiden großen Krebs-Typ-Gruppen zeichnen sich auch zwei Hauptberufsrichtungen ab:

a) Die *vegetativen*, passiven Krebs-Typen neigen zu «automatisierter» Arbeit. Sie halten sich an die Regel von der Ökonomie der Kräfte; mit «angeborener Mechanik» werden sie zu gut funktionierenden Automaten, die mit stets gleichbleibender Intensität die einmal gelernten Arbeitsgänge verrichten. Haben sie sich einmal daran gewöhnt, so bedarf ihre Arbeit nur noch geringer Verstandeskontrolle.

b) Die *nervösen* und aktiven Krebs-Typen wählen den entgegengesetzten Weg: sie neigen zu einer Tätigkeit, bei der sie nach Lust und Laune gehen und kommen können und die ihrer Phantasie freien Lauf läßt. Sie leben in eigenartigem Rhythmus von Trägheit und Hochdruck; sie sind geschaffen für eine Arbeit mit mannigfachen Möglichkeiten, die ihr Interesse unablässig wachhält.

Beide Krebs-Gruppen aber überlassen es im Grunde lieber dem Schicksal zu entscheiden, wie sie ihre Fähigkeiten einsetzen sollen! Nachstehend eine Liste der Berufsrichtungen, die dem Krebs am ehesten entsprechen:

Neigungen: Narzißmus, Passivität, Abhängigkeit
Funktionen: dienen, kosten, sehen, sich zeigen
Objekte: Ernährung, Bekleidung, Tiere, Kinder, Wasser, Flüssigkeiten
Handlungen: gestalten, reproduzieren, unterhalten, erziehen, betreuen, zur See fahren
Orte: Gaststätten, Lebensmittelgeschäfte, Kindergärten, Badeplätze, Gärten, Wälder, Straßen, Markthallen, Jahrmärkte, Schaubuden und Zirkusse

Der vegetative, passive Krebs-Typ kommt nur langsam in Fahrt; er ist bedächtig und arbeitet mit der Regelmäßigkeit seines gelassenen Temperaments, dabei aber ausdauernd und widerstandsfähig. Er gehorcht willig den Weisungen und unterwirft sich den Gewohnheiten eines *Arbeitskreises.* Doch darf man ihm nicht zu nahe treten! Er ist wohldiszipliniert und zuverlässig. Aber man muß seiner schüchternen Natur Rechnung tragen und alle Arbeitsgeräte, die er benötigt, in Reichweite bereitstellen: er würde es nicht wagen, danach zu fragen. Er arbeitet am besten dort, wo er sich «zu Hause» fühlt und das Wohlwollen seiner Vorgesetzten und Arbeitskameraden spürt. Manchmal hängt er so sehr an dem Geschäft, für das er arbeitet, daß er beinahe eine Art Familienmitglied wird, dem alle Türen offenstehen. Nicht immer bekleidet er die Stellung, die ihm zukäme; seine Persönlichkeit mag er nun einmal nicht herausstellen. Schüchtern zieht er sich in sein Schneckenhaus zurück. Bester Trumpf seines Erfolges ist die Zähigkeit. Er wirkt im stillen. Ruhig leitet er auch ein eigenes kleines Unternehmen und ist ein guter Vorgesetzter: voller Wohlwollen zu seinen Untergebenen.

Ganz anders dagegen der *nervöse* Krebs-Typ. In der Arbeit ist er unbeständig. Er hat eine sehr persönliche Arbeitsweise. Seine Tüchtigkeit ist recht unterschiedlich. Er braucht in seinem Arbeitskreis die Vertraulichkeit, aber er mißbraucht sie auch gerne. Befehlen entzieht er sich oft mit Geschick. Für leitende Posten scheint er wenig geeignet. Allzu schnell hat er ausgespielt. Sein großes Berufsproblem heißt: bewußt das Leben anzunehmen, den richtigen Weg zu finden und sich in die Lage zu schicken. Allzuleicht rennt er sonst dem Glück nach, von Stellung zu Stellung, von Beruf zu Beruf. Sein Leben ist stürmisch bewegt. Mehr als jeder andere ist er der Gunst oder den Schlägen des Schicksals ausgeliefert.

Man kann nicht behaupten, der Krebs-Typ sei ein großer Geldverdiener! Seine Haltung in *Geldfragen* wird im allgemeinen bestimmt von seiner Schüchternheit. Einem weitgesteckten Ziel nachzueifern, ein Abenteuer zu wagen, Geld zu verdienen ist nicht seine starke Seite. In passiver Einstellung verscherzt er viele Möglichkeiten: er ist wenig ehrgeizig, er strengt sich nicht gerne an, er gibt sich lieber mit wenig zufrieden. Die Alltagssorgen brechen seinen Widerstand, schnell flüchtet er in den Schutz der Familie. Aber dies kostet ihn, Stück für Stück, seine Freiheit. Unter abweichenden äußeren Voraussetzungen ist es stets das gleiche Lied: La Fontaine führte ein sorgloses Leben und wurde ständig unterstützt; Schubert war unfähig, aus seinen Werken Gewinn zu ziehen; Corot ließ sich von Kunsthändlern ausbeuten; Proust lebte vom Familienvermögen; Modigliani bot auf der Terrasse des Kaffeehauses «La Rotonde» in Paris ein Portrait für ein Glas Schnaps an, das er in einem Zug austrank; Rembrandt ruinierte sich durch Spekulationen mit Schiffahrtspapieren...

Diese Passivität treibt den Krebs-Typ dazu, blindlings auf Göttin Fortuna zu hoffen; er versucht sein Glück in der Lotterie, er hofft auf einen unerwarteten Gewinn, auf ein Wunder...

Der beste Rat für diese Menschen heißt: sie mögen sich in ihren Beruf vertiefen und ihre Persönlichkeit entwickeln. Schon frühzeitig sollte man sie lehren, von selbstverdientem Geld zu leben.

Gemischte Krebs-Typen

Wir kennen unser Sonnenzeichen; aus der Anleitung am Ende des Buches können wir das Aszendentzeichen berechnen. Die Werte dieser beiden Zeichen zusammen ergeben folgende allgemeine Charakterisierung:

Krebs – Widder   *Aszendent Krebs und Sonne im Widder*
                   oder
                   Sonne im Krebs und Aszendent Widder

Unvereinbarkeit zweier widersprüchlicher Naturen: die eine weicht zurück, verkriecht sich in sich selbst, lebt voll verletzlicher Empfindsamkeit ganz in ihrer innern Zufluchtsstätte, vorwiegend bedacht auf Bewahrung, Vergangenheit, Bräuche, Erinnerungen... Die andere stürzt kühn nach vorn, lebt allein dem Fortschritt und für die Zukunft... Daraus ergibt sich ein scharfer Zwiespalt: Flucht und ungestümer Anstoß, Traumphasen und Beschaulichkeit, dann wieder heftige Gefühlsausbrüche, Depressionen und Begeisterung (Goya, Ludwig XV., van Gogh).

Krebs – Stier   *Aszendent Krebs und Sonne im Stier*
                  oder
                  Sonne im Krebs und Aszendent Stier

Hier herrschen die lunaren Kräfte der Gefühle und der plastischen, rein gefühlsbewußten Mütterlichkeit vor, manchmal nur in vegetativer, digestiver Form. Empfindsamkeit, Einbildungskraft, Träumerei, romantische Sentimentalität, Liebe zum einfachen, ländlichen Leben. Zurückhaltende, passive, empfängliche Natur. Anhänglichkeit, Liebe zum Heim, konservative Grundstimmung, Sparsamkeit, Fruchtbarkeit (Proust, Jean-Jacques Rousseau).

Krebs – Zwillinge   *Aszendent Krebs und Sonne in den Zwillingen*
                     oder
                     Sonne im Krebs und Aszendent Zwillinge

Eine Verbindung lunarer und merkurischer Werte: sie bewirkt ein kindliches und jugendliches Wesen. Wenig strukturierte Persönlichkeit, oft wankelmütig, unbeständig, unselbständig, unbeherrscht. Umgekehrt: vielseitig, gefühlvoll, empfänglich, ganz den Schwingungen und Ausstrahlungen der Umgebung hingegeben. Ein solcher Mensch lebt eng verankert in seinem Umkreis, der ihn innerlich bereichern oder verarmen kann. Lebhafte Intelligenz und Feinfühligkeit, die sich beide zu einem starken Innenleben verbinden oder einen Gegensatz bilden können: beweglicher Geist und tiefgründiges Inneres (Schumann, Dufy).

Krebs – Löwe   *Aszendent Krebs und Sonne im Löwen*
                   oder
                   Sonne im Krebs und Aszendent Löwe

Ein Janus-Gesicht! Hier Verschlossenheit, Schweigen, Zurückgezogenheit – dort Tatkraft und Selbstbewußtsein. Der Charakter ist gespalten zwischen Unterwerfung und Unabhängigkeit. Die Verbindung beider offenbart eine Natur, die sich ganz zurückziehen und zugleich glänzen will: der Traum des Krebses, der sich im hellen Tageslicht entfalten möchte (Claudel, Debussy).

Krebs – Jungfrau   *Aszendent Krebs und Sonne in der Jungfrau*
                   oder
                   Sonne im Krebs und Aszendent Jungfrau

Ein introvertierter, empfindlicher, zarter, taktvoller, auf ein inneres Leitbild gerichteter Mensch, der aber allzu oft zu Minderwertigkeits- sowie nervösen Hemmungs- und Reinlichkeitskomplexen neigt: Auswüchse von Bescheidenheit, Zurückgezogenheit, Skrupeln, kleinlicher Empfindlichkeit. Der Mensch möchte sich in sein privates Leben einschließen und seine Intimsphäre pflegen. Er kann freilich auch in seine Traumwelt Ordnung bringen (Clara Schumann).

Krebs – Waage   *Aszendent Krebs und Sonne in der Waage*
                     oder
                     Sonne im Krebs und Aszendent Waage

Diese Natur ist vor allem sentimental und weiblich, zerrissen zwischen Häuslichkeit und Gesellschaftsleben. Ein freundlicher, gefügiger, wohltuender Charakter, aber unentschlossen, zaudernd, tatenlos. Innenleben und Forderungen der Außenwelt streben ein harmonisches Gleichgewicht an (Bergson).

Krebs – Skorpion   *Aszendent Krebs und Sonne im Skorpion*
                     oder
                     Sonne im Krebs und Aszendent Skorpion

Gemütswerte der Düsternis herrschen vor. Der Mensch fühlt sich zum Geheimnisvollen, zu den Tiefen des Innenlebens hingezogen. Eine schweigsame, rätselhafte Natur, von schmerzlichen Empfindungen und Leidenschaften aufgewühlt; in sich geschlossener Charakter; tiefgründige Gefühle. Magnetische Anziehungskraft, Fruchtbarkeit und schöpferischer Geist (Rembrandt).

Krebs – Schütze   *Aszendent Krebs und Sonne im Schützen*
                     oder
                     Sonne im Krebs und Aszendent Schütze

Reise- und Wanderlust, Drang nach Abenteuern und Forschungsexpeditionen, ohne jedoch das Land seiner Herkunft zu verleugnen. Starker, gefühlsbetonter Idealismus. Edelmütig, sozial gesinnt und menschenfreundlich (Corot).

Krebs – Steinbock   *Aszendent Krebs und Sonne im Steinbock*
                     oder
                     Sonne im Krebs und Aszendent Steinbock

Dieser Mensch trägt zwei gegensätzliche Seelen in seiner Brust: die eine leicht erregbar, zärtlich, verletzlich, kindhaft, die andere kalt, konzentriert, streng, altklug. Das ergibt zwangsläufig ein wohl tiefes, doch gequältes Innenleben. Der innere Zwiespalt schließt jedoch Liebe zur Vergangenheit, Beständigkeit und Beharrungsvermögen nicht aus (Herriot, Leopardi, Simone Weil).

Krebs – Wassermann   *Aszendent Krebs und Sonne im Wassermann*
                      oder
                      Sonne im Krebs und Aszendent Wassermann

Diese Kombination ergibt eine merkwürdige Natur: sie sehnt sich nach dem «verlorenen Paradies» und lebt zugleich in «himmlischen Sphären». Hier zählen Sicherheit, Tradition und zugleich Drang nach Freiheit und Fortschritt. Außergewöhnliche Empfindlichkeit. Der Idealismus kann zu Utopien führen, Familie und Freundschaft sind für diese gefühlsgeprägten Menschen von größter Bedeutung (Byron, Schubert).

Krebs – Fische   *Aszendent Krebs und Sonne in den Fischen*
                  oder
                  Sonne im Krebs und Aszendent Fische

Der Mensch läßt sich vom Lebensstrom mitreißen. Von der Umwelt ist er stark beeinflußbar. Daher seelische «Durchlässigkeit», die den Menschen oft ausweichend, unbeständig, chaotisch macht. Wenn die Gefühle nicht beherrscht werden, können sie alles überfluten; sie machen den Menschen leicht beeindruckbar, verleihen ihm oft große Phantasie und die Neigung zur Mystik. Die Sensibilität äußert sich gerne in Aufopferung, Mitgefühl und Menschenfreundlichkeit (La Fontaine, Modigliani, Montaigne).

Die Bedeutung der Planeten im Krebs

Will man die Beziehungen zwischen Tierkreis und Planeten erforschen, so muß man zuerst die Bedeutung der Planeten in den Zeichen erkennen. Dies ist im vollen Umfange erst möglich, wenn ein minutengenaues Horoskop vorliegt. Die nachfolgenden Ausführungen gelten demnach für die aus den Ephemeriden ersichtlichen Gestirnstände.

Mond: alle mütterlichen und weiblichen Eigenschaften laufen hier zusammen. Einbildungskraft, Fruchtbarkeit, Produktivität, Sensibilität, starke Gefühle. Neigung zu Lyrik und Poesie. Die vegetative oder kindhafte Seite kann überwiegen. Das Gefühl klammert sich an die Vergangenheit, an die Mutter, an Sicherheit und Geborgenheit. Umgekehrt bei ungünstigen Aspekten: nomadenhaftes, unstetes Dasein (Baudelaire, Byron, Debussy, Gide).

Merkur: die Intelligenz wird stark vom Zeichen geprägt. Unruhiger Geist, Wechselhaftigkeit, bildhaftes, nicht abstraktes Denken. Bei guten Aspekten: Gefühl für plastische Formgestaltung (Corot, Gluck, La Fontaine, Proust, Rembrandt, Schumann).

Venus: Empfindsamkeit, Zärtlichkeit, Sanftmut, Güte, Anmut; Liebe zur Natur, zum einfachen Leben, zur Familie, zum Heim; lyrische Gefühle (Fénelon, Pascal, Velazquez).

Mars: steht hier im «Fall»: die marsische Aggressivität ist entwaffnet, unterdrückt oder passiv. In einigen Fällen drückt sie sich in passiver Abwehr, doch auch in Zähigkeit aus (die Zangen des Krebses, die nicht locker lassen!). Gefahr einer Überkompensation, wie etwa bei Byron, der, obschon kränklich, Schwimmer, Boxer, Fechter und Soldat wurde. Meist aber wendet sich die Aggressivität gegen den Menschen selbst oder löst Streit im Familienkreis aus (Marx, Katharina von Medici, Marie-Antoinette).

Jupiter: steht hier «erhöht». Er entfaltet alle Familieneigenschaften, bewirkt den «pater familias», den Hüter des Heims, den Herrn des Hauses, verstärkt die häuslichen Tugenden, betont Lebensgenuß und Feinschmeckerei (Dumas der Jüngere).

Saturn: eine äußerst problematische Stellung! Saturn befindet sich im Krebs im «Exil» und ist damit geschwächt. Gestirn und Zeichen weisen gemeinsame Bewegung auf: sie drängen zurück, sie laufen rückwärts. Daraus erfolgt oft eine ausgesprochene Neigung zum Infantilismus, doch auch zur Introversion. Eine Zurückgezogenheit voller Melancholie, eine eiskalte, manchmal bittere Einsamkeit, bald unpersönliche Gefühllosigkeit (Comte, Montaigne), bald egozentrische Überempfindlichkeit; der Mensch spürt eine belastende Verantwortung für seinen Familienkreis (Châteaubriand, Michelet, La Fontaine).

LÖWE

Die Psychologie des Löwen

Es gibt natürlich kein absolutes Gesetz, daß die physische Kraft aller Löwe-Menschen einen Vergleich mit jener des königlichen Tieres aushielte. Dennoch kommen im fünften Zeichen mehr Athleten vor als in den übrigen Zeichen. Für sehr viele unter ihnen ist der «organische Grundstock» kräftig und widerstandsfähig. Sie sind jedenfalls von überschäumender Lebenskraft und ganz auf die Außenwelt abgestimmt; sie wollen erobern und beherrschen. Dieser Typ hat Reserven genug, um sich auch Verschwendung zu leisten: er ist stark, er ist gesund, er will in vollen Zügen leben, zuversichtlich, glücklich, natürlich, ohne alle Umschweife. Er glaubt nicht an Erfahrung, die in langen Jahren reift. Er vertraut allein seinem Kraftgefühl.

Schon in jungen Jahren ist seine ganze Persönlichkeit auf ein harmonisches Verhältnis zur Außenwelt ausgerichtet. Es ist denn auch nicht verwunderlich, daß er sich – ganz natürlich – durchsetzt: Gleichartige stellt er in den Schatten; wer sich ihm entgegenstellt, den drängt er zur Seite; wer ihm zu widersprechen wagt, den bringt er zum Schweigen; zu jeder Zeit und überall zeigt er unmißverständlich, daß er da ist. Welcher sozialen Schicht er auch angehört, welche Stellung er auch immer bekleidet: überall verschafft er sich Geltung.

Der Begeisterungsfähige

Charakterlich weist der Löwe drei besondere Merkmale auf: er ist tatkräftig, begeisterungsfähig und überlegt. Seine Kraft und sein Tatwille wurzeln in seiner physischen Beschaffenheit. Sein Wille entspringt unmittelbar seiner Vitalität, so sehr, daß für ihn *wollen* bereits *können* heißt. Sagt er: «*Ich will*», so meint er gleichzeitig: «*Ich muß*». Damit droht oft eine tyrannische Überspanntheit des Willens. Seine verfügbaren Kräfte erreichen ein erhöhtes Potential; in ihm nimmt die Aggressivität einen wichtigen Raum ein. Im Ansturm gegen ein Hindernis, im Wettstreit wird er sich seiner Kräfte und Fähigkeiten erst bewußt. Niederlage bedeutet ihm denn auch das Zeichen äußerster Schwäche: das Hindernis muß weichen; mit größtem Vergnügen stürzt er sich in den Kampf; geistig oder leiblich, eine einzige geballte Muskelkraft, die sich duckt und sich erst im Sprung auf die Beute entspannt. Als Gegner greift er von vorne an, er ist tapfer, er verachtet die Gefahr, aber er unterschätzt sie oft. Als Gesprächs- und Verhandlungspartner spielt er Fairplay: von vornherein anerkennt er die Spielregeln. Er ist um so stärker, je mehr sein Wille bewußt und beherrscht zugleich ist. Ein solcher Wille erweist sich dann als ständiges Bemühen, Interessen und Leidenschaften gegenüber seine innere Freiheit zu wahren.

Zum Tatwillen gesellt sich die Gefühlskraft: Die Feder ist um so gespannter, je mehr die Lust, die Begierde, der Lebenswille sie antreiben. Leidenschaftliches Verlangen spielt in seinem bewegten Gefühlsleben eine große Rolle, zumindest wenn Mars und Jupiter vorherrschen.

Zu Tatendrang und Gefühlsüberschwang fügt sich eine dritte Kraft: die «Sekundarität». Gemeint ist dabei die Veranlagung, die Eindrücke innerlich lange Zeit zu verarbeiten, die größeren Zusammenhänge zu durchschauen, die Vielfalt der Gefühle zu ordnen und die Kräfte zu ballen, zumal wenn Sonne, Uranus und Saturn vorherrschen. Sie stößt einem übereilten Verlangen einen Riegel vor, staut und ballt damit seine Kräfte, so daß er sie bei Gelegenheit zielbewußt einsetzen kann. Dann eifert er hohen und fernen Idealen nach, spannt alle Kräfte für sein Vorhaben ein und erhebt dieses zum alleinigen Brennpunkt seines Wollens. Alles, was seinen Plan nicht fördert, verwirft er und stößt es, beinahe asketisch, von sich. Er vermeidet Umwege und geht geradewegs auf sein Ziel los.

Einem echten Löwen gelingt es, *viele* Leidenschaften durch *eine* einzige wirkliche Leidenschaft zu ersetzen, die den Sinn seines Lebens ausmacht und zum Mittelpunkt seines Daseins wird. Damit verfügt er über eine ungeheure Spannkraft. Er richtet seine unbewußten Triebe und Instinkte auf ein zentrales Ziel.

Der Ehrgeizige

Was Wunder, wenn – umgekehrt – der Löwe-Mensch vom Dämon des Ehrgeizes nach sozialer Erhöhung, Macht, Auszeichnung, Ruhm besessen ist, denn «das Hauptelement des Ehrgeizes ist, zum Gefühl seiner

Macht zu kommen», sagt Nietzsche. Seine Willenskraft braucht eine Aufgabe, seine Ehrsucht ein Ziel. Von Natur aus auf die Außenwelt eingestellt, trachtet er danach, sich die Ziele seines Milieus zu eigen zu machen. Er liebt die Gemeinschaft und paßt sich ihren Gesetzen an. Doch bei aller Einordnung bleibt er unabhängig: er will Ellbogenfreiheit und freie Bahn. Er mag nicht bevormundet werden: Lehren erteilt er selbst.

Der Löwe kann bis ins tiefste eigene Wesen vordringen und somit, ohne besondere Menschenkenntnis, auch bei andern die wertvollen Eigenschaften erkennen und sie ermutigen, das zu vollbringen, was er von ihnen erwartet. Er liebt Verantwortung und Gefahr, mehr noch, er lädt die Last der andern auf sich, denn ihm ist die Gabe eigen, *für sie* zu wollen und zu entscheiden.

Ideal und Wirklichkeit gehen bei ihm Hand in Hand. Er ist Idealist und zugleich Realist. Beruf wird ihm zu Berufung. Er ist in höchstem Maß sozial und mit der Familie, dem Berufsstand, der Partei, dem Vaterland, der Religion aufs innigste verbunden.

Sein ehrgeiziger Gestaltungsdrang offenbart sich vor allem in seiner Arbeitskraft; unbeschränkt widmet er sich seiner Aufgabe und führt seine Pläne zu Ende. Er ist immer geschäftig, regsam und produktiv, immer auf Neues, Zukünftiges bedacht, das ihn in den Bann schlägt. Der Gedanke an die nächste Vereinbarung, die nächste Untersuchung, den nächsten Besuch schwingt schon unbewußt mit, während er sich gerade mit einer Vereinbarung oder Untersuchung beschäftigt. Er hat keine Zeit, über eine erledigte Angelegenheit nachzudenken. Die Ungeduld treibt ihn voran, er muß unverzüglich die Schwierigkeiten überwinden, die sich ihm in den Weg stellen und die er beinahe als Majestätsbeleidigung seiner Person gegenüber betrachtet.

Ein Charakter wie kein zweiter! Aber in seiner Stärke liegt zugleich seine größte Schwäche. Er erhebt sich selbst zum glorreichen Zentrum, zum Mittelpunkt der Welt. Er übersteigert sein Selbstgefühl in Selbstherrlichkeit und setzt sein Ich über alles. Seiner «Größe» voll bewußt, verfällt er Prunk, Aufwand, Dekor und Bluff. Er will seine Macht ausweiten, zur Schau stellen: prächtige Wohnung, Kostbarkeiten, protzige Möbel, luxuriöse Familie, Großzügigkeit überall und immer... Überfluß spielt beim Löwen eine große Rolle; mit wenig Mitteln kehrt er den großen Herrn heraus und spielt den Mäzen. Er besitzt auch einen ausgesprochenen Kastengeist, dazu ein starkes Verantwortungs- und Pflichtgefühl: «Adel verpflichtet»... Seine Großherzigkeit, sein Stolz, seine Loyalität sind in der Tat nicht zu bestreiten. Er liebt Offenheit und Klarheit; sobald er Falschheit, geheime Komplotte, tückische Machenschaften wittert, ist er der erste, der Aufklärung heischt; er ist auch jederzeit bereit, sie selbst zu geben. Um dieser guten Eigenschaften willen verzeiht man ihm seine Ruhmsucht und seinen Hochmut – seine großen Hauptsünden. Er selbst wird zum Opfer des Piedestals, auf das er sich gestellt hat.

Aber eben! Nicht jeder Löwe ist auch ein Napoleon, und leider hält sich der durchschnittliche Löwe für einen Napoleon. Die Astrologie kann diese Tendenz in einem Horoskop wohl aufzeigen, nicht aber aussagen, wie sehr und wie stark diese Eigenschaft beim betreffenden Menschen in Erscheinung treten wird. Beim Löwen ist dieser Drang zur Lebensexpansion, dieses überspannte Selbstgefühl, oft krankhaft gesteigert, immer irgendwie vorhanden. Es gibt Eliten, die «großen Löwen». Aber es gibt daneben solche, die um alles in der Welt versuchen, «groß» zu scheinen: disharmonische Löwen, Emporkömmlinge, eitle Prahlhänse, dünkelhafte, selbstgefällige Angeber, vermessene Abenteurer, herrschsüchtige Tyrannen. Sie alle suchen durch Hilfsmittel äußeren Scheins Ansehen und Wirkung zu erzielen.

Die soziale Maske

Aus dem Mythos, dem der Kampf des Herakles mit dem Nemeischen Löwen zugrunde liegt, geht hervor, daß der Löwe-Mensch seine Probleme erkennt und begreift. Es ist erwiesen, daß er mit seinem überschäumenden Lebensdrang am stärksten von «psychischer Inflation» bedroht ist. Er ist ja nur zur Hälfte Herr, zur andern Hälfte ist er Sklave seines Charakters: wegen seiner Bindung an die Gesellschaft gleicht er einem Schauspieler, der nur durch sein Publikum existiert. Er will beachtet und bewundert werden. Er wirft sich in Pose. Ein kleiner Schritt weiter, und er lebt nur noch als soziale Figur in seiner Funktion als «Herr Präsident», «Herr Direktor», «Herr Professor», «Frau Chefredakteur». Jung nennt diesen sozialen Aspekt des Seelenlebens *Persona*.

«Das Wort Persona ist dafür wirklich ein passender Ausdruck, denn Persona ist ursprünglich die *Maske*, die der Schauspieler trug und welche die Rolle bezeichnete, in der der Spieler auftrat... eine Maske der Kollektivpsyche, *eine Maske, die Individualität vortäuscht*, die andere und einen selbst glauben macht, man sei individuell... Im Grunde genommen ist die Persona nichts Wirkliches. Sie ist ein Kompromiß zwischen Individuum und Sozietät über das, ‹als was einer erscheint›. Er nimmt einen Namen an, erwirbt einen Titel, stellt ein Amt dar und ist dieses oder jenes. Dies ist natürlich in einem gewissen Sinne wirklich, jedoch im Verhältnis zur Individualität des Betreffenden wie eine sekundäre Wirklichkeit, eine bloße Kompromißbildung... Wer sich daher mit der Kollektivpsyche identifiziert – mythisch ausgedrückt: wer sich vom Monstrum verschlingen läßt –, so in ihr aufgeht, der ist zwar auch beim Horte, den der Drache bewacht, aber höchst unfreiwillig und zu seinem eigenen größten Schaden.»

Ein Individuum mit einer starken «Persona», wie es beim Löwe-Menschen der Fall ist, neigt dazu, die «Welt der Seele» in dem Maße zu erkennen, als es von seiner sozialen Rolle erfüllt ist.

Machtvoll im sozialen Leben, droht ihm im Privatleben kindliche Schwachheit. Im trauten Heim wird der Held von seiner Frau um den Finger gewickelt: Herkules, ein Diener zu Füßen der Omphale... Unter seiner Maske fällt er den Einflüssen seines Unbewußten zum Opfer; er ist übelgelaunt, schreckhaft, ängstlich, krankhaft gereizt, lasterhaft. Er dann gerne seiner Frau die Schuld für alles, was ihn peinigt, zu: auf Kosten seiner Gefährtin möchte er sich davon befreien. Es ist dies die Kehrseite der Medaille; je höher die gesellschaftliche Leiter, die der Mensch erklimmt, desto tiefer der innere Abgrund: Bismarck (Aszendent Löwe), der «eiserne Kanzler», erlitt hysterische Krisen. Man denke auch an das armselige und langweilige Privatleben Franz Josephs I. von Österreich (Konjunktion Sonne-Mond-Saturn im Löwen), der sein Leben der tyrannischen Etikette seiner königlichen Funktion opferte.

Herkules oder Apollo

Obwohl alle Löwen in ganz großen Zügen gleichartige Eigenschaften besitzen, so kann man doch zwei Typen unterscheiden: den realistischen (Herkules) und den idealistischen Typ (Apollo).

Der realistische *Herkules-Typ* ist von einer Dominante Mars und Jupiter geprägt: seine Kraft und seine Wünsche sind physischer Art. Sein Streben gilt dem Zweckmäßigen und dem konkret Wirksamen. Seine Moral ist die der Gewalt, sein Recht das Recht des Stärkeren. Er schätzt allein den Erfolg. Er zwingt den Mitmenschen seinen eisernen Willen auf; er ist ein Tatmensch, männlich und kämpferisch; sein Erfolg führt ihn auf die Höhe menschlicher Erfolge. Löwe-Typen dieser Art sind etwa: Bolivar, Bourguiba, Cavour, Dumas d. Ä., Ford, Garibaldi, Ludwig XIV., Mussolini, Napoleon, Poincaré, Raimu, Rockefeller.

Beim idealistischen *Apollo-Typ* herrschen die Sonne, Saturn oder Uranus vor. Hier spielt geistige Freiwerdung eine wichtige Rolle. Das bedeutet: Licht, innere Klarheit, Schönheit, Maß und Harmonie. Er braucht nicht unbedingt ein Künstler zu sein. Er kann auch der Mann der überlegten Tat sein, dessen Wille allein dem gilt, was er als Gebot der Pflicht und Ehre erkennt: kein wahrer Mut ohne Ehre. Erfolg kann ihn auf die Höhe des Geistes führen. Solche Löwe-Menschen sind zum Beispiel: Claudel, David, Lorenzo il Magnifico, Liszt, Petrarca.

Individualismus oder Individuation

Der Löwe-Typ will seine Persönlichkeit um jeden Preis verwirklichen, und zwar auf verschiedene Weise. Die niedrigere Form nennt man Individualismus. Damit bezeichnet man u. a. die Besonderheit des Menschen im Gegensatz zu seinen Pflichten und Verpflichtungen gegenüber der größeren Gemeinschaft. Hier triumphiert eine geradezu strahlende Ich-Bezogenheit. Dieser Löwe-Typ befriedigt seine Gelüste ohne die geringste Rücksicht auf den Nächsten. Mehr noch: er hängt ihnen sogar das Mäntelchen scheinbarer Großzügigkeit um oder verbirgt seine Schändlichkeiten hinter selbstgefälligen Phrasen. Dieser verächtliche und verachtenswerte Egoismus verfolgt nur ein Ziel: alles für sich.

Die Selbstbezogenheit kann freilich auch eine elegante und raffinierte Form annehmen, besonders im Fall künstlerischer Tätigkeit. Aber hier droht dem «Star» das Abgleiten auf die schiefe Ebene eines narzißtischen Selbstkults.

Ein geringeres Übel ist der Egoismus, wenn er die Gestalt des Perfektionismus annimmt. Dieser Löwe-Typ identifiziert sich mit dem Bild des «Übermenschen», der er potentiell vielleicht auch ist. Doch muß er begreifen lernen, daß die Welt keine Bühne für eine heroische Tat ist und daß wahre Größe über dem Persönlichen steht. Er soll nicht nur das eigene Instrument vollendet spielen können, er hat auch seine Rolle im Orchester der Menschheit zu erfüllen. Seine Seele kann nicht allein im Lichte stehen, sie soll auch den Untergang der Sonne hinnehmen.

Intelligenz

Der Löwe-Typ ist vor allem Wille – auf dem Weg zum Bewußtsein. Er strebt nach Selbsterhöhung, die indes der Zucht bedarf.

Der minder entwickelte Löwe-Typ läßt sich leider allzu oft von haltlosen intellektuellen Behauptungen beeindrucken. In seiner Gecken-haftigkeit neigt er dazu, Urteile, die er als unfehlbar wertet, als oberste Instanz auszusprechen; sein «*Ich habe gesprochen*» ist um so lächerli-cher, je autoritärer es klingt.

Aber schon der «mittlere» Löwe-Typ findet in der Kraft seiner Persönlichkeit Impulse genug, um geistige Werte zu erkennen und zu würdigen. Sein Geist ist vor allem klar und handgreiflich logisch. Er verliert sich nicht in den Wolken, er erschöpft sich nicht in Streitgesprä-chen. Für Metaphysik hat er nichts übrig. Er hält sich an seine lebendige Materie, er will unterscheiden, vergleichen und die Dinge von allen Seiten her betrachten. Er kann sich zu einer Persönlichkeit entwickeln, die auf den ersten Blick alle Einzelheiten überschaut und aus dem Erfahrungsschatz beurteilt. Er ist eher intelligent als intellektuell. Was er tut, geschieht immer in großem Stil. Er trägt Verantwortung und erweist sich als ausgezeichneter Organisator, wenn man ihm die Gelegenheit dazu bietet.

Die äußere Erscheinung des Löwen

Die Gestalt

Das Äußere des Löwe-Typs ist – wie bei den andern Tierkreis-Typen – nicht eindeutig zu bestimmen. Immerhin erkennt man den «echten» Löwe-Typ, der die Sonne oder mehrere Planeten in diesem Zeichen hat, meist am kräftigen Körperbau, an den breiten Schultern, dem mächtigen Kopf und der wilden Haarmähne. Noch charakteristischer kommen die Merkmale zum Ausdruck, wenn der Aszendent im Zeichen des Löwen steht. Das Gesicht ist dann eher quadratisch, das Hinterhaupt gerundet, die Nase verhältnismäßig klein und wohlgeformt, zudem an der Spitze etwas rund, der Mund groß und fest, die Lippen geschwungen und das Kinn viereckig. Man braucht kein großer Kenner der Physiognomie zu sein, um Löwe-Typen in Napoleon, Mussolini, Picasso und Dumas d. Ä. zu erkennen, ebenso in Liszt einen reinen Apollo-Typ mit Löwenmähne.

Ein weiteres Wesensmerkmal des Löwe-Typs offenbart sich in der stolzen, edel-majestätischen, manchmal etwas hochmütig-herausfordernden Kopfhaltung. Besonders auffallend ist der durchdringende oder leuchtende, freie und offene, furchtlose und zuweilen auch bestrickende Blick.

Gang und Mimik

Der Gang des Löwe-Typs wirkt selbstsicher, regelmäßig und eher schnell. Meist nimmt er große Schritte. Die Gebärden des Herkules-Typs sind gebieterisch, maßlos oder auch hochtrabend, die des Apollo präzis, nüchtern und zugleich großartig, bisweilen betont augenfällig. Jener kann in schallendes Gelächter ausbrechen, aber auch richtig böse werden. Dieser wirkt eher verhalten. Die Stimme beider ist meist warm, hell und laut: sie vibriert. Frei, offen und herzlich drücken diese Menschen die Hand, manchmal etwas zu heftig.

Sie kommen nicht, sie treten auf. Sie lieben es, starken Eindruck zu machen. Sie haben auch meist Erfolg, besonders dank ihrer stolzen Haltung. Der weniger entwickelte Typ dagegen verfällt gern der Pose und Theatralik.

Gesundheit

Für den Löwe-Typ gilt dasselbe wie für die übrigen Tierkreis-Typen. Aussagen über die Gesundheit erlaubt einzig ein persönliches Horoskop und auch dann nur, wenn alle möglichen Aspekte genau erwogen werden.

Die Sonne im Löwen verleiht Unternehmungslust, Kraft, Vitalität und bedeutende Widerstandskraft. Hand in Hand damit aber geht oft Selbstüberschätzung. Die überschäumende Lebenskraft verleitet dazu, alles selbst zu tun. So droht dem Löwe-Typ Gefahr, frühzeitig an einem Herzleiden zu erkranken. Von Herrschsucht und Ehrgeiz getrieben, nimmt er auf seine Gesundheit zu wenig Rücksicht. Er ist überzeugt davon, daß er selbst alles am besten weiß. Das Leben genießt er in vollen Zügen, er ißt gern gut und üppig und trinkt auch viel. Auf jedem Gebiet neigt er zum Übermaß. Seine schlimmsten Feinde heißen denn auch: allzu großer Energieverbrauch, Kräfteverschleiß, auflodernde Zorngefühle und allzu üppige Mahlzeiten. Sie schädigen Herz, Blutkreislauf und Nervenzentrum, Milz, Venen und Schlagadern. Im Krankheitsfall steigt die Fieberkurve rasch an, doch sind Krankheiten meist von kurzer Dauer. «Sonnen-Produkte» bedeuten ihm viel: Getreide, ausgereifte Früchte, aber er liebt auch Fleisch und Wein.

Die praktische Astrologie ordnet dem Löwe-Zeichen die Herzkrankheiten und Kreislaufstörungen zu.

Kleidung

Die Löwe-Frau pflegt ihre Schönheit sorgsam und sonnt sich im Glanz großer Toiletten. Der Sinn für Farben und Formen verführt sie leicht zu protzigem Prunk. Nur das Beste ist für sie gut genug: die feinsten Stoffe, die bekanntesten Markenartikel. Sie behängt sich gern mit Schmuck, Pelzen und Geschmeide. Kann sie sich diesen Luxus nicht leisten, so greift sie zu Flitter, Tand, Imitation, aufdringlichen Parfums. Sie spielt mit Vorliebe die große Kokette und zögert nicht einen Augenblick, den größten Teil ihres Budgets zugunsten ihrer äußeren Aufmachung auszugeben. Modelle, die auch andere tragen, lehnt sie ab. Sie will selbst Vorbild sein und in ihrem Milieu neuen Moden zum Durchbruch verhelfen.

Eine gute Erscheinung, so meint der Löwe-Mann, imponiert und leistet dem Erfolg Vorschub. Besonders der Apollo-Typ pflegt eine elegante Erscheinung: Smoking und Frack stehen ihm ausgezeichnet. Der Herkules-Typ dagegen legt weniger Wert darauf.

Das Verhalten des Löwen

Die Liebe

Wenn der Löwe verliebt ist und das Gefühl seiner persönlichen Würde die Spontaneität seiner Liebe nicht beeinträchtigt, zeigt er sich von seiner schönsten und besten Seite. Er kennt ausgesprochene Gefühle der Zuneigung und Abneigung, die in ihm tiefe Freude oder bitteres Leid hervorrufen. Von zweifelhaften Gefühlen, unsicheren Verbindungen und halben Leidenschaften will er nichts wissen. Er steuert geradewegs auf sein Ziel zu; Liebe bedeutet ihm ein Fest glühender Erregung oder geistiger Flamme, eine Gelegenheit zu noblen Gesten. Sein großzügiges Herz ist geschaffen für die Liebe zu einem Partner gleichen Formats.

Der Mann

Die affektive Bindung ist indessen nicht die stärkste Seite des Löwe-Typs. Diesem Eroberer fällt es nicht leicht, sich dem andern in wirklicher Liebe hinzugeben. Er will Herr seiner selbst bleiben, er liebt, solange er Sieger bleibt. Ist die Liebe nicht mehr Eroberung, so scheint sie ihm entwürdigt, weil sie ihn unterjocht. Er fühlt dann nur noch den Wunsch, sich vom «demütigenden» Verlangen nach der Frau zu befreien. Dieser männliche Hochmut kann ihn zu armseliger Einsamkeit führen. Die Frau ist für ihn ein Schmuckstück, eine Laune, ein Spiegelbild, aber tief im Innern verweigert er die Gemeinschaft mit der weiblichen Seele, die ihn herabsetzen und entwürdigen könnte. Er geht jeder «Liebesfalle» empört aus dem Weg, er vermeidet die «Kapitulation des Herzens»; enttäuschte Liebe wischt er aus seinem Herzen wie ein Sandkorn aus dem Auge. Er liebt nur sich selbst. Napoleon verkörpert trotz all seiner Liebesaffären ein eindeutiges Beispiel für das trübe Verhalten eines dissonanten Löwe-Typs gegenüber seinem Partner.

Der verfeinerte Apollo-Typ, der diesen Konflikt zu meistern versteht, bleibt von übermäßigem Egoismus verschont. Doch ihn zu lieben erweist sich als schwierig. Er ist wohl ein Idealist oder ein Ästhet, doch mit seinem Hang nach Vollkommenheit steht er allein.

Der Herkules-Typ stürzt sich in die Liebe, ohne einen Blick zurück und ohne Skrupel; er will besitzen und seinen erotischen Heißhunger stillen. Ihm bedeutet die Frau nicht viel mehr als ein neuer Edelstein in seiner Krone.

Der Löwe-Typ liebt, ohne zu bedenken, ob man ihn wiederlieben könnte. Er ist baß erstaunt, wenn eine Frau ihm kühl entgegentritt. Für ihn gilt es als das Selbstverständlichste von der Welt, daß die Frauen eigens für ihn geschaffen sind. Er will bewundert werden, er braucht eine Frau, die ihn hochschätzt. Mit Geschenken kargt er nicht, wenn sie dazu dienen, die weibliche Schönheit, die ihm gehört, herauszustellen. Es stört ihn nicht, wenn sie stolz ist, solange sie ihn selbst dadurch nicht beeinträchtigt und solange sie sich seinen Anschauungen, seiner Überzeugung und seinem Willen unterordnet; so lange bleibt sie die Beste, die Schönste, die Liebste.

Die Frau

Die Löwe-Frau faßt die Liebe mit Handschuhen an. Sie geht vorsichtig zu Werk. Die Liebe ist ihr ein kostbarer Trumpf im Kartenspiel des Lebens – ein Trumpf, den sie als letzte Karte gleichsam nur mit Handschuhen ausspielt. Nichts ist gefährlicher als die Liebe, die die Abgeschlossenheit des Ich sprengt, damit die Einheit des Paares und später die der Familie verwirklicht werde. Heiratet sie, so steuert sie ihr Boot entsprechend ihren Ambitionen; auch in der Ehe will sie niemals zu kurz kommen.

Die Apollo-Frau stellt hohe Ansprüche an den Mann; ihr Verhalten wirkt dadurch manchmal zurückhaltend: um ihr zu gefallen, muß man ihr mindestens ebenbürtig sein.

Ihre Probleme

Die verliebten Löwe-Menschen sind außerordentlich anspruchsvoll. Der Mann ist ein Tyrann; kommt er außerhalb des Hauses nicht auf seine Rechnung, so hält er sich innerhalb der Familie schadlos. Aber auch die Löwe-Frau «zähmt» ihren Partner so lange, bis er ihren Wünschen und Anforderungen entspricht.

Einst sah man das hervorstechendste Problem solcher Naturen im Konflikt zwischen Liebe und Ehre. In unserer modernen Gesellschaft liegt es im Konflikt zwischen Liebe und Ehrgeiz. Heute verzichtet ein junger Löwe-Mann oft um einer verheißungsvollen «Partie» willen auf ein armes, benachteiligtes Mädchen, auch wenn es seinen geheimsten Wünschen entspräche. Ähnlich setzt sich das Löwe-Mädchen über seine innersten Gefühle hinweg und heiratet einen reichen oder, besser noch, berühmten Mann, der seinen gesellschaftlichen Ambitionen entspricht.

Im übrigen sind die Schwierigkeiten wohl etwa die gleichen wie bei allen Ehepaaren. Einzig der Konflikt zwischen Liebe und Eigenliebe ist ausgeprägter: verletzte Eitelkeit ist der größte Feind ihrer Liebe. Der Löwe-Mensch will, daß man ihn mit uneingeschränkter Hingabe liebt.

Der Löwe und die anderen Zeichen

Löwe und Widder: verbinden spontan ihre Dynamik in einem einzigen Willen, den der zweite durchsetzt und der erste festigt.

Löwe und Stier: reiben sich eher aneinander, als daß sie sich ergänzen: der eine will herrschen, der andere besitzen.

Löwe und Zwilling: finden spielend zueinander. In gemeinsamer Arbeit verknüpfen sie Kraft und Geist, Willen und Intelligenz.

Löwe und Krebs: sind so verschieden wie Tag und Nacht: der eine prahlt und ist imposant, der andere verinnerlicht und geheimnisumwittert.

Löwe und Löwe: gegenseitiger Stolz kann sich unter Umständen als Stein des Anstoßes auf dem Wege zu echter Gemeinschaft erweisen; gegenseitiger Ansporn und wechselseitige Steigerung im Hinblick auf vorwiegend äußere Ziele.

Löwe und Jungfrau: stehen sich durch ihre ungleichen Grundeigenschaften und Gefühle von Größe und Minderwertigkeit fremd gegenüber.

Löwe und Waage: haben das soziale Empfinden, die Mitteilsamkeit und die Fröhlichkeit gemeinsam.

Löwe und Skorpion: geraten sehr schnell in Konflikt miteinander. Unvereinbare Grundkräfte prallen aufeinander.

Löwe und Schütze: ergeben eine ausgezeichnete Verbindung. Sie verwirklichen im gemeinsamen Einverständnis hochgesteckte Ziele.

Löwe und Steinbock: wetteifern in ihrem Ehrgeiz. Der eine strebt nach greifbarem Erfolg, der andere nach verborgener und hintergründiger Macht. Sie verstehen sich und können zusammen viel erreichen.

Löwe und Wassermann: sind Gegensätze: der erste lebt nur für sich, der zweite für die andern. Ein gegenseitiges Verständnis ist nur möglich, wenn der Wassermann sich dem Löwen unterordnet.

Löwe und Fisch: haben nichts miteinander gemeinsam; sie verstehen sich nicht und empfinden auch keine Sympathie füreinander.

Diese kurzen Angaben haben natürlich nur allgemeinen Wert. Einzig die Gegenüberstellung der persönlichen, minutengenauen Horoskope zweier Menschen verbürgt eine gewisse Sicherheit.

Beruf, Arbeit und Geld

Wenn der Löwe-Mensch einen Beruf wählt, so sieht er gleich eine große Karriere voraus. Er setzt im Grunde seine ganze Zukunft aufs Spiel: «Karriere» ist für ihn von größter Wichtigkeit: er wählt einen Beruf, der ihm Erfolg verheißt. Er weiß schon sehr früh, was er will.

Sein Temperament treibt ihn zu einem aktiven Beruf; seine extravertierte Natur drängt zu einer gesellschaftlichen Funktion.

Da er sich zu einer leitenden Stellung berufen fühlt, muß er zwischen zwei Arten wählen: einem selbständigen Beruf, in dem er sein eigener Herr und Meister ist, oder einem öffentlichen Amt, das ihm die Möglichkeit bietet, Durchschlagskraft und Macht zu entfalten und zu einer dominierenden Position emporzusteigen.

Nachstehend eine Liste mit Berufsrichtungen, die von Löwen bevorzugt werden:

Neigungen: Unabhängigkeit, Selbstbehauptung, «Narzißmus»
Funktionen: Wille zur Macht, Geltung, Autorität, Selbstbewunderung

Objekte: die eigene Person, Wertgegenstände, Gesellschaft, Kultur
Tätigkeit: schaffen, glänzen, organisieren, den Ton angeben, präsentieren
Orte: Theater, Versammlungen, Ausstellungen, Konzerte, Salons, Museen, Öffentlichkeit
Möglichkeiten: Direktor, Leiter, Präsident, Vorsitzender, Machtstellung in öffentlichen Ämtern; Künstler, Regisseur, Schauspieler, Dirigent, Bühnenbildner, Schaufenstergestalter, Festredner; Experte, Juwelier, Goldschmied; Gymnastiklehrer; Diplomat, Botschafter, Politiker

Wenn der Löwe-Typ auch zu befehlen liebt, so verhält er sich selbst doch nicht nur passiv. Er ist durchaus imstande, die Ärmel hochzukrempeln und kräftig mitanzupacken – so sehr, daß er seine Untergebenen beinahe außer Atem bringt. Das ist der einzige Vorwurf, der gegen ihn zu erheben wäre. Er besitzt einen ausgeprägten Mannschaftsgeist; er versteht es ausgezeichnet, andere mitzureißen. Sein ausgesprochener Sinn für Disziplin, Ordnung und Organisation sowie sein berufliches Pflicht- und Verantwortungsgefühl sichern ihm die leitende Stellung, die er anstrebt. Er wünscht vor allem, in seiner Arbeit nicht gestört zu werden; mittelmäßige Hilfskräfte verabscheut er.

Er läßt sich auch nicht von zweitrangigen Problemen oder belanglosen Einzelheiten mit Beschlag belegen. Diese Arbeit überläßt er andern. Er ist der Motor des Betriebs, er drückt seinem Werk den Stempel auf.

Ein «echter» Löwe-Mensch ist in untergeordneter Stellung bestimmt nicht an seinem Platz. Er bäumt sich gegen Befehle von oben auf; dieser Zustand ist unhaltbar und auch nie von Dauer. Der Löwe-Typ verläßt seine Stellung – oder er wird befördert.

Die Erfolgsaussichten dieses Typs sind größer als die anderer Menschen. Er ist erfolgreich, nicht weil ihn die Umstände fördern, sondern weil er sich die Umstände zunutze zu machen weiß.

Der Erfolg liegt im sozialen Bereich: im Ansehen und im Gedeihen eines Unternehmens oder im Aufstieg zu einer vom Ehrgeiz diktierten Schlüsselstellung. Der Erfolgt liegt in der Rolle nach außen hin, in einer öffentlichen Funktion, sei sie nun sportlicher, politischer, kultureller, künstlerischer oder wissenschaftlicher Art.

Dies sind die inneren Kräfte, die dem Erfolg des Löwe-Typs Vorschub leisten. Die Kehrseite ist offensichtlich: Herrschsucht, Selbstüberschätzung, maßloser Ehrgeiz. Dem Löwe-Typ droht dieser negativen Eigenschaften wegen zeitlebens die Gefahr empfindlicher Rückschläge.

Man vergesse nicht: der Löwe-Typ ist ein ausgesprochen ich-bezogenes Wesen, dessen ganze Politik auf der Selbstbehauptung beruht. Dadurch ist er wie geschaffen, immer und überall den *Löwenanteil* an sich zu reißen und ein *Vermögen* aufzubauen. Es kommt sehr selten vor, daß er nicht zu einer wohlhabenden materiellen Stellung aufsteigt.

Aber er trachtet immer nach mehr. Seine Bedürfnisse sind zahlreich, er lebt auf großem Fuß, er führt ein luxuriöses und üppiges Leben. Als großer Verschwender wirft er sein Geld leicht auf die Straße. Er liebt alle Vergnügungen und alle Zerstreuungen. Er geht gerne aus und schränkt sich dabei nicht ein. Er verhält sich aber auch gegenüber seinen Angehörigen großzügig, wenn sie irgendwelche Wünsche äußern. Er läßt auch die andern teilhaben an den Annehmlichkeiten seines Reichtums. Er führt ein offenes Haus und empfängt die Gäste mit einem gewissen Prunk. Seine Freunde genießen alle seine Vorteile: er leiht aus, er gibt, er schenkt, er verstreut... Es ist ihm ein inneres Bedürfnis, großzügig zu sein; er fühlt sich dadurch selbst bereichert. Oft lebt er über seine Verhältnisse...

Man denke an das Leben großer Löwen: der Schriftsteller Alexandre Dumas gab zehn Vermögen nacheinander aus, Henry Ford trat als großer Philanthrop auf, Garibaldi war ewig verschuldet, Franz Liszt gab ein Vermögen aus für alles, was der Musik diente, Lorenzo il Magnifico, der prachtliebende Italiener, machte Bankrott; der Sonnenkönig Ludwig XIV. hinterließ einen leeren Tresor. Rubens lebte in großem Luxus. Sie alle trugen das Merkmal des «Königs der Tiere».

Gemischte Löwe-Typen

Wir kennen unser Sonnenzeichen; aus der Anleitung am Ende des Buches können wir das Aszendentzeichen berechnen. Die Werte dieser beiden Zeichen zusammen ergeben folgende allgemeine Charakterisierung:

Löwe – Widder *Aszendent Löwe und Sonne im Widder*
oder
Sonne im Löwen und Aszendent Widder

Das feurige Temperament strahlt eine kämpferische, wagemutige und großzügige Energie aus. Souveräner und autoritärer Wille äußert sich in der Unabhängigkeit des Charakters und im angeborenen Sinn für Befehlsgewalt, zumal im Hinblick auf eine höhere Sendung. Ein solcher Mensch begeistert sich für hohe Ideale und wirkungsvolle Handlungen sowie für Fragen von Ehre und Ansehen. Hinzu kommt der unwiderstehliche Drang, in den Vordergrund zu treten und Karriere zu machen, freilich oft aus einem Gefühl der Würde und hinreißender Begeisterung (Bismarck, Bolivar, Claudel, Wilhelm I., John Pierpont Morgan).

Löwe – Stier *Aszendent Löwe und Sonne im Stier*
oder
Sonne im Löwen und Aszendent Stier

Naturkraft, starke Persönlichkeit, Willensstärke, Überzeugungsgewalt, Selbstvertrauen, Ehrgeiz, bedeutende Spannkraft, mächtige Leidenschaften. Solche Menschen spannen alle Kräfte für ein hohes Ziel ein. Ihr fester Charakter kennt eindeutige Sympathien und Antipathien und verachtet halbe Maßnahmen und faule Ausflüchte (Alexander II., Balzac, Dumas, Montherlant).

Löwe – Zwillinge   *Aszendent Löwe und Sonne in den Zwillingen*
                        oder
                        Sonne im Löwen und Aszendent Zwillinge

Glückliche Verbindung von Wille und Intelligenz, von Kraft und Geschicklichkeit, von Reife und Jugend; daraus entsteht ein gefestigter, edler, stolzer und großzügiger Charakter. Die Reaktionen sind schnell und geschmeidig, der Geist wendig, der Körper muskelstark und fein gebaut. Machtvolle Persönlichkeit mit großem Bekanntenkreis (Dürer, Gauguin).

Löwe – Krebs   *Aszendent Löwe und Sonne im Krebs*
                        oder
                        Sonne im Löwen und Aszendent Krebs

Ein psychisches Janus-Gesicht! Zielbewußter Wille und unverhüllte Selbstbehauptung stehen im Widerstreit mit einem schweigsamen, nach innen gekehrten Gemüt. Daraus entsteht ein Zwiespalt zwischen dem Hang nach Selbstentfaltung und gehemmter Zurückhaltung, zwischen Unabhängigkeit und Unterwerfung. Die Verbindung beider Naturen bewirkt ein tiefes Gefühlsleben, das sich frei äußern, verwirklichen und anderen mitteilen möchte (Debussy, Gluck, Pascal).

Löwe – Jungfrau   *Aszendent Löwe und Sonne in der Jungfrau*
                        oder
                        Sonne im Löwen und Aszendent Jungfrau

Hier triumphiert das Ich – trotz Zurückhaltung, Maß und Zucht, die die Jungfrau dem Expansionsdrang des Löwen entgegenstellt. Der Wille wird für persönliche Ziele eingespannt. Diesem Typ sind jedoch auch manche Möglichkeiten auf dem Wege zum «klassischen Menschen» gegeben, zum Vorbild an Reife, geordneter und ausgewogener Kraft. Er kann aber auch der Selbstverherrlichung verfallen (Hegel, Ludwig XIV.).

Löwe – Waage   *Aszendent Löwe und Sonne in der Waage*
                        oder
                        Sonne im Löwen und Aszendent Waage

Eine Konstellation der Extraversion und der Geselligkeit! Der Mensch strebt nach Harmonie, Schönheit und Ausgeglichenheit. Ein Typ stellt Eleganz und weltmännisches Gehaben in den Vordergrund, ein anderer Ästhetik und künstlerischen Ausdruck. Geschmeidige Willenskraft setzt sich auf angenehme Art durch und findet bei andern Menschen sogleich Verständnis (Liszt).

Löwe – Skorpion   *Aszendent Löwe und Sonne im Skorpion*
                    oder
                    Sonne im Löwen und Aszendent Skorpion

Dieses unwiderstehliche Temperament wird von einem dynamischen, instinktiven und heftigen Charakter vorwärtsgetrieben, der große Anziehungskraft ausstrahlt. Ein außerordentlich starker Lebenswille und ein stählerner Charakter, der kein Hindernis auf dem Weg zum Ziel fürchtet. Schlimmstenfalls wirft ein solcher Mensch alle Prinzipien über den Haufen und macht sich zum souveränen Gesetzgeber. Ein Leben voller Leidenschaften auf ein einziges Ziel hin (Ludwig XIV., Mussolini, Napoleon, Picasso, Schiller).

Löwe – Schütze   *Aszendent Löwe und Sonne im Schützen*
                    oder
                    Sonne im Löwen und Aszendent Schütze

Diese Natur strahlt natürliche Selbstsicherheit, innere Überzeugungskraft und Wärme aus, dazu ritterliche Gesinnung und Begeisterung für hohe Ziele. Bei diesen Typen verbindet sich die Selbstverwirklichung mit der Erweiterung ihres Horizonts – sei es auf dem Wege des großen Abenteuers, im Kampf für Ideale oder in der weltweiten Organisation eines Betriebes (Raimu, Shelley, Rockefeller).

Löwe – Steinbock   *Aszendent Löwe und Sonne im Steinbock*
                    oder
                    Sonne im Löwen und Aszendent Steinbock

Die unverhohlene Ehrsucht des Löwen verbindet sich mit der nüchtern-kühlen Ambition des bedächtigen Steinbocks. Der Mensch will auf der sozialen Leiter emporklettern, Macht an sich reißen und Verantwortung übernehmen. Prestigebedürfnis dominiert und will sich durchsetzen. Bedeutender Energieaufwand im Hinblick auf weitgesteckte Ziele (Raymond Poincaré).

Löwe – Wassermann   *Aszendent Löwe und Sonne im Wassermann*
                    oder
                    Sonne im Löwen und Aszendent Wassermann

Dem Löwen ist die eigene Selbstbehauptung – oft auf Kosten anderer –
äußerst wichtig; der Wassermann zieht es vor, sich zugunsten anderer
selbst zu vergessen. Diese beiden Eigenschaften bewirken einen inneren
Konflikt: Der Mensch will strahlender Mittelpunkt sein und muß
zugleich der Ich-Gebundenheit abschwören, um sich anderen zu wid-
men (Friedrich II., C. G. Jung).

Löwe – Fische   *Aszendent Löwe und Sonne in den Fischen*
                oder
                Sonne im Löwen und Aszendent Fische

Zwei Naturen, sich selber fremd, leben im Menschen. Die eine offen,
großmütig und geradeheraus, nach Löwenart; die andere seltsam unsicher, schwebend, nach Art der Fische: der Mensch mit «Doppelleben».
Nach außen hin strahlende Klarheit, nach innen hin flutende Dämme-
rung. Die Persönlichkeit kann zu äußerer Einheit gelangen, wenn der
Löwe sich selbst überwindet und sich in den Dienst eines hohen Ideals
stellt (Petrarca).

Die Bedeutung der Planeten im Löwen

Will man die Beziehungen zwischen Tierkreis und Planeten erforschen, so muß man zuerst die Bedeutung der Planeten in den Zeichen erkennen. Dies ist in vollem Umfange erst möglich, wenn ein genaues, persönliches Horoskop vorliegt. Die nachfolgenden Ausführungen gelten demnach für die aus den Ephemeriden ersichtlichen Gestirnstände.

Mond: unterstreicht das Triebleben, das Ungestüm einer Natur, die sich vertrauensvoll von ihren besten Eigenschaften leiten läßt. Pompöse Einbildungskraft, kühne Träume (Flaubert, Friedrich II., Gauguin, Honegger, Ludwig XIV., Schiller).

Merkur: verleiht einen hellen Verstand und Unterscheidungsvermögen, Organisationstalent und Eroberungsgeist. Aber allzuoft macht sich der Verstand zum subjektiven Diener des Ichs. Er dient dann dem persönlichen Ruhm statt der überpersönlichen Wahrheit (Cavour, Ford, Napoleon, Petrarca, Poincaré).

Venus: hebt im Gefühlsleben die charakteristischen Löwe-Züge hervor: Leidenschaften, klassisches Ideal, Seelenadel (Gluck, Ingres, Lorenzo il Magnifico, Ludwig XIV., Rubens).

Mars: hier äußert sich die ganze Aggressivität des Tieres gleichsam mit offenem Rachen und fletschenden Zähnen! Bedeutende Arbeitskraft und Durchsetzungsvermögen gehen Hand in Hand mit großer Ungeduld (Danton, Jaurès, Metternich, Robespierre).

Jupiter: die Kräfte des Löwen sind ins Weite gerichtet, manchmal übertrieben und aufgeblasen, doch immer menschlich: Ritterlichkeit, Selbstbetonung, expansive Großzügigkeit. Er will stets die erste Geige spielen und verfügt über großes Selbstvertrauen (Montherlant, Raimu, Wagner).

Saturn: steht im «Exil»: Überschätzung der eigenen Kraft. Oft kann ein errungener Erfolg gleichzeitig zum Sturz führen. Die Konstellation erklärt u. a. die unersättliche Natur eines Cesare Borgia, den Prozeß und die Verbannung eines Dreyfus, die Verbannung von Wilhelm II. Auch Hitler hatte diese beherrschende Stellung in seinem Horoskop; sie bezeichnete Aufstieg und Sturz dieses Mannes.

JUNGFRAU

Die Psychologie der Jungfrau

Im «Steckbrief» des Jungfrau-Typs stehen an erster Stelle eine gewisse Kühle und ein nervöses Temperament. Das mäßigt sein animalisches Leben. Die Funktionen der Verdauung, die Muskeln und die Atemwege sind nur gering, das Nervensystem hingegen sehr stark entwickelt. Das Geistesleben steht denn auch über dem körperlichen Dasein; man steht vor einer feinfühligen, scharfsinnigen Persönlichkeit mit komplexen Reaktionen und vielschichtigen Wesenszügen. Der Mensch wirkt als Individualist, der wählt und sichtet; das kleinste Ding kann die größte Bedeutung gewinnen. Eben deshalb leidet er unter Anpassungsschwierigkeiten an die Außenwelt. Allzeit unruhig, macht er sich Sorgen, sobald das Leben ihn vor Schwierigkeiten stellt; diese aber deutet er stets als Symptome seiner eigenen Natur.

Abkehr vom Instinkt

Der Astrologe Cyrille Wilczkowski hat den Jungfrau-Typ folgendermaßen gezeichnet:

«Der von der Jungfrau geprägte Mensch sieht allzu klar, als daß er die Gefahren nicht vorausberechnen könnte. Er erforscht sich so sehr, daß er einem natürlichen Impuls kaum je nachgibt. Weit voraus spürt er die Tragik des Lebens; er wägt zum voraus den Preis des Abenteuers ab; ängstlich versteift er sich angesichts seiner Instinkte. Die Herausforderung des Lebens erscheint ihm als Bedrohung seines Friedens. In der Liebe, die dennoch ihren Reiz auf ihn ausübt, erblickt er leicht einen Angriff auf seine Schamhaftigkeit, in der Welt der Empfindungen und Gefühle nur Leiden und Unvernunft. Seine natürliche Reaktion heißt: Rückzug, Verweigerung, Flucht vor seiner natürlichen Bestimmung, vor einer Verantwortung, die ihn erdrücken könnte.»

So zumindest ist das Verhalten, die unmittelbare Reaktion des Jungfrau-Typs gegenüber dem Leben und jedem Geschehen. Deshalb wirft man ihm mangelnde Spontaneität, fehlenden Schwung, unterdrückte Lebendigkeit und vielfach auch Haarspalterei vor. Zweifellos sichtet er vorerst alles, überlegt gut, bevor er handelt, und läßt sich oft jedes Wort abkaufen. Er sträubt sich vor freier Gefühlsäußerung; er denkt nur daran, die rohen Instinktkräfte zu bannen. Er weicht vor den unbekannten Dingen der Welt und des Lebens zurück; er verläßt sich auf die Vernünftigkeit seines Urteils und sucht sein Heil im wohlerwogenen Plan, in durchdachter Berechnung und bis ins letzte bereinigter Tat. Kein Wunder, daß er den Ereignissen instinktiv in ernster und realistischer Lebenshaltung entgegentritt.

Indem er sich vom Instinkt abwendet, erwacht in ihm das Bewußtsein. Ist der Instinkt nur Natur, so will das Bewußtsein Kultur und Zivilisation (oder ihre Negation). Die erste bewußte Handlung ist ein *Halt vor der natürlichen Schwungkraft,* die der Jungfrau-Typ wohl kennt. Dank diesem Bremsvorgang vermag er sein Leben in strenge Zucht zu nehmen und eine Ordnung im Hinblick auf ein Menschheitsideal zu schaffen. Er kennt denn auch ein tiefes Verlangen nach Kultur, moralischer Vervollkommnung und das gebieterische Bedürfnis, Herr seiner selbst zu werden. Sein Ideal ist der «klassische» Mensch, im eigentlichen Sinn der Klassik.

Auf weniger hohem Niveau macht dieser «Perfektionismus» den Jungfrau-Typ zum vollkommensten Tierkreis-Typ der durchschnittlichen Menschheit. Dieser praktisch veranlagte Mensch weiß alle Situationen zu meistern; tausend nützliche kleine Eigenschaften erleichtern ihm das tägliche Leben. Zudem erlaubt die Distanz zum Instinkt in gewisser Hinsicht eine angenehme Existenz. Dem Sinnenrausch zieht er die Ruhe vor, der Lust die Stille. Diese sagt ihm mehr als das «Glück», dem der triebhaftere Mensch nachjagt.

Von Unsicherheit zu Minderwertigkeit

Der rationale Gleichgewichtsverlust des Jungfrau-Typs ist nicht gefahrlos. Eine Daseinsweise, die alle Triebkräfte ankettet, gleicht irgendwie einem «Tanz auf dem Vulkan».

Mißtrauisch gegen zurückgedrängte Triebkräfte, die er fürchtet, ergreift er eine Reihe von Verteidigungsmaßnahmen zu seiner Sicherheit. Diese Abwehr zeigt sich in einer «Einziehung» des Ichs: der Mensch flieht Situationen, die ihn stärker bedrängen könnten. Daraus entsteht eine recht eindeutige introvertierte Haltung. Der Mensch hält sich zurück, sondert sich ab, um sich nicht im Lebensstrom zu verlieren, und handelt erst nach reiflicher Überlegung. Aber die Bedrohung durch die Triebkräfte bleibt – latent – bestehen. Der Mensch fühlt sich innerlich unruhig und unsicher, ja angsterfüllt. Also verstärkt er den Schutzwall noch mehr: er unterwirft sich völlig den Sitten und Gebräuchen, er kennt einzig noch Pflichtgefühl, Gewissenhaftigkeit und restlose Ehrlichkeit.

Dadurch droht schließlich ein gewisses Minderwertigkeitsgefühl zu entstehen. Dieser Typ läßt sich einschüchtern, er wird prüde, je mehr man seine zurückgestauten Gefühle belächelt. Gewiß, hier liegen auch vortreffliche Eigenschaften verborgen wie Dienstfertigkeit, Menschlichkeit und Verständnis, die den Umgang mit einem Jungfrau-Typ angenehm gestalten. Doch dieses «Gulliver»-Gefühl ist eine Schwäche, die überwunden werden muß. Denn im Innersten weiß der Jungfrau-Typ genau, was er taugt und welcher Rang ihm eigentlich gebührt.

Die Zurückhaltung

Die Psychoanalyse hat einen Komplex entdeckt, dessen Wesenszüge genau mit jenen übereinstimmen, die die Astrologen seit dem Altertum der Jungfrau zuschreiben: die Beziehung zur Funktion der Verdauungsorgane.

Der Jungfrau-Typ fügt sich im allgemeinen leicht der Disziplin, die seine Erzieher von ihm fordern; er ist in der Regel schon früh «reinlich».

Die Analperiode beim Kind läßt im Verhalten des Erwachsenen Spuren zurück und kann für die ganze Charakterentwicklung bestimmend sein. Ist die Anlage übersteigert, so kennzeichnen den Typus: Ordnungsliebe, Sparsamkeit und Ausdauer bis zu Pedanterie, Geiz und Starrköpfigkeit, spitzfindiger oder puritanischer Geist, Eigenheiten wie wilder Sammeltrieb, Ordnungswut und Genauigkeitsfimmel. Nicht alle diese Züge sind natürlich immer deutlich erkennbar. Doch könnte man den *disharmonischen* Jungfrau-Typ nicht besser beschreiben!

Allgemein gilt als Charaktergrundzug des Jungfrau-Typs *Zurückhaltung*, *Kontrolle* und *Beherrschung*.

Seine Handlungsweise ist – wenn nicht anfeuernde Planeteneinflüsse mitwirken – eher bedächtig und zaudernd. Arbeit verschiebt er gern auf den andern Tag. Dann erledigt er sie aber aufs genaueste, entsprechend seinen strengen Prinzipien. Die heitere Seite des Lebens kann er erst genießen, wenn alle Bedingungen und Umstände ausnahmslos «gesichert» sind.

In moralischer Hinsicht ist er lauter, aufrichtig, gewissenhaft; er hat Sinn für Würde, ein großes Bedürfnis nach Reinheit und tiefes Verlangen nach Vervollkommnung.

Er ist der Mann der «Analyse», der Zweifler, der Skeptiker. Mit hellem Geist will er begreifen und klarsehen. Im Studierzimmer fühlt er sich am wohlsten; von hier aus organisiert er sein Leben, sichtet und reiht die Dinge ein; oft wirkt er wie ein wandelndes Lexikon.

Dieser Jungfrau-Typ ist um so ausgeprägter – positiv und negativ – je stärker Saturn, der Hemmungsfaktor, im persönlichen Horoskop seinen Einfluß ausübt. Dann sieht er das Leben nur von der ernsten Seite, dann ziehen ihn unlösbare und mühselige Probleme an.

Natürlich kennt auch der Jungfrau-Typ die Freuden des Lebens. Aber geistiger Genuß bedeutet ihm mehr als alles andere. Er fühlt sich auf eine selbstentäußernde Art immer als Schüler, als Lernender, der sich im «Königreich des Dienens» freiwillig und frohgemut aufopfert.

Vom hochstehenden zum unentwickelten Typ

Wie jedes Tierkreiszeichen, so umfaßt auch das Zeichen der Jungfrau hervorragende und durchschnittliche Gestalten. Zuoberst steht das Genie des Denkens und der Tat, Helden der Kultur. Von dieser Höhe erstreckt sich die Wertskala bis zur Pathologie über das Mittelmaß unzähliger achtenswerter und tüchtiger Menschen.

Die Klippen, die den Jungfrau-Typ gefährden, sind nicht außer acht zu lassen. Zieht Saturn die Bremse zu stark an, so entstehen Lebensarmut, Mangel an Initiative, Angst vor dem Unbekannten. Werden die Flügel zu kurz beschnitten, so wird die Spontaneität durch Prüderie, Knausrigkeit, Ordnungswut und Reinlichkeitsfimmel verdrängt.

Der Jungfrau-Typ in seiner minderwertigen Form ist in den überängstlichen Spießbürgern zu erkennen, in den Hagestolzen mit ihrem unheilbaren Egoismus und ihren roboterhaften automatischen Gesten und in den alten Jungfern, die ein Leben voller Manien und kleinlicher Kritik führen.

Vermag das Sicherheitsventil die gefesselten Instinkte nicht länger zurückzustauen, so schützt sich der Betroffene vor seiner Lebensangst durch die Flucht in ein Nervenleiden, in eine Phobie oder Besessenheit. Er flieht in eine Welt voller Tabus und Verbotstafeln, oder er bewahrt seinen Zustand der Reinheit, indem er jede Berührung mit der materiellen Welt sorgfältig vermeidet. Sein Leben gleicht dann häufig einem Zeremoniell mit einem präzisen Läuterungsritus.

Die Ambivalenz

Es wäre ein Mißverständnis, zu glauben, daß jedem Tierkreiszeichen ein endgültiger, festgelegter Charakter entspreche. Tatsächlich gibt es drei Jungfrau-Typen. Der oben beschriebene Typ ist «klassisch». Die beiden andern ergeben sich aus dem jeweiligen Kräfteverhältnis zwischen Hemmung und Antrieb. Im allgemeinen herrscht beim Jungfrau-Typ die Hemmung vor. Nehmen aber Mars oder Pluto bei der Geburt eine wichtige Stellung ein, so gewinnen die Instinktkräfte die Oberhand. Der Mensch wandelt sich vom «anal-beherrschten» zum «anal-entspannten» Typ und erhält dadurch Skorpion-Charakter. Überwiegen die Instinktkräfte bei einem Jungfrau-Typ, so äußert diese Tatsache sich schon in der Kindheit. Er will dann nicht «reinlich» werden, er wehrt sich gegen einen als unerträglich empfundenen Zwang seiner Erzieher. Verharrt der Mensch in diesem Entwicklungsstadium, so zeigt sich später ein reizbarer, kritischer, aggressiver, undisziplinierter, rebellischer, autoritärer, eigensinniger Charakter, der sich häufig in Zerstörungswut, Grausamkeit und der Neigung zu Selbstbeschmutzung äußert. Er ist im magischen Denken befangen, er verlangt nach Allmacht und schwärmt für Phantastisches, Geheimnisvolles, Okkultes... Auf niedriger Stufe wäre dieser Typ wahrlich ein fürchterliches Wesen. Doch zwischen Larve und Schmetterling liegt eine ganze Welt, und der erwachsene Mensch ist vieler Sublimationen fähig. Er hat einen ausgesprochenen Schaffenstrieb; der Charakter hingegen bleibt hart.

So vernünftig und zuchtvoll der «klassische» Jungfrau-Typ auch sein kann, so barbarisch und unberechenbar roh kann der andere Typ sein. Er bildet allerdings nur eine kleine Minderheit.

Viel zahlreicher kommt der dritte Typ vor: der *ambivalente*. Bei ihm halten sich Antrieb und Hemmung die Waage: ein Schaukelspiel zwischen den beiden Extremen, im Guten wie im Bösen.

Zwei diametral entgegengesetzte Charaktere in einer Person: dieser Typ neigt dazu, eine Handlung so lange als möglich aufzuschieben, um im letzten Augenblick die angehäufte Arbeit mit äußerster Kraftanstrengung und in wilder Eile zu erledigen. Lange Zeit kann er hundert wertlose Gegenstände sammeln, um sie allesamt eines Tages plötzlich wegzuwerfen. Er kann sein Geld zusammenhalten, bis er jäh alles ausgibt. Er kann bis auf Sekunden genau pünktlich und im Handkehrum auffallend unpünktlich sein. Manchmal verhält er sich in der Theorie exzentrisch und läßt sich im praktischen Leben von der Masse treiben; mitunter ist er nachlässig, unordentlich und läßt sich gehen und wird plötzlich von Ordnungswut und Sauberkeitsfimmel gepackt (Putzwut bei den Frauen)! Die Frau kann in ihrem Heim einen Raum in tadelloser Ordnung halten, während sie die anschließende Rumpelkammer voller Wirrwarr gar nicht stört. Dieser Jungfrau-Typ führt ein gutbürgerliches Leben und kann daneben anarchistische Ideen predigen. Andere extreme Verhaltensweisen sind: unterwürfig und widerspenstig, gefügig und reizbar, höflich und prüde und: sittenlos, ränkesüchtig und verlogen. Eine Fülle von Möglichkeiten, im Guten wie im Schlechten, ergibt sich aus der Kreuzung beider Tendenzen.

Die Intelligenz

Die Kraft des Jungfrau-Typs liegt in seiner Intelligenz. Durch seine Ruhelosigkeit ist er zwangsläufig auch neugierig. Weil er zu seinem Gefühlsleben Distanz hält, erweist er sich als scharfer und aufmerksamer, oft auch kritisch-skeptischer Beobachter.

Im allgemeinen legt er sich auf Nützliches und Zweckmäßiges fest. Im Handgreiflich-Tastbaren fühlt er sich vertraut, in dem, was man sehen und messen kann. Er unterwirft sich der Vernunft und der Analyse; er isoliert die einzelnen Faktoren und hält es vor allem mit der Kritik und der Logik.

Diese Verstandeskraft hat seit Descartes, dessen *«Methode des richtigen Vernunftgebrauchs»* für seine Saturn-Jungfrau-Konstellation charakteristisch ist, die großen Errungenschaften der modernen Wissenschaften erst möglich gemacht.

Aber wie bei allem, was auf Intellekt zuviel Nachdruck legt, zeigt sich auch hier die Kehrseite. Der Fachgelehrte, der Enzyklopädist, der reine Wissenschaftler ist nicht selten auch engstirnig und trägt Scheuklappen. Einzig der ambivalente Jungfrau-Typ kann die Erstarrung überwinden und tiefer in das Wesen der Dinge eindringen.

Manchmal wird der Jungfrau-Typ das Opfer seiner Vernunft. Seine wissenschaftlichen Skrupel sind mitunter nur der Deckname für intellektuelle Feigheit: sein Sicherheitstrieb kennt auch die Bequemlichkeit der Vernunft. Er ist zurückhaltend und mißtrauisch dem Unbekannten gegenüber. Geistige Enge sucht er nicht in der Auseinandersetzung zu überwinden.

Er ist «neutral»; allzu kühne Vorstöße im Geistigen schüchtern ihn ein. Er wagt es nicht, dem Unbekannten gegenüberzutreten; er richtet eine Schutzwand zwischen seiner Wissenschaft und den uferlosen Geheimnissen des Lebens auf.

Die äußere Erscheinung der Jungfrau

Die Gestalt

Über die äußere Gestalt des Jungfrau-Menschen weiß man nur wenig. Selten entdeckt man «Familienzüge». Der echte, ausgeprägte Jungfrau-Typ ist trocken und nervös, schlank, verfeinert und oft mager. Das Gesicht ist scharf gezeichnet, mit klaren Zügen und vielen Fältchen. Die Augen liegen oft tief in den Höhlen, ihr Ausdruck ist klug und lebhaft. Er kann jugendlich aussehen, doch die matte, erdige Hautfarbe und die nicht seltenen «Geheimratsecken» lassen ihn vielfach älter erscheinen.

Der Gesichtsausdruck ist je nachdem zart, streng, herb, spröde, verdrießlich, zuweilen auch schlau.

Gang und Mimik

Auf den ersten Anhieb erkennt man den klassischen Jungfrau-Typ an seinem gepflegten Äußern. Sein Gang ist aufrecht, regelmäßig, gesetzt, manchmal etwas linkisch und steif, doch – besonders beim ambivalenten Typ – nicht ohne Nervosität.

Auffallend ist eine verhaltene Nüchternheit in den sichern Gebärden. Nicht nur die Augen, auch die Hände reden. Bestürzung oder unangenehme Überraschung schnüren ihm die Kehle zu, so daß er im Augenblick die Sprache verliert, besonders wenn Saturn eine dominierende Stellung einnimmt. Ist Saturn schlecht gestellt, so sind Sprachschwierigkeiten keine Seltenheit. Sonst jedoch ist er ein vortrefflicher Redner, der auch seine Mimik beherrscht. Die Kunst von Jean-Louis Barrault ist Ausdruck dieses Zeichens.

Es gibt außerdem Jungfrau-Geborene, die ein gekünsteltes, zeremonielles Wesen zur Schau tragen; die meisten aber sind von natürlicher Einfachheit.

Gesundheit

Der Jungfrau-Typ bietet im allgemeinen kein Bild strahlender Gesundheit; oft sieht er nicht gut aus. Seine körperliche Konstitution, Kraft und Vitalität sind bald einmal am Ende. Er kennt jedoch seine Grenzen, paßt sich an und zieht Nutzen daraus. Für Unpäßlichkeit weiß er sofort eine plausible Erklärung. Krankheitserscheinungen betrachtet er als Strafe für unnatürliche oder ungesunde Lebensweise. Er versucht ihnen durch strenge Lebensordnung entgegenzuwirken.

Diese Lebenshaltung ist zugleich eine Abwehrmaßnahme gegen ein heimliches Minderwertigkeitsgefühl. Handelte der Jungfrau-Typ anders, so liefe er Gefahr, daß die nervösen Störungen in wirkliche Leiden ausarten würden. Da er dank seiner analytischen Fähigkeit wohl weiß, wie es um ihn bestellt ist, kann er auch selbst eine wirkliche Besserung seines Zustandes herbeiführen.

Seine körperlichen und geistigen Schwierigkeiten sind unzertrennlich miteinander verknüpft. Er ist deshalb leicht reizbar; er ärgert sich schnell und leidet unter körperlichen Reaktionen, die sich meist in Darmleiden äußern. Heilmittel helfen nicht immer. Er hilft sich durch Umstellung seines Verhaltens und seiner Lebensweise. Ökonomie der Kräfte!

Beim Jungfrau-Typ kann man auch sexuelle Triebschwäche feststellen. Im ganzen wird die Gesundheit durch Depressionen und Überanstrengung beeinträchtigt, die die Verdauungsorgane in Unordnung bringen. Es ist ihm deshalb zu empfehlen, seine Körper- und Nervenkräfte zu schonen. Medikamente sollte er nur in geringen Mengen zu sich nehmen und im übrigen für eine gesunde Ernährung sorgen.

Kleidung

Der weibliche Jungfrau-Typ kleidet sich entsprechend dem «guten Ton» in der Mode. Alles Gewagte, Exzentrische oder Phantastische verbannt diese Frau aus ihrer Kleidung. Sie liebt das Klassische, das Untadelige, sie haßt alles Auffällige. Liebevoll widmet sie sich der kleinsten Einzelheit und fühlt sich im schlichten Gewande wohl.

Nur bei ungünstigen Saturn-Einflüssen verkennt sie die Vorzüge einer raffinierten Schlichtheit. Dann duldet sie weder feine Spitzen noch anmutigen Schmuck oder feinen Zierat und trägt oft gerade, hochgeschlossene Kleider, die ihre Formen verhüllen. Bei allem guten Willen, der Mode zu folgen, vermag sie nur mit Mühe Schritt zu halten. Ungern trennt sie sich von einem Kleid oder einem Paar Schuhe, die sie noch tragen könnte.

Auch der Mann pflegt seine Erscheinung. Manchmal sieht er regelrecht «geschniegelt und gebügelt» aus: von Kopf bis Fuß wie frisch aus dem Laden.

Das Verhalten der Jungfrau

Die Liebe

Erwartungsgemäß zeigt das Jungfrau-Zeichen keine besondere «Liebesbegabung» an. Es kommt nicht von ungefähr, daß der Planet Venus – das Symbol der Liebe, Kunst und Zuneigung – hier im «Fall», das heißt «geschwächt», steht. Venus, mit deren Namen sich Hingabe und Selbstaufopferung verknüpfen, fühlt sich in einer Atmosphäre der Zurückgezogenheit und kühler Reserviertheit nicht am Platz.

Das «klassische» Jungfrau-Herz schlägt selten feurig für die Liebe. Dieser Typ lehnt die Liebe, bewußt oder unbewußt, ab: er möchte sich die Stürme der Leidenschaft ersparen; in seinen Augen sind sie «gegen die Natur». Er mißtraut seiner Verliebtheit, er beobachtet sich kritisch, er analysiert und ironisiert seine Gefühle; Begeisterung und Feuer lösen Argwohn in ihm aus. Er dämpft seine Empfindungen durch Vernunft, Zweifel und Ironie. Mit einem Wort: er will nicht den Kopf verlieren.

Kein Wunder, daß in diesem Zeichen viele Junggesellen zu finden sind. Mangels einer besseren Lösung ist das Zölibat eine recht praktische und friedliche Daseinsform, die nach dem Geschmack des Jungfrau-Typs ist.

Oder aber er möchte, getreu seinem nicht überaus gefühlvollen Charakter, eine Vernunft- oder Interessenehe eingehen. Meist aber gerät er dennoch in die Fänge der Venus. Ist sein Herz nach tausend Wenn und Aber doch endlich gefangen, so folgt er in den meisten Fällen dem vorgezeichneten Weg moralischer Rechtschaffenheit und lauterer Gefühle. Sein Sicherheitsbedürfnis läßt ihn Treue schwören, die er auch zurückbezahlt haben will. Er hält Wort. Zugleich versucht er seine Leidenschaft zu beherrschen; er dämpft seine aufsteigenden Gefühle durch so viel Vernunft als nur immer möglich: er schafft eine ruhige Atmosphäre wohltemperierter Liebe, in der überströmende Zärtlichkeit schrittweise durch herzliche Anerkennung und Ideen- und Interessengemeinschaft ersetzt wird.

Manchmal sitzt seine echte Liebe viel tiefer, als zu vermuten wäre, ja als er selbst weiß. Er verficht eine ernste, dauerhafte und gute Auffassung von der Liebe, die ihm Ruhe und häusliches Glück gewährleistet.

Der Mann

Drei Jungfrau-Typen haben wir erkannt. Entsprechend ist ihr Verhalten in der Liebe.

Zunächst der Typ, dessen Hemmungen sein Liebeserlebnis beeinträchtigen. Ist er nicht kalt bis zu latenter oder manifester Impotenz, so ist er ein Puritaner oder in der Liebe unerfahren. Abweisend, linkisch und kühl verhält er sich gegenüber Frauen; er brennt vor Verlangen, aber er «beißt nicht an».

Der «durchschnittliche» Jungfrau-Typ kennt diese Schwierigkeiten nicht in diesem Ausmaß. Auch wenn er etwas scheu und konventionell ist, so versteht er doch die Kunst, Ernstes mit Angenehmem zu verbinden, was meist zu einer seriösen Ehe führt. Er erweist sich als angenehmer, freundlicher Kamerad, der sich um seine Gefährtin rührend sorgt. Gewiß kein glühender Liebhaber, doch liebenswürdig, ein bißchen nüchtern, den es nach einer abgeschlossenen Welt verlangt.

Der dritte Typ steht in scharfem Gegensatz dazu. Er ist eher ein Genießer und Lebenskünstler, der mit Freude, aber vorsichtig, die Wonnen der Liebe kostet, ohne sich um Schicklichkeit zu sehr zu kümmern. Nicht alle sind über einen Leisten zu schlagen – alle aber sind bezeichnend: der Libertin Diderot, verheiratet und Geliebter mancher bedeutenden Frau; Goethe, der die gute Gesellschaft Weimars vor den Kopf stieß, als er nach vielen Jahren «wilder Ehe» Christiane Vulpius heiratete; Ingres, der bürgerliche Künstler, der allen seinen Modellen den Hof machte, und Tolstoi, der zwischen Wollust und Askese hin- und hergerissen wurde.

Die Frau

Historische Beispiele des weiblichen Jungfrau-Typs fehlen. Die Frau in diesem Zeichen steht meist im Schatten ihres Mannes; sie ist nicht dazu geschaffen, in der Öffentlichkeit eine Rolle zu spielen. Man könnte immerhin Irène Joliot-Curie erwähnen, die großartige Gelehrte, die das Opfer ihrer Pflicht wurde.

Der klassische weibliche Jungfrau-Typ ist zurückhaltend und diszipliniert, genau wie der Mann. Reinheit, Keuschheit und Schüchternheit treten noch stärker hervor. Sie ist eine aufrichtige Ehegattin und ausgezeichnete Hausfrau. Sie kennt ihre Pflichten und ihre Verantwortung. Mit diesem weiblichen Jungfrau-Typ weiß ein Mann fast immer, daß sein Heim gepflegt ist und die Mahlzeiten auf dem Tisch stehen. Seine Hemden sind geplättet, im Keller stehen Gläser mit eingemachten Gemüsen und Früchten. Die Rechnungen sind bezahlt, vielleicht bringt sie ihrem Ehemann sogar den Morgenkaffee ans Bett...

Bei einem disharmonischen Typ können sich die positiven Eigenschaften in negative kehren: dann ist sie kleinlich, engstirnig, moralisierend und nörgelnd. Sie duldet weder Orthographiefehler noch Flecken noch die banalste Torheit; ihr übertriebenes Verhalten wirkt regelrecht aufreizend.

Das Verhalten des ambivalenten Typs ist viel komplizierter. Zwei gegensätzliche Naturen wohnen in einer solchen Frau. Sie stellt ihre Umwelt vor große Überraschungen: sie ist die zügellose und gleichzeitig keusche Frau, eine Teufelin mit Einsiedlerallüren. Sie hat etwas von einem Engel und einem Dämon an sich; in ihr streiten sich Ausschweifung und Reinheit.

Liebesprobleme

Oft erlebt der Jungfrau-Typ anfänglich die größten Schwierigkeiten in der Liebe.

Zunächst im Augenblick der Begegnung, der Liebeserklärung, der Eroberung. Sehr oft wird dieser Typ ein Opfer seiner Schüchternheit: ihm fehlt Spontaneität, Kühnheit; für seine keimenden Gefühle findet er nicht die richtigen Worte. So geht das Glück an ihm vorüber. Er verpaßt günstige Gelegenheiten; ein anderer kommt ihm zuvor. Liebe wird ihm zum Komplex, er quält sich, er ängstigt sich, er leidet...

Dem klassischen Typ droht ein Junggesellenhaushalt, in dem jeder der Partner sein eigenes Dasein fristet. Dieser Spießbürger ist verliebt in seine Pantoffeln, seine Pfeife, sein Kartenspiel oder seine Sammlungen. Er kühlt sich in seiner egoistischen Sicherheit langsam ab, ohne zu bedenken, seine Ehefrau könnte auch eigene Wünsche haben. Plötzlich eines Tages zerstört sie sein ruhiges kleinliches Leben. Den Schicksalsschlag indessen nimmt er ziemlich gelassen hin.

Umgekehrt ist die Gefahr beim ambivalenten Typ: nach ruhigem und geordnetem Leben durchbricht der «Johannistrieb» innerhalb weniger

Monate die Dämme der ehelichen Treue und stellt das ganze Liebesleben in Frage.

Der harmonische Typ hat alle Chancen, diesen Stürmen zu entgehen. Er lebt friedlich, kritisch und vernünftig sein «temperiertes» Leben.

Die Jungfrau und die anderen Zeichen

Jungfrau und Widder: sind im allgemeinen Partner, die einander schwer begreifen können. Sie spannen nur unter dem Druck der Notwendigkeit zusammen; aber sie können sich gegenseitig nützlich sein.

Jungfrau und Stier: fühlen Sympathie füreinander und achten sich. Sie verteidigen ihre gemeinsamen Interessen und richten ihre Zusammenarbeit auf praktische Ziele.

Jungfrau und Zwilling: sind nicht füreinander geschaffen: der eine ist zu ernst, der andere zu leicht. Aber sie können einander ergänzen, indem sie das Praktische mit dem Theoretischen verbinden.

Jungfrau und Krebs: finden im privaten Bereich leicht zueinander. Sie haben beide ein starkes Innenleben, sind zurückhaltend und feinfühlig, wenn auch der eine allzu verstandesmäßig und der andere zu gefühlsbetont ist.

Jungfrau und Löwe: stehen sich wegen ihrer Neigung zu Minderwertigkeitskomplexen einerseits (Jungfrau) und zu Selbstüberschätzung anderseits (Löwe) eher distanziert gegenüber. Aber sie können sich «korrigieren» und dann wirkungsvoll zusammenarbeiten.

Jungfrau und Jungfrau: neigen zu Zerwürfnissen wegen kleiner, nörglerischer Kritik. Doch ist ihre Kameradschaftlichkeit äußerst zuverlässig und weder Launen noch Affekten unterworfen.

Jungfrau und Waage: lieben beide den goldenen Mittelweg, alles Vernünftige und Ausgeglichene. Sie leben harmonisch miteinander und schätzen sich.

Jungfrau und Skorpion: sind so verschieden voneinander, daß ein Zusammenleben fast unmöglich scheint. Sie lehnen ihre gegenseitigen Eigenschaften ab; sie können sich höchstens ergänzen.

Jungfrau und Schütze: passen schlecht zueinander, da sie weder dieselben Interessen noch dieselbe Lebensauffassung haben; doch können sie sich auf moralischer Ebene verständigen.

Jungfrau und Steinbock: ziehen sich gegenseitig durch ihre Disziplin, ihr Organisationstalent und ihre Vernunft an. Sie sind für gemeinsame Arbeit wie geschaffen und führen ihre Unternehmungen erfolgreich zu Ende.

Jungfrau und Wassermann: finden sich auf dem Gebiet des Studiums, der Forschung und der Kultur. Obschon charakterlich verschieden, fördern sie sich gegenseitig auf intellektueller Ebene.

Jungfrau und Fisch: unmögliche Verständigung, unüberbrückbare Abneigung. Ihre Welten sind unvereinbar, obschon ihre Vereinigung zu schönsten Ergebnissen führen könnte.

All diesen Angaben kommt natürlich nur allgemeiner Wert zu. Einzig die Gegenüberstellung der persönlichen, minutengenauen Horoskope verbürgt eine gewisse Sicherheit.

Beruf, Arbeit und Geld

Bei der Berufswahl wählt der junge Jungfrau-Typ im allgemeinen auf Grund vernunftgemäßer Überlegung. Er scheut vor keiner Anstrengung zurück, die sein Bildungsgang von ihm fordert. Früh schon hat er eine ernste Lebensauffassung, er liebt die Arbeit. Unentwegt versucht er seine Stellung zu verbessern: er trachtet nach Vervollkommnung und Meisterschaft.

Auf praktischem Gebiet ist er sehr geschickt. Er hat es tatsächlich in der Hand, komplizierte und feine Arbeiten auszuführen. Er ist denn auch ein guter Handwerker, Facharbeiter oder Techniker. Da er oft über einen hohen Intelligenzgrad verfügt, zieht er gern einen intellektuellen Beruf vor: Man sieht ihn als Ingenieur oder Organisationsleiter. Praktische und theoretische Qualitäten verbinden sich in ihm, doch meist herrscht die eine vor.

Nachstehend eine theoretische und unvollständige Liste für den Jungfrau-Typ geeigneter Berufe:

Neigungen: zurückhalten, kontrollieren, beherrschen, ausarbeiten

Funktionen: wahrnehmen, analysieren, zerlegen, zusammenfügen, montieren

Objekte: Gesundheit, Tiere, kleine Gegenstände, fabrizierte Produkte

Handlungen: anhäufen, analysieren, klassieren, sammeln, rechnen, aufbewahren, kontrollieren, handhaben, messen, regulieren, prüfen

Orte: Werkstätten, Büros, Laboratorien, Geschäfte, Spitäler, Fabriken

Möglichkeiten: Arzt, Apotheker, Tierarzt, Hebamme, Drogist; Präzisionsindustrie: Uhrmacher, Optiker, Monteur; Ingenieur, Chemiker, Statistiker, Archivar, Laborant, Buchhalter, technischer Zeichner; Handwerker, Töpfer, Bauer, Kaufmann; technischer Sekretär, Stenograph; Hausdiener, Büroangestellter, Beamter

Man braucht wohl kaum besonders zu betonen, daß der Jungfrau-Typ *der geborene Arbeiter* ist. Sein ganzes Leben dreht sich um seinen Beruf. Dieser soll ihn von innerer Erstarrung freimachen und ihm die verlorene Spontaneität zurückgeben. Doch zunächst muß er seinen Beruf beherrschen. Der Jungfrau-Typ tut dies in täglicher Arbeit, durch Kraftanstrengung und Disziplin. Er ist oft der beste Vertreter seines Berufs, ob als Handwerker oder Gelehrter, Arbeiter oder Dichter.

Jungfrau-Typen sind geradezu die Arbeitsbienen in der menschlichen Gesellschaft, das Heer der gewissenhaften, ehrlichen, uneigennützigen Arbeiter, die zum Gelingen größerer Unternehmungen beitragen. Sie nehmen die ermüdende, langweilige, aber notwendige Arbeit auf sich. Sie tragen die Verantwortung für alles, was sie tun. Wo immer sie stehen mögen, jeder erweist sich als nützlich, jeder an seinem Platz.

Der Jungfrau-Typ geht klug zu Werke, mit gesundem Verstand, mit Methode und Fleiß. Er geht in seiner Arbeit völlig auf, er gibt dem Werk den letzten Schliff, die vollkommene Form. Diese berufliche Gewissenhaftigkeit ist ohnegleichen.

Er zieht es vor, allein zu arbeiten; doch besitzt er genügend Sinn für rationelle Arbeitsteilung. Equipengeist ist ihm daher nicht fremd. Er liebt es, sich zu vervollkommnen und sein Geschäft gründlich zu kennen.

Zu Vorgesetzten verhält er sich korrekt; Weisungen von oben befolgt er manchmal sogar allzu skrupelhaft. Zu seinen Untergebenen ist er streng und anspruchsvoll; er möchte, daß sie, wie er selbst, die «Schwielen der Arbeit» kennenlernen.

Leider fällt er allzuoft seinen Minderwertigkeitsgefühlen zum Opfer, die seinem Ehrgeiz Abbruch tun. Er weiß sich nicht in den Vordergrund zu stellen; er wartet, bis man seine Fähigkeiten erkennt. Deshalb entspricht seine Stellung oft nicht seinem tatsächlichen Können. Daß man ihn in seinem «Gebrauchswert» schätze und er in seiner Arbeit die verdiente Anerkennung finde, ist allzuoft seine einzige Sorge.

Gemessen an seinen Fähigkeiten, ist diese Bescheidenheit unsinnig. Auf diese Weise baut er sich eine Existenz auf, die in eine Sackgasse am Rande des großen Lebens führt. Umstände, Zufälle, materielle Bedürfnisse beherrschen ihn; bis zum Hals steckt er in Alltagssorgen. Am Ende fristet er ein Leben in Mittelmaß und Begrenztheit.

Das Horoskop eines Jungfrau-Typs muß positive Elemente aufweisen, damit seine wirklichen Fähigkeiten sich entfalten können. Dann werden die Schranken dieses Zeichens durchbrochen, dann schlägt er alle Rekorde. Dann steigt er höher und höher, dann überwindet er die Schranken des sechsten Hauses. Ohne diese positiven Elemente aber bleibt er ein kleiner Schaffer, der sich mit geringen Erfolgen zufriedengibt.

Kennt man den Charakter des Jungfrau-Typs, so weiß man auch, wie er sich gegenüber dem *Geld* verhält.

Der klassische Typ ist sparsam und vorsorglich. Von seinem Gehalt legt er für regelmäßige Ausgaben die nötigen Beträge beiseite, um gegen Unvorhergesehenes gewappnet und am Monatsende nicht ohne einen Heller zu sein. Er regelt sein Dasein auf vernünftige und praktische Weise. Aus lauter Sicherheitsbedürfnis schließt er Versicherungen ab: er will Garantien für einen schönen Lebensabend. Er neigt dazu, Ersparnisse anzulegen, um sich eines Tages ein Auto, ein Stück Land, ein Haus kaufen zu können. Langsam klimmt er empor; er versteht es, sich durch kluges, haushälterisches Rechnen ein angenehmes Dasein zu sichern.

Und das «Glück»? Er glaubt nicht an Frau Fortuna, deren Augen sind ja verbunden. Das Spiel? Ein Abenteuer, das ihn nicht lockt. Die Lotterie? Er ist zu skeptisch, als daß er glaubte, sein Los könne gewinnen. Spekulationen? Er ist zu realistisch, um andern ins Garn zu gehen, und zu ängstlich, um Unsicheres zu wagen.

Der ambivalente Typ kennt beides: Sparen und Ausgeben. Er kann leidenschaftlich Schätze anhäufen und plötzlich, in einem Anfall von «Verschwendungswut», alles ausgeben, was er sich mühsam ersparte. Diese Unbeständigkeit bringt ihm wechselndes Glück.

Gemischte Jungfrau-Typen

Wir kennen unser Sonnenzeichen; aus der Anleitung am Ende des Buches können wir das Aszendentzeichen berechnen. Die Werte dieser beiden Zeichen zusammen ergeben folgende allgemeine Charakterisierung:

Jungfrau – Widder   *Aszendent Jungfrau und Sonne im Widder*
                         oder
                         Sonne in der Jungfrau und Aszendent Widder

Meist kommt hier eine «Doppelnatur» zum Ausdruck: gehemmt, schüchtern, vorsichtig, überlegt die eine, impulsiv, verwegen, abenteuerlustig, leidenschaftlich die andere. Eine Verschmelzung dieser beiden Wesenszüge erlaubt die konkrete Verwirklichung neuer Ideen, stillt Abenteuerlust und Freiheitsdrang und gewährleistet zugleich Sicherheit – vorausgesetzt, daß kein innerer Konflikt vorliegt, der durch Skrupel und Schuldgefühl verschärft wird (Descartes).

Jungfrau – Stier   *Aszendent Jungfrau und Sonne im Stier*
                         oder
                         Sonne in der Jungfrau und Aszendent Stier

Eine einfache, friedfertige, ernste, praktische, konkrete Natur, die in der Wirklichkeit wurzelt und nach klar begrenzten materiellen Erfolgen strebt. Liebe zu Arbeit und Leistung; gesunder Menschenverstand, Sparsamkeit, Ordnung.

Jungfrau – Zwillinge	*Aszendent Jungfrau und Sonne in den Zwillingen*
	oder
	Sonne in der Jungfrau und Aszendent Zwillinge

Diese Verbindung betont die merkurischen Tendenzen, materielle wie intellektuelle Interessen. Die Stärke liegt im praktischen Sinn und der Vielfalt der Ideen; Geschicklichkeit und Anpassungsfähigkeit, unterstützt von wacher und kritischer Intelligenz; diese Fähigkeiten können freilich durch Minderwertigkeitsgefühle beeinträchtigt werden. Beim empfindsamen Menschen kann diese Verbindung zu Nervosität und psychischen Störungen führen.

Jungfrau – Krebs	*Aszendent Jungfrau und Sonne im Krebs*
	oder
	Sonne in der Jungfrau und Aszendent Krebs

Eine introvertierte, zartfühlende und taktvolle Natur, die aber häufig unter Minderwertigkeitskomplexen leidet: übertriebene Bescheidenheit, Zurückgezogenheit, Skrupel, nervöse Störungen, Überempfindlichkeit und gequältes Innenleben können krankhafte Formen annehmen. Der Mensch pflegt sein intimes Privatleben und versucht sich eine Traumwelt zu schaffen: logisches Denken und Empfindsamkeit in Harmonie (Chateaubriand, Clara Schumann).

Jungfrau – Löwe	*Aszendent Jungfrau und Sonne im Löwen*
	oder
	Sonne in der Jungfrau und Aszendent Löwe

Hier triumphiert die Welt des Ichs, ungeachtet der Zurückhaltung und Zucht, die die Jungfrau dem Expansionstrieb des Löwen entgegensetzt. Der zähe Wille gilt persönlichen Werten, der gefestigte Charakter setzt sich durch. Hier erkennt man den selbstsicheren Menschen, der durch festes Auftreten großen Eindruck macht. Er kann eine reife Persönlichkeit sein, ausgewogen und ausgeglichen, oder auch, unter weniger günstigen Umständen, seine Qualitäten für den Kult eigener egoistischer Wünsche mißbrauchen (Cesare Borgia, Franz I., Ludwig XIV.).

Jungfrau – Waage	*Aszendent Jungfrau und Sonne in der Waage*
	oder
	Sonne in der Jungfrau und Aszendent Waage

Diese Konstellation verbindet Beherrschung, Zucht und Ordnung mit Ausgeglichenheit, Harmonie und Anmut. Die Persönlichkeit versucht Vernunft und Gefühl in Einklang zu bringen: Die Vernunft kontrolliert die Gefühle, die Gefühle wirken auf die Vernunft ein. Der Charakter ist ausgeglichen; der Mensch ist gesellig, dienstfertig und verständnisvoll (Diderot, Rameau).

Jungfrau – Skorpion	*Aszendent Jungfrau und Sonne im Skorpion*
	oder
	Sonne in der Jungfrau und Aszendent Skorpion

Zwei Naturen führen ein Schaukelspiel zwischen Hemmung und Antrieb; zwei gegensätzliche innere Persönlichkeiten lösen sich stoßweise ab oder bestehen nebeneinander auf zwei verschiedenen Ebenen; die eine ist vernünftig, sparsam, formalistisch, bürgerlich, die andere aggressiv, verschwenderisch, undiszipliniert, anarchistisch (Goethe, Maeterlinck, Mauriac, Richelieu).

Jungfrau – Schütze	*Aszendent Jungfrau und Sonne im Schützen*
	oder
	Sonne in der Jungfrau und Aszendent Schütze

Bei diesem Charakter dreht sich alles um die Moral. Der Mensch trachtet danach, redlich und gemäß seinem Gewissen zu handeln, ein reines, geistiges Ideal praktisch zu verwirklichen. Manchmal stehen eine mittelmäßige und eine olympische Natur beim gleichen Menschen im Widerstreit (Jaurès).

Jungfrau – Steinbock	*Aszendent Jungfrau und Sonne im Steinbock*
	oder
	Sonne in der Jungfrau und Aszendent Steinbock

Der Mensch fühlt sich zu einem einfachen, arbeitsamen Leben hingezogen und ist zugleich von unwiderstehlichem Ehrgeiz erfüllt. Langsam, aber stetig will er vorwärtskommen und aufsteigen. Er ist diszipliniert, streng zu sich selbst, gewissenhaft und zugleich hart, fordernd und unerbittlich. Scharfsinnig und entschlossen strebt er sein Ziel an und erblickt darin ein Lebensideal (Stalin, Tolstoi).

Jungfrau – Wassermann *Aszendent Jungfrau und Sonne im Wassermann*
oder
Sonne in der Jungfrau und Aszendent Wassermann

Eine neugierige, unstete, subtile, verständnisvolle Persönlichkeit von reger Intelligenz. Sie strebt nach einem unpersönlichen Ideal oder nach «höherer» Wahrheit. Große Menschlichkeit, die sich auch in Hilfsbereitschaft für andere ausdrückt (Roosevelt).

Jungfrau – Fische   *Aszendent Jungfrau und Sonne in den Fischen*
oder
Sonne in der Jungfrau und Aszendent Fische

Zwei gegensätzliche Welten in Koexistenz! Die eine ist begrenzt, genau, logisch streng, verläßlich, die andere «ozeanisch», irrational, unsicher, seltsam... Ein solcher Mensch beschäftigt sich fast ausschließlich mit den Problemen des menschlichen Elends, des Leidens, des Übels und kann durch seine ausgesprochene Menschlichkeit sehr viel Gutes tun (Ronsard).

Die Bedeutung der Planeten in der Jungfrau

Will man die Beziehungen zwischen Tierkreis und Planeten erforschen, so muß man zuerst die Bedeutung der Planeten in den Zeichen erkennen. Dies ist in vollem Umfang erst möglich, wenn ein persönliches Horoskop vorliegt. Die nachfolgenden Ausführungen gelten demnach für die aus den Ephemeriden ersichtlichen Gestirnstände.

Mond: Die Triebkräfte entwickeln sich nur mühevoll auf einer so spröden Erde. Daraus folgt eine gewisse Ruhelosigkeit, ja ein Unsicherheits- und Minderwertigkeitsgefühl. Neigung zu Selbstzergliederung oder psychologischen Forschungen. Der Frau, die in diesem Zeichen geboren ist oder deren Mond die Jungfrau besetzt, stehen drei Lösungen offen: Hemmung, Naivität oder Disziplin.

Merkur: unterstreicht die intellektuellen Anlagen (Locke, Ludwig XIV., Maeterlinck, Richelieu, Tolstoi).

Venus: steht hier im «Fall». Das Gefühl ist unterdrückt. Der Mensch ist zurückhaltend, schüchtern, schamhaft; das Schönheitsgefühl steht unter Kontrolle, das Empfindungsvermögen wird unter Kontrolle gestellt oder verdrängt (Boileau, Goethe, La Bruyère).

Mars: Die Aggressivität des Planeten kann unterdrückt werden. Die Heftigkeit richtet sich dann nach innen; die Folge ist oft Selbstzerstörung (Alfons XIII., Dreyfus, Ludwig XVI.). Machthaber mit diesem Planetenstand fielen oft Bürgerkriegen zum Opfer. Die gestaute Kampfeslust kann sich auf anarchistische, methodische, gefühlsarme Weise Bahn brechen (Heinrich VIII., Marat) oder auch in rationaler, klarsichtiger, strategischer Form (Iwan der Schreckliche, Napoleon).

Jupiter: Hier überwiegen die klassischen Werte: Ordnung, Zucht, Maß, Kontrolle, organisierte Autorität; aber auch die bürgerlichen Werte: Sinn für Schicklichkeit, moralische Erwägungen, häusliche Tugenden, hierarchische Ordnung (Boileau, Franz I., Peter der Große, Rameau).

Saturn: Hemmende Eigenschaften überwiegen und äußern sich in der Unterdrückung der Triebkräfte, in Introversion, Zurückhaltung, im Bedürfnis nach Disziplin, Zucht, Methode, Kontrolle, Beherrschung. Die Strenge kann auch zu einer Art Askese oder starrer Systematik führen (Bach, Calvin, Descartes).

Uranus: vertieft ebenfalls den Hang zu Zucht und Härte, doch mehr in dynamischer und revolutionärer Form (Delacroix, Strawinsky).

Neptun: Der phantastische Neptun steht im Widerstreit zu der kühlen, vernunftmäßigen Jungfrau. Eine Synthese wird selten erreicht; meistens herrscht innere Unordnung.

WAAGE

Die Psychologie der Waage

«Glücklich das Kind, das geboren ward unter dem vollkommenen Gleichgewicht des Waagebalkens» ... sang der lateinische Dichter Manilius. Der Waage-Typ, in die Mitte des Tierkreises gestellt, spielt auf einem psychologischen Register, das ihn in gleicher Distanz zu Ernst und Leichtigkeit hält, das Schärfe vermeiden und maßhalten läßt. Er strebt nach Harmonie, er geht dramatischen Auftritten aus dem Wege. Seine harmonische Anziehungskraft macht ihn seiner Umwelt beliebt.

Der nervös-sanguinische Typ

Man unterscheidet zwei gegensätzliche Temperamente, die sich die Waage halten.

Der «herbstliche» Waage-Typ entspricht den Wesenszügen dieser Jahreszeit: schwindendes organisches Leben, verminderter Lebensschwung. Man fühlt die Gegenwart Saturns, der in diesem Zeichen «erhöht» steht. Ein nervöses Temperament schlummert unter der äußeren Gestalt einer zartfühlenden, verfeinerten Natur. Die Beleibtheit weist auf diese Schwächung der Lebensvitalität hin. Muskeln und Körper sind zu wenig aktiv, die ganze Lebenslast tragen die Nerven. Die körperliche Lebendigkeit ist zu gering für die Spannungen des Geistes; Gefühlsaufwallungen können denn auch ziemlich heftig sein. Der «innere Waagebalken» schwankt unaufhörlich auf und ab und zeigt die leiseste Veränderung von innen oder von außen an.

Dieser Typ möchte die konkrete Realität im Grunde abschütteln. Instinktiv befreit er sich von Erdenschwere und grober Materie durch Verfeinerung seiner nervösen Natur. Er braucht das Dämmerlicht, um zu leben, in dem die sichtbaren Dinge an Schärfe verlieren und die inneren Werte Gestalt annehmen.

Die Gabe der Jugend (Venus) verknüpft sich mit dem Verschleiß an

Lebenskraft (Saturn). Dieser Typ ist also gleichzeitig nervös-expansiv und sanguinisch – ein Mensch, der stofflichen Reichtum und farbige Fülle eingebüßt hat. Er neigt abwechslungsweise zu Spontaneität und Beschaulichkeit, Ergebung und Furcht, möchte der Verlockung des Lebens folgen und weicht zurück.

Harmonie und Ausgleich

Eine psychische Hauptfunktion entscheidet über die Lebenshaltung dieses Menschen: die Empfindung. Er setzt sich mit der Welt entsprechend seinen Reizempfindungen von Lust oder Unlust auseinander. Alle Beziehungen rückt er ins Licht von «angenehm» oder «unangenehm». Er spürt die Dinge, bevor er sie begreift, denn Leben heißt empfinden, Leben heißt lieben!

Der extravertierte Waage-Typ trägt seine Sympathien in alle Welt hinaus. Er fühlt sich der Welt durch ein ganzes Netz von Bindungen verknüpft. Er läßt seinem großherzigen Schwung freien Lauf, der ihn zu den andern hintreibt. Er ist anhänglich, offen, mitteilsam, angenehm und oft von erfrischender Anmut und natürlicher Grazie. Er strahlt Wärme aus und weiß die Herzen im Nu zu gewinnen. Seine Herzlichkeit teilt sich seiner Umgebung mit. Kommt er irgendwo an, so kennt er in wenigen Tagen das ganze Dorf oder das ganze Viertel; er schafft um sich die Atmosphäre wechselseitiger Sympathie, die für ihn ein Lebenselement bedeutet. Die Gefahr für einen solchen Menschen, der nicht ohne Zuneigung und Kontakte leben kann, liegt in zu starker Beeinflußbarkeit durch andere und in der allzu bereitwilligen Unterwerfung unter fremden Einfluß und fremdes Milieu.

Auch beim introvertierten Waage-Typ bleibt Gefühlsempfindung seine Richtschnur. Aber er versucht, sich von seiner Bindung an das Objekt, das ihn inspiriert, freizumachen und die eigene Persönlichkeit zu behaupten. Die große Empfindungsstärke bildet oft um einen solchen Typ eine fremdartige Atmosphäre. Die Zuneigung konzentriert sich zuweilen nur auf eine einzige Person, statt sich, wie beim extravertierten Typ, mit Anmut zu verströmen. Je heftiger diese Empfindung ist, desto leichter verletzlich ist sie auch; sie läßt ihn in ständiger Unruhe leben. Er tritt denn auch den Rückzug an, er will der rauhen Außenwelt entrinnen. Der Charakter dieses Menschen ist zurückhaltend, still, von gleichbleibendem Humor und wohltuender Ruhe. Unter einer scheinbar ruhigen Oberfläche verbirgt sich jedoch mitunter auch die starke Leidenschaftlichkeit schmerzlicher Gefühle.

Ein geselliges Wesen

Es gibt wohl kaum ein geselligeres Wesen als den Waage-Typ. Er ist nicht nur von warmer Menschlichkeit und Taktgefühl durchdrungen, sondern seine Beziehungen zur Außenwelt bedeuten ihm Wesentliches; sie sind ein Teil seines Charakters, sie schwingen in seinem Wesen mit. Ihm ist die große Fähigkeit geschenkt, sich in andere zu versetzen und mit ihnen zu empfinden. Er hilft die Last der andern tragen; er versucht sie mit der eigenen in Einklang, ins Gleichgewicht zu bringen. Er will allen gerecht werden, er fügt sich in die Umstände. Er weiß, was die Gesellschaft von ihm erwartet, er bemüht sich um Ausgleich, Vermittlung und Verständigung, er fügt sich harmonisch in seine Umwelt.

Dieser soziale Instinkt kann selbstverständlich auch weniger glückliche Formen annehmen. Es gibt Waage-Typen mit großer Gefallsucht. Diese echt weibliche Eigenschaft ist durchaus natürlich. Sie kann aber bei männlichen und weiblichen Waage-Typen gefährlich werden, wenn das Element der Koketterie auf Kosten der Wahrheit blüht. Ein schwacher Charakter, der nicht mit den Gaben des Herzens und des Geistes zu gefallen weiß, greift leicht zu schmeichlerischen Redensarten. Er lechzt nach Lob, Wertschätzung und Zustimmung. Aber es geht ihm nicht mehr um wirkliche Beziehungen, sondern bloß noch um die Gunst und den Beifall der andern.

Die richtige Mitte

Das Verhalten des Waage-Typs wird von dem tiefen Verlangen bestimmt, sich mit andern Menschen gut zu verstehen. Er ist das Gegenstück zum Widder-Typ, der nur sich selbst sucht. So neigt er denn auch zu Konzessionen, zu halben Lösungen und zu Kompromissen. Er paßt sich besser als jeder andere den Mängeln der ihn umgebenden Menschen an, er treibt Verträglichkeit und Toleranz bis zum äußersten. Er kann leicht verzeihen; er tut es um so eher, da er den Frieden liebt. Er kennt die Kunst, niemanden zu verletzen, wichtig ist ihm, nie böse zu scheinen und niemandem Kummer oder Leid zuzufügen. Immer und überall sucht er Verständigung und Ausgleich, die jedem gerecht werden.

Man hat die Waage zum Symbol der Gerechtigkeit erhoben. Im allgemeinen aber wird die Justitia sehr groß und die Waage sehr klein dargestellt. Tatsache ist, daß in ihrer Bemühung um Recht und Billigkeit nichts Strenges und Rächendes liegt; sie fußt auf sittlichen Gefühlen und nicht auf einer Strafidee. Die vom Gefühl ausgehende Gerechtigkeit mag keine harte Behandlung; sie ist ein menschliches Ideal, dem jeder nachleben sollte.

Der Waage-Mensch, besonders der hochstehende Typ, kennt auch einen inneren Waagebalken: das Zünglein der Waage regelt seine inneren Schwingungen. Die eine Schale hebt sich, wenn sich die andere neigt. Dieses Waage-Spiel richtet seine sozialen Beziehungen aus: jede Aktion bewirkt eine Reaktion, jedes Übermaß wird durch ein anderes ausgeglichen. Meist aber hütet sich der Waage-Typ vor Übertreibungen. In der Arbeit wie in der Entspannung sucht er nach Ausgleich; was zu lange dauert, ermüdet ihn. Im Rhythmus, im Ausgleich nach innen und nach außen, findet er Harmonie und Ruhe. Diese innere Regulierung geschieht instinktiv; sie läßt sich nicht befehlen. Sie gehört zur Natur des Waage-Typs, auch wenn er glaubt, er wäge jederzeit und bewußt alle seine Handlungen ab.

Wankender Wille

Der Waage-Typ ist zweifellos ein Mensch «guten Willens». Aber nicht ohne Grund wird behauptet, daß die Sonnenwirkung in diesem Zeichen nicht voll zum Ausdruck kommt. Der Wille des Menschen ist hier harten Prüfungen unterworfen.

Die Waage ist Antipode des Widders, der den Kampf ums Dasein betont, gleich wie ein jugendliches Geschöpf, das energiegeladen sein ganzes Leben vor sich ausgebreitet sieht. Der Waage-Typ aber ist ein Geschöpf des herbstlichen Dämmers, des aufsteigenden Abends; er ist beinahe als dekadent und überfeinert zu bezeichnen. Er ist schnell erschöpft und erledigt; er leistet angesichts großer Hindernisse nicht allzu lange Widerstand. Die beiden Gestirne, die hier geschwächt ihre Kräfte ausstrahlen, sind die männlichen Planeten Sonne und Mars, während die weibliche, die schönheitsliebende Venus sich hier «zu Hause» fühlt. Diese Polarisation kommt der Waage-Frau zugute, denn mühelos entfaltet sie sich unter dem Einfluß der Venus. Der Mann jedoch büßt ein Teil jener männlichen Energie ein, die er braucht, um im Lebenskampf zu bestehen. Seiner Angriffslust, seiner offensiven Spannkraft und seines festen Willens beraubt, neigt er dazu, dem Kampf auszuweichen. Weiß er auch nicht, wie die Dinge anzupacken sind, hat er Mühe, sich zu entschließen und zur Tat zu schreiten, so führt er doch – im Gegensatz zum kraftvollen Widder, der sein Vorhaben oft nicht zu

Ende führt – seine Geschäfte geschmeidig, taktvoll und geschickt aus. Er ist gleichsam der letzte Sonnenstrahl, der die Früchte vom Baum löst. Deshalb schaut er auch häufig zu, wenn andere die groben Arbeiten verrichten; aber zur rechten Zeit greift er ein, um mit letzter Sorgfalt das Werk zu vollenden. Er ist kein Kämpfer, der seine Muskeln im Gefecht stählt. Er strebt nach ästhetischer und geistiger Verfeinerung, nach Annehmlichkeiten des Lebens.

Dieser gütige Mensch kann schwerlich nein sagen. Seine Liebenswürdigkeit macht ihn wehrlos: er hat immer einen Dienst zu erweisen, eine Gunst zu erfüllen. Daher vernachlässigt er auf unverantwortliche Weise seine eigenen Interessen; leicht wird seine Güte mißbraucht. Er muß sein Rückgrat stählen, um seine Persönlichkeit nicht preiszugeben und von der Welt nicht «aufgeschluckt» zu werden. Er lebt mit der Umwelt in gutem Einvernehmen und nimmt – um des lieben Friedens willen – auch unvorteilhafte Kompromisse an. Er zieht seine Krallen ein, er stutzt seine Flügel, er trägt den Degen in der Scheide. Er muß sich mit dem Problem der zurückgedrängten Aggressivität auseinandersetzen; sie ängstigt ihn, weil er sie mit seiner Ethik und seinem menschlichen Ideal nicht in Einklang bringen kann. Dieser auf die Abkehr vom Instinkt gegründete Pazifismus jedoch führt leicht zu Defätismus. Wenn man das Übel nicht erkennen will, ist es recht leicht, in Frieden zu leben. Der Waage-Typ muß lernen, wachsam zu sein, den Schwierigkeiten bewußt entgegenzutreten und den Hindernissen die Stirn zu bieten. Friede will erobert und verdient sein!

Buridans Esel

Die Schalen des Waage-Typs bedeuten Antrieb und Bremse, Verlangen und Furcht, Schwungkraft und Hemmung. Wie sollte sein Wille nicht zaudern? Jederzeit wägt er Für und Wider ab; er macht einen Schritt vorwärts, einen zurück. Nichts verwirrt ihn mehr als die Wahl zwischen Gleichwertigem.

Dieser psychische Zustand erinnert an die dem französischen Scholastiker Buridan (14. Jahrhundert) zugeschriebene Geschichte vom Esel, der zwischen zwei gleich großen Heuhaufen verhungert, da er nicht weiß, von welchem er fressen soll.

Die Psychologie spricht vom «Buridans-Esel-Komplex» bei Personen, deren lähmende Unschlüssigkeit in der Wahl zwischen Gleichwertigem zu Ratlosigkeit führt. Der Waage-Typ neigt ganz besonders zu dieser Haltung. Der intellektuelle Typus bemüht sich vergeblich um eine Synthese, wenn er zwischen Motiv und Vorsatz schwankt; dem geistig ärmeren Typ fehlt die persönliche Note, er droht in Lauheit, Untätigkeit und Bequemlichkeit zu versinken. Er gerät zwischen Hammer und Amboß. Um einer Niederlage zu entgehen, muß er sich zwingen, schnelle und gründliche Entschlüsse zu fassen.

Im inneren Kampf mit sich selbst muß der Waage-Typ immer wieder sein Gefühl als Schiedsrichter anrufen, damit es ihm den Weg zur Tat weise und ihn seinen Schwerpunkt erkennen lasse. Damit er etwas will, muß er es aber zunächst lieben.

Die Intelligenz

Der Waage-Typ hat im allgemeinen einen guten, doch eher etwas schwachen Charakter. Der Mangel an Willensstärke wird durch eine besonders wache Intelligenz wettgemacht; sie führt ihn dazu, bei Meinungsverschiedenheiten stets beide Seiten objektiv anzuhören. Er ist niemals verbohrt; er hat die Gabe, zu vergleichen, abzuwägen, Beziehungen herzustellen und zu vermitteln; er ist aufrichtig und unparteiisch. Er ist auch duldsam, verträglich und versöhnlich. Sein Geist, zu Zugeständnissen bereit, versucht auch «das Unversöhnliche zu versöhnen» und mehr hinzunehmen, als er eigentlich dürfte.

Diese Intelligenz wirkt *human*. Sie ist frei von Fanatismus, Nihilismus und Dogmatismus. Die Wahrheit des Waage-Typs setzt sich aus verschiedenartigen, ja gegensätzlichen Gesichtspunkten zusammen. Er rundet Meinungen und Standpunkte ab, indem er die Ecken abschleift und zu einem Ganzen gestaltet, was kaum zu vereinen ist. Gerne akzeptiert er es, eine *Idee* aufzugeben, um einen *Menschen* zu retten.

Er ist ein freier Geist. Wo der geistig tieferstehende Typ in Unschlüssigkeit verharrt, sein Mäntelchen nach dem Winde hängt und in Standpunktlosigkeit versinkt, versucht der höherstehende Typ mit äußerster Kraftanstrengung die Gedanken, die seine Epoche aufzuspalten drohen, zusammenzuschweißen: so Erasmus zwischen Katholizismus und Reformation, Bossuet, der Theologe und gefeierte Kanzelredner, zwischen römischer Kirche und Gallikanismus.

Die äußere Erscheinung der Waage

Gestalt, Gang und Mimik

Das Zeichen der Waage wird nicht – wie etwa der Widder oder der Stier – durch ein Tier-Symbol verkörpert; es eignet sich deshalb auch nicht zur Karikatur. Dominierende Planeteneinflüsse verwischen sehr schnell die charakteristischen Züge der äußeren Gestalt.

Einen starkgeprägten Waage-Typ erkennt man als Venus-Saturn-Typ. Der Venus-Einfluß offenbart nicht mehr die Frühlingskräfte, die im Stier (Sinnlichkeit) zum Ausdruck kamen. In der Waage ist ihr Einfluß in einem nervösen Temperament verfeinert. Es triumphiert die *Linie*, die Anmut, die Eleganz.

Der «nervöse» Maler van Dyck hat eine ganze Reihe von «Waage-Typen» in seinen feinen, schlanken, zartgliedrigen und aristokratischen Gestalten dargestellt. Auch Watteau malte denselben Menschenschlag.

Bei den Frauen stellen elegante Damen und Mannequins großer Modehäuser den charakteristischen Waage-Typ dar. Eleonora Duse, die große italienische Schauspielerin, und der Filmstar Ingrid Bergman sind Waage-Beispiele aus der Welt des Theaters und des Films.

Meist haben sie ein ovales Gesicht mit regelmäßigen Zügen, einen wohlgeformten Körper mit weichen Linien und harmonischen Bewegungen. Ihre Haut ist hell, glatt und weich, ihr Gesichtsausdruck sanft, liebenswürdig, lächelnd und heiter.

Beim Mann können auch weibliche Züge hervortreten. Doch bei ihm ändert der geringste Planeteneinfluß die ganze Physiognomie: Heinrich IV. – Jupiter in der Waage – hat einen optimistischen Gesichtsausdruck und weist keinerlei Ähnlichkeit mit dem grüblerischen Ausdruck eines Erasmus auf, der von Saturn mitbestimmt ist.

Kleidung

Die Waage-Frau ist die Königin der Eleganz! Wenn sich der Venus-Einfluß frei entfalten kann, so verleiht er Anmut, Schönheit und Harmonie. Die Waage-Frau will gefallen und bezaubern; sie pflegt in ihrer Kleidung die kokette Note. Ihr weiblicher Instinkt läßt sie ihre natürliche Anmut betonen; sie hat Sinn für die Harmonie der Linien und Farben und geht in ihrem Geschmack nie fehl. Sie liebt nuancierte und zarte Töne, etwas verwischte Farben, graublau, hellgrün, rosa. Sie liebt diskrete Parfums. Sie trägt ihre Haare mit Vorliebe lang und in weichen Wellen.

Der männliche Waage-Typ neigt dazu, seiner Kleidung eine weibliche Note zu geben; er wird dann leicht zum mondänen Weltmann, zum Snob.

Gesundheit

Venus, die Herrscherin des Zeichens, verleiht dem Waage-Typ ein sanguinisches Temperament voller Lebensfreude; Saturn, der in diesem Zeichen besonders stark wirkt, fügt die Nervosität dazu. Die rasche Leichtigkeit des Sanguinikers (im Luftzeichen) wird manchmal durch Saturneinfluß etwas gedämpft; sie verleiht ein venusisches Gleichgewicht, das sich in Bewegung und Gebärde ausdrückt. Wenn in einer Gesellschaft jemand durch den Schwung seiner Bewegungen und den tänzerischen Gang auffällt, so ist es leicht möglich, daß bei ihm Venus in der Waage steht.

Das Gleichgewicht des Waage-Typs wird durch ungünstige Einflüsse sehr leicht gestört. Eine ihm angepaßte Umgebung, eine Atmosphäre der Ruhe und Sympathie ist seine Lebensbedingung. Übererregung bedeutet stets eine Gefahr für die Gesundheit dieses Typs. Seine Empfindsamkeit läßt ihn schnell erblassen, ebenso schnell steigt ihm die Röte ins Gesicht.

Dem Zeichen der Waage wird unter anderem die Funktion der Nieren zugeordnet, die dem Gesetz von Geben und Nehmen entsprechen und die den richtigen Körperhaushalt regulieren. Der Waage-Typ wird deshalb der Nierenfunktion besondere Aufmerksamkeit schenken müssen.

Das Verhalten der Waage

Die Liebe

Man braucht wohl kaum zu betonen, daß der zentrale Leitgedanke der Waage, des Zeichens der himmlischen Liebe, das Symbol der Liebe umfaßt.

Wie erinnerlich, steht das siebente Zeichen in Verbindung mit dem siebenten Haus, der irdischen Heimstätte der Ehe. Die zwei Schalen und das Zünglein an der Waage verkörpern die beiden Gatten in harmonischer Verbundenheit, in Glück und Leid, in guten und schlechten Tagen. Ein stark ausgeprägter Waage-Typ strebt nach der Ehe, die zum «Meisterstück» seines Lebens wird. Die Anziehung des «andern», die Suche nach der «andern Hälfte» erweist sich als zwingende Forderung. Er findet seine ganze Erfüllung, sein Gleichgewicht in der Vereinigung. Ohne Bindung, ohne Zuneigung gleicht er einem Fisch auf dem Trokkenen.

In seinen Äußerungen, in seinem Liebesleben vor allem, hängt er stets von einer gewissen Verfeinerung, von Zärtlichkeit ab, in die er seine Güte bettet. Liebe bedeutet ihm aber auch Schönheit, und seine Gefühle bedürfen einer ästhetischen Grundlage.

Vor dem Höhepunkt seiner Liebeserklärung zaudert er meist, seine Anziehungskraft wird gedämpft durch das Spiel von Antrieb und Hemmung, durch Verlangen und Furcht, durch Kühnheit und Schüchternheit. Gegensätze können ihn zuweilen lähmen. Er nützt diese Unentschlossenheit nicht wie der Zwillings-Typ aus, der mit der Liebe und sich selbst spielt. Seine Gefühle sind maßvoll, ohne daß er sie jedoch kontrolliert wie der Jungfrau-Typ. Sie bringen ihn nicht in Verwirrung, sie regeln sich selbst. Dieser Typ entfaltet seine Gefühle im Kreise einer Gemeinschaft, im Rahmen der Sitten und Gebräuche. Mehr als jeder andere Typ ist er für die Ehe geschaffen.

Der Mann

Der Waage-Mann ist kein stürmischer Don Juan. Er kämpft nicht, um sich durchzusetzen; sein Eroberungsdrang ist gedämpft und bedächtig. Aus lauter Unbehagen meint er, er sei unerwünscht oder er störe. Er wagt sich nur vor, wenn er fühlt, daß man ihm wohlgesinnt ist; beim leisesten Widerstreben gibt er sein Vorhaben sogleich auf. Er erobert die Frau nicht mit Gewalt, um sie seinem gebieterischen Verlangen zu unterwerfen. Dazu ist er zu galant, zu taktvoll; er zieht es vor, die weiblichen Waffen des Charmes und der Verführung zu gebrauchen. Oft wartet er sogar das Entgegenkommen der Frau ab.

Den «Kampf der Geschlechter» kennt er nicht: häufig weiß er eine Frau nicht an sich zu fesseln, er läßt sich von ihr beeinflussen; er stellt sich auf ihr Niveau, liebt und umschmeichelt sie auf weibliche Art. Von seiner Gefährtin erwartet er, daß sie ihm ein angenehmes, behagliches und schönes Heim schenke, in dem beide in einer Atmosphäre der Harmonie und des Friedens leben können.

Dieser verständnisvolle Mann teilt alles mit seiner Frau: Geldmittel, Pläne, Erfolge. Er will, daß sie teilnimmt an seinen Interessen, seinem künstlerischen Geschmack und seinen Steckenpferden.

Ein so gefälliger, nachsichtiger Mann verzeiht begangene Fehler und ist eher bereit, seine Eigenliebe und seine persönlichen Interessen zu opfern, als die Harmonie seiner Ehe zu gefährden. In Stunden der Krise ist er der erste, der den Partner umarmt und das erlösende Wort spricht. Für seine Erfolge beansprucht er die Hilfe seiner Frau; er will fühlen, daß sie ihm zur Seite steht. Der größte Teil seines Vorwärtskommens hängt vom Einfluß seiner Frau ab, je nachdem ob sie ihn anregt oder hemmt, lenkt oder gehen läßt. Die Ehe wird zum Barometer seines sozialen Erfolgs.

Die Frau

Es entspricht vollkommen der Waage-Frau, die Karte der Zärtlichkeit nach einem strategischen Plan auszuspielen, wobei sie mit angeborener Taktik Entgegenkommen und Zurückziehung geschickt dosiert. Sie ist ein durch und durch weibliches Geschöpf, das sich ihrem Ehepartner anpaßt und darin so sehr aufgeht, als wären die Eigenschaften ihres Mannes ein Teil von ihr; sie fühlt sich eins mit ihm. Es kostet sie keine Mühe, ihre Persönlichkeit zugunsten ihres Eheglücks preiszugeben. Sie freut sich an den Erfolgen ihres Ehegatten und empfindet nicht das geringste Gefühl eines Opfers. Sie ist die ideale Mitarbeiterin und Lebensgefährtin.

Mit dieser Rolle als Ehegefährtin ist sie zufrieden, solange sie weiß, daß ihr Mann sie liebt. Sie strebt danach, sich seine Liebe zu erhalten; ihre Gegenwart strahlt Liebenswürdigkeit, natürliche Freundlichkeit und lächelnde Güte aus; ihr Verhalten ist wie Balsam, der Wunden kühlt und Kummer heilt.

Dieser Frau droht allein die Gefahr masochistischer Unterwerfung und damit Preisgabe ihrer eigenen Persönlichkeit. Wenn sie durch übermäßige Identifikation mit ihrem Gatten die Dinge nur noch mit seinen Augen sieht, mit seinen Ohren hört und durch seinen Mund spricht, wird sie zur Sklavin ihrer Gefühle, zum Schatten ihres Mannes.

Ihre Probleme

Einem Waage-Typ mit vorherrschendem Saturn-Einfluß droht eine schlechte Ehe, weil er nicht nein sagen kann. Da er weder überschwengliche Anziehungskraft noch stürmischen Eroberungsdrang kennt, zögert er häufig, bevor er sich endlich erklärt. Angesichts dieser Unschlüssigkeit setzt ihm der Partner zu; unter diesem Druck droht er, teils um keinen Kummer bereiten zu müssen, teils aus Mangel an Mut, in eine Ehe zu schlittern, die ihm nur zur Hälfte gefällt und die ihm nicht angemessen ist.

Ein zweites Problem entsteht beim Waage-Typ, wenn er, von seinem Schönheitsbedürfnis verleitet, nur auf äußere, elegante Formen achtet und ein hübsches Geschöpf ohne entsprechendes moralisches Niveau einem weniger vorteilhaft aussehenden Partner mit reichem und gesundem Innenleben vorzieht. In den Schalen der Waage hat leider äußerer Schein und Glanz oft mehr Gewicht als wirkliche Qualität.

Dann gibt es gewisse Waage-Typen, deren Herz sich in zwei nahezu gleiche Teile spaltet; sie schwanken zwischen zwei Liebespartien hin und her, die ihnen für ihr Gleichgewicht unentbehrlich scheinen. Hin- und hergerissen zwischen zwei unversöhnlichen Leidenschaften, bringen sie ihr Leben damit zu, von der einen zur andern zu wechseln, ohne auf eine zu verzichten; vergeblich bemühen sie sich, beide zu vereinigen.

Die Waage und die anderen Zeichen

Waage und Widder: sind gegensätzliche Naturen, die sich aber auch ergänzen können. Sie stoßen sich gegenseitig vor den Kopf und ziehen sich doch an.

Waage und Stier: stimmen dank beidseitigem Venus-Einfluß in ihrem Gefühlsleben und ihrer Güte miteinander überein. Aber hinter ihrem gemeinsamen Geschmack stehen verschiedene Wesen: das eine ist verfeinert, das andere instinktiv.

Waage und Zwilling: verstehen sich ausgezeichnet dank gemeinsamem Anpassungsvermögen. Sie sind für Zusammenarbeit geschaffen.

Waage und Krebs: sind beide sehr gefühlvoll, liebevoll und empfindsam. Aber ihr Gefühlsleben ist nicht von gleicher Art: der eine ist offen, der andere zu verschlossen.

Waage und Löwe: haben die gleiche soziale Einstellung, dasselbe Mitteilungsbedürfnis, den gleichen Humor und dieselbe Lebensfreude.

Waage und Jungfrau: streben beide nach dem goldenen Mittelweg, nach vernunftmäßiger Erfahrung und ausgewogenen Leistungen; sie verstehen einander gut.

Waage und Waage: vereinigen beide ihre Impulse zu gegenseitiger Geschmacksverfeinerung, aber auch in gegenseitiger Verführung zu Lebensgenuß in allgemeiner Form.

Waage und Skorpion: sind wie zwei Nachbarn, die sich nicht besuchen; sie sind zu verschieden, als daß sie tiefere Beziehungen zueinander unterhielten; der Skorpion flößt der Waage oft Angst ein.

Waage und Schütze: empfinden schnell Sympathie füreinander und stimmen auf sozialem und moralischem Gebiet überein.

Waage und Steinbock: finden schwerlich zusammen. Der eine ist zu aufgeschlossen und zu expansiv, der andere zurückhaltend und intensiv; der eine gilt als oberflächlich, der andere als störrisch.

Waage und Wassermann: bilden eine ideale Verbindung; jeder gibt dem anderen sein soziales Empfinden und seine Großherzigkeit.

Waage und Fisch: eine Verbindung, die unentschlossen und zögernd bleibt. Sie bleiben einander rätselhaft und fremd, doch verknüpft sie ein altruistisches Ziel.

Alle diese Angaben haben natürlich nur ganz allgemeinen Wert. Einzig die Gegenüberstellung der persönlichen, minutengenauen Horoskope zweier Menschen verbürgt eine gewisse Sicherheit.

Beruf, Arbeit und Geld

Bei der Berufswahl des jungen Waage-Typs bringt ihn die Unentschlossenheit seines Charakters oft in große Verwirrung. Er schwankt zwischen verschiedenen Möglichkeiten; er vergleicht und wägt ab, bevor er eine Entscheidung trifft. Seine Umgebung muß ihm bei seiner Wahl behilflich sein. Man darf ihn jedoch dabei weder drängen noch zwingen. Er würde in diesem Fall vor einem fremden Willen kapitulieren.

Berufe mit starker physischer Kraftanstrengung liegen ihm nicht; der Waage-Typ ist kein Muskelprotz. Er muß einen Weg einschlagen und in einem Beruf wirken, dank dem er fortwährend Kontakt mit der Welt hat und in dem er sein Verständnis für andere bekunden kann. Diese elementaren Betrachtungen zusammen mit persönlichen müssen für seine Wahl wegleitend sein.

Nachstehend eine kleine, zwangsläufig unvollständige Liste von Berufen, die dem Waage-Typ entsprechen könnten:

Neigungen: Anpassung, sozialer Sinn, Zusammenwirkung

Funktionen: Verbindung, Mitteilung, Austausch

Objekte: Dinge, die der Unterhaltung dienen, Gegenstände des Vergnügens, Dinge mit künstlerischem Einschlag, Kunst

Handlungen: verfeinern, ausgleichen, versöhnen, messen

Orte: Unterhaltungsstätten, Zerstreuung, Vergnügungen und Entspannung

Lösungen: Künstler, Ästhetiker, Modeschöpfer, Innenarchitekt, Dekorateur; Verkäufer von Kunstgegenständen, Friseur, Blumenzüchter, Parfumeriehändler; Vertreter, Meinungsforscher, Public Relations; Advokat, Jurist

Ein Waage-Typ ist bestimmt kein Schwergewichtler. Er kommt langsam in Fahrt; hat er aber die Anlaufschwierigkeiten überwunden, so überrascht er durch regelmäßigen Rhythmus. Seine *Arbeitsleistung* entspricht den Normen. Der Waage-Typ kennt den Wert der Zeit und weiß sie auch geschickt einzuteilen.

Er wertet seine Mitwirkung auf richtige Weise: er überschätzt sich nicht, er setzt sich auch nicht herab.

Er ist kein Heißsporn; er setzt sich mit seiner «venusischen Methode» durch: er gefällt, er bezaubert, er hat einen ausgeglichenen Humor und eine angenehme Art, er weckt Verständnis. Er ist besonders innerhalb einer Arbeitsgemeinschaft erfolgreich; seine Ehe übt oft einen großen Einfluß auf seine Laufbahn aus.

Er ist kein «Gründer», er erobert kein neues Terrain, setzt keine Grundsteine, stampft keine Unternehmungen aus dem Boden. Seine Rolle ist es, das Begonnene reifen zu lassen, das Eroberte zu pflegen, den gewonnenen Rohstoff zu gestalten; hierin wird er Wunder wirken.

Er ist ein ausgezeichneter Mitarbeiter. Er stellt Verbindungen zwischen verschiedenen Abteilungen und verschiedenen Menschen her. Nie wird er sich mit Gewalt durchsetzen; er ist weder ein Draufgänger noch ein Haudegen. Weisungen erteilt er mit sicherer Gewandtheit; zu Vorgesetzten stellt er sich richtig ein; ein ausgeglichenes Verhalten zeigt er für seinesgleichen, Wohlwollen für Untergebene.

Der Waage-Typ ist nicht der Mensch, der *Vermögen* anhäuft. Er ist zu wenig hart und abgebrüht, zu fein und zu gefühlvoll. Es bereitet ihm besonderes Unbehagen, wenn er, in die Enge getrieben, jemandem mitzuteilen hat, daß er für dies oder jenes viel Geld ausgeben müsse.

Der unentwickelte Typ versteht es sogar nur mit Mühe, «Geld zu verdienen», zu verlangen, was ihm zukommt, den Lohn seiner Arbeit zu fordern. Wenn er bezahlen muß, so hat er blindes Vertrauen: er prüft weder die Rechnung, die man ihm stellt, noch das Wechselgeld, das man ihm gibt; er begehrt auch nicht auf, wenn dabei etwas nicht stimmt.

Der höherstehende Waage-Typ schwelgt nicht in irdischen Genüssen; auf allen Gebieten kommt sein verfeinerter Geschmack zum Ausdruck.

Wenn der Saturn-Einfluß sich bemerkbar macht, neigt er dazu, auf Besitz mehr oder weniger zu verzichten. Dann legt er viel mehr Gewicht auf «Sein» als auf «Haben». Sein Ideal ist, ein angenehmes, harmonisches Leben zu führen, das ihn glücklich macht. Er hält Einnahmen und Ausgaben im Gleichgewicht; Geldfragen beschäftigen ihn nicht. Sein Interesse gilt vielmehr geistigen Dingen.

Gemischte Waage-Typen

Wir kennen unser Sonnenzeichen; aus der Anleitung am Ende des Buches können wir das Aszendentzeichen berechnen. Die Werte dieser beiden Zeichen zusammen ergeben folgende allgemeine Charakterisierung:

Waage – Widder   *Aszendent Waage und Sonne im Widder*
                  oder
                  Sonne in der Waage und Aszendent Widder

Psychologische Bipolarität, ja gegensätzliche Einflüsse. Ein Schaukelspiel zwischen der «herbstlichen» Natur der geselligen, maßvollen und friedliebenden Waage und der «frühlingshaften» Natur des Widders, der zu Heftigkeit und Übertreibung neigt (Gogol).

Waage – Stier   *Aszendent Waage und Sonne im Stier*
                  oder
                  Sonne in der Waage und Aszendent Stier

In beiden Zeichen herrscht Venus. Dieser doppelte Einfluß verleiht einen festen, aber liebenswürdigen, gefügigen, lebhaften, geselligen und harmonischen Charakter. Der Mensch vermeidet es, die Meinungen anderer zu verletzen; er hat ästhetische und künstlerische Veranlagungen (Boucher).

Waage – Zwillinge *Aszendent Waage und Sonne in den Zwillingen*
                   oder
                   Sonne in der Waage und Aszendent Zwillinge

In dieser Verbindung triumphiert das Luft-Element: eine beschwingte, mitteilsame, geschmeidige, bewegliche, versöhnliche Natur, die rein gefühlsmäßig auf die Meinungen anderer reagiert. Der Mensch fügt sich in die Dinge, vermeidet es, Anstoß zu erregen, ohne jedoch seine Denkart und Handlungsweise zu verleugnen. In intimem Kreis entfaltet sich eine innere Harmonie (Verdi).

Waage – Krebs   *Aszendent Waage und Sonne im Krebs*
                     oder
                     Sonne in der Waage und Aszendent Krebs

Eine vor allem gefühlvolle und weibliche Natur, aufgespalten zwischen der Neigung zur Häuslichkeit und mondäner Geselligkeit. Der Charakter ist gefügig, der Wille schwach, zaudernd, unentschlossen, tatenlos. Das Streben nach innen und die Verlockung nach außen suchen einen harmonischen Ausgleich. Es äußert sich in zwei Strömungen der Gefühlskräfte: die «innere Melodie» klingt im stillen, und das äußere Wesen vibriert im großen Unisono der Welt (Bergson).

Waage – Löwe   *Aszendent Waage und Sonne im Löwen*
                    oder
                    Sonne in der Waage und Aszendent Löwe

Der Löwe verschärft Extraversion und Geselligkeit. Die Verbindung wirkt sich aus im Bemühen um Haltung, Harmonie und Schönheit: bei den einen als Eleganz und Weltlust, bei den andern als Ästhetik und allgemeine Sympathie (Lorenzo il Magnifico).

Waage – Jungfrau   *Aszendent Waage und Sonne in der Jungfrau*
                        oder
                        Sonne in der Waage und Aszendent Jungfrau

Diese Konstellation verbindet die Werte des Ausgleichs, der Harmonie und der Anmut mit der Kontrolle, der Disziplin und der Ordnung. Der Mensch strebt die Verbindung von Gefühls- und Verstandeskräften an. Er durchdenkt seine Gefühle verstandesmäßig und baut seine Vernunft auf Gefühlen auf. Der Charakter ist ausgeglichen; er hat eine ausgesprochene Vorliebe für den goldenen Mittelweg, ist dienstfertig und verständnisvoll (Diderot, Rameau).

Waage – Skorpion   *Aszendent Waage und Sonne im Skorpion*
                    oder
                    Sonne in der Waage und Aszendent Skorpion

Die leicht erregbare, hin und her gerissene Natur kennt eine schmerzliche Empfindsamkeit. Sie strebt mit allen Fasern nach Gleichgewicht und Harmonie und ist doch immer von heimlichen Leidenschaften gequält, die alle Anstrengungen untergraben. Scheinbare Abgeklärtheit ist nur oberflächlich; unsichtbare Stürme wühlen das Innenleben auf, brechen eines Tages aus und erschüttern das Leben (Villiers de l'Isle-Adam).

Waage – Schütze   *Aszendent Waage und Sonne im Schützen*
                   oder
                   Sonne in der Waage und Aszendent Schütze

In dieser Verbindung vereinigen sich meist die sozialen und moralischen Kräfte. Das Streben nach Weltweite wird durch sittlichen oder geistigen Antrieb gefördert. Soziales Empfinden ist Ausdruck eines Ideals oder einer Ethik. Der Charakter ist großmütig und edel (Gandhi, de Gaulle).

Waage – Steinbock   *Aszendent Waage und Sonne im Steinbock*
                     oder
                     Sonne in der Waage und Aszendent Steinbock

Die Persönlichkeit setzt sich aus zwei Naturen zusammen, die schlecht aufeinander abgestimmt sind. Meist erkennt man bei diesem Menschen eine leichtfertige, oberflächliche, mondäne und zugleich eine ernste, tiefgründige, ehrgeizige und in Zucht gehaltene Seite, die auf lange Sicht plant. Der hochstehende Typ findet eine Synthese zwischen äußerem und innerem Ich, indem er sich geschickt anpaßt (Heinrich IV.).

Waage – Wassermann *Aszendent Waage und Sonne im Wassermann*
                    oder
                    Sonne in der Waage und Aszendent Wassermann

Die beiden Luftzeichen harmonieren ausgezeichnet: der Charakter ist auf die Gemeinschaft eingestellt. Der Mensch liebt es, vor allem in Gruppen zu arbeiten. Er hat einen ausgesprochenen Sinn für Brüderlichkeit. Er ist bereit, dafür auch Opfer zu bringen und seine Wünsche und

Interessen hintanzustellen. Doch oft ist der Wille schwach, außer bei der Verteidigung unpersönlicher Belange (André Breton).

Waage – Fische   *Aszendent Waage und Sonne in den Fischen*
                        oder
                        Sonne in der Waage und Aszendent Fische

Diese Verbindung macht den Menschen zaudernder und unentschlossener, unsicherer und tatenloser denn je. Es geht um die Empfindsamkeit einer leicht verletzlichen Natur. Die Gefühlskräfte entwickeln sich in hohem Grade und äußern sich in Güte, Selbstvergessen und Hingabe, in Barmherzigkeit und Opferbereitschaft.

Die Bedeutung der Planeten in der Waage

Wenn man die Beziehungen zwischen Tierkreis und Planeten erforschen will, so muß man zuerst die Bedeutung der Planeten in den Zeichen erkennen. Dies ist nur möglich, wenn ein minutengenaues Horoskop vorliegt. Die nachfolgenden Ausführungen gelten demnach für die aus den Ephemeriden ersichtlichen Gestirnstände.

Mond: fördert die weiblichen Gefühlskräfte des Zeichens, verleiht einen zartfühlenden und verfeinerten Geschmack und macht empfänglich für Harmonie und Idealismus. Die Gefühle werden ästhetisch überformt (Chopin, Ludwig XIII., Manet, Marie-Antoinette).

Merkur: hebt im wesentlichen die intellektuellen Fähigkeiten hervor und steigert Geschmack und ästhetisches Denken (Erasmus, Meyerbeer, Nietzsche, Verdi).

Venus: verleiht große künstlerische oder ästhetische Fähigkeiten (Bizet, Lamartine, Eleonora Duse, Wilde).

Mars: der große Widersacher und die Ergänzung der Venus steht in der Waage «geschwächt», im «Exil». Seine Stoßkraft ist vermindert, gezähmt und zu Machtlosigkeit verurteilt (Cervantes, Heinrich III., Mendelssohn, Pétain).

Jupiter: entfaltet die Geselligkeit, gestaltet den Umgang mit andern Menschen im Alltag geschmeidig, versöhnlich, anpassungsfähig, manchmal opportunistisch. Der Mensch erweist sich als geborener Mitarbeiter mit glücklichem Naturell (Heinrich IV., Ludwig XIII., Ludwig XVIII., Watteau).

Saturn: betont die Geisteswerte des Zeichens, insofern sie das Ich in eine größere Gemeinschaft führen. Starkes Gerechtigkeitsgefühl (Bossuet).

SKORPION

Die Psychologie des Skorpions

Problematik gehört zur Triebnatur des Skorpion-Menschen: bei sinnenhaften Eindrücken reagiert er rein gefühlsmäßig, nach «oben» oder nach «unten», dem Geist oder dem Leib zugewandt.

Sinnenmensch mit galligem Temperament, glimmt vulkanisches Feuer unter seiner Oberfläche. Heftige Leidenschaften, die lange schlummerten, können eines Tages ungestüm hervorbrechen – es sei denn, daß sie vor lauter Hemmungen entarten.

Wie das Tier, das sich stets gleich bleibt, läßt auch dieser Typ sich innerlich nicht umformen: wie er ist, so bleibt er, trotz seiner sichtbaren, äußeren Wechsel und Umwandlungen. Aus der Tiefe seines Wesens stammen seine Entschlüsse und sind das Ergebnis innerer Kämpfe. Er weiß, was er will; deshalb ist auch seine Lebensauffassung streng, ja er wird manchmal sogar grausam, getrieben von unergründlicher Lebensangst. Sein Skorpion-Aszendent ließ Nietzsche bekennen, die Liebe zum Leben sei fast das Gegenteil der Liebe zu langem Leben. Dieses Tierkreis-Symbol verleiht (wenn nicht durch Verdrängung das Gegenteil eintritt) Unerschrockenheit gegenüber dem Tod, ein Zeichen von Seelenstärke und gleichzeitig das Merkmal eines Lebens, das höhere Werte kennt als das Leben selbst. Bekannt ist die Steigerung der Lebensgefühle an der Schwelle des Todes. Es genügt, diesen Typ zu sehen, um die große Lebensfülle zu erkennen, die er unmittelbar aus den abgründigen Tiefen seines Wesens schöpft. Er braucht den Zusammenprall verschiedenster Lebensströmungen und die Entladungen der Natur.

Zwischen Gott und Teufel

Wohl bei keinem andern Zeichen hat das geschlechtliche Triebleben so große Bedeutung. Zwei Triebkräfte beherrschen den Skorpion-Geborenen: Eros und Aggressivität. Das Verhältnis zwischen beiden stellt die ganze Gegensatz-Spannung der Lebens- und der Todeskräfte dar, die sich in die Weltherrschaft teilen: der ewige Widerstreit zwischen Eros und Tod. Das Leben will zu seinem Ausgangspunkt, zum anorganischen Zustand, zum Nichts zurück. Drängen jedoch einzelne Triebrichtungen nach diesem Ziel, so entbrennt zugleich der Kampf um die Erhaltung des Lebens. Wir stehen vor einem doppelten Lebensrhythmus.

Kein Zweifel, daß der Skorpion vor allem diese dunklen und auflösenden Mächte betont, die Freud die «Todestriebe» genannt hat. Hier tritt eine zerstörerische Angriffskraft zutage, die sich zur Lebensverneinung und zur Vernichtung verdichten kann. Aber viel öfter zielt diese Kraft zum eigenen Nutzen auf den Kampf gegen außen und zeigt sich im Widerstreit zu einer als feindselig betrachteten Umwelt. Doch der im Skorpion Geborene ist für den Lebenskampf trefflich gewappnet. Er weiß sich nicht nur zu verteidigen, er schreckt auch vor dem Angriff nicht zurück.

Das tödlichste Zeichen ist auch das fruchtbarste. Die gesamte Schöpferkraft des Geschlechts steht in seinem Dienst. Die Fortpflanzung des Lebens hebt die Liebe auf eine höhere Stufe. Hier wird das größte Geschenk des Lebens und die höchste Erfüllung offenbar.

Immer sieht man den Skorpion von diesem faustischen Gefühlszwiespalt durchdrungen: Gott ruft ihn, der Teufel versucht ihn. Der innere Widerstreit stellt ihn zwischen Himmel und Erde, zwischen Lösung und Bindung; er hat Angst, sich durch den Geist an eine andere Welt zu verlieren, während Erdenschwere ihn an die Materie kettet. Verneinung und Bejahung, Zerstörung und Schöpfung, rohe Wirklichkeit und mystischer Aufschwung. Verworfenes und Erhabenes führen in seiner Seele einen teuflischen Tanz auf zwischen Liebe und Tod.

Die psychische Ambivalenz, die Zerrissenheit zwischen hochfliegenden Idealen und dunkler Triebhaftigkeit, wird auch im äußeren Verhalten offenbar:

Der Skorpion-Typ führt als erster Klage darüber, man wolle ihm aufdrängen, was er gar nicht mag, und ihm verwehren, was er will. Kein Wunder, daß er auf den Druck der Umwelt und jede Einmischung eines fremden Willens in sein vermeintliches Alleinbesitzrecht übertrieben empfindlich reagiert. Ratschläge nimmt er übel auf, der geringste Zwang ist ihm ein Greuel. Eifersüchtig wahrt er seine Rechte, erbittert verteidigt er seine Würde. Er erträgt keinerlei Autorität.

Der Skorpion ist ein ausgepichter *Individualist*, von Natur aus rebellisch, widerspenstig gegen jede Nötigung. Je stärker man seinem

Nein widerspricht, desto hartnäckiger verbohrt er sich in seine Revolte – so sehr, daß er sich als Anarchist fühlt. Bei geringster Einmischung erwacht sein Widerspruchsgeist, kocht er innerlich und gerät in Wut. Er wird verdrießlich, gereizt, zänkisch und heftig. Er sinnt auf Rache für Widerwärtigkeiten, die er zu erdulden hat.

Wurde er – bei grundlegend disharmonischer Konstellation – in der Kindheit mißverstanden, so wählt er den Weg der Auflehnung; aus niederen oder edlen Beweggründen, das hängt vom einzelnen Fall ab. In leidenschaftlicher Feindseligkeit und oft mit lange aufgespeichertem, teuflischem Haß kann er Gift und Galle speien.

Dieser dunkle Skorpion stellt jedoch nur eine Minderheit dar, auch bei disharmonischen Typen. Ist seine an sich wertvolle Dynamik auch nicht auf edle Leistungen gerichtet, so verkörpert sie doch vorwärtsdrängende Willenskraft, freilich meist als rohe Selbstbehauptung. Der Skorpion-Mensch läßt sich nicht unterkriegen. Sein Wille beruht auf der Macht, nein zu sagen – niemand kann das besser als er – und dem Gegner die Stirn zu bieten. Er hakt sofort ein, wenn andere etwas ausschlagen; ein Hindernis treibt ihn erst recht zu Kraftanspannung an; nie ist er stärker als dann.

Sein Geschmack ist ein für allemal festgelegt, seine Wahl triebhaft. Seine Entschlüsse sind unwiderruflich; sie fallen wie ein Henkersbeil auch auf unschuldige Häupter. Entschlußkraft geht einher mit starkem und beharrlichem Willen.

Anziehung und Abstoßung stammen aus der Tiefe seines Wesens und sind schroff, total und unwiderruflich. Gleich beim ersten Blick sind Menschen ihm sympathisch oder antipathisch. Angesichts seiner Ambivalenz kann allerdings der erste Eindruck Lügen strafen; dieser aber bleibt so oder anders stark. Legt er sich nicht fest, so springt er von unbedingter Liebe zu unerbittlichem Haß über, verbrennt, was er vordem verehrte, oder betet an, was er beschimpfte.

Eindringlich wirkt er auf andere. Mit durchbohrendem Blick erfaßt er den Menschen und sucht sofort die schwache Stelle; er selbst bleibt argwöhnisch, verschlossen, geheimnisvoll und undurchsichtig. Ihn verlangt nicht danach, Gefallen zu erregen. Größeres Behagen als Sympathie und Vertrauen bietet es ihm, Angst und Schrecken auszulösen. Kritik schätzt er höher als Lob, Wettstreit mehr als Zusammenwirken. So hart wie zu andern ist er zu sich selbst. Lieber schlägt er einen Vorteil aus, als andern Dank zu schulden.

Recht ausgeprägt ist der Stolz eines solchen Menschen; man erkennt ihn an der übertrieben hohen Auffassung von der eigenen Bedeutung, an der Beharrlichkeit, mit der er seinen Weg ohne Rücksicht auf die Meinung anderer verfolgt, an der Überzeugung, über seine Geschäfte wisse er selbst am besten Bescheid, an seiner Unduldsamkeit, an seiner Selbstherrlichkeit.

Die Macht des Eros

Die skorpionische Geschlechtskraft nimmt im Gefüge dieser Persönlichkeit einen entscheidenden Platz ein. Auch sie ist ambivalent; sie schwankt zwischen zwei Polen: zwischen Leib und Seele, zwischen Brunst und Inbrunst.

Wenn die Aggressivität ruht, so erwacht in dieser sonst stets von ungestümen Leidenschaften erfüllten Seele die Liebe. Leicht jedoch kann sein erotisches Temperament, seine Sinnenhaftigkeit, wegen ihrer Heftigkeit und Selbstgefälligkeit ins Krankhafte umschlagen. Von der Jugend bis ins Greisenalter erfüllt den Skorpion-Typ machtvolle, fordernde Sinnlichkeit. Körperliche Verbindung hilft ihm, sich von übermäßiger Nervenanspannung zu befreien; er findet darin tiefe Beruhigung. Er strebt sogar nach Ekstase, um sich von den engen Schranken seines Ichs freizumachen und über sich hinauszuwachsen. Der Geschlechtsakt bedeutet ihm eine Erfahrung zu dem Ziele, die Grenzen des Bekannten niederzureißen und in einen Bereich seines Wesens einzudringen, der seinem Leben endlich Sinn zu geben vermag. Manchmal erblickt er in der Sinnenfreude geradezu einen mystischen Sinn und meint, durch die Wollust in die Ewigkeit einzutauchen.

Man begreift daher die Abwege, auf die sich disharmonische, sexuell unbeherrschte Skorpione verirren können. Ein innerer Dämon treibt sie.

Der Geschlechtstrieb, der diesen Typ beherrscht, ist vor allem jedoch ein schöpferischer Instinkt. Er wirkt in einem Menschen, der zur Selbstbefreiung gebieterisch der Fortpflanzung und Befruchtung bedarf. Ein unwiderstehlicher Strom ist diese natürliche Schöpfergabe, die alles ohne Anstrengung vollzieht. In dieser – natürlichen, irregeleiteten oder sublimierten – Geschlechtsmacht, das heißt in erotischer Durchdringung seines Lebens, findet er seine Daseinsberechtigung.

Angst und Krankheit

Der Skorpion hat kein leichtes Leben. Sind zwar die harmonischen Typen dieses Zeichens die glücklichsten Menschen auf Erden, so quälen sich disharmonische ruhelos dahin. Ihre innere Aufgewühltheit fördert krankhafte Zustände.

Diese Lebensunlust empfindet jede Zeit auf ihre Weise; ob Weltschmerz oder Daseinsangst, der Lebensüberdruß ist verknüpft mit dem Gefühl der Sinnlosigkeit und mit Todesgedanken.

Angst ist ein vertrauter seelischer Zustand für den Skorpion, der sich nicht zu verwirklichen vermag, weil er bestimmte aggressive oder erotische Triebe, die ihm Furcht einflößen, verdrängt. Archetyp der Verdrängung ist Cerberus, der Hüter der Schwelle zum Totenreich: heimliche Wünsche werden nicht durchgelassen, Lebensfreude wird unterdrückt. Die merkwürdigste Illustration dieses Skorpion-Zustandes ist vielleicht die Welt eines Hieronymus Bosch. Auf der Leinwand befreit sich der Maler von den Schreckgespensten seiner Seele; getrieben von seinen innersten Qualen, schildert er unaufhörlich die Besessenheit durch böse Begehrlichkeit, die sein Seelenheil gefährdet. Dies ist auch das Lebensthema des hl. Antonius, der von höllischem Gewimmel umringt, von teuflischen Verführungen gemartert und von Ungeheuern erschreckt wird. Die Angst hockt in seinem Paradies wie in seiner Hölle.

Beim disharmonischen Typ treten ähnliche Angstzustände auf, hervorgerufen durch Hangen und Bangen ob einer verborgenen Drohung. Gepeinigt von Schreckangst vor Fehlern, vor Strafe, vor Unheil, fühlt sich der Geängstigte zu dunklem schlechtem Gewissen verdammt und verurteilt. Eng ist Angst dabei verknüpft mit Begierde; abermals bricht die Ambivalenz durch: im Gedanken an Schuld und Sühne, an Verdammnis und Erlösung.

Der Skorpion wird damit geradezu eine Fundgrube für Gefühlsstimmungen, wie Dostojewski sie beschrieben hat, für den Schuldkomplex mit darauffolgender Selbstbestrafung. Wird die Angst unerträglich, so sucht der Mensch mit aller Kraft, sie abzuschütteln. Auf dem Höhepunkt wirkt sie manchmal auf den Körper und schlägt in eine Organerkrankung um. Andernfalls ist krankhafte Abneigung, neurotische Besessenheit die Folge. Ohne Unterlaß von seiner absurden Idee verfolgt, Opfer von Zweifel und Skrupel – wahren inneren Dämonen – versucht der Mensch, das Böse, das ihn beherrscht, beschwörend anzurufen und die unbekannte Schuld, die ihn quält, in einem magischen Läuterungszeremonial zu tilgen. Dieser Typ bringt dann im Skorpion die negativen Jungfrau-Werte hervor: aus innerem Drang nach Zergliederung, Kontrolle, Zerlegung, Grübelei und Abstraktion – dies alles in einer Art Zwangsvorstellung.

Die Angst kann sich auch als Echo auf die «Leckerbissen des Lebens» auswirken. Da Lust und Angst unzertrennlich sind, kommt es zu einer «Erotisierung der Angst». Diese psychoanalytische Formel drückt unübertrefflich genau die innere Ambivalenz aus. Tatsächlich verkörpert der Skorpion das eindeutigste Zeichen der Liebesraserei und zugleich des seelischen Dramas, das den Menschen zugrunde richtet und zerstört.

Im akutesten Fall verdichtet sich die Angst in Todessehnsucht: Lebensfreude schlägt in Selbstmord- oder Mordgefühle um. Darf es verwundern, daß die großen Verbrecher die Krallenzeichen des Skorpions tragen? So Haarmann, der Fleischer aus Hannover, der seine siebenundzwanzig Opfer zerstückelte: Sonne und Merkur im Zeichen mit Mars und Pluto in Konjunktion am Aszendent!

Der Jungfrau-Skorpion

Das Bild, das wir gezeichnet haben, wird einem «normalen» Skorpion gerecht, der sich von seiner Natur widerstandslos hinreißen läßt. Er ist ein Wesen, dessen Triebhaftigkeit die Hemmungen überrennt. Liegt aber die Bremse des Saturns, die Herrschaft der Sonne vor, so blockieren die Abwehrkräfte die Trieb-Impulse. Eine neue Persönlichkeit, der ersten radikal entgegengesetzt, verwandelt sich aus einem Skorpion- in einen Jungfrau-Typ.

Dieser Skorpion nun, der die Stimme der Leidenschaft unterdrückt, hält sich im Zügel und in Zucht. Er betont Reinlichkeit, Nüchternheit, Pünktlichkeit, Ordnung. Er ist nicht nur in seinem Verhalten vernünftig und auf Vervollkommnung bedacht, er gibt sich auch sehr moralisch, er wirkt korrekt, gewissenhaft und achtbar. Er liebt Vorschriften, Lebensgrundsätze. An die Stelle des schöpferischen Instinkts tritt der Arbeitstrieb. Das Pflichtgefühl ist ausgeprägt. Beachtlich ist auch eine gewisse Unfähigkeit, eine angenehme Situation zu genießen, solange nicht alle Voraussetzungen erfüllt sind. Ein zur Unzeit gesagtes Wort, eine falsche Bewegung, eine mehr oder minder abstoßende Geste, die geringste Empfindung einer Störung oder eines physischen Unbehagens, eine unerledigte, bedeutungslose Formalität genügen – schon ist er unbefriedigt, machtlos. Packt er eine Arbeit an, so muß alles und jedes, bis in die geringsten Einzelheiten, sorgfältig vorbereitet sein; dabei quält ihn überdies die Sorge, er könnte etwas vergessen.

Wenn dieser völlig gehemmte Skorpion-Typ trotz alledem nur eine geringe Minderheit darstellt, so sind dagegen die Skorpione ungleich zahlreicher, die beide Charakterseiten umfassen: die abwechslungsweise Hemmung und Triebentladung erleben. Ein derartiges Schaukelspiel (hemmen – loslassen, loslassen – hemmen) entbehrt nicht pittoresker Züge.

So spät als möglich setzt der Skorpion zur Tat und zur Erfüllung seiner Aufgaben an, dann aber in wilder Hast und mit äußerstem Kraftaufwand. Lange Zeit sammelt er tausendundeinen Gegenstand, um eines Tages kurzerhand alles wieder verschwinden zu lassen. Gleicherweise spart er, rafft kleine Geldbeträge zusammen, um in der Folge alles auf einmal auszugeben. Er ist pünktlich auf die Minute und fällt handkehrum, unter andern Umständen, durch empörende Ungenauigkeit auf. Oft ist er in abstrakten Dingen streng und läßt im praktischen Leben jede Zucht vermissen. Formalistisch bis zu krankhafter Pedanterie, verschreibt er sich der verrücktesten Grille. Es schert ihn wenig, unordentlich und zerlumpt zu leben. Dann packt ihn plötzlich ein Fieber nach Sauberkeit und Ordnung (Putzwut bei den Frauen!). Oder er ist diszipliniert in seiner Arbeit und liederlich im Privatleben.

Dabei stehen wir immer vor dem gleichen Menschen: einmal nüchtern und zuverlässig, dann wieder zerfahren. Er kann ein gutbürgerliches Leben führen und sich zu anarchistischen Anschauungen bekennen, unterwürfig und aufsässig sein, pedantisch und unordentlich, neurotisch und verderbt, zwiespältig und vieldeutig wie ein zimperlicher Heuchler, ein verschwiegener Intrigant, ein allzu höflicher Lügner, ein ausschweifender Scheinheiliger.

Der Möglichkeiten sind die Fülle. Jeder einzelne Fall hat seine charakteristische Grundkonstellation.

Faustischer Erkenntnisdrang

Der Erkenntnisdrang des Skorpions ist dem der Neugierde vergleichbar, die in der frühreif-vorzeitigen Erforschung des Geschlechtsgeheimnisses wurzelt. Von diesem Ursprung her bewahrt er die Lust zu bohren, zu grübeln, zu forschen, um Rätsel zu lösen und Geheimnisse aufzuspüren. Einem Spürhund gleich, folgt er einer kaum erkennbaren Fährte, um die Fäden einer verworrenen Situation zu lösen.

Besitzt er diese Witterung, so stellt er sie in den Dienst seiner aggressiven Triebhaftigkeit. Sein bohrender, scharfer Geist zergliedert Menschen und Dinge. Er macht sich ein Spiel daraus, andere zu schmähen, bissiger als andere zu sein. Doch Scharfsinn und überlegenes

Urteil lassen ihn auch zum gescheiten Kritiker, zum zuverlässigen Geschmacksexperten werden. Im übrigen bringt Widerspruch seinen Geist erst recht in Schwung; Polemik ist sein natürliches Lebenselement.

Beachtlich ist ein besonderes Merkmal: dieser kritische Geist verträgt sich durchaus mit dem Glauben an Magie. Von Kindesbeinen an glaubt er an die Allmacht seiner Gedanken und an die Verwirklichung seiner Wünsche durch magische Gesten. Beim erwachsenen Skorpion-Typ bleibt ein Rest zurück: er neigt zu Aberglauben. Auf primitiver Stufe äußert sich dies als ein Wohlbehagen am Dunkel, am Trüben, am Schlüpfrigen, am Bizarren und manchmal Überspannten. Überbordende Phantasie liebt Phantastisches. Es ist kein Zufall, wenn der Okkultismus manchen Skorpion verführt. In diesem Drang nach Jenseitigem, zumal zum Spiritismus, wobei der Lebende mit Verstorbenen in Verbindung zu treten wünscht, zeigt sich der typische Aspekt des Zeichens.

Es versteht sich von selbst, daß der mindere Typ einen ziemlich zuchtlosen Wirrkopf darstellt, während der höhere Typ als Empörer im Geiste erscheint, der von seinen Thesen auch durch die Wissenschaft nicht abzubringen ist. Psychoanalytisch ist seine Einstellung so zu begreifen: seit der Kindheit fesselt ihn die Kehrseite der Dinge; das, was hinter ihnen liegt. Es ist daher verständlich, daß sein Geist in spätern Jahren von den Tiefen des Raumes, von innerer und äußerer Finsternis angezogen wird: er durchdringt sie wie der blinde Skorpion, der Augen an den Fingerenden besitzt und dazu einen stark entwickelten Tastsinn. Man darf daher in seinem Falle von einem «faustischen Bewußtsein» sprechen (Goethe hatte Aszendent und Saturn in Konjunktion im Skorpion), von dem Forschungsdrang nach einem mystischen oder metaphysischen Absoluten. Diese Haltung entspricht genau auch dem «unterirdischen Weg» bei Dostojewskij.

Die äußere Erscheinung des Skorpions

Die Gestalt

Auf den ersten Blick herrschen hinsichtlich der äußeren Gestalt des Skorpions – wie bei den übrigen Zeichen – zahlreiche Unterschiede. Sie hängen mit den unterschiedlichen planetarischen Signaturen zusammen, die ebensogut verfeinerte Lebenskünstler wie Grobschlächtige, Mißgestaltete und Bucklige (die in diesem Zeichen recht häufig vorkommen) bewirken können.

Doch über alle Unterschiede hinaus läßt sich die «Familienzugehörigkeit» meist in der «animalischen» Seite des Zeichens erkennen. Diese meint zugleich Adler und Großkatze – nicht den Löwen, sondern den Panther, dessen Rundungen, fliehende Formen und wellenförmige Bewegungen an die Schlange erinnern. (Unmißverständliches Beispiel bleibt das Gesicht eines Göring: Aszendent-Mond, Uranus im Skorpion.)

Was zunächst auffällt, ist die oft stark ausgeprägte Nase: eine Raubvogelnase. Frappant ist der Adlerausdruck, so z. B. bei Napoleon (Aszendent-Jupiter) oder bei Paganini (Sonne-Merkur).

Noch ausdrucksvoller der Blick, der wie eine Stahlklinge wirkt. Die Lider bedecken oft wie Wülste die Hälfte der Augen. Ob dunkel, ruhelos, glasig oder magnetisch – die bohrenden Augen durchdringen die Welt und gemahnen an den hypnotischen Blick der Schlange. Dieser Blick kann bezaubern und unerträglich sein: man spürt in ihm eine Kraft, die zerstören wie auch erschaffen kann. Es ist die Kraft des Menschen, der zu siegen entschlossen ist – nicht weniger unerbittlich als die Kraft des Menschen, der zu töten gewillt ist.

Hinzu kommt recht häufig ein ausdrucksvolles, zerquältes Gesicht, nicht selten von höhnischem Lächeln verwüstet oder von Grimassen verzerrt. Annähernd offenbar werden diese Äußerlichkeiten in den

Gesichtern von Dostojewskij, Gide, Goebbels, Jouvet, Moltke, Picasso, Edgar Poe, Rodin und Rommel.

Gang und Mimik

Äußerlich erkennen wir einen Skorpion an seiner Gestalt und seinem Gesicht. Aber auch seine Stimme und sein Händedruck sind charakteristisch. Seine Stimme kennt viele Nuancen, doch klingt sie immer wie von innen her und sehr sinnlich (Edith Piaf, Jouvet). Beim Manne neigt sie zu Härte, Rauheit und betonter Männlichkeit; bei der Frau bewahrt sie animalische Herbheit.

Der Händedruck zeugt von großer Lebenswärme und wirkt fast wie ein Raubversuch; er packt zu, als wolle er sich des andern bemächtigen: schon ist man besessen.

Der Skorpion ist weder schwatzhaft noch beredt, und vielleicht kann man ihn auch daran erkennen: vertrauliche Mitteilungen muß man ihm entreißen; er ist verschwiegen, seltsam, beunruhigend: niemanden weiht er in seine Geheimnisse ein, und hat er keine, so erweckt er doch gerne den Anschein, als sei er gänzlich von ihnen durchdrungen. Er zwingt zum Verhör, antwortet freilich nur mit nervöser, heftiger Mimik, als spräche sein «schlechter Genius» für ihn und verhindere jede Fühlungnahme mit andern.

Gesundheit

Eindeutige Skorpion-Menschen sind im allgemeinen nicht sehr widerstandsfähig. Es mag sein, daß dieser sichtbare Kräftemangel ihnen ein leidendes Aussehen gibt. Die Lebenskraft ist eher geschwächt, doch kann man unter diesem Äußern oft eine große Zähigkeit finden. Er ist jener Typus, der ewig krank ist und nie stirbt, ewig mit Übeln und Gebresten behaftet – zumindest nach seinen Worten und seinem Aussehen zu schließen.

Die Tradition ordnet den Skorpion den «entstellten» Zeichen zu: Mißgestaltungen im physischen wie im moralischen Bereich. So kann es zu Minderwertigkeitskomplexen kommen, die als Kompensation in Exzesse, Ausschweifungen und Mißbräuche ausarten und ihn in große Verwirrungen stürzen.

Dem Skorpion-Typ werden von den Organen zugeschrieben: die Blase und die Geschlechtsorgane sowie alle damit zusammenhängenden Krankheiten.

Kleidung

Für die Skorpion-Frau ist die Kleiderfrage keine Sache des Geschmacks oder der Eleganz, sondern eher der Wirkung. Wenn sie nicht gehemmt ist, besitzt sie «Rasse»; sie will vor allem ihre unwiderstehliche Anziehungskraft, ihren seltsamen Reiz verströmen. Ihr Temperament rät ihr zu dunklen oder gelb-rötlich schimmernden Tönen und Schmuckgegenständen, die ursprünglich und erdhaft anmuten. Ihr Schönheitsideal ist das plutonische der «Schönheit des Teufels».

Sie kann auch zur fatalen, verhängnisvollen Schönheit werden, aber dies geschieht auf Kosten der Ästhetik; wir finden dann nur noch das «Weib» in der Skorpion-Frau. Hier wird der herausfordernde Modegeschmack betont.

Der Skorpion-Mann legt einzig Wert auf männliche Eleganz – es sei denn, er halte die Pflege der Kleidung als unter seiner Würde; dann aber kann er die Verachtung bis zu einem Kult der Zerlumptheit treiben.

Das Verhalten des Skorpions

Die Liebe

Der Skorpion herrscht über Liebe, Tod und Nacht. Das beweist zunächst das Tier: nach dem Hochzeitstanz verkriecht sich das engumschlungene Paar zum Liebesfest in eine Erdhöhle, unter dem Sand, wo das Männchen im Dunkel vom Weibchen aufgefressen wird.

Auch wenn dieser Vergleich aus dem Tierreich etwas drastisch anmutet, so ist doch nicht zu verkennen, daß die Liebe des Skorpion-Typs sich um diese Urtatsachen dreht. Der Skorpion ist für seinen Partner oft ein Geheimnis; er bedrängt ihn mit einer ihm selbst unerklärlichen Leidenschaft, und die Liebe ermöglicht es ihm, sich durch die eigene Sexualkraft zu beweisen.

Als ein Vulkan, der unterirdisch grollt, wird ihm die Liebe zur gebieterischen Kraft, die er als Besessenheit, als Qual empfindet: eine Liebesleidenschaft voll brutaler Glut, Wollust vermischt mit Glück und Raserei, Küssen und Bissen, auf der Suche nach dem Absoluten, die jedoch eher einer Liebesschlacht gleicht, in der es zwangsläufig einen Sieger und einen Besiegten geben muß.

Eine so triebverfallene Liebe hat mit Vernunft nichts mehr gemein, noch nimmt sie sich in Zucht. Sie kennt weder Zaudern noch Fortschritt. Vom ersten Augenblick an ist sie vollkommen verblendet, ist sie total; sie nimmt alles vorweg. Das beginnt schon mit der spontanen Liebeswahl. Sofort und ausschließlich eignet sie sich das geliebte Wesen an und macht es alsbald zum einzigen, zum unersetzlichen Gegenstand. Als Gefangener des Auserwählten lebt der Skorpion in seiner Passion: zum Guten wie zum Bösen, auf Leben und Tod.

Der Mann

Mehr als jeder andere erleidet der Skorpion-Mann das Gesetz seines Geschlechts. Er will Mann sein, ehe er Mann ist. Er bejaht zuerst die Werte des Männchens; seine Männlichkeit steigert die Qualitäten wie die Mängel des nur Männlichen seines Charakters aufs höchste.

Wenn er darum auch noch keineswegs zum entfesselten Satyr wird beim Anblick jedes weiblichen Wesens, rumort doch in seinem Blut die heimliche oder offene Begierde, die Frau zu erobern. Seine Sinnlichkeit weckt auch in der Frau die Sinne. Nicht ohne Grund stehen Mond und Venus im Skorpion im «Fall» und im «Exil», das heißt, sie sind geschwächt. Allemal zwingt das Männlichkeitsideal dieses Mannes die Frau zu erbarmungsloser Unterwerfung.

Liebe hält ihn fest. Doch ihr Geheimnis ergründet er nie; vergeblich sucht er das Rätsel zu durchdringen. Er spürt das Heimlichste in der Frau auf; er sucht in ihr eine beinahe metaphysische Offenbarung der Liebe, den Sinn seines eigenen Geheimnisses. Liebe ist ihm ein Problem wie der Tod: gleich wenig auszuloten.

Dieser Drang nach dem ewig Weiblichen wurzelt in seiner Gemütsbindung zur Mutter aus früher Kindheit: ihm war sie Zauberin-Mutter, furchtbar und zugleich angebetet. Daher das zwiespältige Verhältnis zur Frau, der Projektion des Mutterbildes. Darum auch sein Hang, andere zu verletzen und Furcht einzuflößen – als Liebe. Liebe wird zum heimlichen Kampf, zum Krieg der Geschlechter, zu einer beinahe sadistisch-masochistischen Beziehung.

Gewiß, die Liebe des Skorpions ist nicht pathologischer als die anderer Tierkreis-Typen. Doch hier kommt die «sadistisch-masochistische» Nuance häufiger vor. Fehlt sie aber, so sammelt sich im Innern trüber Schlamm an: Gewissenskonflikte, Kämpfe zwischen Sinnen und Geist, Menschen, die an ihren Schändlichkeiten noch Gefallen finden. Oder es handelt sich um Ungeliebte, die nicht zu lieben wissen.

In Ausnahmefällen prallen Liebe und Tod unverhüllt zusammen. Dies gilt etwa für Heinrich von Kleist (mit Merkur im Zeichen, Venus an der Skorpion-Spitze, im Quadrat zu Pluto und in Konjunktion mit Saturn): nachdem seine Kusine, in die er verliebt war, das Ansinnen eines gemeinsamen Todes von sich gewiesen hatte, packte ihn die Liebe zu einem jungen Mädchen, das einwilligte, sich mit ihm zusammen den Liebestod zu geben.

Doch kein Schatten ohne Licht: der gesunde Skorpion-Mann stellt allen diesen Wirren seine volle, starke Liebeskraft entgegen, die das unerschütterliche Herz über alle Marterpein triumphieren läßt.

Eifersucht kann ihn quälen; seine argwöhnische Natur sondert sie wie Gift ab. Sie ist sein Mittel, sich und andern Böses anzutun. Nur schwer widersteht er der Versuchung zum Widerspruch, seiner Reizbarkeit nachzugeben und schließlich seine Liebe zu zerstören. Ehekrach, krankhafter Liebesbezeugung ist Tür und Tor geöffnet. Haß lodert auf und wird unversehens zur alles beherrschenden Kraft. Wie in einem Vipernnest, verbringen diese «Liebenden» ihr Leben in gegenseitigem Abscheu, ohne sich je trennen zu können: jedes bedarf des andern.

Solche Fehlschläge sind freilich nur den disharmonischsten aller Skorpion-Typen aufgespart. Der harmonische vermag seine irdische Leidenschaftlichkeit in geistige Erfahrung umzusetzen. Hier liegt jedenfalls sein einziger Rettungsanker. In sich selbst trägt er Tod und Erlösung.

Die Frau

Auch bei der Skorpion-Frau erweist sich das Gesetz des Geschlechts als gebieterischer Zwang. Diese feminin-erotische Frau beherrscht eine Kunst der Verführung, die zugleich betört und überfällt und die dabei ihre gefährlichen Triebgelüste sorgfältig tarnt. Unsterblicher Typ ist Carmen in der Oper von Bizet (Sonne im Skorpion).

Dieser Typ der «femme fatale» kann den Mann, der sich von seiner maskulinen Seite her angesprochen fühlt, bezaubern, behexen. Moderner Ausdruck dieses «schwarzen Engels» ist der Vamp. Man schreibt ihm narzißtische weibliche Zaubergewalt zu, die er zu grausam sadistischem Zweck auf Männerherzen ausübt.

Von diesen Weibchen – Skorpionen, Spinnen und der Heuschrecke, der «Gottesanbeterin» – ist das Tierreich des Zeichens bevölkert. Sie leben nur von lebender Beute; für sie stellt das Männchen nur noch ein Objekt dar, sobald es seine Befruchterrolle erfüllt hat. Vermag es sich nicht durch eine List der Umklammerung zu entziehen, so wird es dem Liebeshunger der wilden Gefährtin geopfert.

Selbstverständlich kennen die typischen Skorpion-Frauen diesen Komplex nicht. Dennoch trachten nicht wenige unter ihnen danach, Hand an den Mann zu legen, ihn seiner männlichen Vorrechte zu berauben und ihn auf Gnade und Ungnade zu unterwerfen. Einzelne erniedrigen ihn, zerstören ihn noch sicherer mit Sanftheit als mit Gewalt.

Doch auch das Spiel der Skorpion-Frau ist zwiespältig. Im Grunde ihres Herzens verlangt sie, gleichsam wider Willen, nach dem Mann, der sie beherrscht. So oder anders will sie ihre Aggressivität loswerden. Aus ihrer inneren Zwiespältigkeit heraus ist sie daher entweder aktiv: durch herrschsüchtigen Sadismus (oft unter trügerischem Schein des Gegenteils); oder sie verhält sich passiv: durch masochistische Unterwerfung.

In akutester Form stößt man auch bei dieser Frau, aktiv wie passiv, auf den Liebes- und den Todestrieb, wie bei Marie Vetsera, der Heldin im Mayerling-Drama, die mit neunzehn Jahren zusammen mit Erzherzog Rudolf (Skorpion und Mars im VII. Haus) den Selbstmord wählte.

Gleich dem Manne, trägt die Skorpion-Frau in die Partnerschaft ihre stark ausgeprägte Form von Sadismus und Masochismus. Andernfalls erweisen sich ihre Liebesprobleme wesentlich als Konflikte zwischen irdischer Lust und göttlicher Gnade.

Der Skorpion und die anderen Zeichen

Skorpion und Widder: prallen durch ihre Aggressivität früher oder später zusammen. Doch meist können sie sich, etwa wie zwei Komplizen, auch zur gemeinsamen Tat finden.

Skorpion und Stier: Zusammenprall der Widersacher. Oder auch: stürmische Ehe vollkommener Ergänzungen. Beide Typen ziehen sich unwiderstehlich an, jedoch nicht immer zu ihrem Heil.

Skorpion und Zwilling: können im Streben nach einem gemeinsamen geistigen Ziel zusammenfinden. Sonst neigen sie zu gegenseitiger Kritik.

Skorpion und Krebs: finden sich dank ihrer tiefen Empfindsamkeit. Zwei komplexe Wesen, in deren Vertrautheit niemand eindringt und in der eine schmerzliche, doch dauernde Leidenschaft herrscht.

Skorpion und Löwe: kurzfristiger Zusammenstoß zweier unversöhnlicher Triebmächte, das heimliche oder offene Drama einer grundlegenden Unvereinbarkeit.

Skorpion und Jungfrau: diametraler Gegensatz. Gegenseitige, sofortige Abneigung. Bei echter, tiefer Begegnung ist beidseitige Wandlung möglich.

Skorpion und Waage: zwei Nachbarn, die sich nicht besuchen. Sie sind allzu verschieden, als daß sie tiefere Beziehungen pflegen könnten. Vor dem Skorpion empfindet die Waage oft richtig Angst.

Skorpion und Schütze: passen nicht recht zusammen. Gemeinsam ist ihnen nur der Sinn für Unabhängigkeit und Abenteuer.

Skorpion und Steinbock: koppeln ihre Gestaltungskraft. Sie erreichen viel, wenn sie sich nicht um die Autorität streiten.

Skorpion und Wassermann: merkwürdige gegenseitige Reaktionen. Nur schwerlich stimmen Ideen und Geschmack überein. Leicht sind beide herauszufordern.

Skorpion und Fisch: Verständigung ohne Wort noch Blick. Gemeinsame Leidenschaften, die sie verschieden erleben.

Alle diese Angaben haben natürlich nur ganz allgemeinen Wert. Einzig die Gegenüberstellung der persönlichen, minutengenauen Horoskope zweier Menschen verbürgt eine gewisse Sicherheit.

Beruf, Arbeit und Geld

Zwei Möglichkeiten bieten sich dem Skorpion-Typ bei der *Berufswahl.* Einmal kann er sich unwiderstehlich zu einem Beruf hingezogen fühlen. Um ihn ausüben zu können, wird er nötigenfalls alle Widerstände überwinden. Und er hat recht damit, denn in den meisten Fällen ist der Beruf für ihn eine echte Berufung.

Bedingt durch seine innere Zwiespältigkeit, kann ihm anderseits die Entscheidung aber auch sehr schwerfallen, und er findet nur mit Mühe einen Beruf, der ihn nicht zugleich anzieht und abstößt. In diesem Fall ist die Berufswahl ein wahres Kreuz – bis zu dem Tage, da er genötigt ist, sich unbedingt zu entscheiden. Dann wählt er oft, aus reiner Reaktion, einen andern Beruf als sein Vater.

Er ist wie geschaffen für einen Beruf, der seiner Aggressivität freien Lauf läßt, in dem er sein Ungestüm gegenüber Menschen und Dingen behaupten kann. In seinen Augen ist gerade jener ein schöner Beruf, der Gefahren nicht ausschließt. Das Risiko ist ihm wesensnotwendig. Dabei sind ihm seine Widerstandskraft, seine Ausdauer und seine Beharrlichkeit natürliche Helfer. Nur ein harter Beruf sagt ihm zu. Er rechnet aber auch mit seinem Fingerspitzengefühl, seinem Spürsinn und seinem Einfühlungsvermögen. Daher schreckt er denn auch nicht vor einem Berufsweg zurück, der schwere Verantwortung aufbürdet. Ohne viel Federlesens ist er bereit, eine undankbare Rolle zu übernehmen, sobald er weiß, daß dies für das Ganze notwendig ist.

Nachstehend eine eher unvollständige Liste von Berufsrichtungen, die dem Charakter des Skorpions am ehesten entsprechen:

Neigung: Aggressivität, Männlichkeit, Machtgefühl, Zerstörung, Regeneration

Funktionen: Fühlen, ahnen, urteilen

Gegenstände: Seele, Geschlecht, Geheimnisse

Aktion: Analyse, Forschung, Kritik, Vernichtung, Gestaltung

Orte: Kanäle, Schächte, Grotten, Höhlen, Brunnen, Friedhöfe, Schlachthöfe, Operationssäle, Laboratorien, Banken

Lösungen: Totengräber, Reiniger, Hygiene-Spezialist; Veterinärarzt, Apotheker, Arzt, Chirurg, Hebamme, Gynäkologe, Zahnarzt, Chemiker; Polizist, Geheimagent, Detektiv, Anwalt, Lotse, Graphologe, Akupunktur-Arzt, Psychoanalytiker, Psychiater, Kriminologe, Okkultist, Höhlenforscher

Wenn der Skorpion seinen Gestaltungstrieb in *Arbeit* umsetzt, leistet er ungemein viel; er ist dann erfolgreicher als andere.

Er kennt seine persönliche Arbeitsmethode: intuitiv und auf seine Weise packt er die Dinge an, vielleicht zum Schaden des Gemeinschaftsgeistes. Er kann zuchtlos und unordentlich sein, umgekehrt aber auch strenges Verhalten fordern. Jedenfalls mag er es nicht, wenn man seine Kreise stört.

Er ist nur schwer zu lenken, er strebt ja selbst nach Verantwortung. Der Zwang eines übergeordneten Chefs gibt ihm schwer zu schaffen; er sucht sich davon freizumachen und schlägt den bestgemeinten Ratschlag in den Wind. Er tut, was ihm gefällt; er arbeitet, wie es ihm behagt und nicht auf Geheiß. Ein Vorgesetzter kann ihn leicht in Harnisch bringen.

Er stellt selbst Forderungen und Ansprüche – und setzt sie auch durch, z. B. in Streiks. Unzufrieden, ist er zu fürchten.

Doch er kennt auch seine Zuständigkeit. Ist ein großes Werk zu leisten, so steht er zuvorderst. Dann zählt er zu den zuverlässigsten Mitarbeitern des Unternehmens. Zu fürchten ist einzig sein Charakter, der Konflikte auslösen und Revolten schüren kann. Gegen Untergeordnete kann er anmaßend auftreten, und doch hält er sie im Zaume.

Der Weg des Skorpions ist mit Kampfesspuren übersät. Sein Aufstieg ist ein unablässiges Ringen mit Hindernissen (Rivalitäten, Feindschaften, Prozessen), die sein unnachgiebiger Charakter selbst hervorruft. Meist erfährt er Berufskrisen, die zu einem völligen Wechsel führen. Doch nicht immer: bedeutet sein *Beruf* wahre Berufung, so setzt er die ganze Tatkraft ein. Naturgemäß gelingt ihm dies eher in Zeiten sozialer Unrast und politisch-wirtschaftlicher Wirren. Dann bietet sich ihm die große Chance.

Die Zukunft gestaltet er nach dem eigenen Willen, der die Umstände anzieht und die Ereignisse gleichsam herbeizwingt. Gewaltig kann sein Ehrgeiz sein, wenn sein unbeschränktes Machtbedürfnis auf dem Spiele steht.

Die Psychoanalyse spricht von Zusammenhängen zwischen *Geld* und Exkrementen, geradeso wie zwischen Gold und Teufel. Dieser innere Zusammenhang war schon immer auch im Tierkreis, in der Achse Skorpion-Stier, vorgezeichnet. Das achte, stets zwiespältige Zeichen, vertritt ebensosehr den Raub wie die Schenkung von Geld.

Ein unbewußtes und noch immer geheimnisvolles Spannungsverhältnis herrscht auch zwischen Geld und Geschlecht. Je machtloser sich ein Mann gegenüber einer Frau fühlt, desto mehr Geld gibt er für sie aus.

Zum Geld hat der Skorpion eine instinktive Bindung. Ob verschwenderisch von Natur oder geizig aus Gehemmtheit – immer erfährt er Zeiten des Spartriebs und der Verschleuderung. Ebensogut kann er sich von materiellen Gütern lösen und sich selbstlos verhalten wie unerhörte Geldgier und Habsucht an den Tag legen. In diesem Falle verkörpert Geld ein Mittel zur Macht, das mehr oder minder alleinige Objekt seiner Libido.

Es gibt Skorpion-Typen, die Geld unbewußt ablehnen. Unpraktische Pechvögel, leben sie materiell kümmerlich dahin (wie etwa Edgar Poe). Andere raffen Vermögen zusammen, völlig irrational, unerklärlich, nicht immer ehrlich. Dazu sind sie abergläubisch – doch ihr Aberglaube bringt ihnen Erfolg. Sie spielen in waghalsigen Geschäften mit, und sie gewinnen. Einzelne sind zu Spekulationen geradezu veranlagt. Disharmonische Vertreter des Zeichens zeigen bei ihrem Vorgehen wenig Skrupel. Für sie heiligt der Zweck die Mittel. So wurden die größten Finanzskandale gerade von Skorpionen ausgelöst. Erpressung, heimliches oder unverblümtes Gangstertum – alles ist möglich. Man denke etwa an Joseph Joanovici (Mars im Skorpion), der 1925 mit geborgten tausend Francs als Lumpensammler begann und 1940 – durch Altstoffverwertung für deutsche Rechnung – dreißig Millionen wöchentlich verdiente!

Gemischte Skorpion-Typen

Wir kennen unser Sonnenzeichen; aus der Anleitung am Ende des Buches können wir das Aszendentzeichen berechnen. Die Werte dieser beiden Zeichen zusammen ergeben folgende allgemeine Charakterisierung:

Skorpion – Widder *Aszendent Skorpion und Sonne im Widder*
oder
Sonne im Skorpion und Aszendent im Widder

Die Kombination der beiden Marszeichen verzehnfacht die aggressiven, triebhaften und leidenschaftlichen Neigungen, die sich vor allem in Auflehnung, Willkürherrschaft oder Selbstzerstörung äußern. Der Charakter ist eigensinnig, hart im Entschluß, kritisch in seinen Urteilen, schroff in Anziehung und Abneigung, heftig in seinen Gefühlsäußerungen. Der Wille ist unversöhnlich, die Leidenschaft stark und seine Feindschaft zu fürchten (Gambetta).

Skorpion – Stier *Aszendent Skorpion und Sonne im Stier*
oder
Sonne im Skorpion und Aszendent im Stier

Zwei Triebkräfte prallen aufeinander; von daher rührt der scharfe Konflikt zwischen gebieterischem Lebenswillen, Besitzgier, Sinnenhaftigkeit, Erdverbundenheit und Zerstörungs- oder Selbstvernichtungstrieb, der die Welt-Zugehörigkeit oder Stoffverbundenheit wieder in Frage stellt. Wirken die beiden Kräfte harmonisch, so ergeben sie eine leidenschaftliche Triebnatur mit eigensinnigem Willen (Wagner).

Skorpion – Zwillinge	*Aszendent Skorpion und Sonne in den Zwillingen*
	oder
	Sonne im Skorpion und Aszendent in den Zwillingen

Diese Verbindung läßt eine rastlose, zu neurotischen Zuständen neigende Natur erkennen. Diese tiefinnere Unruhe kann einem starken Wissensdrang dienen und leidenschaftlichen Erkenntniswillen fördern: Einbruch in den inneren Mechanismus der Dinge, Kritik an allen Forschungsgrundlagen. Sie kann sich auch durch eine befreiende Streitlust äußern (Valéry, Sartre).

Skorpion – Krebs	*Aszendent Skorpion und Sonne im Krebs*
	oder
	Sonne im Skorpion und Aszendent im Krebs

Das Gefühl für die «dunklen» Werte überwiegt und äußert sich insbesondere in einer Anziehung zu Geheimnis oder den Tiefen des seelischen Lebens. Rätselhafte, von tiefen, komplexen und schmerzlichen Leidenschaften durchpflügte Natur, Hartnäckigkeit, tiefe Gefühle. Intuition, starke Anziehungskraft, Fähigkeit zu schöpferischer Gestaltung (Rembrandt).

Skorpion – Löwe	*Aszendent Skorpion und Sonne im Löwen*
	oder
	Sonne im Skorpion und Aszendent im Löwen

Dieses unwiderstehliche Temperament wird von triebhafter und heftiger Dynamik vorwärtsgepeitscht. Macht der Faszination, stahlharter Charakter. Der Lebenswille schreckt auch vor Extravaganzen nicht zurück, rennt alle Grundsätze über den Haufen und stellt alles in Frage – um des Sieges einer einzigen, ausschließlichen Leidenschaft willen, in der die Herrschaft des Adlers und des Löwen gemeinsame Sache machen (Ludwig XIV., Mussolini, Napoleon, Picasso, Schiller).

Skorpion – Jungfrau *Aszendent Skorpion und Sonne in der Jungfrau*
oder
Sonne im Skorpion und Aszendent in der Jungfrau

Gemütsschwankungen: Schaukelspiel zwischen Antrieb und Hemmung, ruckartiges Hin und Her (freilich auch Nebeneinander auf verschiedenen Ebenen), einerseits triebhaft, verschwenderisch, zuchtlos, unordentlich, anarchistisch – anderseits vernünftig, sparsam, formalistisch, maßvoll, bürgerlich (Goethe, Maeterlinck, Mauriac).

Skorpion – Waage *Aszendent Skorpion und Sonne in der Waage*
oder
Sonne im Skorpion und Aszendent in der Waage

Empfindlichkeit und Empfindsamkeit einer ausgeprägten Gefühlsnatur, Drang nach Harmonie, dabei von heimlichen Leidenschaften erfüllt, die alle Anstrengungen untergraben. Heitere Abgeklärtheit, wenn überhaupt vorhanden, ist nur Oberfläche. Unsichtbare Stürme jagen sich im Innern, brechen jäh aus und erschüttern die Existenz (Ludwig XVIII.).

Skorpion – Schütze *Aszendent Skorpion und Sonne im Schützen*
oder
Sonne im Skorpion und Aszendent im Schützen

Überragendes Unabhängigkeitsgefühl: Ausdruck innerer Zuchtlosigkeit und zugleich tiefer Freiheitsdrang von Körper und Geist. Für ihn schlägt man sich notfalls bis zum Ende. Oft dramatische Leidenschaften, doch wenn dieser Mensch seine «Höllenfahrt» hinter sich hat, so strebt er nach der heiteren Welt des Friedens und des geistigen Lebens (de Gaulle, Heine, Luther, Racine, Toulouse-Lautrec).

Skorpion – Steinbock *Aszendent Skorpion und Sonne im Steinbock*
oder
Sonne im Skorpion und Aszendent im Stein-
bock

Leidenschaftlicher Machttrieb, verstärkt durch eine aktive, saturnische Ausdrucksfähigkeit, oft mit maßlosem Willen verknüpft. Der Mensch in seiner innern oder äußern Tragik wählt den Weg der Klarheit und des Heroismus und versucht sich mutig im Kampf gegen die Ungeheuer in seiner eigenen Brust (Introversion) oder gegen eine spannungsgeladene Außenwelt (Extraversion) (Cézanne, Malraux, Rodin).

Skorpion – Wassermann *Aszendent Skorpion und Sonne im Wasser-*
mann
oder
Sonne im Skorpion und Aszendent im Wasser-
mann

Rastlosigkeit und Sinn für das Menschliche kennzeichnen diese neugierige Natur, die oft mit durchdringendem psychologischem Scharfsinn oder großer Geistigkeit begabt ist. Der Aufruhr im Innern und die Freiheitsliebe nähren nonkonformistische und umstürzlerische Ideen und geben eine kühne, emanzipierte und revolutionäre Intelligenz (Stendhal).

Skorpion – Fische *Aszendent Skorpion und Sonne in den Fischen*
oder
Sonne im Skorpion und Aszendent in den
Fischen

Unruhige, komplexe, brodelnde, von innern Stürmen durchgerüttelte Natur, eine wahre Brutstätte für maßlose Leidenschaften, für den Drang ins Unendliche und gleichzeitig mit einer Neigung zum Krankhaften. Der innere Alpdruck kann durch den Weg zur Gemeinschaft und durch das Aufgehen in ihr überwunden werden (Victor Hugo, Edgar Poe).

Die Bedeutung der Planeten im Skorpion

Wenn man die Beziehungen zwischen Tierkreis und Planeten erforschen will, so muß man zuerst die Bedeutung der Planeten in den Zeichen erkennen. Dies ist nur möglich, wenn ein minutengenaues Horoskop vorliegt. Die nachfolgenden Ausführungen gelten demnach für die aus den Ephemeriden ersichtlichen Gestirnstände.

Mond: steht im «Fall» und ist den schlechten Einflüssen des Zeichens widerstandslos ausgeliefert. Der Mensch ist dann oft besessen von Hirngespinsten und Trugbildern (Berlioz), oder er wird eine Beute der eigenen Aggressivität mit wilden, ja zerstörerischen Leidenschaften (Göring).

Merkur: hebt die Wirkung der in diesem Zeichen liegenden Verstandeskräfte, weckt freilich oft auch einen gewissen geistigen Sadismus, einen ruhelosen, unersättlichen und inquisitorischen Geist (Goebbels, Malraux, Picasso, Schiller).

Venus: unterstreicht vor allem die Gefühlsseite des Zeichens. Venus ist hier im «Exil» und wird von den schlechten Marseigenschaften verdorben. Dem Menschen droht Irreleitung durch Erotik, Korruption oder Böswilligkeit (Marie-Antoinette).

Mars: verkörpert die reine Aggressivität. Gegen außen hin: im Kampf, in Leidenschaft, in Eroberung (Luther); oder gegen sich selbst: in Selbstzerfleischung (Heine).

Jupiter: trägt als Symbol die Macht des Adlers, seine Ausstrahlungskraft, seinen Ehrgeiz, seine Überlegenheit (Napoleon, Rodin).

Saturn: neigt dazu, die erotische Angriffslust zu unterdrücken oder doch zu beherrschen. Jungfrau-Werte der Zucht, Forschung, Selbstbeherrschung treten hervor. Doch auch das Gegenteil ist möglich: die Triebe können ins Absolute oder in Fanatismus umschlagen (bei Luther), ins Tragische (Goethe: «Werther») oder den Blick auf das Böse, das Übel und das Häßliche richten (Pieter Brueghel).

Uranus: kann zu Maßlosigkeit in Leidenschaften, zu übersteigertem Individualismus, zu systematischer Gewalt, zu Aufsässigkeit oder zu Revoluzzertum drängen (Bevan, Franco, Rommel).

Neptun: bietet anscheinend günstige Voraussetzungen für magische Experimente, für phantastische Versuche und für mystische Erlebnisse.

SCHÜTZE

Die Psychologie des Schützen

Jedem Tierkreiszeichen sind bestimmte psychologische Merkmale eigen, die es als Allgemeinbild kennzeichnen. Dennoch, *den* Schützen-Typ gibt es nicht, sondern nur verschiedene, wenn auch das Grundtemperament allen gemeinsam ist: der «Drang nach Bewegungsraum».

Von Natur aus strebt dieser Typ (ähnlich dem mythologischen Zentauren, halb Tier, halb Mensch) nach der unabsehbaren Weite des Lebens. Überall fühlt er sich zu Hause; besser fügt sich keiner in die Umstände, in geographische, familiäre oder kulturelle. Ihn verlangt nach der Fülle des Menschlichen; ihm ist wohl in den Abgründen des Herzens wie in der Unermeßlichkeit des Raumes. Allerdings verkennt er leicht seine Grenzen; er möchte sie überschreiten, um über sich hinauszuwachsen. Er richtet den Blick auf einen höheren Daseinssinn, er hungert nach Abenteuer; aus einengender Umgebung versucht er auszubrechen. Den sozialen Schranken (Rasse, Familie, Vaterland) möchte er entfliehen, um teilzuhaben an einer immer größeren Welt. Er stößt in Grenzgebiete vor, in das Dunkel des Unbewußten wie in das Licht des «Überbewußtseins».

Doch ist er kein Einzelgänger. Er fühlt sich auch in großem Menschenkreis behaglich und mit dem Leben in der Gesellschaft verbunden. Aber dieser Zug zu Angleichung und zu Gemeinschaftlichkeit erhält dionysisches Gepräge; gleich einem verliebten Zentauren verfällt er bacchantischem Taumel und irdischer Sinnenlust. Doch aus Überschwang und Rausch und sinnlichem Wohlbehagen erhebt er sich schließlich zu einem Gefühl mystischer Trunkenheit, zu echtem religiösem Gefühl.

Mit leichter Anpassungsfähigkeit, guten Manieren, edler Gesinnung, mit Wohlwollen und Feuereifer bestrickt er die Mitmenschen. Aber er kann in seinem Drang nach Gemeinschaft auch scheitern. Seine innere Dynamik erheischt Weite und Raum. Wird ihm diese, gleichgültig aus welchen Gründen, verweigert, so richtet sich sein Drang nach Entfaltung, nach Bewegungsraum einzig auf das eigene Ich. Er bläht sich auf, wird dünkelhaft und protzig; in hochtrabender Anmaßung und aus gekränkter Eitelkeit straft er die Welt mit Verachtung, verabscheut irdische Mittelmäßigkeit und meidet sie.

Wenn der Schütze den Bogen überspannt, wenn sein Freiheitsdrang die hochfliegenden Ziele verfehlt, wird er leicht zum Rebellen. Trotzig bäumt er sich gegen Tatsachen, die ihm nicht passen, auf, lehnt Mißliebiges ab und wird ein Opfer seiner Affekte.

Ihrer Grundhaltung entsprechend, treten damit zwei gegensätzliche Schütze-Typen klar zutage: der in schönem Einklang mit der Umwelt lebende, der im allgemeinen von Jupiter, Neptun, Venus und Mond beherrscht wird, und der widerspenstige Typ, der sich gegen sein Milieu auflehnt und hauptsächlich unter der Herrschaft von Saturn, Uranus, Mars und Sonne steht.

Der Widerspenstige

Herrschen im Schützen-Horoskop die problematischen Planeten Mars und Uranus vor, so können bei disharmonischen Aspekten Spannungen entstehen. Es tritt dann der Typ auf, der sich nicht sehr um die herrschende Moral kümmert, der Skandale verursacht und der sich in seinem Unabhängigkeitsdrang zu unbesonnenen Handlungen hinreißen läßt.

Er ist der Rebell, der sich nur widerwillig anpaßt, sich gegen seine Umgebung aufbäumt und der gegen die Schranken der Wirklichkeit anrennt. Freiheitsdrang steht ihm am höchsten. Er fordert gebieterisch sein Recht; schon früh sagt er allgemeinen Gebräuchen, Gemeinplätzen und Vorschriften den Kampf an. Leidenschaftlich sucht er nach der Wahrheit, die ihm entspricht. Fordernd tritt er vor seine Umgebung, unmißverständlich sind seine Ansprüche. Unstillbar ist sein Lebensdrang, oft brutal seine Offenherzigkeit. Sein Tätigkeitsdrang ist sprunghaft, geballt, verwegen. Aber auch er kennt Mutlosigkeit und Niedergeschlagenheit. Seine Wutanfälle sind gefährlich; sie gleichen Stürmen. Er muß sich aber aus innerer Notwendigkeit von Zeit zu Zeit «abreagieren» können. Hält er seinen Lebenswillen nicht im Zaume, so löst er überall Spannungen aus. Leuchtet ihm jedoch sein Ziel klar auf, dann setzt er, gleich dem gespannten Bogen, alle seine Kräfte ein, es zu verwirklichen.

Der Gefügige

Herrschen im Horoskop eines Schützen die Planeten Jupiter, Neptun, Venus, Mond vor und bilden harmonische Winkel, so ergibt sich ein echter Jupitertyp. Überall fühlt er sich zu Hause und findet das Leben schön; er steht im Einklang mit Menschen und Dingen seiner Umwelt, fügt sich den Gebräuchen, der Ordnung und dem Gesetz. Er hält sich an die Spielregeln der gesellschaftlichen Ordnung und legt Wert auf Ehrbarkeit, Achtung und Rücksicht. Er beherrscht die Kunst des Zusammenlebens. Seine guten Manieren machen ihn beliebt. Er schäumt vor Lebenslust und guter Laune; er ist optimistisch, fröhlich, er liebt gute Speisen und Bequemlichkeit. Er ist gesellig, friedliebend, verständnisvoll, großmütig, wohlwollend, weitherzig, ritterlich und edelmütig. Er spielt mit offenen Karten und ohne Hintergedanken. Er verabscheut das Niedrige und Häßliche. Er wirkt im Vergleich zum andern Schützentyp entspannter. Wohl kennt auch er Erregungs- und Depressionszustände, im allgemeinen aber ist er ausgewogen und strömt eine wohltuende Ruhe aus.

Eigentlich müßten sich diese beiden gegensätzlichen Typen ausschließen. Doch die Erfahrung lehrt, daß *beide* Tendenzen sich in einem Menschen vereinigen können. Unter den Schützen gibt es viele seltsame Rebellen, die für die Gemeinschaft kämpfen und doch ihren eigenen Weg gehen. Der Schütze ist komplizierter Natur, neigt dazu, gegensätzliche Kräfte zu verschmelzen und so vollkommen als möglich zu werden: unbeschwerter Lebenskünstler und zugleich Verfechter von Moral und Religion, leidenschaftlich und doch selbstbeherrscht, hungrig nach Abenteuer und doch dürstend nach Weisheit.

Hungrig nach Abenteuer

Je mehr der Widerspenstige den ausgeglichenen Schützen überwiegt, desto heftiger verlangt ihn nach der Welt der Abenteuer. Dies gilt besonders für den Schützen, in dessen Horoskop die feurigen Planeten Mars und Uranus vorherrschen. Dann gleicht er den Zentauren, die dem Gesang der Sirenen verfielen. Seine Sinnlichkeit überwältigt ihn, doch weiß er zugleich, daß er den Zauber der Sinnenlust überwinden muß. So fordert sein Drang nach Weite eine überschäumende Tätigkeit, gleichviel ob körperliche, gefühlsmäßige oder geistige. Er liebt das Wagnis, die Gefahr und Abenteuer locken ihn. Er kann sich dem Sport zuwenden:

Gymnastik, Jagd und Reitkunst, Ski, Fechten, zumal dem Judo, der meisterlichen Körperbeherrschung. Aber vor allem frönt er der Reiselust. Er reist mit Rucksack auf Schusters Rappen oder im Flugzeug, er lernt fremde Sprachen, entdeckt, was noch keiner entdeckte. Er stürzt sich ins Unbekannte, unermüdlich auf der Suche nach Neuem. Er geht, wohin er will, und kommt, wann er will.

Aber der Schütze kann innere Stürme durchmachen, ohne daß er sie nach außen zeigen würde. Dann erlebt er das Abenteuer der Begegnung mit sich selbst. Sein Tätigkeitsdrang richtet sich auf Erkenntnis, Kultur, Vervollkommnung des eigenen Selbst, etwa wie Beethoven, dem Kants berühmter Satz zum Leitbild wurde: «Der bestirnte Himmel über mir und das moralische Gesetz in mir.»

Der Schütze sucht Wissen und eignet sich Macht an, um Ordnung und Harmonie immer mehr zu verwirklichen. Er selbst ist sich wichtig, denn erkennt er sich selbst, erkennt er auch andere. Erst am Ende der Reise findet er die innere Ruhe.

Dürstend nach Weisheit

Dem innerlich gespaltenen Schützen eignet vor allem Widerspenstigkeit, doch freilich auch die Gabe selbständigen Denkens und freier Urteilskraft. Er kann andere von niederdrückenden Traditionen befreien.

Der ausgeglichene Schütze von eher bedächtiger Natur hält sich dagegen gerne an die Meinungen seiner Umgebung. Peinlich genau wählt er die aus, welche ihm Richtschnur bilden sollen. Der niedere Typ ist eher weich. Er verallgemeinert gern und ist nicht selten unlogisch. In seinem Weltbild spielt die Fügung eine größere Rolle als der freie Wille. Er unterwirft sich lieber dem allgemeinen Gesetz und der Ordnung, als daß er eine Verantwortung auf sich nähme.

Der höhere Typ aber besitzt den «Adlerblick». Er weiß eher, was eint, als was trennt, er erkennt Ähnlichkeit und Übereinstimmung deutlicher als Unterschiede und Besonderheiten.

Beide Schütze-Typen bedürfen der innern Gewißheit und Wahrheit, die sie andern weitergeben möchten. Der vollkommene Schütze – wenn es ihn gibt – verfügt über reiche Geistesgaben, die Geisteshaltung, in der Pascal «eine Bewegung, die unaufhaltsam vorwärtsdrängt», erkennt. Nietzsche nennt ihn den «hyperboreischen Denker», der aus vollen Lungen in dünnster Luft atmet.

Die äußere Erscheinung des Schützen

Die Gestalt

Je ausgeprägter der Schütze ist, desto «pferde»-ähnlicher wird er. Sein Gesicht ist schmal und länglich, seine Stirn hoch, die Nase kräftig und vorstehend. Diesen Pferde-Typ findet man bei vielen Schützen: Neville Chamberlain (Aszendent Schütze), Karl V. von Frankreich (Aszendent, Venus und Saturn) und Christine von Schweden (Sonne, Mond).

Der andere Schütze-Typ entwickelt sich mehr in die Breite. Sein Aussehen wird zum Spiegel des Geistes. Er will Rhythmus und Bewegung. Dieser Typ ist jupiterhaft: volle, schöne Gestalt, ein abgerundetes Profil, rötliche Hautfarbe, fleischige Nase, massiges Kinn; ein dichter Bart ersetzt frühzeitigen Haarausfall (Churchill, Eduard VII. und Kipling).

Gang und Mimik

Die Gangart des Schützen ist meist behende, leichtfüßig und entschlossen.

Der rebellische Typ tritt frei und sportlich auf, der konformistische gepflegt, ja aristokratisch.

Bei jenem enthüllt der Blick inneres Feuer, Willenskraft und Leidenschaft, bei diesem Sympathie, Wohlwollen und Herzenswärme. Bei beiden aber zeugt der Blick von edler Gesinnung; das Mienenspiel verrät Würde und natürlichen Stolz.

Die Stimme ist klar, melodisch, überzeugend, warm und nachdrücklich, der Händedruck offen, herzlich und entgegenkommend. Man fühlt sich gleich behaglich und wohl.

Die Begegnung mit einem Schützen enttäuscht selten. Wirkt er nun gutmütig oder achtungheischend, offenbart er glühende Gläubigkeit, stürmische Leidenschaft oder heitere Ruhe: stets tritt uns ein echter Mensch entgegen.

Gesundheit

Dem Tierkreiszeichen Schütze werden Hüfte, Oberschenkel, Becken und Schilddrüsen zugeschrieben. Er verfügt über eine kräftige Gesundheit: «Er ist stark wie ein Pferd.» Noch im hohen Alter treibt er Sport, jagt und reitet. Schon die kleinen Schütze-Mädchen klettern lieber auf Bäume, als die Schulbank zu drücken; sie lieben die Spiele und Raufereien der Knaben. Manchmal sind sie tatsächlich fast «verfehlte» Buben, die später mit ihrer Selbstsicherheit, ihrem Tonfall und ihrem Blick zu Schlüsselstellungen aufsteigen und mit dem männlichen Geschlecht wetteifern.

Die Krankheitserscheinungen beim Schützen stehen vor allem mit dem Stoffwechsel, dem Verbrauch und der Aufspeicherung im Zusammenhang. Sind in einem Horoskop ungünstige Aspektwirkungen zu erkennen, so kann das körperliche Gleichgewicht gestört werden. Der Schütze ist vor allem anfällig für Drüsenschwellungen, durch die Leber bedingte Verdauungsstörungen, Hautausschläge, Kreislaufstörungen, Hüftschmerzen und heftige Fieberanfälle, die ebenso schnell verschwinden, wie sie auftreten. Ein Schlemmerleben, wie es ein Jovier gerne führt, ist Gesundheit und schlanker Linie abträglich. Der Schütze überschätzt oft seine Kräfte. Er sollte sich Ruhepausen gönnen, besonders über Mittag.

Der zuversichtliche Schütze sorgt sich jedoch nicht übermäßig um sein Wohlergehen und seine Zukunft – anders als etwa der «brütende» Skorpion. Er neigt weder zu Neurasthenie noch zu Langeweile. Mit seinem beweglichen und wachen Geist bleibt er meist der angenehme Gesellschafter, der sich über seine Leiden lustig macht.

Die Kleidung

Die Schütze-Frau kleidet sich entsprechend ihren gesellschaftlichen Beziehungen. Es gibt zwei gegensätzliche Frauen-Typen: einerseits die Unabhängige, die sich ihrer Umgebung widersetzt. Sie liebt bunte Phantasie, kleidet sich nachlässig oder auch sportlich, trägt gerne enge Tweed-Röcke, Lederjacken, Hosen, Wanderschuhe, Socken und die Haare kurz ... Man denkt unwillkürlich an Christine von Schweden, die durch ihre einfache Amazonen-Kleidung scharf vom Luxus ihrer Hofdamen abstach.

Anders die Frau, die das Gesellschaftsleben liebt und die große Dame spielen möchte. Ihre Kleidung wählt sie nach der letzten Mode. Ihr Geschmack zeugt von guter Erziehung. Ihr Ideal ist vollkommene Schönheit und zugleich würdevolle Distanz. Oder sie neigt zu Luxus: Pelzmäntel, auffällige Frisuren, Flitterwerk und protziger Schmuck.

Den gleichen Gegensatz entdeckt man bei den männlichen Schützen. Die einen kleiden sich einfach-sportlich: Baskenmütze, Pullover, Manchesterhosen, die andern mustergültig, ja gesucht.

Der Schütze mit starkem Jupiter-Einfluß ist um sein Äußeres sehr besorgt. Er trägt voller Stolz Orden und andere Auszeichnungen.

Das Verhalten des Schützen

Die Liebe

Die Liebesglut des Schützen hat nichts vom Blitzstrahl des Widders noch von der königlichen Leuchtkraft des Löwen. Sie glimmt unter der Asche: eine innere, verhaltene Glut.

Bei dem in sich gekehrten Schützen sind Liebe und Geist ein Ganzes. Liebe wird zum Antrieb des Geistes: im geliebten Wesen Gott zu lieben. Sie wird zu einer moralischen Kraft, welche die edelsten Tugenden aufleuchten läßt. Aber selbst wenn die Liebe nur ein heftiger Fieberwahn ist, so trägt sie doch in sich eine Größe, die die Seele erhebt. Dieser Schütze kann nur auf eine vom Geist mitbestimmte Art lieben. Im Durchschnitt beschränken sich seine Gefühle auf eine aufrichtige, warme Zuneigung, auf großzügige, ja überbordende Güte. Doch nicht selten wird sein Liebesgefühl so sehr geläutert, daß es beinahe einer mystischen Vereinigung gleichkommt.

Auch für den nach außen gekehrten Schützen bedeutet die Liebe ein Mittel, die Grenzen zu sprengen: eine feuerwerkartige Erregtheit, ein taumelnder Liebesrausch, empfunden als Wagnis, als Sport, als Abenteuer. Der Gesellschaft, die ihm entgegentritt, bietet er die Stirn. Er ist nur noch Feuer und Flamme, Liebe und Welt stehen im Einklang, er wird eins mit der Natur in dem Erlebnis mit dem geliebten Wesen. Er ist der Ritter, der seiner Herzensdame den Lorbeer zu Füßen legt, aber auch der abenteuerlustige Don Juan mit seinen fragwürdigen Heldentaten.

Der Mann

Bei einem durchschnittlichen Schützen nimmt auch die Liebe biederen Charakter an. Ein Jovier legt vor allem Wert auf seine Familie und seine eigene, kleine Welt. Um Heim, Frau und Kinder dreht sich sein Leben.

Er braucht eine reife, gesunde und gelöste Frau, eine Frau, die den Haushalt gut besorgt, Gäste empfängt und die Kinder gut erzieht. Er selbst ist meistens ein wohlmeinender, großzügiger und beschützender Ehemann: der pater familias; aber auch er braucht viel Lebensraum, um seine kraftvolle Männlichkeit zu entfalten. Er kann aus dem ehrsamen Eheleben ausbrechen, doch er verliert sich nicht und bleibt seinem Heim, das ihm immer am Herzen liegt, treu. Er bleibt der menschliche, fröhliche Liebende, der Vertrauen einflößt und Freude bringt und dessen gemäßigte Leidenschaft sich in ein friedliches Leben fügt.

Ist der männliche Schütze vielseitig und rastlos von Natur aus, dann brechen wilde Leidenschaften durch. Als ein feurig-idealistisch Liebender schließt er mit seinen Leidenschaften keinen Kompromiß. Er nimmt weder innere Zweifel noch äußere Abkühlung hin; er hat das Gebaren eines Edelmanns: seine Liebe ist von bezwingender Noblesse. Er verwirklicht sie in einem gemeinsamen Ideal, in Wissenschaft, Kunst oder Religion (wie etwa Beethoven oder Berlioz).

Aber das Feuer, das in diesem Schützen brennt, kann auch einen aufsässigen Charakter annehmen. Seine Liebe wird zu offener Auflehnung, sobald er Widerstand fühlt: in Familie, Gesellschaft, Religion. Er bäumt sich auf, überschreitet die Grenzen der guten Sitten und wird zügellos. Gar nichts mehr hält ihn dann von seinem Liebes-Protest zurück.

Die Frau

Die Schütze-Frau kann in vielerlei Gestalt auftreten, von der großen Hetäre bis zur Schutzherrin, vom Mannweib bis zur weiblichsten Gattin. Auch hier erkennen wir zwei gegensätzliche Typen.

Die eine Schütze-Frau ist von würdevoller, tugendhafter Weiblichkeit. Sie liebt das geordnete Leben, die bürgerlich-ruhige Liebe, ein geregeltes Dasein und einen angesehenen Gatten mit gutem Ruf. Sie schätzt gute Manieren und unterwirft sich den Regeln des Anstands. Sie achtet ihren Mann und möchte in ihm den Mustergatten sehen. Sie ist duldsam, nachsichtig und weitherzig. Aber sie erträgt es nicht, von ihm betrogen zu werden, sie verabscheut den Skandal. Sie träumt von Wohlhabenheit, großem Haus, schöner Bibliothek, geräumigem Salon und auserwähltem Bekanntenkreis. Sie braucht Komfort und verlangt Achtung. Sie ist eine vorzügliche Erzieherin. Solange man sie schätzt, fühlt sie sich glücklich. Dieses ideale Leben aber birgt eine Gefahr.

Wohlstand, geistig unbewegliche innere Sicherheit, Liebe ohne göttlichen Hauch können zu Spießbürgerlichkeit entarten.

Die Schütze-Frau, die mehr dem zwiespältigen Typ angehört, ist in Jugendjahren ein halber Knabe; sie behält etwas davon, wenn sie erwachsen ist. Eines der besten Beispiele ist zweifellos Königin Christine von Schweden. Dieser Frauentyp will spielen, etwas wagen, dem Leben trotzen und gefährliche Streiche aushecken. Für sie zählt vor allem der Rausch des Abenteuers, der Reiz eines wildbewegten Lebens, der Genuß der Unabhängigkeit. Sie will ihre Freiheit nicht einer dauernden Verbindung opfern und bleibt so lange wie möglich unverheiratet. Sie entschließt sich erst zur Ehe, wenn sie den Gefährten findet, den das gleiche innere Feuer verzehrt, der den Drang nach Abenteuer und den Durst nach dem Unbekannten mit ihr teilt. Es kümmert sie wenig, wenn ihre Verbindung von der Familie nicht gutgeheißen wird. Aber die Ehe ist nur glücklich, wenn beide Partner ihre gegenseitige Freiheit achten. Ihr Leben ist nicht frei von Unbeständigkeit. Für sie ist die Liebe ein Abenteuerroman.

Ihre Probleme

Die größten Konflikte, die einem Schützen in seinem Liebesleben begegnen, sind sozialer oder weltanschaulicher Natur. Er will das allzu Ferne umfassen; er heiratet zum Beispiel jemanden, der nicht seinem Stand entspricht oder einer andern Religion angehört. Nichts ist seiner Verbindung abträglicher als Widerstände, die aus der Erziehung, aus der geistigen Entwicklung, aus moralischen Grundsätzen oder Glaubensauffassungen herrühren. Auch lockt ihn oft die Verbindung mit einem ausländischen Partner. So gibt es Anpassungsschwierigkeiten, die zu überwinden sind. Oder er idealisiert die Liebe und stellt das geliebte Wesen auf ein Piedestal, oder er selbst wird unzugänglich. Das Problem heißt: Traum und Wirklichkeit zu verbinden. Wenn die Liebe des Schützen nicht brav-bürgerlich ist, so geht sie einen weiten, klippenreichen Weg.

Der Schütze und die anderen Zeichen

Schütze und Widder: verstehen sich gut. Jener besänftigt diesen und der Widder regt den Schützen an.

Schütze und Stier: schätzen einander gegenseitig. Ihr Kontakt ist echt, bleibt aber meist oberflächlich.

Schütze und Zwilling: sprechen nicht die gleiche Sprache; ihre Anschauungen sind verschieden, doch kann ihre Reiselust sie zusammenführen.

Schütze und Krebs: haben wenig Gemeinsames. Sie huldigen nur der gleichen ernsten Moral und können sich zumindest auf diesem Gebiet finden.

Schütze und Löwe: sind von verwandter Art. Bei großen Unternehmungen arbeiten sie gut zusammen und stehen in idealem Einklang.

Schütze und Jungfrau: suchen sich nicht. Sie kennen weder den gleichen Lebensrhythmus noch die gleichen Lebensanschauungen. Sie stimmen einzig in ihrer sittlichen Auffassung überein.

Schütze und Waage: empfinden gleich Sympathie zueinander und finden sich auf glücklichste Weise auf sozialem Gebiet.

Schütze und Skorpion: passen nicht eigentlich zusammen. Beiden ist aber der Drang nach Unabhängigkeit gemeinsam, beide finden Geschmack an Abenteuern; dies mag sie zusammenführen.

Schütze und Steinbock: finden nicht leicht Kontakt, doch können sie sich gut ergänzen. Sie sind erfolgreich in Unternehmungen auf lange Sicht.

Schütze und Wassermann: finden sich meist in ihrem Glauben, sie sind beide großzügige und menschenfreundliche Idealisten.

Schütze und Fisch: ziehen einander an, aber Einstellung und Reaktion sind verschieden. Daraus können Mißverständnisse und Konflikte entstehen.

Alle diese Angaben haben natürlich nur ganz allgemeinen Wert. Einzig die Gegenüberstellung der persönlichen, minutengenauen Horoskope zweier Menschen verbürgt eine gewisse Sicherheit.

Beruf, Arbeit und Geld

Der junge Schütze, vor die Berufswahl gestellt, fühlt sich in seinem Drang nach Bewegungsraum, sei er körperlicher, gefühlsmäßiger oder geistiger Natur, meist von verschiedenen Arbeitsgebieten angezogen. So kann er einen Beruf wählen, der die eigenen Mittel und Möglichkeiten übersteigt. Bei normaler geistiger Entwicklung kann er einen Beruf entsprechend der Spannweite seiner Neigungen ergreifen. Ein freier Beruf liegt ihm am besten.

Damit die Persönlichkeit zu ihrem Recht kommt, ist sein Bedürfnis nach Bewegung und körperlicher Betätigung zu berücksichtigen. Zudem dürfen seine geistigen Anlagen und Entwicklungsmöglichkeiten, das Streben nach Vervollkommnung nicht zu kurz kommen.

Seine Arbeit sollte abwechslungsreich sein, vielseitig und mit Reisen verbunden. Eintönigkeit raubt ihm die Arbeitsfreude, Mittelmäßigkeit entmutigt ihn. Je mehr und je kompliziertere Probleme er zu bewältigen hat, desto fleißiger und tüchtiger arbeitet er.

Natürlich sind für den Schützen, wie für alle andern Zeichen, die Möglichkeiten der Berufsgebiete sehr groß; doch scheinen die nachstehend aufgeführten Beispiele die geeignetsten zu sein.

Neigungen: Unabhängigkeits- oder auch Gemeinschaftsgefühl; Selbstbehauptung, Auftreten in der Öffentlichkeit und das Bedürfnis, eine Rolle zu spielen

Funktionen: Kontakte pflegen, reden, zusammenfügen

Objekte: Pferde, Tiere, Holz, das Ausland und die Ferne

Tätigkeit: Verbinden, ordnen, herstellen, organisieren, Gesetze machen, vertreten, verbreiten, verteilen

Orte: Gestüte, Ställe, Sportplätze, Turnhallen, Stadion, Transportgesellschaften, Reiseagenturen, Gesandtschaften, Gerichtshöfe, Ministerien, Kirchen und Kreise des Kultur- und Geisteslebens.

Möglichkeiten: Jäger, Züchter, Pferdehändler, Reiter, Schreiner, Kunsttischler, Koch, Hotelier, Handelsreisender, Vertreter, Dolmetscher, Exporteur, Großhändler, Publizist, Meinungsforscher, Reporter, Forscher, Missionar, Gymnastiklehrer, Sozialfürsorger, Arzt, Chemiker, Ingenieur, Pädagoge, Advokat, Richter, Politiker, Geistlicher

Der Schütze zeigt bei seiner *Arbeit* Schwung, Eifer und Großzügigkeit. Sicher ist er kein «Schufter»; zudem ist sein Arbeitstempo unregelmäßig. Läßt man ihn aber nach eigenem Gutdünken arbeiten, so zeigt er eindrückliche Leistungen.

Er bedarf zu seiner Arbeit oft der Gesellschaft anderer. Sitzt er allein am Arbeitstisch, so beginnt er sich zu langweilen; er braucht zu seiner Anregung den lärmenden Betrieb einer großen Werkstätte, einen Arbeitsplatz voller Menschen, mit denen er zusammenwirken kann. Für Gruppenarbeit ist er wie geschaffen. Die Arbeit in größerer Gemeinschaft geht ihm besser von der Hand. Er empfindet sie als Ansporn zum Wettstreit, wie bei einem Sportkampf. Auch bietet sich ihm die Gelegenheit, sich einzumischen, zu organisieren und zu ordnen, sofern Jupiter im eigenen Zeichen steht. Er kann eine fieberhafte Tätigkeit entfalten, die andere mitreißt. Er versieht seine Aufgabe mit gesundem Verstand, überschaut die Lage mit raschem Blick. Er erkennt die großen Linien seines Handelns und gleichzeitig Ursache und Wirkung im einzelnen. Er kennt die Tatsachen, besitzt Menschenkenntnis und große Geschmeidigkeit. Zu seinen Untergebenen verhält er sich entweder väterlich oder autoritär, zu seinesgleichen kameradschaftlich und zu Vorgesetzten ebenso respektvoll wie manchmal auch undiszipliniert.

Im allgemeinen beruht sein Erfolg auf seiner Gutmütigkeit, seiner Geselligkeit, seiner Zungenfertigkeit. Dennoch kann seine *Karriere* oft bewegt und abenteuerlich verlaufen. Am Ende aber ist sein Erfolg weitgehend gesichert.

Der innerlich gespaltene Schütze hat größere Lebensschwierigkeiten. Er versteht es nicht, den erfolgreichen Tätigkeitskreis zu schaffen, den große Unternehmen verlangen; er ist unnachgiebig und allzu idealistisch gesinnt, um aus konkreten Situationen Nutzen zu ziehen. Umgekehrt kann er unter bestimmten Umständen durch seine kühne Waghalsigkeit auffallen. Er kennt abwechslungsweise Glück und Unglück.

Dem ausgeglichenen Schützen fällt der Erfolg leichter in den Schoß, besonders wenn Jupiter ihn beeinflußt. Im Umgang ist er angenehm, vertrauensvoll und optimistisch, freigebig und hat ein Gefühl für richtiges Verhalten. Er macht einen guten Eindruck und flößt sofort Vertrauen ein; er ist zugänglich, und man ist ihm zum voraus gut gesinnt.

Der Erfolg ist ihm gewiß. Doch hat er eine Schwäche: er neigt zu Sorglosigkeit, zu Leichtfertigkeit, er läßt sich gehen und ruht gerne auf seinen Lorbeeren aus; Erfolg wiegt ihn in Sicherheit. So kann er schlaff und träge werden.

Die Einstellung des Schützen zum *Geld* hängt davon ab, welchem Typ er angehört.

Ist er innerlich gespalten, so kümmern ihn die geistigen Dinge mehr als die weltlichen Güter, zu denen er keine große Beziehung empfindet. Deshalb ist auch Geldverdienen nicht seine starke Seite. Er mag keine Geschäftsluft um sich und läßt sich nicht kaufen. Kurzum, er ist kein Geschäftsmann. Er begnügt sich mit wenig und ist zufrieden mit dem, was er besitzt.

Anders ist der jovische Schütze. Er ist vornehmlich auf Besitz eingestellt, er hält große Stücke auf gehobenen Lebensstandard und tut alles, um Reichtum zusammenzuraffen. Er will ein Vermögen besitzen und materiellen Komfort genießen. Sein Ideal ist ein gutbürgerliches Leben. Wenn ihm das Glück beisteht, so weiß er es zu nutzen: er empfängt Gäste, er geht aus, pflegt Beziehungen, er versteht sein Geschäft. Wo ein anderer scheitert, hat er Erfolg; auf finanziellem Gebiet liegt seine Stärke.

Es gibt unter den Schützen beider Gruppen solche, die leidenschaftlich Spiel und Spekulation verfallen sind, Abenteurer, besessen vom Dämon des gefährlichen Wagnisses. Im Zickzack verläuft ihr Leben. Sinnlose Glücksfälle lösen schwere Rückschläge ab.

Gemischte Schütze-Typen

Wir kennen unser Sonnenzeichen; aus der Anleitung am Ende des Buches können wir das Aszendentzeichen berechnen. Die Werte dieser beiden Zeichen zusammen ergeben folgende allgemeine Charakterisierung:

Schütze – Widder   *Aszendent Schütze und Sonne im Widder*
                    oder
                    Sonne im Schützen und Aszendent im Widder

Die Verbindung ergibt einen feurigen Charakter, der erobern und erkennen will. Seine spontane Natur drängt nach Freiheit, nach Idealen und nach «Höhenflug». Seine Begeisterung für ein Ziel, seine Beredsamkeit und seine Überzeugungsgewalt können andere für eine gute Sache mitreißen. Er liebt heldenhafte Kämpfe, große Ziele und ehrgeizige Unternehmungen (Honegger, Zola).

Schütze – Stier   *Aszendent Schütze und Sonne im Stier*
                    oder
                    Sonne im Schützen und Aszendent im Stier

Dionysische Naturverbundenheit. Gefühlsüberschwang oder heftiger Aufschwung zu Höhen des Geistes (Beethoven).

Schütze – Zwillinge   *Aszendent Schütze und Sonne in den Zwillingen*
                       oder
                       Sonne im Schützen und Aszendent in den Zwillingen

In dieser Kombination treten besonders die Merkmale der innern

Dualität, des Zwiespalts, ja der innern Zerrissenheit hervor. Zwei Grundkräfte stehen sich gegenüber, daher Unsicherheit, Unentschlossenheit, Beweglichkeit, Anpassung. Wenn im Horoskop günstige Aspekte und gute Planetenstellungen vorherrschen, so können die Gegensätze in schöpferischer Gestaltung überwunden werden (Gérard Philipe, Musset, Schumann).

Schütze – Krebs   *Aszendent Schütze und Sonne im Krebs*
                         oder
                         Sonne im Schützen und Aszendent im Krebs

Nomadenhafte Reise- und Wanderlust, Abenteuer- und Forschungsdrang sind ausgeprägt, unbeschadet der Verbundenheit mit Familie und Wohnsitz. Rastlosigkeit kann sich am Ende aussöhnen mit dem Verlangen nach Seßhaftigkeit und Geborgenheit. Feinfühligkeit, Sehnsucht nach dem Idealen, nach Seelenadel, nach guten Taten und Güte (Corot).

Schütze – Löwe   *Aszendent Schütze und Sonne im Löwen*
                         oder
                         Sonne im Schützen und Aszendent im Löwen

Diese Naturen strahlen innere Wärme aus. Ihre innerste Überzeugungskraft und natürliche Selbstsicherheit überträgt sich auf andere; sie sind ritterlich und entflammen sich für große Dinge. Die Würde des Löwen will sich frei auf ein großes Ziel hin entfalten oder ein großes Leitbild verwirklichen (Rockefeller).

Schütze – Jungfrau   *Aszendent Schütze und Sonne in der Jungfrau*
                         oder
                         Sonne im Schützen und Aszendent in der Jungfrau

Sittlichkeit spielt bei diesem Charakter eine große Rolle: ehrliche Tat im Einklang mit dem Gewissen. Sehnsucht nach dem Idealen, der Reinheit. Manchmal streiten sich zwei Naturen in seinem Wesen, Mittelmäßigkeit und Übermaß.

Schütze – Waage   *Aszendent Schütze und Sonne in der Waage*
oder
Sonne im Schützen und Aszendent in der Waage

Sehr gute Kombination. Hier finden sich soziale und moralische Werte. Der Drang nach Weite findet seine Entsprechung im Streben nach Kultur und Kunst. Großmütiger, edler und humaner Charakter (Gandhi).

Schütze – Skorpion   *Aszendent Schütze und Sonne im Skorpion*
oder
Sonne im Schützen und Aszendent im Skorpion

Hier überwiegt der Drang nach Unabhängigkeit, geformt zugleich aus echter Freiheitsliebe und tiefer Haltlosigkeit; wilde Leidenschaftlichkeit. Im Bewußtsein seiner «innern Hölle» strebt der Mensch nach heiterer Gelassenheit in einer Welt des Friedens und des Geistes (Churchill, Heine, Luther).

Schütze – Steinbock   *Aszendent Schütze und Sonne im Steinbock*
oder
Sonne im Schützen und Aszendent im Steinbock

Der Ehrgeiz des Steinbocks wird eingesetzt zur Erringung hoher geistiger Ziele oder zu sozialem Aufstieg. Spannt er alle Kräfte sinnvoll ein, so erweist er sich als erfolgreicher Botschafter, Missionar, Politiker oder Lehrer (Kipling).

Schütze – Wassermann   *Aszendent Schütze und Sonne im Wassermann*
oder
Sonne im Schützen und Aszendent im Wassermann

Dieser Typ liebt Ideale und setzt sich ganz und gar dafür ein. Kühne, gewagte und erregende Unternehmen ziehen ihn an. Der geborene Reformer, liebt er Freiheit, Neues und originelle Lösungen. Er geht auf in seiner Aufgabe. In seinem Bekehrungseifer kann er auch fanatisch sein (Robespierre, Leo X., Mozart).

Schütze – Fische   *Aszendent Schütze und Sonne in den Fischen*
                     oder
                     Sonne im Schützen und Aszendent in den
                     Fischen

Diese beiden Tierkreiszeichen werden vom gleichen Planeten beherrscht, von Jupiter. Alle entsprechenden Eigenschaften werden hier verstärkt. Das Leben erfüllen erhabene Ziele und religiöse Erfahrungen (Lindbergh, Clemens VIII., Julius III., Leo XIII.).

Die Bedeutung der Planeten im Schützen

Wenn man die Beziehungen zwischen Tierkreis und Planeten erforschen will, so muß man zuerst die Bedeutung der Planeten in den Zeichen erkennen. Dies ist nur möglich, wenn ein minutengenaues Horoskop vorliegt. Die nachfolgenden Ausführungen gelten demnach für die aus den Ephemeriden ersichtlichen Gestirnstände.

Mond: Fernweh, Reiselust, Abenteuerlust (d'Annunzio, Christine von Schweden, Lindbergh) oder Sehnsucht nach einem Ideal, ferner Hang zur Philosophie (Beethoven, Brahms, Nietzsche).

Merkur: betont ebenfalls die Reiselust, das Weite, das Ferne (Kipling, Lesseps), Liebe zu Fremdsprachen (Zamenhoff), Kontakt mit dem Ausland. Leichter, inspirativer Intellekt, Neigung zu Philosophie (Bayle, Beethoven, Kipling).

Venus: lebhafte Gefühlsimpulse, Drang nach ästhetischer, moralischer und geistiger Erweiterung (Churchill, de Gaulle, Spinoza).

Mars: richtet seinen kritischen Tatwillen auf sittliche und philosophische Grundsätze (Engels) oder lehnt sich aus dynamischem Widerspruchsgeist gegen die Welt auf (Berlioz, Clemenceau).

Jupiter: steht hier im eigenen Zeichen. Er drängt danach, großzügige Güte zu verströmen. Edelmut und Autorität (Calvin, Clemenceau, Pius XII.).

Saturn: strebt danach, die Persönlichkeit geistig zu vervollkommnen, neigt zu Askese und Philosophie (König Karl V. von Frankreich, Spinoza).

STEINBOCK

Die Psychologie des Steinbocks

Der erste Eindruck, den man vom Steinbock gewinnt, ist – gar keiner. Erst bei näherer Betrachtung erfaßt man seine Besonderheit, seine Verhaltenheit, sein Stillschweigen, seine Distanziertheit: die Welt eines einsamen Kämpfers, ohne persönlichen Zauber, karg und einfach.

Dieser Eindruck gibt aber nur ein oberflächliches Bild des Steinbocks, dessen Tiefen für den Betrachter kaum auszuschöpfen sind.

«Kühl bis ans Herz hinan»

Gleich der vor Eiseskälte klirrenden Natur im Januar wirkt er «kühl bis ans Herz hinan». Er kennt nicht Lebenswärme noch Herzlichkeit. Der innere Persönlichkeitsaufbau bleibt verborgen. Von vornherein ist sein Lebensweg vorgezeichnet. Vom Rummelplatz des lauten Lebens hält er sich fern, er verliert sich nicht an Äußeres. Er lebt in sich selbst: durch Abstand, durch Verzicht, durch den Willen zum Wesentlichen. Flucht in die Welt lockt ihn nicht, er baut eine Abwehrfront auf. Nichts leichter und natürlicher, als sich zu isolieren, abzusondern, das ihm Gemäße aufzusuchen: die Einsamkeit. Aus dieser inneren Welt tritt er nur heraus, wenn Umstände ihn nötigen. Diese Abwendung von der Außenwelt zehrt an seinen Kräften. Sein «Lebensbudget» gegen außen hin ist denn auch beschränkt.

Selten vermag er zu faszinieren. Er unterläßt auch jeden Versuch, den Mangel an persönlicher Ausstrahlungskraft zu beheben. Das Licht seiner Verdienste steht unter dem Scheffel. Seine Vitalität ist nicht nach außen, nicht nach Äußerlichem gerichtet. Er ist ausgeprägt introvertiert.

Diese «Herzenskühle» bedeutet nicht nur «Innenschau». Sie äußert sich auch in geschwächter Triebnatur, in Gefühllosigkeit und Leidenschaftslosigkeit.

Gefühlshärte bezeichnet tatsächlich eine Dominante, ein vorherrschendes Merkmal der Steinbock-Natur. Er haßt Illusionen und sucht die Realität.

Triebhaftigkeit mag er nicht. Soweit sie befruchtende Lebenskraft bedeutet, steht er ihr fremd gegenüber. Seine Lebensimpulse sind gemäßigt, gedämpft durch ein Sicherheitssystem: Rückzugsstellung seines Verstandes und seiner Moral. Bändige er seinen Gefühlsüberschwang, so sei er gegen Lug und Trug gefeit – meint er.

Gewiß, er kann eine kalte Seele und ein kaltes Herz besitzen, Gefühlsleere und Sinneskälte. Meist aber ist die Frostigkeit nur Schein. Sie kann verkrampfte Überempfindlichkeit verdecken und schmerzliche innere Verwundbarkeit durch übermäßige Härte oder Kälte kompensieren. Dann steht ein Mensch vor uns, der sich mit seiner kühl-hochmütigen Verschlossenheit und übertriebenen Steifheit alle Sympathien verscherzt.

Ob Anlage von Natur aus oder Reaktion auf einmal erlittene Unbill, Gefühllosigkeit wirkt sich in beiden Fällen auf den Charakter in gleicher Weise aus. Was der Mensch an Gleichmaß, Besonnenheit und Gefaßtheit gewinnt, büßt er an Freude, Lebenskraft und Herzlichkeit ein. Wohl schützt ihn die Gemütsruhe, die ihn über nichts staunen läßt, bis zum Überdruß vor Wechselfällen des Lebens und vor der Unberechenbarkeit anderer Menschen. Seine starre Gelassenheit baut Dämme gegen fremde Einflüsse und bewahrt ihn zugleich davor, mit Menschen und Dingen einszuwerden.

Ein seltsames Wesen, das durch zähflüssigen Lebensrhythmus charakterisiert ist. Der Steinbock ist ja nicht nur «kühl», sondern auch «langsam». Bedächtigkeit aber fördert die ohnehin angeborene Neigung zur Ruhe. Beim minderen Typ entartet sie in Schwerfälligkeit, Trägheit und Apathie. Beim höhern bildet sie den vortrefflichen Nährboden für Mäßigung, Ausdauer, Stetigkeit. Erst wenn Saturn seinen dunklen Schatten auf das Bild wirft, kann es trübe Züge annehmen: Schweigsamkeit, Verstocktheit, Einsamkeit, Pessimismus, Melancholie.

Ein «Fels»

Zum «kühlen Herzen» gesellt sich der andere Hauptwert: die «Trockenheit». Kein Wunder, daß der Steinbock seine kalten Qualitäten im wesentlichen als Spannung, Rückzug, spröde Selbstbehauptung erlebt. Keine Spur von haltloser Weichheit! Dieser Typ drängt oft genug den Vergleich mit Granit auf. In widrigen Umständen setzt sich keiner besser durch als er (zusammen mit dem Skorpion). Gleich dem ins Erdreich gesenkten Saatkorn überwindet er mit geballter Kraft Hindernis um Hindernis.

Das genaue Gegenteil des Empfindsamen, verfügt er, dank seiner Herrschaft über die Gefühle, über ein starkes, zuweilen grobschlächtiges Kräftegleichgewicht. Es bewahrt ihn vor hastigen Lösungen, vor wirklichkeitsfremden Plänen. Daraus schöpft er auch seine Kaltblütigkeit, die Seelenstärke, große Verantwortung zu tragen. Nichts übereilt er, allmählich reift sein Entschluß. Dann aber klammert er sich hartnäckig daran, bis das Ziel winkt.

In gesammelter Aufmerksamkeit stellt er das Gleichgewicht her, das seine Natur gebieterisch heischt. Diesen Idealzustand gewinnt er in der Einsamkeit ungleich leichter als im Menschengewimmel, das seine Denk- und Arbeitsweise stört. Sein wahres Gesicht enthüllt er vor einer großen Aufgabe: dann gleicht er dem Felsen im Sturm, dann gebietet und imponiert er allen durch seine unerhörte Gelassenheit, dann stärkt seine Entschlossenheit den Mut der andern.

Dieser «kühle» Typ ist nicht nur einem Felsen vergleichbar, er trägt auch viele Züge der «Erde» im althergebrachten astrologischen Sinne: Schlichtheit, Erdenschwere, Festigkeit, Beständigkeit, Härte, Strenge. In entfernterem Zusammenhang entspricht ihm der schollenverbundene, arbeitsbesessene Bergler mit seinem Sinn fürs Handgreifliche, seiner Treue zu Freunden und seinem unversöhnlichen Haß gegen alle, die ihm einmal Unrecht angetan haben. Beide Wesenszüge sind zutreffend: der unerschütterliche Fels, an den man sich festklammert, und die festgegründete Erde, auf der man ausruht.

Der Phlegmatiker

Als Charaktertyp verkörpert der Steinbock den Phlegmatiker in ziemlich reiner Form.

Gemütsruhe schlägt rasch in Gefühlshärte, ja Gefühlsleere um. Hinzu kommt nun die typische Reaktion: der Steinbock reagiert langsam, doch tief. Mehr noch: er wählt aus, er sichtet äußere Reize. Seine erste Reaktion vor dem Leben und den Menschen ist die Frage: Worum geht es? Schwer dringt etwas ein, aber tief bleibt es verwurzelt.

Diese Impulsarmut hat ihre Vorteile. Der Steinbock widersteht dem Druck unmittelbarer Interessen und opfert sie weiterreichenden Überlegungen. Unendliche Geduld kann die Folge sein, gemischt mit kluger

Vorsicht, berechnender Umsicht und dauerhaftem seelischem Verlaß. Rasche Umstellung und Anpassung an gewandelte Verhältnisse ist nicht sein Fall. Selten steht der Steinbock ganz vorne; lieber macht er sich so unentbehrlich, daß man ihn holt.

Daraus ergibt sich: ein stark nach innen gewendeter, ein introvertierter Mensch, der vor der Wirklichkeit zunächst zurückweicht, sie objektiviert und damit jeden persönlichen Bezug verhütet. Zugleich distanziert er sich innerlich von sich selbst, von seinen Trieben und Antrieben. Entpersönlichung geht einher mit einem Nein zur schöpferischen Phantasie. Sein Sinn steht nicht nach Lyrik. Seine Seele kennt weder Schreckgespenster noch Alpdruck noch Panik. Er räumt gleichsam seine Innenwelt aus und läßt nur herein, was gereifter Einsicht standhält. Ihm eignet der scharfe Geist des Logikers, des Juristen, des Philosophen, der in klare Begriffe faßt, was die Erfahrung ihm zuträgt. Er neigt auch zu einem Rationalismus, der zu blutarmer Systembildung verleitet.

In extremen Fällen wirft sich der Steinbock – in seiner phlegmatischen Ausprägung – der Apathie, der stumpfen Teilnahmslosigkeit in die Arme. Dann kann sich sein Charakter verdüstern: er lacht nie, spricht wenig. Melancholie ist die Grundstimmung. Umgekehrt ist auch gefahren: unter Uranus- oder Mars-Einfluß kann auch das kühle Herz des Steinbocks «angeheizt» werden.

Der Ehrgeizige

Mars im Steinbock – in diesem Zeichen erhöht! – leistet Machtwillen und Herrschlust Vorschub, drängt zum Kampf. Saturn, der «Herrscher», verleiht dazu ruhigen Blick fürs Ganze und überlegene Taktik. Kann der Steinbock die Welt nicht lieben, so will er sie beherrschen. «Männer mit energischen, tiefen und verborgenen Leidenschaften, die nur starken Reizen gehorchen und die sich nur langsam in Bewegung setzen, deren Gefühle aber machtvoll und dauerhaft sind», so umschreibt Clausewitz echte Führernaturen – Züge des Steinbocks! Beispiele sind Mazarin, Talleyrand, Hindenburg, Stalin. In der Übersteigerung freilich entartet dieser Machtwille zu politischer Tyrannei, zu Willkürherrschaft, zum Fanatismus einer unnachgiebigen Orthodoxie, zu unduldsamer Scheinheiligkeit, zu Händelsucht in der Ehe.

Der Mensch der Entsagung

Der Weg verläuft oft auch umgekehrt: nach innen, zu Selbstentäußerung, zu Verzicht auf materiellen Besitz und äußere Leistungen. Mars
verleiht Schwung und Eroberungsdrang – Saturn staut jeden Ehrgeiz
zurück. Nach außen bietet sich das Bild heiterer Gelassenheit. Dabei
quält den Menschen ein Minderwertigkeitskomplex. Er flieht das praktische Leben.

Diese Lebensflucht entspricht dem üblen Steinbock-Charakter, seiner
krankhaften Abart. Innere Widersprüche sind dabei nicht ausgeschlossen: voll neidischer Sehnsucht und zugleich mit größter Verachtung, in
der Pose des ehrgeizig-einsamen Unverstandenen, blickt er auf die Welt
herab.

Echte innere Heiterkeit im Steinbock ist dennoch nicht zu bestreiten.
Demütig reißen diese Menschen sich von der Welt los – doch stets voll
inneren Ehrgeizes: sie wollen emporklimmen im Geiste, sie zielen nach
höchsten Werten, nach vollkommener asketischer Herrschaft über sich
selbst.

Wo liegen die Grenzen zwischen Ehrgeiz und Selbstlosigkeit? Die
Extreme schließen sich nicht aus. Klarstes Beispiel bietet Kaiser Karl V.
(Mond und Steinbock-Aszendent mit Saturn-Trigon in der Himmels-
tiefe): in ungeheurem Ehrgeiz strebte er sein Leben lang nach einer
Universalmonarchie, dankte dann aber ab, um seine Tage im Kloster zu
beenden.

«Geist der Geometrie»

Die Vorteile einer herzenskühlen Natur für innere Ruhe und klaren Geist
liegen offen zutage: leidenschaftslose, unparteiische Beobachtung,
objektive Erkenntnis der Wirklichkeit von höherer Warte aus. Distanz
freilich entfremdet den Dingen.

Doch mehr noch: dem Steinbock hat es der «Geist der Geometrie»,
der Sinn fürs Präzise, angetan. Unangefochtene Werte, unwandelbare
Grundlagen – auf ihnen ruht er aus. Gewißheit bedeutet ihm Lebensnot-
wendigkeit. In der Politik stützt er sich mit Vorliebe auf in aller Form
unterzeichnete und ratifizierte Texte. Abstrakte Kenntnisse sind seine
Stärke, exakte Wissenschaften, Mathematik, Technik, Philosophie oder
Metaphysik. Doch die Gefahren sind nicht zu übersehen: am Ende steht
die Freude an fugenloser Ordnung höher als die fraglose Freude an der

Wirklichkeit, steht Systemwut über Wahrheitssuche. Bei allzu steifköpfiger Intelligenz ist sturer Dogmatismus nicht ausgeschlossen. Engherziger Materialismus – dies als das andere Extrem – schwört allein auf das Handgreifliche. So oder anders: abstrakte, blutarme Wortklauberei kann jede echte Beziehung zur Wirklichkeit zerreißen.

Die äußere Erscheinung des Steinbocks

Die Gestalt

Im Reinzustand müßte das Symbol des Steinbocks sich eigentlich in gewisser Analogie zur Physiognomie ausdrücken: leicht in die Länge gezogenes Gesicht, zumal die untere Partie, im Profil rundlich, mit leicht gewölbter Stirne und mit aufgeworfenen Lippen. Dieser Typ kommt zwar bei ausgeprägten Steinbock-Typen recht häufig vor, dennoch stellt er, aufs Ganze gesehen, nur eine verschwindend geringe Minderheit dar.

Das kennzeichnende «Familien-Gepräge» verleiht viel eher Saturn. Die allgemeinen Stichworte: nervöses, kühles und «trockenes» Temperament, oft untersetzte oder magere Gestalt, knochig, längliche Formen. Das Gesicht wirkt auf den ersten Blick eher verkürzt und faltig; die Nasenflügel schmal, die Lippen dünn und geschlossen, vielleicht sogar verkniffen, die Stirne runzlig, der Blick tief oder sorgenvoll.

Doch Saturn, der «Herrscher» des Zeichens, kennt auch seine Schönheit: markant, persönlich, charakteristisch in der Form von Nase und Kinn, Augenbrauen und Stirnbogen. Typische Beispiele sind Karl V., Cézanne, Utrillo, Elisabeth II. von England. Ohne Saturn-Einfluß wirkt der Steinbock erdgebunden, massig und bauernhaft-bodenständig.

Gang und Mimik

Gleich einem Bergler tritt er auf, ohne innere Hast, ohne Geziertheit, in einer Sicherheit, die nur schwer zu erschüttern ist – mag auch Saturn grundsätzlich unzierlich-reizlose, ja ungeschlecht-linkische Bewegungen bewirken. Dazu gesellt sich ein unnahbarer, etwas eisiger Blick, ein bärenhaft-plumpes Auftreten, doch meist nur aus Zurückhaltung oder aus schlecht verhehlter Schüchternheit.

Sein schlichtes, ungeziertes Wesen, dessen Stimmung stets gleich bleibt, setzt sich nur allmählich durch. Denn der Steinbock verabscheut Effekthascherei und hochtrabendes Getue. Seine Mimik, sein Gesichtsausdruck, beschränkt sich auf das Wesentliche: einige schlichte Worte, ein schweigender Blick, eine schmucklose, zuweilen trockene Gebärde, nichts weiter. Manchmal zögernd, meist aber kurz ist sein Händedruck, gleichmäßig und bedachtsam seine Stimme, gemächlich sein Redefluß. Seine allgemeine Haltung strahlt ruhig-besonnene innere Zucht aus – wenn nicht saturnische Steifheit im Spiel ist.

Gesundheit

Ungeachtet seines nervösen, dabei kühlen Temperaments verfügt der Steinbock über einen Körper, der ungleich widerstandsfähiger ist, als der äußere Anschein es vermuten läßt.

Gleich den andern Erdzeichen – Stier und Jungfrau – schöpft er aus der Erde immer neue Kraft. Ohne Schaden erträgt er die Nervenbelastung des Alltags. Doch sein «geometrischer Geist», sein Hang zu peinlicher Genauigkeit, findet eine Parallele in der Gesundheit: im Gegensatz zur Steinbock-Frau ist der Steinbock-Mann sich seiner Gesundheit nicht bewußt; seiner Körperlichkeit steht er distanziert gegenüber. Erst wenn alle Krankheitsanzeichen sich unmißverständlich geltend machen, spürt er die drohende, verhängnisvolle Entwicklung.

Im späteren Leben machen sich Fehler aus Kindheitstagen bemerkbar. Abstinenz, Enthaltsamkeit, allzu asketische Ernährung sind oft die Ursache von Mangelkrankheiten. In späteren Jahren schlägt gewollte Kargheit in Heißhunger und Eßlust um.

Feuchtigkeit und Kälte können zu den schlimmsten Feinden des Steinbocks werden. Angesichts seiner großen Anfälligkeit für äußere Einflüsse neigt er dazu, hinter allem die schwere Hand des Schicksals zu wittern. Man spricht dann von einer Art Neurose, in der alles und jedes immer wiedergekäut wird, in der man mit dem Schicksal hadert. Weder Psychiatrie noch die Medizin, die allein die Symptome berücksichtigt, richten da viel aus.

Kleidung

Die Steinbock-Frau kleidet sich schlicht, nüchtern und sparsam. Ihr Schönheitssinn kennt weder Grillen noch Flitter noch Schnörkel. Sie schätzt zweckmäßige Toiletten mit gedämpften Farbtönen und sachlicher Eleganz. Für Schmuck stürzt sie sich nicht in riesige Unkosten.

Überwiegt jedoch Saturn-Einfluß, dann ändert sich das Bild. Allzu ausgeprägten Saturn-Steinbock-Typen mangelt es an gutem persönlichem Geschmack. Stets rennen sie hinter der jeweils neuesten Mode her. Dabei wirken sie gar nicht gefallsüchtig, sie unterstreichen auch ihre Weiblichkeit nicht besonders.

Wenig Wert auf sein Äußeres legt der Steinbock-Mann, es sei denn aus kalter Berechnung oder aus zielbewußtem Ehrgeiz. Im allgemeinen wirkt seine Kleidung kalt und streng. Er begnügt sich mit streng-korrekten Alltagsanzügen.

Das Verhalten des Steinbocks

Die Liebe

Der Steinbock ist kein «verliebtes» Zeichen. Hier herrscht nicht nur der ernste und düstere Saturn, der die Venus beeinträchtigt, hier steht auch der Mond im «Exil». Die weiblichen Planetenkräfte finden sich nicht zurecht. Steinbock ist denn auch das «liebesfremdeste» Zeichen. Wer von ihm geprägt ist, strebt im Leben weniger nach Liebe oder nach Geliebtwerden als vielmehr nach Macht.

Wie steht es denn um das Herz des Steinbocks? Es ist das verschlossenste und zurückhaltendste, das sich denken läßt. Er steht den eigenen Gefühlen mitleidlos gegenüber: er neigt zu freiwilliger Askese, er unterdrückt sein Gefühlsleben. Seine natürliche Bestimmung ist das Zölibat, die Ehelosigkeit. Ihm macht es nichts aus, allein und einsam zu leben. Sein Leben zu teilen – der Gedanke verlockt ihn nicht. Dennoch kann er in späteren Jahren eine Ehe eingehen. Eine Vernunft- und Interessen-Heirat, gleich einem Geschäftsvertrag.

Es wäre aber unrichtig, alle Steinbock-Menschen über den gleichen Leisten zu schlagen. Es gibt die «vollkommene Kälte», vergleichbar der Gefühlsstärke einer fernen, schlafenden Prinzessin. Ein solcher Mensch verliert den Kopf nicht und empfindet nicht die geringste Leidenschaft: kühler Kopf, trockenes Herz. Von Verliebtheit keine Spur.

Daneben aber kennt man den Steinbock der «kalten Leidenschaft». Wie sein Verwandter im gleichen Zeichen verschmäht er holden Liebeswahn und scheint ungesellig, empfindungslos, abwesend. Doch das ist nur äußerer Schein, unter dem Eis lodert der Brand. Keine seiner Wogen der Erregung dringt nach außen. Schamgefühl verbietet ihm, sein Herz auszuschütten. Er läßt sich niemals gehen. Rauhe Schale birgt zarte Empfindsamkeit, äußere Ruhe inneren Sturm.

Ob «völlig kalt» oder «kalt-leidenschaftlich», der Steinbock kennt zwei Gründe zu Gefühlsbeherrschung, zu scheinbarer Gefühllosigkeit. Bei dem einen erstirbt die Liebe unter maßloser Selbstsucht; egozentrisch wie er ist, steht er sich selbst zu nahe, ist er von sich selbst zu sehr erfüllt, als daß er in seiner persönlichen Welt noch andern einen Raum gönnen würde. Bei dem andern ist die Gefühllosigkeit eigentlich nur Ausdruck einer Entpersönlichung: er steht sich zu ferne, um zu lieben, ist allzu sehr mit Abstraktem beschäftigt.

Welches auch die besondere Färbung des Steinbock-Typs sein mag, sein Liebesleben trägt ein ganz klares Gepräge. Er verliebt sich nicht leicht. Sobald das Liebesgefühl erwacht, setzt seine Gegenwehr ein. Er versucht sich zu entziehen, er wägt ab – moralisch und verstandesmäßig. Aber allmählich bricht das Gefühl durch und dringt unaufhaltsam in seine Gewohnheiten ein. Damit ihn die Liebe nicht übermäßig ablenke, bindet sich der Steinbock dann gerne an eine Gefährtin oder Partnerin, die den gleichen Beruf ausübt, die gleiche Bildung besitzt, mit den gleichen Menschen verkehrt. Damit schwindet ganz allmählich sein Widerstand gegen die Liebe.

Der Mann

Der Steinbock ist der kühlste aller Männer. Im äußersten Falle wird er zu einem Weiberfeind, der schon mit zwanzig Jahren ein alter Hagestolz ist. Jedenfalls hält er sich die Frau vom Leibe – je nach dem Grade seiner Gefühlskälte. Auch wenn er sich zum schönen Geschlecht hingezogen fühlt, so spürt er doch keine übermächtige Zaubergewalt. Automatisch-instinktiv ist seine Abwehr: schüchtern, linkisch, schamhaft, sittenstreng. Mit einem Wort: der Steinbock hat vor den Frauen Angst.

Recht spät setzt das Liebesleben des Steinbocks ein. Seine wohltemperierte Liebe kommt ohne große Gesten aus, seine Sinnenhaftigkeit ist nicht fordernd. Er begehrt nach ruhigem Glück. Er verbindet sich gern mit einer älteren, jedenfalls reiferen Frau – ohne die weiblichen Launen und Grillen, die er nicht versteht. Er liebt eine Frau, die Ordnung ins Haus bringt und die zu sparen versteht. Ihn verlangt es nach stillen Abenden um die heimische Lampe. Selten winken Vergnügungen. Das Leben wirkt eintönig. Es gilt ja, Versuchungen zu fliehen, Leidenschaften zu unterdrücken – im Dienste eines reichen Innenlebens.

Der Steinbock darf das Verdienst eines seriösen Ehemannes und treuen Gatten beanspruchen, der weder Abenteuer noch Scheidung kennt. Sein klarer Lebenskurs verheißt Ruhe in sicherer Stellung. Wie der Wein ist seine Zuneigung: mit der Zeit wird sie immer köstlicher. War er mit zwanzig ein armseliger Liebhaber, so hat er bis zum sechzigsten Lebensjahr manches hinzugelernt. Mit einem solchen Menschen feiert man silberne und goldene Hochzeit. Im Alter ist er der Frau die sicherste Stütze.

Die Frau

Gleich wie der Mann, versagt sich auch die Steinbock-Frau die natürliche Sinnenhaftigkeit. Wird diese Tierkreis-Signatur noch verschärft durch disharmonischen Saturn mit übler Mond- oder Venus-Herrschaft (oder beiden), so wird sie die «Frau ohne Herz», trocken, spröde, ehelos, verbittert.

Freilich nur in ungünstiger Sternkonstellation! Und doch: nicht selten bleibt die Steinbock-Frau – trotz einer gewissen Sinnenfreude – unverheiratet.

Sinnliche Triebhaftigkeit, die andere Frauen zu Flatterhaftigkeit, Flirt verleitet, vermag die Steinbock-Frau wie keine sonst zu beherrschen. Unerschütterlich in ihrer Grundstimmung, handelt sie logisch und huldigt in ihrem Verhalten und in ihren Anschauungen der Vernunft. Fest ist ihr Wille begründet, beachtlich ihre Selbstzucht. Besser als jede andere Frau versteht sie es, ein selbständiges Leben zu führen und Beruf und Stellung in die Mitte ihrer Interessen zu stellen. Das Intime opfert sie dem Sachlichen und dem Sozialen: aus echter Berufung, aus tiefer Hingabe an große Ideale oder aus reinem Sendungsbewußtsein.

Für eine solche Natur darf die Ehe den Geltungsdrang nicht vereiteln. Sie lockt der Mythos vom heimischen Herd nicht im geringsten. Ihre Kinder übergibt sie Nachbarn, um in der Berufsausübung nicht behindert zu sein.

Auch ein «stellvertretender» Ehrgeiz ist denkbar: die Frau setzt alle gesellschaftlichen Hoffnungen in die Karriere ihres Mannes und identifiziert sich mit ihm. Sie drängt den Gatten, so weit als nur möglich, hartnäckig ins Rampenlicht.

In allen Fällen aber gilt sie als zuverlässige und gewissenhafte Ehefrau. Still und treu bleibt ihre Zuneigung.

Ihre Probleme

Als wichtigstes Lebensproblem des *disharmonischen* Steinbocks beiderlei Geschlechts erweist sich das «kühle Herz».

Am Anfang steht die Angst vor Leiden und Schmerz ob verschmähter Liebe. Hinzu kommt tiefes Mißtrauen aus lauter Zweifel am eigenen Wert und damit ein «Aschenbrödel-Komplex», der sich in den abwehrenden Worten äußert: «Ich bin es nicht wert, daß man mich liebt.»

Solche Verkrampfung kann zu Spätehen führen oder eine Liebe überhaupt verhindern.

Zuvorderst steht die Gefahr einer «Flucht vor der Liebe». Es ist bequem, Distanz zu üben und Intimität zu fliehen durch aufreibende Arbeit oder geistige Passion. Wenn nicht Flucht in die Arbeit, dann Flucht in die Krankheit, die vieles entschuldigen soll. Unbewußte oder leib-seelische Alibis verschleiern oft das Unbehagen vor der eigenen Sexualität oder ein Versagen in ihr. Sie ist der neuralgische Punkt des Steinbocks. Die Gefahr heißt allemal: zuwenig und falsch zu lieben, sich zu verweigern, sich zurückzuziehen in ein langes Schweigen.

Der Steinbock und die anderen Zeichen

Steinbock und Widder: Zusammenprall konzentrierter Kühle und intensiver Wärme. Ein Gespräch fällt schwer, der Konflikt scheint unvermeidlich.

Steinbock und Stier: zuverlässige Verbindung zu dauerhaftem Unternehmen.

Steinbock und Zwillinge: geringe Ähnlichkeit, Kontakt schwierig. Grußlos, verständnislos gehen sie aneinander vorbei. In positiven Fällen: gegenseitiger Nutzen.

Steinbock und Krebs: unversöhnlicher Gegensatz. Gefühlskälte und Überempfindlichkeit – nur schwerlich eine Verständigung!

Steinbock und Löwe: gegenseitig wetteifernder Ehrgeiz. Der eine strebt nach dunkler Ferne, der andere nach sichtbarer Nähe. Bei gegenseitigem Verständnis kommen sie weit.

Steinbock und Jungfrau: Gemeinsamkeit eines zuchtvollen Charakters und des Sinns für Organisation und Vernünftigkeit. Sie sind geschaffen für erfolgreiche gemeinsame Arbeit.

Steinbock und Waage: nicht ausgesprochen günstige Verbindung. Der eine ist zu verschlossen und zu schweigsam, der andere zu offenherzig und zu mitteilsam. Gilt der eine als unfreundlich, so der andere als oberflächlich.

Steinbock und Skorpion: Vereinigung beidseitiger Gestaltungskraft, wenn nicht der Kampf um die Autorität in die Quere kommt.

Steinbock und Schütze: nicht unmittelbar ein erfreulicher Kontakt. Dennoch nützliche Ergänzung auf Gegenseitigkeit. Langfristige Planung.

Steinbock und Wassermann: Ähnlichkeit dank der Saturnkraft der Selbstentäußerung und des Verzichts – stets auf der Suche nach dem Wesentlichen.

Steinbock und Fisch: Möglichkeit gegenseitigen Verständnisses im Opfersinn, mag auch der eine zu «trocken» und der andere zu «wässerig» scheinen.

Alle diese Angaben haben natürlich nur ganz allgemeinen Wert. Einzig die Gegenüberstellung der persönlichen, minutengenauen Horoskope zweier Menschen verbürgt eine gewisse Sicherheit.

Beruf, Arbeit und Geld

Der Steinbock gehört zu den Menschen, die oft schon in Jugendjahren wissen, welchen Beruf sie ergreifen werden. Steht Saturn jedoch ungünstig, dann zaudert er und schiebt den endgültigen Entschluß quälend lange hinaus. Häufig ist der Beruf auch durch Familientradition vorgezeichnet.

Entscheidet sich die eine Gruppe frühzeitig für einen bestimmten Beruf und läßt sich auch ob des Widerspruchs der Umwelt nicht beirren, so findet die zweite den eigenen Weg nur unter Schwierigkeiten und innerer Zerrissenheit.

Steinbock

Dabei stehen dem Steinbock zahlreiche Möglichkeiten offen. Seine zähe Lebenskraft begrenzt die Wahl nicht auf leichte Berufe. Er weiß wohl, daß ihm Widerstandskraft, physische und geistige Härte zu Gebote stehen. Er kann etwas «einstecken», ein harter Beruf ängstigt ihn nicht. Ihn reizen gerade die schwierigen, mühsamen Aufgaben, seien sie körperlicher oder geistiger Natur. Er liebt die Pflichterfüllung und verantwortungsvolle Posten, und er kann bei guter Saturnstellung hohe Stufen erreichen (viele Staatsmänner haben dieses Zeichen im Aszendenten). Sein Temperament verleiht ihm zudem: Überlegenheit über Triebbedürfnisse, Standhaftigkeit, Unerschütterlichkeit in Gefahr, Überwindung von Eintönigkeit und Verdruß, Freude an der Einsamkeit, Ausdauer, Fleiß, Verschwiegenheit, Ernst und hohe Berufsauffassung. Nachstehend eine Liste von Beispielen bevorzugter Tätigkeitsgebiete des Steinbocks:

Neigungen: Konzentration, Absonderung, Zurückgezogenheit.

Funktionen: Denkarbeit.

Objekte: Erde, Minerale, Insekten, Leder, ferner: Gesellschaft oder abstrakte Dinge.

Handlungen: Schreiben, lesen, analysieren, rechnen, konservieren, stabilisieren, kontrollieren, überwachen, vorausplanen, verwalten, regieren.

Plätze: «Elfenbeinturm», geschlossener Raum, Laboratorium, Bibliothek, Kloster, Asyl, Archiv, Museum, öffentliche Gebäude, Höhle, Grube, Erde, Berglandschaft, Wüste.

Möglichkeiten: Landwirt, Grubenarbeiter, Brunnenmacher, Erdarbeiter, Gerber, Maurer, Töpfer, Uhrmacher, Hirte; Buchhalter, Jurist, Konservator, Antiquar, Sprachlehrer, Geograph, Agronom, Architekt, Apotheker, Ingenieur (Bergwerk, öffentliche Arbeiten, Kunstgewerbe); Wissenschaftler, Mathematiker, Philosoph, Soziologe, Verwalter, Politiker.

Je nach guter oder ungünstiger Saturn-Stellung reagiert der Steinbock nicht nur in der Frage der Berufswahl unterschiedlich, sondern auch in

256

der *Arbeit* selbst: entweder träg-passiv und schmarotzerhaft oder fleißig-angeregt und sachbezogen. Allgemein gilt er als großer Schaffer, der vor allen andern am Werke ist, weder Zeit noch Mühe scheut und noch spät am Abend an seinem Arbeitsplatz zu finden ist.

Seiner kühlen Natur entspricht auch sein Arbeitsrhythmus. Langsam und schrittweise setzt er ein, er bedarf einer bestimmten Anlaufzeit. Dann aber leistet er unermüdlich-regelmäßig eine vorzügliche Arbeit, zumal bei automatischen und wiederholten Arbeitsgängen. Beispielhaft ist seine Stetigkeit: pünktlich kommt er, nur im Falle höherer Gewalt verläßt er den Arbeitsplatz. Seine Aufgabe organisiert er planmäßig und erzielt mit einer Methode, die Improvisation, Instinkt und Laune keinen Raum läßt, den höchstmöglichen Ertrag.

Mit andern zusammenzuarbeiten fällt ihm eher schwer. Lärmige Umgebung fällt ihm lästig. Betriebsamkeit betäubt ihn, allzu viele Kontakte ermüden ihn. Er sucht die Ruhe des eigenen Büros, die Stille des Laboratoriums, in dem er sich sammeln kann. Auch naturverbundenes Landleben sagt ihm zu.

Er weckt nicht jene Begeisterung für ein gemeinschaftliches Werk, wie sie sich für die Produktivität eines Unternehmens aufdrängt. Kann er Mitarbeiter nicht entbehren, so hält er sich meist nur an die, welche ihn dokumentieren. Solcherweise bewahrt er die volle Betriebsübersicht für sich allein. Er gleicht einem Baumeister, der seinen Dom am liebsten allein bauen würde.

Untergebene eines solchen Steinbocks erleben nur distanzierte Autorität – kein Wunder! Zu Vorgesetzten dagegen verhält er sich respektvoll und diszipliniert. Ist er Chef, so gehorcht man ihm, weil sein Wille sich auf ruhige und natürliche Weise durchsetzt. Manchmal schiebt er ein Urteil auf und läßt seine Entschlüsse reifen. Dabei schreckt er auch vor Korrekturen nicht zurück. Er will das Vernünftige und Leichtfaßliche mit knappen klaren Sätzen. Überwachung des Ganzen fällt dann leichter.

Steinbock ist das Zeichen des kühlen Geltungswillens, der den Menschen von flüchtigen Alltagserscheinungen absondert und auf ein langfristiges Ziel hinweist. Er denkt voraus, er organisiert, was er in zwei oder drei Jahrzehnten erst verwirklichen wird. Für rasche und kurzfristige Erfolge ist er nicht geschaffen. Das Heute zählt ihm wenig. Wichtig allein ist das ferne Ziel, der Gipfel, nach dem er strebt.

Der Steinbock ist nicht der Mensch, der seinen Arbeitsplatz wechselt. Sein Leben lang bleibt er in der Regel dem gleichen Betrieb zugetan. Als

Bauer beackert er denselben Boden, als Angestellter hält er unverbrüchliche Treue. An seinem Arbeitsplatz will er aufsteigen, Stufe um Stufe, wenn möglich bis zu dem entscheidenden Kommandohebel, dem verantwortungsvollsten Amt.

Kann es verwundern, daß der Steinbock sparsam und manchmal – unter schlechtem Saturn-Einfluß – geizig ist? Fleißig und beharrlich, kennt er den Preis jeder Anstrengung und damit den *Wert des Geldes* allzu wohl, als daß er Chancen oder Vermögen verschleudern würde. In Geldfragen ist er denn auch vorsichtig, ja mißtrauisch. Ein glanzvolles, doch sofort abzuwickelndes Geschäft verschmäht er. Geduldig harrt er seines Gewinns. Jedem Risiko abgeneigt, ist er das genaue Gegenteil eines Spekulanten. Einfache, natürliche Lösungen sind sein Fall.

Mit einem Wort: er ist konservativ, er bleibt bewährten Grundsätzen treu, die ihren Kurswert niemals verlieren. Seine kühle Natur schenkt ihm obendrein eine besonders wertvolle Eigenschaft: die Voraussicht. Über Jahre und Jahrzehnte hinweg führt er genaue Buchhaltung. Sein Kapital setzt er nicht in Genuß um. Oft hinterläßt er seinen Angehörigen denn auch ein beträchtliches Erbe.

Artet – bei disharmonischem Steinbock – der Ehrgeiz in wilde Raffsucht aus, dann droht die Gefahr schmutziger Geschäftigkeit. Ihm aber steht der Steinbock gegenüber, der sich auch materielle Güter versagt, sich selbst entäußert und Besitzlosigkeit als höchstes Ziel anstrebt.

Gemischte Steinbock-Typen

Wir kennen unser Sonnenzeichen; aus der Anleitung am Ende des Buches können wir das Aszendentzeichen berechnen. Die Werte dieser beiden Zeichen zusammen ergeben folgende allgemeine Charakterisierung:

Steinbock – Widder   *Aszendent Steinbock und Sonne im Widder*
oder
Sonne im Steinbock und Aszendent im Widder

Der krasse Widerspruch zwischen dem kühlen Zeichen der Konzentration und dem heißen, ja explosiven Zeichen führt meist zu einem inneren Zwiespalt: abwechslungsweise nachdenklich, bedachtsam, selbstlos und handkehrum impulsiv, triebhaft, leidenschaftlich, stürmisch. Beide Aspekte einer solchen Persönlichkeit können von einem harten und strengen Willen gebändigt werden. Mit Halbheiten und Kompromissen oder mit Mittelmäßigkeit gibt sich der Mensch nicht zufrieden; ein gewisser Fanatismus ist unverkennbar (Savonarola).

Steinbock – Stier   *Aszendent Steinbock und Sonne im Stier*
oder
Sonne im Steinbock und Aszendent im Stier

Die beiden Erdzeichen, gegenseitig gestärkt, verleihen dem Menschen eine gewisse Derbheit und eine starke Kraft zur Konzentration. Arbeitsam, beharrlich. Er läßt das Ziel nicht aus den Augen und will es um jeden Preis erringen (Stalin).

Steinbock – Zwillinge   *Aszendent Steinbock und Sonne in den Zwil-*
                             lingen
                             oder
                             Sonne im Steinbock und Aszendent in den
                             Zwillingen

Zwei Seelen in der Brust, einander fremd, doch nicht unbedingt im Widerstreit. Die eine zuchtvoll, streng, ernst, stetig, entschieden, die andere jugendlich-anpassungsfähig und leicht-beweglich. Beide zusammen können geschmeidigen Ehrgeiz und bedeutende Gewandtheit ergeben (Talleyrand).

Steinbock – Krebs   *Aszendent Steinbock und Sonne im Krebs*
                            oder
                            Sonne im Steinbock und Aszendent im Krebs

Zwei Seelenkräfte im Widerstreit: die eine unempfindlich, gemütskühl, konzentriert, streng, die andere leicht erregbar, zärtlichkeitshungrig, zerbrechlich, kindlich. Daraus ergibt sich ein tiefes, doch gequältes Innenleben, das zwischen Ernst und Laune, Schwerfälligkeit und Anmut schwankt. Trotz diesem Zwiespalt bleibt der Mensch seinem Geschmack und seinem Beruf treu (Leopardi, Simone Weil).

Steinbock – Löwe   *Aszendent Steinbock und Sonne im Löwen*
                            oder
                            Sonne im Steinbock und Aszendent im
                            Löwen

Zum kaltberechnenden Geltungsdrang des Zeichens gesellt sich der freimütig-expansive Ehrgeiz des Löwen. Der Mensch will höher klimmen, die soziale Stufenleiter empor, zu Macht und Verantwortung. Prestigebedürfnis geht einher mit Leistungsfähigkeit. Für langfristige, große Pläne, für eine überragende Leidenschaft werden alle Kräfte angespannt (Marlene Dietrich, Raymond Poincaré).

Steinbock – Jungfrau *Aszendent Steinbock und Sonne in der Jung-*
frau
oder
Sonne im Steinbock und Aszendent in der
Jungfrau

Drang zu schlichtem, arbeitserfülltem Leben. Dennoch gebieterischer
Ehrgeiz und Wille zu Verantwortung. Diszipliniert, asketisch, streng,
gewissenhaft, unerbittlich, anspruchsvoll, unnachgiebig. Klarer Kopf
und entschiedene Zielsetzung für das ganze Leben.

Steinbock – Waage *Aszendent Steinbock und Sonne in der Waage*
oder
Sonne im Steinbock und Aszendent in der
Waage

Innere Disharmonie. Meist ernst, tief, ehrgeizig, zuchtvoll und voraus-
blickend – daneben leichtfertig, oberflächlich und auf rein weltliche
Genüsse ausgerichtet. Der höhere Typ verbindet beides zu geschicktem
Opportunismus (König Heinrich IV.).

Steinbock – Skorpion *Aszendent Steinbock und Sonne im Skorpion*
oder
Sonne im Steinbock und Aszendent im Skor-
pion

Leidenschaftlicher Wille zur Tat. Angesichts der inneren oder äußeren
Tragik wählt der Mensch entweder den Weg bewußter Überwindung der
eigenen Dämonen (Introversion) oder der schweren Auseinandersetzung mit der Umwelt (Extraversion). (In diesem Sinne: Cézanne,
Malraux, Rodin.)

Steinbock – Schütze *Aszendent Steinbock und Sonne im Schützen*
oder
Sonne im Steinbock und Aszendent im
Schützen

Der Ehrgeiz des Steinbocks richtet sich entweder auf sozialen Aufstieg,
oder er strebt nach geistigen Zielen. Dieser Mensch muß sich leiden-

schaftlich für einen einzigen Sinn seines Lebens einsetzen können (Kipling).

Steinbock – Wassermann *Aszendent Steinbock und Sonne im Wasser-*
mann
oder
Sonne im Steinbock und Aszendent im Was-
sermann

Zwei «Winter-Zeichen». Die saturnische Kraft der Verinnerlichung, der Kälte, der Konzentration herrscht vor. Der Geist wendet sich der Grundlagenforschung zu; der Wille gilt einem unpersönlichen Ziel. Neigung zu Verzicht, Selbstlosigkeit, Weisheit (Montesquieu, Wilson).

Steinbock – Fische *Aszendent Steinbock und Sonne in den Fi-*
schen
oder
Sonne im Steinbock und Aszendent in den
Fischen

Zwei verschiedene Welten ohne gemeinsamen Nenner: streng und zugleich weich, zielgerichtet und zugleich grenzenlos. Doch kann sich der Steinbock auch positiv auf die «Unergründlichkeit» und die «Mystik», die den Fischen zugeschrieben wird, auswirken (Bach, Karl V.).

Die Bedeutung der Planeten im Steinbock

Wenn man die Beziehungen zwischen Tierkreis und Planeten erforschen will, so muß man zuerst die Bedeutung der Planeten in den Zeichen erkennen. Dies ist nur möglich, wenn ein minutengenaues Horoskop vorliegt. Die nachfolgenden Ausführungen gelten demnach für die aus den Ephemeriden ersichtlichen Gestirnstände.

Mond: Mond (im Exil) ist äußerst geschwächt. Gefühlsabkühlung oder Trieb-Sublimation im sozialen Bereich. Triebnatur zurückgestaut, beherrscht oder fehlend (Voltaire). Bewirkt politisch tätige Frauen (u. a. Charlotte Corday).

Merkur: objektiver, logischer Verstand, bedeutendes Urteilsvermögen. Grundlagenforschung oder langfristige Ziele. Bringt (bei guten Aspekten!) Gelehrte und Philosophen (Kepler, Montesquieu) sowie Staatsmänner (Adenauer, Disraeli, Talleyrand) hervor.

Venus: abgekühlte Erotik, Neigung zu Verinnerlichung, Zucht oder saturnischer Trauerstimmung (Mussct, Utrillo).

Mars: steht erhöht – entschiedener, harter und konstruktiver Charakter. Drang nach großen Unternehmungen und langfristigen Aktionen (Poincaré, Pasteur, Savonarola).

Jupiter: Gesellschaftlicher Ehrgeiz, Machtwille, politisches Organisationstalent (Friedrich d. Gr., Hitler, Marx).

Saturn: Höchstmaß an Konzentration, Entäußerung, Abstraktion, hochzielender Ehrgeiz oder Verzicht (Kant, Mallarmé, hl. Therese von Lisieux, Talleyrand).

WASSERMANN

Die Psychologie des Wassermanns

Es ist im Grunde verwunderlich, daß die moderne Psychologie aus der Typenlehre der Tierkreiszeichen nicht größeren Nutzen zieht. Dabei treten die besonders gefärbten Eigenheiten zumal der vom Tier her geprägten Zeichen – wie des Widders, des Stiers, des Löwen oder des Skorpions – mit so großer Klarheit zutage, daß es kaum mehr eines Beweises für ihre Richtigkeit bedarf.

Anders liegen die Dinge beim Wassermann, einem der subtilsten Zeichen, das sich denken läßt. Seine Eigentümlichkeit ist so tief, daß man auf den ersten Blick an der Tatsache eines derartigen Menschentyps eigentlich zweifeln könnte. Bei näherer Betrachtung stellt man jedoch fest, daß schon antike Astrologen mit bedeutender psychologischer Einfühligkeit das Allgemeinbild umrissen haben. Ihre Erkenntnisse sind auch heute noch unbestritten.

«Der seraphische Jüngling»

Im Gegensatz zu den beiden ersten Zeichen (Widder-Stier) mit den groben Instinkten des «primitiven» Menschen, geht den beiden letzten im Kranz der Tierkreiszeichen (Wassermann-Fische) die Triebhaftigkeit beinahe ganz ab. Sie führen den Menschen zu seiner Auflösung als eigenständige Persönlichkeit. Am ausgeprägtesten erscheint diese Neigung in den Fischen. Dagegen hält der Wassermann die Mitte zwischen der verinnerlichten Kühle des Steinbocks und den verschwimmenden Konturen der Fische.

Der Wassermann will sich von der Schwerkraft des Stofflichen freimachen, er flieht animalische Triebe, die er als dunklen Widerspruch zur Helligkeit seiner Natur empfindet. Sein Wesen ist transparent, leicht und luftig. Sein Ziel bleibt stets geistige Durchsichtigkeit. In der Musik wird dies besonders offenbar: «Ich bin ein Kind des Himmels und der

Erde, doch ich gehöre dem Himmel an», bekennt Mozart von sich selbst. Tatsächlich ist dieser «seraphische» Wassermann – als stärkster Gegensatz zum herkulischen Löwen – eher dem Himmel als der Erde zugeordnet. Er gleicht dem Albatros, dem Vogel, dessen Flügel beschnitten werden, sobald er die Erde berührt. Im Reinzustand steht man vor einem «zerbrechlichen Wesen, einem auf Erden verirrten Engel», der sich den Lebenserfordernissen kaum gewachsen fühlt.

Auch abgesehen von dieser reinen Form, sind die besonderen Eigentümlichkeiten nicht zu verkennen. Ein besonderer Vorzug ist dem Wassermann eigen: sich von sich selbst zu lösen, von sich selbst abzusehen. Beinahe wie ein Fremder vermag er seine Lebenstriebe zu beobachten. Leidenschaft, Triebhaftigkeit streift ihn, ohne ihn zu erschüttern. Sie regt ihn an, aber wirft ihn nicht aus der Bahn. Haß ist aus seinem Herzen verbannt, Liebe, soweit er sie fühlt, wirkt auf ihn nicht unvertraut. Wie sollte er da nicht zu gelassener Heiterkeit gelangen! Dinge, die ihn angehen, berühren ihn eigentlich nur am Rande; wie durch einen Filter dringen Empfindungen in sein Inneres. Nur selten werfen ihn Schicksalsschläge aus der Bahn. Er scheint auch über dem eigenen Elend zu stehen. Was andern eine Hölle erschiene, wandelt er in geduldiges Ausharren und in zuversichtliche Hoffnung. Dieser «Fremdling auf Erden» wirkt denn auch beneidenswert: nach kurzen Stürmen klärt sich sein Wesen, findet er zurück zu gleichmütigem Humor, zu Harmonie und Friede.

Selbsthingabe

Nicht alle Wassermann-Typen sind so vergeistigt. Die Aussagegrenze beginnt im Einzelfall. Meist sind sie überaus empfindlich. Sie neigen zu Geselligkeit und sozialem Leben. Signatur und Planet bewirken hier oft beachtliche Unterschiede.

Immerhin ist er an der Art, wie er mit seinesgleichen umgeht, halbwegs zu erkennen. Mitmenschen kommt er mit viel gutem Willen entgegen, bekundet ein offenes Herz für ihre Nöte und dient, soweit als möglich, der Gemeinschaft.

Großzügigkeit ist der eine Grundzug – Selbstbefreiung der andere. Er mag nicht Sklave der Dinge, des materiellen Besitzes sein, auch nicht Sklave seiner selbst. Fremd ist ihm Hochmut, zu Selbstkritik ist er ohne weiteres imstande. Rechtschaffene Ehrlichkeit läßt ihn seine Aufgabe klar erkennen: sich selbst und andern gegenüber.

Wassermann

Er lebt erst, wenn er für andere leben kann; er muß sich selbst verlieren, um sich selbst zu finden. Als Ratgeber ist er denn auch unübertrefflich. Es verwundert nicht, daß der Wassermann das Zeichen der großen Freundschaft bedeutet. Stets ist sein Haus den Freunden offen. Er glaubt und weiß auch, daß die Menschen seiner bedürfen. Er wirkt daher in vielen sozialen Bewegungen und kulturellen Gemeinschaften mit.

Die Kehrseite dieser reichen Anlagen – beim minderen Wassermann – liegt offenkundig in recht großer Charakterschwäche. Im Zeichen des Wassermanns steht die Sonne im Exil. Der Wille kann demnach geschwächt sein: er tut nicht immer, was er vollbringen möchte oder müßte, um seinem Ideal gerecht zu werden. Großzügigkeit setzt Stärke voraus. Man muß nicht nur ja, sondern auch nein sagen können, auch auf die Gefahr hin, anfänglich Mißfallen zu erregen.

Fremden Wünschen allzurasch nachzugeben – hier liegt der schwache Punkt: der Drang, zu gefallen und beliebt zu sein. Er läuft Gefahr, Mitmenschen zu idealisieren. Er überschätzt sie und hält sie für besser, als sie es in Wirklichkeit sind. Allzu leicht verschenkt er seine Freundschaft, allzu hastig glaubt er an das Gute im Menschen. Intrigen durchschaut er kaum, er geht in beinahe jede Falle: ein Naiver, dessen Gutgläubigkeit immer wieder mißbraucht wird. Dann fällt er regelmäßig aus allen Wolken. Er wehrt sich kaum, unentwickelt scheint sein Wirklichkeitssinn.

Eine große Seele, aber ein schwacher Charakter; bedeutende geistige Spannkraft, doch ein schwacher Wille, den eigenen Standpunkt durchzusetzen.

Minderwertigkeitsgefühle

Geht man noch weiter, so stellt sich die Frage, ob der Wassermann nicht das typische Zeichen für die Kompensation von Minderwertigkeitsgefühlen sei. Im Gegensatz zur Sonne im Löwen (die stärkste Konstitution verleiht), ist ihre Kraft im Gegenzeichen Wassermann am geringsten. Der Organismus sucht denn auch den Ausgleich in geistiger Spannkraft und innerer Harmonie. Physische Unterlegenheit (oder Minderwertigkeit) weckt oft den Drang nach Überkompensation: den Wunsch, um jeden Preis Eindruck zu schinden. So etwa wie Kaiser Wilhelm II. mit Sonne im Wassermann in Opposition zum Saturn, der ein körperliches Gebresten hinter Großsprecherei verbarg. Ein Zufall liegt wohl auch kaum vor, wenn unter den Psychologen der «Spezialist» für den berühmten «Minderwertigkeitskomplex», Alfred Adler, mit einer Konjunktion Sonne-Mars im Wassermann geboren wurde. Adlers ganze Psychologie unterstreicht durchaus zu Recht den Wert der gesunden Beziehungen zwischen Mensch und Gesellschaft, wobei der einzelne erst, wenn er den ihm gemäßen Platz erobert hat, sein inneres Gleichgewicht findet.

Ziel: Weisheit

So ist es nur natürlich, daß der Wassermann nach überlegener Gelassenheit, nach Weisheit strebt. Er möchte über den Dingen stehen und schweben (der Wassermann träumt oft vom Fliegen). Diese typische Haltung einer gewissen Lebensferne kann unter Umständen zu einer Bewußtseinstrübung führen, kaum jedoch zu Bewußtseinsspaltung.

Im Grunde seines Wesens ist der Wassermann völlig gesund; er kennt die natürlichen Zugänge zu Kultur und Religion. Freilich, die handgreifliche Wirklichkeit erreicht ihn nur mittelbar: wie C. G. Jung betont hat, ist seine alles überragende psychische Funktion die Intuition – und die am wenigsten entwickelte die Sinnesempfindung.

Die Welt der Gefühle und Empfindungen ist ihm beinahe fremd. Sein Interesse gilt allein den Umrissen eines Plans oder einer Situation. Ein banales Gespräch bringt er nur schwerlich zuwege. Erst wenn er an seine Ausstrahlungskraft auf den Partner glaubt, tritt er aus sich heraus. Er muß sich die Dinge vorstellen, damit sie ihn konkret berühren. Allzu häufig steht er unter dem Eindruck, was nicht ins Reich der Gedanken und Ideen gehöre, sei unwirklich. Damit aber gewinnen die Ereignisse um ihn herum das Gepräge eines Schauspiels, dem er ohne wirkliche Anteilnahme beiwohnt.

Das Abenteuer des Prometheus

Es wäre freilich ein Irrtum, zu glauben, daß diese allgemeine Tendenz zu Weisheit im Alltag ein unverkennbares Merkmal aller Wassermann-Typen bilden würde. Es scheint dies vor allem für saturnisch geprägte Vertreter des Zeichens zu gelten. Herrscht Uranus vor, so tritt fast das Gegenteil ein. Doch liegt hier eher eine gegensätzliche Ergänzung als eine Opposition vor. Denn die meisten Angehörigen des Zeichens sind, ohne inneren Widerspruch, gleichzeitig von beidem erfüllt: vom Drang nach Weisheit und von der Lust nach dem großen prometheischen Abenteuer.

Der «prometheische» Wassermann hält seine Großzügigkeit wohl im Zaume, aus lauter Angst, man könnte ihn betrügen. Im Innersten aber ruht, gleich einem Gefangenen, dennoch seine intuitiv geprägte Empfindsamkeit. Ein solcher Mensch lebt in einem Klima psychologischer Hochspannung, unersättlich ist seine Abenteuerlust. Im allgemeinen verlangt ihn zwar nur nach einem einzigen großen Abenteuer, wenngleich in verschiedenen Episoden. Seine große Leidenschaft bleibt im Grunde stets dieselbe, wenn auch in verschiedenen Formen.

Der grundlegende Charakterzug dieses Menschen heißt: Originalität. Zunächst äußert sie sich als Abwehr gegen die Umwelt; dann erweist sie sich als Unfähigkeit einer vernünftigen Anpassung. Anders als die andern – so lautet seine Devise. Dabei wirkt er am Anfang weniger originell als vielmehr überspannt. Die zur Schau getragene Unabhängigkeit verschleiert dann eher eine innere Unsicherheit, die sich in linkischem Verhalten zeigt.

Vom negativen Ausgangspunkt kann der Weg jedoch zu echter, wenngleich auch abseitiger Ursprünglichkeit führen: er verschmäht ausgefahrene Wege, er bricht mit Vorurteilen, er verachtet Konventionen, er empört sich gegen Moral und Gesellschaft. Ausdruck dieses Wassermannes ist ein Julien Sorel von Stendhal, ein Figaro von Beaumarchais.

Die Stärke dieses Nonkonformisten liegt in der inneren Übereinstimmung mit sich selbst, in der Entschlossenheit, den einmal gewählten Weg klar und überzeugt weiterzugehen. Dabei scheut er vor nichts zurück: weder Gewalt noch Skandal. Wahre Freiheit erlangt er freilich erst, wenn sein Drang halbwegs mit den Zielen der Gemeinschaft in Einklang steht. Erst dann ist er als echter Reformer und Neuerer zu bezeichnen.

Im Grunde steht man vor einem leidenschaftlichen Extremisten, der die äußersten Grenzen seiner Macht abtastet. Heimlich verlangt er das Unmögliche. Er will alles, er streckt die Hand nach dem Absoluten aus. Leidenschaft und Logik, Wille und Intuition stehen dabei in heimlichem Bündnis. «Alles Große auf der Welt ist im Namen übersteigerter Hoffnungen getan worden», schreibt Jules Verne (Sonne im Wassermann).

Dieser ungeheure Machtwille kann, je nach der besonderen persönlichen Konstellation, die unterschiedlichste Färbung annehmen. Heute scheint er kühn und verwegen die Grenzen des Menschen überhaupt zu sprengen: in der modernen Technik. Der Wassermann steht an der Spitze des Fortschritts, jeder Entwicklung, jeder Revolution.

Im Zeichen dieses uranischen Wassermanns stehen z. B.: der Philosoph Bacon, der Staatsmann Robespierre, der Utopist Jules Verne, der Forscher Auguste Piccard, der Surrealist André Breton, der Schauspieler James Dean!

Die Geistigkeit

Im allgemeinen hält der Wassermann-Typ von Dingen und Menschen allzu großen Abstand, als daß diese Haltung sich auf sein Seelenklima nicht auswirken würde. Er ist intelligent, nicht weil er eine reine «Denkmaschine» verkörpert, sondern weil geistige Beschwingtheit zu seiner Art spontaner Lebensweise gehört. Glück – so hat ein Wassermann bekannt – bedeutet besonnenes Nachdenken über eine klar erkannte Welt.

Geist und Einfühlungsvermögen bilden gleichwertige Teile in einem Gespräch; beide zusammen können einzelnen Vertretern des Zeichens eine ungemein feine Witterung verleihen. Eindrücke von außen werden dank tiefer Intuition schöpferisch weiterentwickelt.

Der Wassermann hält sich an die Wahrheit. Um sie zu erringen, weicht zumindest der höhere Typ auch vor denkbar kühlster Abstraktion nicht zurück. Selbstkritik fällt ihm leicht. Sie ist auch durchaus redlich und aufrichtig. Umgekehrt fühlt er sich auch genötigt, andere Menschen über ihre Fehler aufzuklären. Man könnte geradezu meinen, er habe es sein Lebtag auf Entlarvung angelegt.

Diese Geisteshaltung verleitet ihn im allgemeinen ständig zu scharfer Kritik an Engherzigkeit und Vorurteilen, den Feinden jeder Neuerung. Sie drängt ihn auch, halb vergorene Gedanken ins helle Licht der Vernunft emporzutragen. Immerhin geht sein Wahrheitsdrang nicht so weit, daß er dabei althergebrachte Sitten verletzen würde.

Als intuitiv begabter Typ erkundet er die Vergangenheit und ertastet die Zukunft. Seine geistige Spannkraft zielt eher auf Abwegiges und Unerforschtes als auf längst bekannte und abgesteckte Welten. Ihm ist der Sinn für Kommendes, eine besondere Vorahnung, eigen. Was er einmal gesehen und einmal getan hat, schafft er sich vom Hals. Nicht das Heute, sondern das Morgen interessiert ihn. Kein Wunder, daß er neue Ideen, Reformen und Fortschritte aller Art nach Kräften fördert. Was er schreibt, trägt oft revolutionäres Gepräge. Man denke etwa an Bacon, an

Galilei, an Voltaire, an Comte: Merkur im Wassermann, meist mit scharfen Uranus-Aspekten. Oder man werfe einen Blick auf die Wassermann-Typen Beaumarchais, Stendhal und Karl Marx (mit Wassermann im Aszendent) sowie auf Jules Verne.

Der niedrigere Vertreter des Zeichens freilich ist bloßer Utopist, der auf ständiger Jagd nach Neuem das Mögliche von der Illusion nicht zu trennen und zu unterscheiden vermag. Halbwegs zwischen beiden Typen steht der Wassermann, der besonders begabt ist für kleinere Entdeckungen und Erfindungen – auch dies Beweise seiner typischen Geistigkeit.

Allen gemeinsam ist der unablässige Aufbruch nach neuen Erkenntnissen, die Verfechtung avantgardistischer Gedanken, der Wille, alles neu zu machen, ausgetretene Pfade zu verlassen. Kräfte des Geistes erfüllen sein Wesen. Dazu kommen zwei weitere Züge: der Wunsch nach Klarheit und die Vorliebe für große, kühne Übersichten und Zusammenhänge.

Er findet auch die Worte, seine Gedankenwelt andern mitzuteilen. Er eignet sich denn auch ebensosehr für Erziehung wie für Gewissens- und Geistesführung.

Die äußere Erscheinung des Wassermanns

Die Gestalt

Wie nicht anders zu erwarten, ist ein Wassermann-Typ leider nur an wenigen äußeren Merkmalen zu erkennen. Anders als dem Vertreter eines nach einem Tier bezeichneten Typs, fehlen dem Angehörigen eines «menschlichen» Zeichens die klar bestimmbaren Eigentümlichkeiten. Die geringste Planeten-Signatur oder die Einwirkung eines anderen Zeichens verwischen sogleich das feine Grundmuster bis zur Unkenntlichkeit.

Höchstens darf man feststellen, daß der reine Wassermann eher eine schwache Konstitution mit nervösem Temperament aufweist. Ausgeprägte Stirne, eher schmaler Kiefer, im allgemeinen schmächtig und schlank. Der Eindruck der Feingliedrigkeit oder Zerbrechlichkeit wird noch verstärkt durch ausdrucksvolle Züge und beinahe durchsichtig schimmernde Haut. Kein Wunder, wenn ein «engelhafter» Eindruck entsteht, ein Gefühl des Immateriellen, des von Stofflichkeit befreiten Wesens.

Dieses «Idealportrait» wird durch Einflüsse und Wirkungen von Saturn, Merkur, Sonne und sogar Uranus nicht wesentlich verändert. Dagegen hebt jede Einwirkung von Mond, Jupiter, Mars oder Neptun die Gültigkeit des Allgemeinbildes auf. Unbekümmert jedoch um den Geburtsgebieter, gilt fast allgemein, daß dieser Typ tiefliegende Augen, lebhaften Blick, klare Züge aufweist – ein Bild jugendlicher Frische.

Gang und Mimik

Abgesehen von seiner Gestalt, vermittelt der Wassermann auf den ersten Blick den Eindruck der Lebensferne (er ist ja auch das Gegenzeichen des Löwen). Sein Äußeres besticht nicht, imponiert nicht. Er will das auch gar nicht. Natur und Takt gebieten ihm diskrete Zurückhaltung. Diese natürliche Schlichtheit wirkt indes als ruhige Gelassenheit oder unbeabsichtigte Anmut.

Unter uranischer Herrschaft dagegen ist der Wassermann nicht wiederzuerkennen. Wenn ihm auch große Szenen, verlogene Gebärden und laute Schaustellungen zuwider sind, so möchte er doch Eindruck machen: er erregt Aufsehen durch irgendeine Absonderlichkeit. Dabei kann das kurzfristig überspannte Getue unversehens in linkische Gebärde umschlagen. Viele Wassermann-Vertreter kennen abwechslungsweise beide Zustände: besonnene, zurückhaltende Schlichtheit, nachdenklicher Gleichmut schlagen sprunghaft und unberechenbar ins Gegenteil um – fraglos nicht selten, um eine gewisse Schüchternheit zu überwinden.

Die Stimme klingt eher schwach, die Ausdrucksweise selbst ist klar, die Mimik ausdrucksvoll. Erst unter Uranus-Einfluß wirkt sie übersteigert. Freimütiger, doch nicht zupackender Händedruck – der Mensch wirkt nicht berechnend, doch zurückhaltend.

Die Gesundheit

Der Wassermann in seiner Freude an Originalität verabscheut blinde Willfährigkeit und die Tretmühle des Alltags (im Gegensatz zur Jungfrau!). Ärztliche Anweisungen befolgt er oft unregelmäßig. Dabei springt er von einem Extrem ins andere, wechselt ruckhaft die Behandlungsmethode. Fasten und Unmäßigkeit, Ruhe und Betriebsamkeit – das hängt ganz von der Augenblickslaune ab. Alles und jedes, was nach Fortschritt riecht, ist nach dem Herzen des Wassermanns. Dabei schreckt er auch vor den brutalsten Mitteln sich selbst gegenüber nicht zurück, wenn man ihm eine entscheidende Wendung voraussagt. Er glaubt wie kein anderer an Wunderdrogen.

Die astrologische Tradition ordnet dem Wassermann u. a. die Waden und die Knöchel zu. Hinzu kommt, daß man – angesichts der Exilstellung der Sonne im Wassermann – auch von Blutarmut spricht. Sitzende Lebensart scheint abträglich.

Kleidung

Die Art, wie der Wassermann sich kleidet, hängt weitgehend ab von der Vorherrschaft eines Planeten, des Saturn oder des Uranus, im Zeichen.

Je nachdem ändert sich das Gesamtbild: Schlichtheit oder Verschroben-heit.

Die Frau mit Saturn-Einfluß trägt einfache Toiletten. Das Fehlen jedes groben Effekts kann freilich auch eine Form feiner Koketterie sein. Sie verzichtet schmerzlos auf Schmuck und Zierat. Ein kleines, launisches Detail entspricht eher ihrem Geschmack und ihrem Stil. Ihre Schönheit liegt in irgendeiner schwer bestimmbaren Einzelheit.

Die Frau mit Uranus-Einfluß dagegen, zusammen mit der Widder-Frau, ist in Modedingen stets auf der Höhe. Mit kühnen, ja ausgefallenen Kleidern will sie auffallen. Das Abwegigste, das Verrückteste in der jeweiligen Mode ist wie für sie geschaffen: mit wahrer Wollust macht sie jede Kurswendung mit und überspitzt wenn möglich alles noch mehr. Die freimütigsten Modeschöpfungen großer Schneider erregen ihr Ent-zücken und stehen ihnen wie angegossen. Was sie repräsentiert, ist nicht die männliche Art der Widder-Frau, auch nicht der Chic der Löwe-Frau und ebensowenig die «Rasse» der Skorpion-Frau. Für sie zählt allein, was «letzter Schrei» ist: sie bebt beim Gedanken, andere Frauen seien gleich gekleidet. Daher ihr Suchen nach besonders ausgewählten Arran-gements, nach dem Reizvollen um jeden Preis – oder nach dem Skandal. Ein minderer Typ freilich fällt leicht dem Snobismus zum Opfer.

Ähnliches gilt für den männlichen Vertreter des Zeichens. Herrscht Saturn vor, so zählt schlichte und etwas nachlässige Kleidung. Tritt Uranus ins Spiel, so erlaubt man sich absonderliche Freiheiten, die die Umwelt oft befremden. Ein solcher Wassermann reagiert dann mit der eindeutigen Redewendung: Zum Teufel mit dem guten Ton!

Auch in Kleiderfragen können im Wassermann-Typ die beiden unter-schiedlichen Grundkräfte nebeneinander bestehen, nacheinander oder gleichzeitig, ein doppelgesichtiger psychologischer Janus. Eine über-spannte Art der Kleidung kann eine schmerzlich empfundene innere Unzulänglichkeit wettmachen. Dagegen bedarf der gegen außen hin schlichte Wassermann, dank seiner tiefen Leidenschaft für Geistiges, keiner äußeren Beweise seiner Originalität.

Das Verhalten des Wassermanns

Die Liebe

Im Liebesleben wird die komplexe Vielfalt des Wassermann-Typs offenbar. Sinnlichkeit und Empfindsamkeit sind mit seiner Phantasie innig verknüpft. Er liebt einen andern Menschen nicht so, wie dieser in Wirklichkeit ist: in seiner Einbildung verklärt er ihn. Liebe trägt bei ihm, zumindest in den Anfängen, stets den Nimbus des Wunderbaren, des Romantischen oder Dramatischen. Er liegt in den Fesseln eines Trugbildes: einer idealen Vereinigung. Er übersieht die «Falle schöner Worte», er glaubt wortwörtlich, er baut auf Worte oder auf seinen Traum vom großen Glück. Allzu leicht wird er denn auch enttäuscht. Dann fällt er aus allen Wolken.

Sein schwärmerischer Überschwang kann sich mit zunehmendem Alter und dank der Lehrmeisterin Erfahrung legen. Dann erringt er das Vertrauen schlichter Gemüter, vermag ihnen mit seinem Rat zu dienen und findet sein Glück darin, sie zu seinen Idealen emporzuheben. Es ist die «Liebesfreundschaft» des zur Ruhe gekommenen Pygmalion.

Soweit die klassische Ausdrucksform der Wassermann-Liebe. Das moderne Paar im Zeichen des Wassermanns will von himmelhochjauchzender Liebeslust wenig wissen. Es sucht ein ruhiges Gleichgewicht, ein «relatives Glück». Der süße Liebestraum beim erstenmal ist ausgeträumt. In diesem Zeichen zählt die «freie Liebe». Sie entspricht dem Herzensbedürfnis des Typs.

Der Wassermann mißachtet die gesellschaftlichen Regeln und die Vorschriften der Religion. Er liebt «frei» und auf seine Art. Feste Bindung bedeutet ihm Qual. Der Ring am Finger – wenn er ihn überhaupt trägt – verliert seinen Symbolwert, so glaubt er zumindest. Seine erste Liebesglut kann er mit eisiger Kälte, ja schillernder Grausamkeit tarnen. Als Gefangener einer unglücklichen Liebe denkt er allein daran, sich zu befreien. Als Ehemann schreckt er dann auch vor der Scheidung nicht zurück. Er verficht im Grunde die Kameradschafts- und Freundschaftsehe, die jedem Partner volle Freiheit läßt – oder auch eine geistige Liebe, die auf ideeller Gemeinschaft und geistigem Austausch beruht.

Jedenfalls kennzeichnet die Wassermann-Typen die Neigung, die Liebe zu vergeistigen, die Macht der Gefühle vor Stürmen zu schützen – ungeachtet der immer wieder möglichen kurzfristigen Abenteuer. Liebe tritt hinter kühler geistiger Leidenschaft zurück.

Der Mann

Im Zeichen des Wassermanns finden wir den Antipoden Don Juans: die Sonne steht im «Exil». Man hüte sich jedoch vor Mißdeutungen; die «Schwächung» der Sonne ist nicht wörtlich aufzufassen: nicht weil ein Mann gegenüber der Frau als Geschlechtspartner auftritt oder nicht, steht seine Männlichkeit überhaupt zur Frage. Don Juan verkörpert Männlichkeit nicht im echten Sinne.

Der Wassermann muß zunächst ein Vertrauensklima schaffen, ehe er sich einer Frau nähert. Er will ihre Achtung erringen, er hat ein positives Vorurteil über die Weiblichkeit. Geringschätzung des Weiblichen mißfällt ihm. Er tritt denn auch nicht als «Frauenheld» auf, nach Art eines Siegers, für den die Frau zur Erholung geschaffen ist. Liebe zählt für ihn nur als freie und spontane Zustimmung, abseits jeder Berechnung und jedes Zwangs. Das setzt zumindest Gleichberechtigung der Partner voraus. Dabei wird die Geliebte idealisiert und überschätzt, Don Juan dagegen betrachtet die Frau einzig als flüchtiges Wild, das er schnell erobern will.

Ist der Wassermann ein angenehmer Lebensgefährte? Solange er seinen Traum der großen Liebe träumt, wohl kaum. Seine Partnerin soll dann Inbegriff aller Frauen sein: die leidenschaftliche Geliebte, befreit von Vorurteilen und Konventionen, die zärtliche Frau, die einen reizvollen Rahmen zu seiner Entspannung schaffen soll; die getreue Freundin, die seine Unabhängigkeit und seine Freundschaften respektiert; die Kameradin, die auch seinen ausgefallensten Launen stets willig Gefolgschaft leistet; das neugierige große Kind, das Interesse zeigt für seine Liebhabereien.

Ihm entspricht am stärksten die Frau, die alles zugleich liebt: Bereitschaft zu plötzlichem Wandel, Sorge für diskreten Komfort, Verzicht auf

Beeinflussung. Die Frau, die einen Wassermann geheiratet hat, muß lächelnd die Einladung zu Spaziergang und Abendbrot im Restaurant annehmen, auch wenn sie zu Hause die Speisen längst gar gekocht hat. Sie darf kein unerwartetes und obendrein unnützes Geschenk ablehnen, selbst wenn sie sich etwas Zweckdienliches seit langem gewünscht hat. Sie darf sich nicht wundern, wenn er unverhofft mit seinen besten Freunden, die auch die ihren zu sein haben, spätabends nach Hause kommt, dieweil sie eigentlich gemütliche Zweisamkeit erwartet hatte. Geld- und Haushaltsgespräche fallen ihm lästig; die kluge Frau zieht die Lehre daraus.

Doch er besitzt auch unschätzbare Tugenden. Er unterscheidet Liebe von Selbstliebe. Nichts ist törichter in seinen Augen als die lächerliche männliche Überheblichkeit über die Frau. Die schwersten Probleme lassen sich daher mit ihm vergleichsweise spielend lösen.

Die Frau

Der weibliche Wassermann entspricht dem Typ der modernen Frau, für die die Emanzipation des schönen Geschlechts kein leeres Wort bedeutet. Sie scheut sich denn auch nicht, eher ungewöhnliche Liebespfade einzuschlagen. Man denke etwa an Colette (Sonne und Mond in Konjunktion im Zeichen) und an die Schlagersängerin Juliette Gréco (Sonne, Merkur und Venus im Zeichen). Dabei empfindet sie durchaus weiblich und reagiert auf äußere Reize sehr empfindlich. Äußerer Schein trügt oft.

Ihr männliches Ideal ist der Heros, der Held großer Taten. Sie liebt, soweit sie bewundert. Ihren maßlos überschätzten Gefährten verehrt sie inbrünstig. Im Alltagsleben, in dem auch ein Held nicht makellos bleibt, wird ihr Ideal auf eine harte Bewährungsprobe gestellt. Sie verzeiht Mängel und Fehler, doch ihre Verehrung wird schwächer. Keine treuere Verbündete aber, wenn ein Mann «etwas werden» will! Sie unterstreicht seine Talente, seine Fähigkeiten, sie erahnt seine Möglichkeiten beinahe mit instinktiver Sicherheit.

Verräterisches Herz

Die Gefahr, die dem jungen Wassermann beiderlei Geschlechts droht, liegt darin, daß er ein Wesen anhimmelt und idealisiert, das der Verherrlichung nicht würdig ist. Alles Übel kommt daher, daß er die Menschen höher wertet, als sie tatsächlich sind. Ein Bruch zwischen Ideal und Wirklichkeit führt zwangsläufig zu tiefer Enttäuschung – die Ursache vieler Ehescheidungen. Erste Liebesregungen sind daher besonders kritisch zu beachten. Nur keine Überstürzung! Verräterisch bleibt sein Herz allzumal.

Der Wassermann und die anderen Zeichen

Wassermann und Widder: gute Kombination im Hinblick auf ein gemeinsames Ideal.

Wassermann und Stier: Antipoden in der Welt der Gefühle. Der eine möchte die Sinnlichkeit vergeistigen, der andere wurzelt tief in der Welt der Triebe.

Wassermann und Zwillinge: ziehen sich oft gegenseitig stark an. Zusammen streben sie nach einem gemeinsamen Ideal. Meist ungefährdete Harmonie.

Wassermann und Krebs: zwei Typen voller Phantasie und Vorstellungskraft. Die Möglichkeit günstiger Verbindung zwischen beiden ist unbestreitbar, wenn auch ihre Gefühlsreaktionen verschieden sind.

Wassermann und Löwe: gegenseitige Ergänzung und Opposition zugleich. Eine Verständigung, ein fruchtbarer Kontakt ist nur möglich, wenn der Wassermann sich dem Löwen unterordnet. Andernfalls stehen sie zueinander wie Hund und Katze.

Wassermann und Jungfrau: Gemeinsamkeit in Fragen der Forschung und der Bildung. Sie sind verschieden geartet: Sympathie herrscht zwischen ihnen einzig im Geistigen.

Wassermann und Waage: harmonisches Einvernehmen. Jedes der beiden Zeichen trägt zu gemeinsamer sozialer Aufgeschlossenheit und herzlicher Großzügigkeit bei.

Wassermann und Skorpion: gewissermaßen «Engel» und «Tier» oder Mephisto und Gretchen! Stärkste Unterschiede in Geschmacks- und Geistesproblemen. Freude an gegenseitiger Herausforderung.

Wassermann und Schütze: unmittelbare Eintracht dank stark idealistischen Neigungen. Beide wirken dank Großmütigkeit und Menschlichkeit günstig aufeinander. In enger und langer Gemeinschaft besteht die Gefahr, daß beide – bei üblen Aspekten – ihren Idealen abtrünnig werden.

Wassermann und Steinbock: saturnische Verwandtschaft. Einvernehmen im Blick auf Selbstverleugnung und Selbstentäußerung, alles im Dienste von «Ewigkeitswerten».

Wassermann und Fische: Ideal im Dienste an der Gemeinschaft.

Alle diese Angaben haben natürlich nur ganz allgemeinen Wert. Einzig die Gegenüberstellung der persönlichen, minutengenauen Horoskope zweier Menschen verbürgt eine gewisse Sicherheit.

Beruf, Arbeit und Geld

Die Berufswahl des Wassermanns stellt die Eltern vor nicht geringe Probleme. Liegt ihm in seinem Drang nach allem Neuen nicht von vornherein die Technik, so neigt er gerne zu Utopien. Es stellt sich dann die Frage, ob sich eine Lösung finden läßt, die materielle Sicherheit verbürgt. Der Wassermann fühlt sich manchmal auch von einem vollkommen neuen Erwerbszweig angezogen, dessen Aussichten noch keineswegs geklärt sind. Zusammen mit dem Widder drängt er nach avantgardistischen Berufen, gleichviel, wie groß das Risiko ist.

Er darf denn auch keinesfalls wohlwollende Ratschläge zum Erfolg mißachten und muß seine Grenzen kennen. Er rechne nicht allzusehr mit seiner physischen Kraft und mit seiner stimulierenden Überempfindlichkeit.

Im Grunde taugt für ihn eine Tätigkeit am Rande des bürgerlichen Lebens ungleich besser als eine reine Verwaltungstätigkeit, so verlockend sie auch für ihn sein mag. Er darf den Wert seiner freien Entschlußkraft niemals übersehen – ebensowenig die Notwendigkeit, seine Kraft in den Dienst der Gemeinschaft zu stellen.

Nachstehend einige Beispiele für Tätigkeitsgebiete, zu denen der Wassermann sich besonders hingezogen fühlt:

Neigungen: Selbständigkeit in größerer Gemeinschaft, zusammen mit ausgeprägtem Sinn für Neuerungen

Funktionen: Untersuchungen, Experimente, Technik, Reformen, Bildungswesen

Ziel: Der Mensch mit seinen physischen und moralischen Problemen, die Gesellschaft, jede menschliche Organisation, Maschinen, synthetische Produkte

Handlungen: Helfen, orientieren, unterrichten, forschen, vervollkommnen

Arbeitsplätze: Öffentliche, private, technische Schulen, Bildungsstätten, Erziehungsinstitute, Forschungsstätten für Medizin, Psychologie, Soziologie und Kultur; ferner: Flugplätze

Möglichkeiten: Elektrizität, Eisen- und Stahlindustrie, Luftfahrt, Ingenieurbüro; Luftverkehr, Flugpersonal, Film-, Radio- und Fernseh-Schaffender; Unterricht, Erziehung; Soziologie, Medizin, Psychologie, Psychotechnik, Sozialfürsorge, Gutachten

Der Wassermann kennt weder die leidenschaftliche Berufung wie der Löwe noch die treue Pflichterfüllung der Jungfrau. Fremd bleibt ihm auch das «Arbeitstier» Stier und die ehrgeizige Beharrlichkeit des Steinbocks. Für ihn entscheidet die Wirkung auf die Gesellschaft. Hier liegt seine stärkste Triebfeder.

Es wäre verfehlt, von ihm zu verlangen, daß er eine Riesenleistung in kurzer Frist vollbringt; dafür ist er nicht geschaffen. Berufsethos ist ihm nicht abzusprechen. Es äußert sich in recht großer Disziplin und hohem Verantwortungsgefühl. Vertraut man ihm, so enttäuscht er nicht. Er hält Wort: die Aufgabe, die ihm aufgetragen ist, erfüllt er sorgfältig.

Über allem aber steht der Sinn nach *Zusammenarbeit.* Soziale Gerechtigkeit liegt ihm am Herzen. Er arbeitet in Gruppen, wenn er dabei auch seine Selbständigkeit zu wahren trachtet. Weder eifersüchtig noch gewinnsüchtig, empfindet er Verständnis für die Interessen anderer. Und da er stets gute Stimmung verbreitet und keinem übel will, wird er fast immer bevorzugt. Sein persönlicher Geltungsdrang steht dann in Einklang mit den Gesamtinteressen des Betriebs. Gutes Einvernehmen mit Vorgesetzten wie Untergeordneten, brüderliche Hilfe, ausgezeichneter Mitarbeiter und Geschäftspartner – wie könnte er unter solchen Umständen nicht geschätzt werden! Seine Weisungen und Befehle kleidet er in die Form genauer Erläuterungen und eigener Erfahrungstatsachen.

Er arbeitet rationell und zugleich intuitiv. Er hat Ideen, er will sie rationalisieren. Nur bei großer Aktionsfreiheit leistet er Höchstes. Berufsprobleme packt er unter verschiedenen Aspekten an. Qualität wiegt bei ihm schwerer als Quantität. Dennoch sind die Details nicht unbedingt seine Stärke. Beruflicher Aufstieg ist ihm in vielen Fällen gewiß.

Er weiß, daß in der Stetigkeit sein Wert liegt, daß allein Ausdauer auch Kompetenz verleiht. Oft wertet er freilich eine fesselnde berufliche Tätigkeit höher als eine große Karriere. Wichtiger scheint ihm, «etwas» zu repräsentieren, als «jemand» zu sein: er wird dergestalt zum Diener an einer Wahrheit oder an einer Gemeinschaft.

Herrscht Uranus vor, so erlebt der Wassermann ein rastloses und mühseliges Leben voll unvorhergesehener Ereignisse, jäher Wendungen, unerwarteter Pechsträhnen und außerordentlicher Glücksfälle.

Der Wassermann-Typ rafft das *Geld* nicht zusammen. Das genaue Gegenteil eines Egozentrikers, der allein auf Ellbogen-Politik ausgeht, nimmt er Geldfragen vielleicht allzu leicht. Berühmte Wassermann-Vertreter sind in Not und Elend beinahe umgekommen.

Soll und Haben bedeuten ihm Fremdwörter. Vermögen anzuhäufen steht nicht nach seinem Sinn – nicht nach dem Sinn seines Lebens. Eine gewisse materielle Bescheidenheit sagt ihm eher zu als Geld in allen Taschen.

«Sein» bedeutet ihm mehr als «Haben». Wassermann-Reichtum ist natürlicher Reichtum: was ihm bleibt in der Stunde des Todes. Gleich allen großzügigen und uneigennützigen Menschen kann der Wassermann nicht sparen. Küchenabrechnungen sind ihm ein Greuel. Er zahlt, ohne zu markten. Geben ist seliger als nehmen! Dennoch hüte er sich vor dem Hang, alles wegzugeben. Er kann sich gegen ihn selbst wenden, wie bei einem Menschen, der unbedenklich Bücher ausleiht und eines Tages, wenn er sie benötigt, sie entbehren muß.

Zu Spekulationen und großen Geschäften fühlt sich der Wassermann nur hingezogen, wenn Uranus im Geburtshoroskop vorherrscht. Doch handelt es sich dabei eher um eine geistige Passion: die Gier nach Gewinn wird völlig verdrängt durch die Lust am Risiko und am Abenteuer.

Gemischte Wassermann-Typen

Wir kennen unser Sonnenzeichen; aus der Anleitung am Ende des Buches können wir das Aszendentzeichen berechnen. Die Werte dieser beiden Zeichen zusammen ergeben folgende allgemeine Charakterisierung:

Wassermann - Widder   *Aszendent Wassermann und Sonne im Widder*
oder
Sonne im Wassermann und Aszendent Widder

Unabhängigkeitsdrang und Freiheitsliebe äußern sich in kühner, revolutionärer Tat. Idealistischer, schwärmerischer und origineller Geist, leicht entflammt für neue Ideen. Ein Reformer, naiv und utopisch oder erfinderisch und empirisch, allem Neuen zugetan. Großzügiger Idealist im sozialen, philosophischen oder wissenschaftlichen Bereich. Selbstlosigkeit (Gassendi).

Wassermann - Stier   *Aszendent Wassermann und Sonne im Stier*
oder
Sonne im Wassermann und Aszendent Stier

Hang zur Geselligkeit, Liebe zur Menschheit gemeinhin. Angenehmer und umgänglicher Mensch. Möglich ist jedoch ein Konflikt zwischen sinnlichem Besitzertrieb und verstandesmäßiger Großherzigkeit. Sublimierung in soziale oder ästhetische Forderungen (Karl Marx).

Wassermann – Zwillinge   *Aszendent Wassermann und Sonne in den Zwillingen*
oder
Sonne im Wassermann und Aszendent Zwillinge

Bedeutende Einfühlungskraft, Großzügigkeit und Sympathie, Geselligkeit trotz Unabhängigkeitsdrang. Umfassende Intelligenz und verfeinerte Psychologie. Offenheit für Fortschritt, Neuheit und Vorausahnung (Rossini, Jules Verne).

Wassermann – Krebs   *Aszendent Wassermann und Sonne im Krebs*
oder
Sonne im Wassermann und Aszendent Krebs

Von der Natur aus neugierig. Sehnsucht nach dem «verlorenen Paradies». Drang nach Jenseitigem. Oder Bindung an Familie, Sicherheit, Vergangenheit, Tradition, zugleich Streben nach Emanzipation, Neuerung, Reform, Fortschritt. Überempfindlichkeit, zugleich qualvoll und vergeistigt. Idealismus mit Neigung zu Utopien, Luftschlössern, zumindest bei schwachen Charakteren. Im Mittelpunkt der Gefühle stehen Familie und Freundschaft (Byron, Schubert).

Wassermann – Löwe   *Aszendent Wassermann und Sonne im Löwen*
oder
Sonne im Wassermann und Aszendent Löwe

Löwe als Ausdruck stärkster Selbstbehauptung, oft zum Nachteil anderer – Wassermann als größte Selbstüberwindung zum Vorteil anderer. Der innere Konflikt erreicht einen Höhepunkt. Zugleich Wille, selbst «strahlender Mittelpunkt» sein, und der Drang, sein Ich dienend für andere Menschen zu opfern (C. G. Jung).

Wassermann – Jungfrau   *Aszendent Wassermann und Sonne in der Jungfrau*
oder
Sonne im Wassermann und Aszendent Jungfrau

Neugierige, rastlose, feinfühlige, verständnisvolle und scharfsichtige

Natur. Sehnsucht nach hohem Ideal. Humanität als soziale Gesinnung (Roosevelt).

Wassermann – Waage   *Aszendent Wassermann und Sonne in der Waage*
oder
Sonne im Wassermann und Aszendent Waage

Gesellig-spontane Natur, die zu Zusammenarbeit, Brüderlichkeit drängt. Selbstaufopferung im Dienste eines sozialen Ideals. Doch oft schwacher Wille, außer bei der Verfechtung unpersönlicher Interessen.

Wassermann – Skorpion   *Aszendent Wassermann und Sonne im Skorpion*
oder
Sonne im Wassermann und Aszendent Skorpion

Tiefe Unruhe und Sinn für alles Menschliche kennzeichnen diese neugierige Natur, die oft mit durchdringender psychologischer Einfühligkeit begabt ist – doch auch mit kritischer Urteilskraft. Geist der Auflehnung und Liebe zur Freiheit leisten einem Geist aufsässigen Außenseitertums Vorschub und bewirken einen kühnen, ja revolutionären Geist (Stendhal).

Wassermann – Schütze   *Aszendent Wassermann und Sonne im Schützen*
oder
Sonne im Wassermann und Aszendent Schütze

Hingabe an ein Ideal, an neue, großherzige Pläne außerhalb des Üblichen. Drang nach urwüchsigen Lösungen in Freiheit. Die Persönlichkeit tritt hinter ihrer Sendung zurück (Beaumarchais, Leo X., Robespierre).

Wassermann – Steinbock *Aszendent Wassermann und Sonne im Stein-*
bock
oder
Sonne im Wassermann und Aszendent Stein-
bock

Die Verbindung der beiden «Winter-Zeichen» unterstreicht die saturni-sche Neigung zu Verinnerlichung, Kühle, Konzentration. Hierher gehört der Typ des Stubenhocker-Gelehrten. Der Mensch geht den Dingen auf den Grund. Sein Wille richtet sich auf ein unpersönliches Ziel. Neigung zu Verzicht, Vereinsamung. Endziel: Weisheit (Auguste Comte, Montesquieu).

Wassermann – Fische *Aszendent Wassermann und Sonne in den*
Fischen
oder
Sonne im Wassermann und Aszendent Fische

«Alle Menschen werden Brüder» – der Satz ist diesem Typ ins Herz eingegraben. Vorrang der großen Gemeinschaft, Dienst an ihr. Drang nach geistiger «Weltreise». Der Mensch geht auf in einer Gruppe und gibt sich selber preis (Chopin, Mendelssohn). Überblick über große Zusammenhänge (Darwin, Galilei, Renan, Voltaire). Bildung geistiger Gemeinschaften (Baden-Powell).

Die Bedeutung der Planeten im Wassermann

Wenn man die Beziehungen zwischen Tierkreis und Planeten erforschen will, so muß man zuerst die Bedeutung der Planeten in den Zeichen erkennen. Dies ist nur möglich, wenn ein minutengenaues Horoskop vorliegt. Die nachfolgenden Ausführungen gelten demnach für die aus den Ephemeriden ersichtlichen Gestirnstände.

Mond: Vergeistigung des Trieblebens, Verfeinerung, Takt, Höflichkeit. Reiches, doch oft qualvoll-bewegtes Innenleben.

Merkur: betont die prometheische Geistigkeit und verleiht zumindest einen erfinderischen und fortschrittlichen Geist, der stets auf der Lauer liegt, um den Menschen von seinen irdischen Fesseln zu befreien und ihm neue Horizonte zu erschließen (Bacon, Galilei, Jules Verne).

Venus: verleiht «luftige» Eigenschaften: angelische Leichtigkeit, Anmut, Grazie. Der Mensch strebt nach distanzierter, heiterer Gelassenheit von allem Irdischen (Chopin, Mozart, Smetana, Stendhal).

Mars: löst meist unbändigen Tatwillen des Planeten aus und drängt nach geistigen Eroberungen oder auch nach Abenteuern. Krisen in der Freundschaft und Bruderkriege sind nicht ausgeschlossen (Friedrich der Große).

Jupiter: Großmut, Menschlichkeit, Menschenliebe, Güte, freier Geist (MacKinley, Weygand).

Saturn: Bindung an ein unpersönliches Ideal, geistige Vereinsamung, Selbstaufopferung, Schicksalsschläge (Byron, Anatole France, Mozart).

Uranus: Verstärkung der technischen, revolutionären und prometheischen Seite von Planet und Zeichen (Volta, Mendelejew).

Neptun: fördert die Auflösung der Persönlichkeit sowie Naivität und Verirrungen (Huysmans, Verlaine).

FISCHE

Die Psychologie des Fisches

Wer am Ende der Tierkreisordnung geboren ist, gehört einem schwer zu umschreibenden Menschenschlag an. Er neigt dazu, seine Individualität in der Menschheit aufgehen zu lassen; die Grenzen zwischen Person und Kosmos zerfließen. Er lebt mehr für andere als für sich selbst; egozentrische Haltung ist beinahe ausgeschaltet. Für kollektive Strömungen, die ihn erfassen, ist er sehr empfänglich. Er kann sich überall heimisch fühlen und bleibt doch überall fremd. Er interessiert sich für alles und im Grunde für nichts; er steht immer abseits. Er kann viel wagen und viel opfern, denn in Wirklichkeit scheint ihm nichts wichtig oder gar wesentlich. Er ist weich und nachgiebig, wechselnden Eindrücken ganz ausgeliefert und sehr empfindlich. Er legt keinen Wert auf Besitz; nirgends fühlt er sich so geborgen wie im ständigen Strom ewigen Wandels, gleich den Flüssen, die im Ozean aufgehen, oder dem unruhigen Nomaden; ein heimatloser Geselle, der sich allen Richtungen der Windrose überläßt.

Darin kommt ein charakteristisches Fische-Gefühl zum Ausdruck: willenloses Sich-Treibenlassen in einem Meer tatenloser, unschlüssiger Beschaulichkeit; tiefinnere Sehnsucht nach einer Vereinigung mit dem Jenseitigen, dem kosmischen Ganzen. Das Ich soll geradezu in mystischer Ekstase mit einer Ganzheit verschmolzen werden und in dieser aufgehen. Alles in ihm strebt in diese allgemeine Richtung. Sein Glück heißt Flucht aus einer Welt der Begrenztheit, sein Wunsch ist es, die engen Schranken der Dinge zu überwinden. Dabei verliert er sich oft aus lauter Unschlüssigkeit im Wesenlosen.

Geborgenheit im Kosmischen

In der Kunst gehört er zu den Impressionisten, die nicht das Äußere der Dinge festhalten und wiedergeben, sondern eine Aussage über das Wesen anstreben, die Symbolik, das Visionäre, das die Beschauer gefühlsmäßig ansprechen soll.

Der Fische-Typ lebt in einem Zwischenreich. Seine Empfindungen fließen unbekümmert dahin, von einem Gegenstand zum andern, beweglich und unstet, schlagen unerwartet in eine andere Richtung um, wie dahingleitende Fische, die plötzlich stillstehen und dann wieder blitzschnell davonschießen.

Nahezu alle Fische-Typen fühlen sich – je nach ihrer Entwicklungsstufe verschieden – mit Übersinnlichem verbunden. Sie erahnen es wie selbstverständlich, sie brauchen gar keine Beweise für eine universelle Harmonie. Diese tiefinnerliche Gewißheit macht ein Teil ihrer Geborgenheit im Kosmischen aus.

Es gibt keinen andern Typ, sagt Giraudoux, der sich «mit seinem Gestirn solidarischer» fühlen würde. Traum und Wirklichkeit sind ineinander verzahnt: bewußtes Ich und unbewußte Lebenskräfte. Die Gefühlstiefe in den verschwommenen Bildern und Gestalten ihrer Vorstellungskraft bedeutet ihnen mehr als deren plastische Genauigkeit. Ein solcher Mensch folgt keinem geordneten Weg, um ein klar gewolltes Ziel zu erreichen. Unaufhörlich harrt er auf einen Anstoß von außen; kein Wunder, daß er zögert, tastet, sich vom Leben dahintreiben läßt und passiv den Anreiz zu eigener Reaktion erwartet. Er versucht einmal dies, dann jenes oder beides zugleich; er geht einen unsicheren, klippenreichen Weg voller Widersprüche, einem Irrgarten vergleichbar, in dem er sich leicht verliert.

Nur unter größten Schwierigkeiten vermag der Fische-Typ sich zu einer Persönlichkeit zu entwickeln. Lange kann er im Zwielicht verweilen, stets auf der Suche nach sich selbst; ungenutzt läßt er das Leben vorüberstreichen. Er vermittelt den Eindruck, in einer Welt gestaltloser Verschwommenheit zu verharren. Er sucht, tastet und flieht; Hindernisse türmen sich auf; er stolpert, er windet sich, er «schwebt», er «schwimmt» zwischen zwei Wassern. Seine Haltung ist unsicher; nur schwer ist wirkliche Entspannung von bloßem Treibenlassen zu unterscheiden. Dieses chaotische Innenleben läßt ihn leicht den Lebensfaden verlieren. «So schwanken wir zwischen verschiedenen Entschließungen; nichts wollen wir frei, nichts absolut, nichts beständig.» (Montaigne, Sonne-Neptun Konjunktion in den Fischen.)

Auf diesem Niveau steht selbstverständlich nur der niedrig entwickelte, der schwache Typ. Auf der Suche nach sich selbst gibt dieser sich gleichzeitig Träumereien, Gefühlen und uferloser Phantasie hin. Unterschiedslos reagiert er auf alle äußeren Reize, ohne leitende Idee, ohne moralische Bindung. Kampflos erliegt er den Versuchungen, mißachtet er Bremsen, Skrupel, Grundsätze, formbildende Ordnung. Seine «Ich-losigkeit» macht ihn willensschwach, rückgratlos und maßlos.

Was vermag sein Wille in einer solchen Welt gestaltloser Verschwommenheit?

Sein Leben lang fühlt er sich mitgezogen; gegen etwas anzukämpfen fällt ihm schwer. Er ist so leicht beeinflußbar und so wehrlos, daß er ständig um seine innere und äußere Menschenwürde ringen muß. Sein Hang, alles zu entschuldigen und sich für alles zu entschuldigen, verleiht ihm übertriebene Nachsicht und Nachgiebigkeit, die ihn aus lauter Schwäche, Lässigkeit oder Schlappheit vielen Gefahren aussetzt. Er verfällt Alkohol und Narkotika. Unmerklich entgleist, entartet und verkommt er.

Soweit er kann, weicht er Hindernissen aus; flüchtig und ungreifbar gleitet er durch die Finger, wie der Fisch, den man im Wasser packen will. Ein Meister der Täuschung, der Scheintugenden, der Illusionen, kennt er die Gabe der Tarnung; er gefällt sich in der Anonymität. Vor dem Feind sucht er Zeit zu gewinnen; er flieht nach Art des Tintenfisches, der eine Wolke schwarzer Tinte ausstößt, um sich darin zu verbergen.

Man hat geradezu von Feigheit gesprochen, von Betrug und Verrat, von Lug und Trug. Doch bei einer solchen Natur sind diese Bezeichnungen allzu direkt, als daß sie dem wahren Wesen entsprächen. In der Welt dieses Typs gilt die Lehre von der doppelten Wahrheit: er weiß nicht, welcher Wert wahr ist und welcher falsch. Wenn er lügt, ist seine Lüge nicht absichtlich. Er lebt in einer seltsamen Atmosphäre des Irrealen, in der sein Mythos den Wert der Wirklichkeit und seine Wahrheit den Wert des Mythos haben kann. Im tiefsten Wesen gestaltlos und anonym, fühlt er sich im konkreten Alltag fremd, leer und unheimisch. Sein Wirklichkeitssinn kann dann so sehr verfälscht werden, daß er das Selbstbewußtsein einbüßt und sich selbst zum Objekt wird. Seine Entfaltung verkümmert, die Entwicklung zur Persönlichkeit verwandelt sich in illusionäre Träumerei und schlaffes Schwelgen in Gefühlen. Ein minderer Typ verwechselt dann alle die Werte, die dem höherentwickelten Fische-Typ eigen sind, mit Surrogaten: Beschaulichkeit mit Tatenlosigkeit, echte Vision mit Hirngespinsten, Schmiegsamkeit mit Grundsatzlosigkeit, Erleuchtung mit Sinnestäuschung, Hellsicht mit Traumgebilden, Mystik mit Mystizismus.

Eine ganze Wertskala umschreibt den niedrigentwickelten Typ. Auf der tiefsten Stufe steht der Schizophrene, der an Sinnestäuschung leidende Wahnsinnige, dem der Wirklichkeitssinn gänzlich fehlt und dessen Psychose bis zur Auflösung der Persönlichkeit führen kann. Auf weniger dissonanter Stufe steht der «Dorftrottel», das schwächste Glied in der Kette einer Gemeinschaft, der die ganze negative Last seiner Umwelt und damit, bis zu einem gewissen Grade, das Schicksal seiner Welt trägt. Eine dritte, weniger schlimme Art verkörpern die Geschöpfe, die man mit dem Stichwort «weder Fisch noch Fleisch» zu umschreiben pflegt, die verworren dahindämmern: naive Utopisten, wirre Schwärmer, harmlose dümmliche Wolkengucker, Weltfremde – Opfer ihrer selbst und Opfer anderer.

Die Sehnsucht nach dem Höchsten

Nur wenig braucht es, um in der Hierarchie der Werte eines Fische-Geborenen das Negative ins Positive umzugestalten. Armut und Reichtum einer solchen Natur sind nicht klar abzugrenzen. Die Unterscheidung zwischen einem niedrigen und einem höherentwickelten Typ dient deshalb nur dem bessern Verständnis: beide Seiten der Medaille müssen erkannt werden.

In Wirklichkeit verkörpern die meisten Fische-Geborenen eine variable und bunte Mischung; Fragwürdiges steht neben Gutem. Einzig die klare Vorherrschaft der niederen oder höheren Züge erlaubt es, ein Werturteil abzugeben.

Mit steigendem Niveau schwinden die wirren Halbheiten, die verworrenen Träume, die verschwommene Sehnsucht nach Irrationalem. Sie weichen tiefer Nächstenliebe, selbstloser Opferfreude und echtem Mitleiden.

Bernanos zeichnet in seinem *«Tagebuch eines Landpfarrers»* einen fischegeprägten Priester mit fast kindhaftem Gemüt, einen Menschen ohne jede Geschicklichkeit, unpraktisch im Kampf ums Dasein, naiv und nicht übermäßig intelligent, der jedem Tag seine eigene Plage läßt und der Menschen, die nach materiellen Erfolgen lechzen, beinahe verachtet. Ihm stehen Nächstenliebe, Barmherzigkeit und echtes Mitempfinden näher als intellektuelle Neugier. Eine tiefe innere Verbindung mit seinem Nächsten verleiht ihm wahre priesterliche Hellsicht.

Beim niedrigentwickelten Typ kann der Drang nach Übersinnlichem zu maßloser Berauschung, zu Täuschung und Selbsttäuschung, ja zur

Auflösung der Persönlichkeit führen. Der höherentwickelte Typ, der Maß und Ordnung erkennt, kann diesen Drang sublimieren und erhöhen: im Blick auf die Einheit aller Dinge, Ganzheit, tiefe Verbundenheit aller Menschen.

Diese Sehnsucht nach universaler Einheit und Verbundenheit mit Jenseitigem und Höchstem, die sich in keinem andern Wasserzeichen so stark offenbart, hat viele berühmte Fische-Geborene hervorgebracht. Kopernikus schuf ein neues Bild vom Weltall, Bach komponierte seine göttliche Musik, Briand half den Völkerbund begründen und träumte von einem Vereinigten Europa, Einstein faßte das Weltall zusammen in der höchsten physischen Synthese, die menschlicher Geist sich «einfallen» lassen konnte.

In scharfem Gegensatz zu diesem kosmischen Aufschwung steht jedoch die Welt des 12. Hauses: das Haus der Prüfungen, der Zurückgezogenheit, der Gefangenschaft und der Verbannung. Ist es ein Zufall, daß viele Fische-Geborene, freiwillig oder gezwungen, «Verbannte dieser Erde» waren? Kaiser Karl V. zog sich am Ende seiner Waffengänge in ein spanisches Kloster zurück, Montaigne arbeitete in der Abgeschiedenheit seines Schlosses in Perigord, Voltaire wurde aus Frankreich ausgewiesen, Victor Hugo entdeckte seinen Genius im politischen Exil, Chopin war sein Lebtag Emigrant in der Verbannung, Schopenhauer hauste in innerer und äußerer Einsamkeit.

Die Allverbundenheit

Hingabe an die Welt heißt nicht Preisgabe seines Wesens. Die Kardinaltugend dieses Typs liegt in selbstvergessener Hingabe, die zu beglückender Aufopferung wird.

Gewiß, die meisten Fische-Geborenen sind Menschen mit Kummer und Sorgen wie andere Menschen. Doch im kleinern Lebenskreis strahlen sie eine natürliche Güte aus: Verständnis, Nächstenliebe und Mitleid. Unwiderstehlich von innen her getrieben, opfern sie sich für das Wohl der Ihrigen auf, ohne die Beweggründe oder Folgen ihrer Handlungen bewußt zu erkennen. Ein Bettler auf der Straße oder eine verlassene Katze erregen ihr Mitgefühl ebensosehr wie die ganze leidende Menschheit.

Diese Neigung zur Selbstaufopferung, dieser Altruismus, birgt auch eine Gefahr. Wenn sie entartet, trägt die Opferfreudigkeit leicht die verzerrte Fratze des Masochismus. Eine saturnische Dissonanz kann

Güte zu Dummheit entwerten: am Ende steht der gutmütige Trottel, der nicht nein sagen kann und mißbraucht wird. Die Grenzlinie zwischen einem gesunden Charakter, der verzichtet, bereut und Buße tut zum Heil seiner Seele, und einer krankhaften Natur, die Schmerzen geradezu wünscht und der die Leiden zum Selbstzweck werden, ist schwer zu ziehen. Hier zeigt sich die Gefahr eines *Schuldkomplexes*, der zu Opfer, Leiden und Sühne drängt für ein Vergehen, das gar nicht begangen wurde. In weniger ausgeprägten Fällen fassen solche Menschen ihr ganzes Leben unbewußt als Schande, Buße und Strafe für vermeintliche Fehlleistungen auf. Zwischen echtem und eingebildetem Opfer liegt eine Welt von Nuancen und Zwischenstufen. Echte Aufopferung erhebt den Menschen und gibt seinem Leben einen höheren und beglückenden Sinn; eingebildete führt zu innerer Verarmung, ja zu Masochismus.

Die Intelligenz

Einer nur wenig entfalteten Persönlichkeit droht die Gefahr, auf der «magischen Denkstufe» zu verharren und sich an eine Welt zu verlieren, in der fragwürdige Begriffe herrschen: Aberglaube, Zauberei, Beschwörung und Gaukelei.

Auf hoher Entwicklungsstufe dagegen erschließt sich dem Fische-Geborenen der Weg zur Einheit von Ich und Welt. Er überwindet Irrationales und wird «eingeweiht» in die Welt universaler Entsprechungen. Er besitzt tiefes Ahnungsvermögen, echte Intuition, magische Vorstellungsgabe und hat eine geradezu telepathische Hellhörigkeit für die geheimen Zwischentöne in den menschlichen Beziehungen. Jedem Mythos nahe, kennt er auch den Zugang zum kollektiven Unbewußten und damit zu parapsychologischen Fähigkeiten. Menschenliebe und Allverbundenheit erheben ihn vielleicht sogar zum prophetischen, visionären Verkünder einer neuen Welt, die durch das folgende Zeichen, den Widder, den Pionier und Bahnbrecher, eingeleitet wird.

Die äußere Erscheinung des Fisches

Die Gestalt

Den Fische-Geborenen ergeht es wie vielen andern Tierkreistypen: die Planetensignatur steht über der Tierkreisprägung. Vom Gesicht ist die Familienzugehörigkeit zum Fische-Typ nicht abzulesen. Es bedarf schon einer verstärkenden Jupiter- oder Neptun-Vorherrschaft, um das Äußere halbwegs zu charakterisieren. Bei einer solchen Kennzeichnung neigt der Fische-Typ zu molliger Rundlichkeit. Die Stirn ist gewölbt, der Hinterkopf rund, der Mund nicht allzu groß, doch voll ausgeprägt, das Kinn gerundet mit Ansatz zu Doppelkinn im Alter. Die Augen sind meistens leicht vorstehend und weit geöffnet, der Blick schläfrig oder verträumt in die Ferne gerichtet. Das Idealbild eines solchen Typs stellt zweifellos Buddha dar.

Gang und Mimik

Der Fische-Typ ist Lymphatiker, sein Gang daher leicht schleppend; regelmäßig, aber träge, manchmal auch schlaff und von einer schwer zu bestimmenden sinnlichen Note geprägt. Jede nervöse oder harte Geste fehlt. Einzelheiten in den Bewegungen eines solchen Menschen im Gedächtnis festzuhalten fällt schwer.

Auch seine Gesichtszüge vergißt man leicht. Sie vermitteln einen undeutlichen, flüchtigen Eindruck, der nicht haftenbleibt. Seine Sprache ist unbestimmt, sein Händedruck schwach und weich, aber herzlich und gutgemeint.

Selten trägt er ein überschwengliches oder übertriebenes Gebaren zur Schau. Er wirkt zaudernd und bedächtig und zuzeiten von Natur aus salbungsvoll. Oft ist er angesichts seiner «neptunischen Fremdheit» selbst für die Angehörigen ein Rätsel. Jovische Gutmütigkeit und venusische Sanftmut vermitteln das Gesamtbild freundlichen, undefinierbaren Charmes.

Gesundheit

Der Fische-Geborene ist – wie der Jungfrau-Typ – ständig um seinen Gesundheitszustand besorgt. Im Gegensatz zu diesem aber plagen den Fische-Typ vor allem die Auswirkungen der Volksgesundheit auf sein eigenes Wohl. Bei Ausbruch einer Epidemie z. B. studiert er sorgfältig die Symptome, um so früh wie möglich die gefürchteten Anzeichen an sich zu entdecken.

Er vertieft sich leidenschaftlich gerne in populär-medizinische Handbücher und schöpft daraus, wie er glaubt, kostbare Kenntnisse. Nicht selten aber wird er dann das Opfer fehlgedeuteter Symptome oder läuft Gefahr, Kurpfuschern in die Fänge zu geraten. Sein Gesundheitszustand ist von Umgebung und Lebensbedingungen stark abhängig. Im Grunde brauchte er einen Hausarzt, der Psychologe genug wäre, um mit viel Takt und Fingerspitzengefühl die oft nur zu verworrenen Empfindungen zu deuten und ihm eine konsequente Behandlungsmethode zu verordnen.

Ihrer Konstitution nach sind Fische-Geborene eher anfällig. Sie sind körperlich sehr empfindlich und ängstigen sich leicht vor Erkrankungen oder Ansteckung. Man beobachtet in diesem Zeichen etwa: organische Schwächen, Gebrechlichkeit, Zirkulationsstörungen, Blutarmut oder Störungen der Schilddrüsenfunktionen.

Umgang mit andern Menschen und deren Einfluß üben auf die Gesundheit und das moralische Gleichgewicht der Fische-Typen eine große Wirkung aus. Wie kaum einem anderen, eignet dem Fische-Typ die Fähigkeit, sich in seine Mitmenschen zu versetzen. Erfahrungsgemäß kann er bei einem Leben unter Kranken sich so sehr mit ihnen identifizieren, daß er schließlich an sich selbst die entsprechenden Krankheitssymptome empfindet. Auch das Phänomen des «stellvertretenden Leidens» gehört in diesen Zusammenhang.

Alle Gifte und alle inneren Toxine üben auf den Fische-Typ einen verhängnisvollen Einfluß aus. Im Kampf gegen wirkliche oder übertriebene Schmerzen verfällt er allem, was ihm zur Flucht aus der Wirklichkeit und seiner Persönlichkeit verhilft: Alkohol, Narkotika und Rauschgifte. Sucht er im Grunde, in künstlicher und minderwertiger Form, eine Sublimation, zu der ihm in normalem Zustand der Mut und die Kraft fehlen?

Kleidung

Die Fische-Frau weiß, daß ihre Kleidungsart weder eine Frage der Eleganz noch der Harmonie noch der tadellosen Aufmachung ist. Sie glaubt an die «Magie des Kleides»: bezaubernder Stoff, faszinierende Farbe, berückendes Parfum, ein kleiner Trick, ein Nichts genügt ihr, um eine Atmosphäre von Traum, Feenhaftigkeit und sanfter seltsamer Verführung um sich zu verbreiten.

Ihrem Wesen entsprechend, kleidet sie sich nach ihrer Phantasie; die jeweils herrschende Mode legt sie nach ihrem Geschmack aus. Sie liebt alles Weiche, Fließende, Weite, Unbestimmte, Unausdrückbare: den weiten Mantel, das ungegürtete, lose Kleid, das die Formen verbirgt und sie kaum erraten läßt. Ihre Schönheit liegt weniger in dem, was sie zeigt, als in dem Ungewissen, dem Undefinierbaren, das sie umgibt.

Der männliche Fische-Typ legt weniger Wert auf seine Erscheinung. Selten ist er tadellos gekleidet. Aber was schert ihn das!

Das Verhalten des Fisches

Die Liebe

Für den Fische-Typ bedeutet Liebe nicht nur einen Höhepunkt im Leben, sie ist ihm das Leben selbst. Venus steht erhöht im Zeichen. Das Herz des Fische-Typs ist voller Verlangen, Gemütsbewegung, Mitleid und Erregtheit. Fast undurchdringlich ist die Welt seiner Gefühle; die Geheimnisse seines Privatlebens hält er in sich verschlossen.

Als Geliebter wirkt der Fische-Typ verwirrend; für den Partner ist er unergründlich und schwierig zu erkennen. Zuneigung wie Abneigung sind nie genau abgegrenzt und kaum je zu überblicken; er wird deshalb auch oft verkannt. Nicht er wählt die Liebe, die Liebe wählt ihn, überrumpelt ihn, durchdringt ihn; einem Schlafwandler gleich gibt er sich ihr hin.

Wann beginnt bei ihm die Liebe? Wann endet sie? Weiß er es selbst? Kein äußeres Zeichen verrät es. Wer das Geheimnis dieser rätselvollen Seele ergründen will, muß ihren Seelenzustand intuitiv erfassen. Die Gefühle dieser Natur sind besser zu begreifen, wenn man bedenkt, daß ihre Liebe mit persönlichem Besitz nichts zu tun hat. Sie liebt die Liebe um ihrer selbst willen, ohne Beziehung zu sich selbst, oft sogar ohne Beziehung zu dem Wesen, das sie entfacht.

Der Mann

Es ist sicher erstaunlich, im Zeichen der Fische Menschen vom Schlag eines Don Juan zu finden. Dieser «Don Juanismus» bildet allerdings die Ausnahme von der Regel. Im allgemeinen ist der männliche Fisch weich und gutmütig; oft steht er sogar der Karikatur Modell als Pantoffelheld. Gewöhnlich ist er auf Eroberungen wenig erpicht. Er kann lange Zeit platonisch lieben; er ist zurückhaltend, weniger aus Schüchternheit, viel eher aus Angst vor verfrühter Bindung und Verantwortung. Gegen einen Rivalen kämpft er nicht. Er zieht sich zurück, wenn man ihm nicht offen Sympathie bekundet. Er wählt nicht zielbewußt, er erobert nicht im Kampf. Er läßt sich wählen; mehr noch: er braucht Ermutigung, um seine Liebesversuche weiterzuführen. Seine Intuition hilft ihm, günstige Umstände herbeizuführen; aber er wartet, bis man ihm auf halbem Wege entgegenkommt. Die Furcht, er könnte aufdringlich wirken, hemmt seinen Schwung. Eifersucht in ihm zu wecken, ist keine gute Taktik. Von ihm sind weder Szenen noch Vorwürfe zu erwarten. Er zieht sich zurück und wünscht alles Gute. Seine Opferfähigkeit geht bis ins Absurde.

Dieser rätselvolle Mann will verstanden sein, ohne daß man ihn ausfragt und ohne daß er sein Verhalten zu erklären braucht.

Hat aber eine Frau seine Welt erfaßt, so stellt er keine Probleme mehr. Das Eheleben ist dann ein Kinderspiel, er ist duldsam und gefügig. Er liebt gutes Essen und bringt immer wieder kleine Aufmerksamkeiten mit. Kostbare Geschenke soll man nicht erwarten; seine Gaben sollen vielmehr eine Geste sein, ein Zärtlichkeitsbeweis, kein materieller Wertgegenstand. Sie haben immer eine persönliche, oft sogar eine symbolische Bedeutung.

Der Fisch ist ein Gefährte, der alles zu opfern imstande ist. Wie kein anderer kennt er die rettende und erlösende Liebe. Man denke an Van Gogh (Konjunktion Venus-Mars dominierend in den Fischen), der auf der Straße der häßlichen, betrunkenen und schwangeren Prostituierten Christine begegnet; er nimmt sie zu sich und schenkt dieser Frau zwei Jahre lang seine ganze, hingebungsvolle Liebe. Unglückliche oder physisch gebrechliche Frauen finden im männlichen Fische-Typ einen Gefährten, der sie gerade um ihrer Gebrechen willen liebt.

Feinfühlige Liebe, Verbundenheit über das eigene Ich hinaus, Empfänglichkeit für Übersinnliches kann diese Menschen zu allgemeiner Menschenliebe führen, zu religiöser Andacht oder zu mystischer Vereinigung.

Die Frau

Der weibliche Fische-Typ ist vor allem romantisch: das Fremdartige, Wunderbare und Zauberhafte zieht sie an. Wehrlos und rückhaltlos einem Mann anzugehören und in ihm die ganze Menschheit zu umarmen – darin liegt ihre wahre Liebeswonne. Freilich läuft sie damit Gefahr, Illusionen und unerfüllbaren Erwartungen und Hoffnungen zum Opfer zu fallen.

Die Gefahr für diesen Frauentyp heißt: anonyme, heimliche Liebe. Schon der Mann neigt dazu, seine Leidenschaft zu verhehlen; noch stärker vermag die Frau im verborgenen und ohne geringste äußere Andeutung zu lieben. Sie idealisiert und überschätzt leicht den Geliebten und übersieht seine wirklichen Fähigkeiten. Sie liebt auch die Leidenschaft auf Distanz; vor der Wirklichkeit schreckt sie oft zurück. Ihre ganze Liebe gehört dem Unerreichbaren. Werden diese jugendlichen Glücksträume beim heranwachsenden Menschen auch überwunden, so bleibt doch oft ein Fernweh, ein unbestimmbares Sehnen zurück. Stehen jedoch Wirklichkeit und Traum in einem richtigen Verhältnis zueinander, so wird die Fische-Frau eine vorzügliche Ehegefährtin. Nur verlange man von ihr keine strenge Ordnung! Sie hat eine eigene, besondere Ordnung, in der nur sie sich zurechtfindet. Auch die genaue Führung eines Haushaltungsbuches ist von ihr nicht zu erwarten. Sie ist ohne weiteres imstande, ihre tägliche Arbeit liegen oder die Suppe überkochen zu lassen, um das Feuilleton in ihrer Zeitung zu lesen...

Vor einem hat sie sich zu hüten: vor dem im weiblichen Wesen schlummernden Masochismus! Er kann sich bei ihr des kleinsten Vorwandes bemächtigen, um ihre Güte in Schwäche zu verwandeln und diese in heimliche Schuld.

Die Liebesprobleme

Die größte Gefahr für die Liebesangelegenheiten des Fische-Typs stammt aus seiner Unsicherheit. Er zögert, er erklärt sich nicht offen. Er hält so lange an einer lockeren Bindung fest, bis man ihn aus seiner Verschanzung treibt. Sowenig er ja sagen kann, sowenig sagt er auch nein. Er findet es durchaus natürlich, abgebrochene Verbindungen neu zu knüpfen. Abenteuerliche Episoden sind nicht selten. Er geht und kommt wieder, man weiß nie genau, wann und warum.

Zur Frage steht somit die besondere Qualität der Fische-Liebe. Dieser Typ kann seine Liebesgefühle auf Kranke und vom Schicksal Geprüfte richten, um ihr Unglück zu teilen und zu mildern. Wo aber hört die echte Liebe der Selbstaufopferung auf, und wo beginnt die masochistische Liebe? Dem Fische-Typ droht die Gefahr einer Entartung zu krankhafter Liebe. Er muß sich dessen bewußt bleiben, daß es edle Liebe ohne Charakterstärke nicht gibt. Von diesem Charakter hängt es ab, ob die Liebe zur Hölle oder zum Paradies wird.

Der Fisch und die anderen Zeichen

Fisch und Widder: haben wenig Gemeinsames und verstehen sich nur schwer. Aber was der eine erahnt, kann der andere verwirklichen.

Fisch und Stier: leben in verschiedenen Welten, doch ziehen sie sich in ihrem Gefühlsleben an, freilich eher körperlich als geistig.

Fisch und Zwilling: leben nebeneinander wie Fremde, ohne sich zu verstehen.

Fisch und Krebs: haben viel Gemeinsames. Intuitiv verstehen sie sich sogleich und ziehen einander an. Ihre Verbindung ist tief und dauerhaft.

Fisch und Löwe: empfinden weder Verständnis noch Sympathie füreinander.

Fisch und Jungfrau: Gegnerschaft zweier unvereinbarer Welten. Sie verstehen einander nicht; dabei wäre ihre Kombination ideal.

Fisch und Waage: eine unsichere Verbindung. Sie bleiben einander ein Rätsel. Berührungspunkte ergeben sich nur in idealistischem Altruismus.

Fisch und Skorpion: verstehen sich ohne viel Worte. Gemeinsame Leidenschaften, die sie verschieden erleben.

Fisch und Schütze: haben viel Gemeinsames und gleiche Geschmacksrichtungen. Aber ihr Verhalten und ihre Reaktionen sind so verschieden, daß daraus Konflikte und Mißverständnisse entstehen können.

Fisch und Steinbock: verstehen sich in der Selbstaufopferung, obgleich der eine den andern zu «trocken» bzw. zu «wäßrig» findet.

Fisch und Wassermann: huldigen beide einem unpersönlichen Ideal im Dienst der Gemeinschaft und der Menschheit.

Fisch und Fisch: Ihre Empfindsamkeit kann Konflikte hervorrufen. Anderseits große Übereinstimmung auf sozialem Gebiet zum Wohle der andern.

Alle diese Angaben haben natürlich nur ganz allgemeinen Wert. Einzig die Gegenüberstellung der persönlichen, minutengenauen Horoskope zweier Menschen verbürgt eine gewisse Sicherheit.

Beruf, Arbeit und Geld

Wenn der Fische-Typ einen Beruf wählen soll, äußert er sich unentschlossen und unsicher, manchmal sogar ratlos. Er droht den Einflüssen seiner Umgebung zu erliegen, holt sich bei jedermann Rat und wählt schließlich ganz anders. Entscheidet nicht innere Berufung, so fällt die Wahl schwer; dann besteht die Gefahr, daß er den falschen Weg einschlägt.

Oft fühlt er sich von zwei verschiedenen Berufen zugleich angezogen. Man sollte ihm daher die Möglichkeit bieten, beide zu erproben, bis er sich schließlich eindeutig für den einen entschließt. Er könnte sonst in spätern Jahren ein Bedauern, doch falsch gewählt zu haben, nie mehr loswerden.

Ihn fesselt mancherlei. Er bedarf denn auch einer abwechslungsreichen Tätigkeit, die Phantasie und Einfühlung von ihm erfordert und die menschliche Seite, Hilfe und Fürsorge, zur Geltung bringt.

Nachstehend eine sehr unvollständige Liste der Berufsrichtungen, die dem reinen Charakter des Fische-Typs am ehesten entsprechen:

Neigungen: Gemeinschaftssinn, philanthropisches Wirken

Funktionen: dienen, helfen, aufopfern

Objekte: Gewässer, Getränke, Erdöl, Gas, Tabak, seltene und besondere Substanzen

Handlungen: helfen, retten, heilen, pflegen, beschützen, zur See fahren, das Grenzenlose erforschen, das einfache Leben

Orte: Spitäler, Asyle, Hospize, Laboratorien, Klöster, Gefängnisse, Trinkerheilanstalten, Besserungsheime, Rettungsstationen; Meere, Häfen

Möglichkeiten: Fischerei, Seefahrt, Schiffsbau; Krankenpfleger, Krankenschwester, Arzt, Gefängniswärter; Meeresforscher, Erforscher der öffentlichen Meinung, Astronom

Als Arbeiter wirkt dieser Typ eher pittoresk. Er ist kein Vorbild für sachlich-methodischen Arbeitswillen. Pünktlich zur Arbeit zu erscheinen, kostet ihn viel. Wird er nicht unbedingt gezwungen, so findet er allerlei Ausreden, um zu tun, was und wie es ihm gefällt. Er ist kein Freund sachlicher Ordnung; viel wohler fühlt er sich im Durcheinander. Doch wo andere sich verlieren, findet er sich zurecht.

Ein solcher Mensch fügt sich offensichtlich nur schwer in eine rationelle Arbeitsmethode ein. Seine Leistung ist größer, wenn er die *Arbeit* auf die ihm gemäße Weise erledigen kann. Er arbeitet lieber aus persönlicher Intuition heraus als nach einem logischen und wohlorganisierten Plan. Das mag verwunderlich sein bei einem Menschen, der doch für die Gruppenarbeit wie geschaffen scheint. Aber gerade durch seine Intuition dient er der Gemeinschaft am besten.

Der Fische-Typ ist nicht sehr selbständig. Von sich aus ergreift er selten die Initiative. Er wartet, bis äußere Umstände ihn herausfordern. Dann aber ist er ein glücklicher Opportunist. Freilich läßt er sich fast immer weit über sein gestecktes Ziel hinaus fortreißen; das kann von Gutem oder von Übel sein. Er kennt keine Selbstkontrolle, die ihm Einhalt gebietet; einmal in Fahrt, läuft er weiter, oft bis in den Untergang.

Soll er Höchstleistungen vollbringen, so muß er sich in seinem Element fühlen und, glücklich wie ein Fisch im Wasser, im eigenen Strom schwimmen können. Er versucht nicht zu imponieren. Dem unangenehmen Druck eines Vorgesetzten weicht er aus; einen Untergebenen überläßt er aus lauter gutmütigem Wohlwollen sich selbst.

Natürlich ist die Spannweite zwischen dem niederen und dem höherentwickelten Typ sehr groß. Der erstere kann aus lauter Unsicherheit untergehen, der zweite dagegen vermag sich aus verworrenen Situationen herauszuwinden und in günstiger Stunde, gleichsam als «Mann der Vorsehung», die lang gesuchte Lösung bereitzuhalten.

Der disharmonische Fische-Typ, mit den entsprechend charakteristischen Kennzeichen in seinem Horoskop, sucht den Erfolg auf mehr oder weniger krummen Wegen zu erreichen: geheime Machenschaften, unlauterer Wettbewerb, Spekulationen, Hochstapelei, betrügerischer Bankrott.

Der harmonische Typ dagegen ist ein wahrer Idealist. Mit seinen philanthropischen Bestrebungen dient er der Menschheit, sei es auf sozialem Gebiet oder durch fruchtbares Wirken auf wissenschaftlichen Grenzgebieten.

Abgesehen vom niederen Fische-Typ – dessen Verachtung des Geldes nur eine Ausflucht ist, um sich vor Arbeit und Kampf zu drücken – ist anzuerkennen, daß der Fische-Typ im allgemeinen das *Geldverdienen* nicht zu seiner Lebensaufgabe erhebt. Er verlangt weder nach Macht noch nach Vermögen – er ist nicht dafür geschaffen.

Aber auch hier gibt es Ausnahmen. Im Zeichen der Fische stehen große Industrielle: der Automagnat Emil Mathies, der Börsenmakler Alfred Löwenstein und der «Zündholzkönig» Ivar Kreuger. Alle Fische-Typen besitzen den dunklen Drang nach Ausweitung und Maßlosigkeit, und dieser ist auch auf dem Gebiet des Besitzes und der Vermögenswerte durchaus zu befriedigen. In diesem Zeichen stehen nicht selten Spekulanten, die durch betrügerische Machenschaften Riesensummen gewinnen und dann alles wieder verlieren, weil sie auf Sand bauen.

«Goldrausch» in einem Zeichen, das auf materielle Bedürfnislosigkeit eingestellt ist, bedeutet in Tat und Wahrheit ein Schwimmen gegen den Strom. Es sei denn, man wolle selbstlos andern helfen. Doch ist es nicht klüger, wenn dieser Typ frühzeitig auf Wundererwartungen verzichtet und sich vielmehr, seinen Fähigkeiten gemäß, eine Stellung verschafft, die es ihm erlaubt, auf geistiger Ebene zu wirken, die seiner Natur viel eher gerecht wird?

Gemischte Fische-Typen

Wir kennen unser Sonnenzeichen; aus der Anleitung am Ende des Buches können wir das Aszendentzeichen berechnen. Die Werte dieser beiden Zeichen zusammen ergeben folgende allgemeine Charakterisierung:

Fische – Widder   *Aszendent Fische und Sonne im Widder*
                    oder
                    Sonne in den Fischen und Aszendent Widder

Die Welt der Gefühle, der Unentschlossenheit, des Zauderns, hart neben der Welt der Tat, der feurigen Eile. Diese Verbindung schafft ein zumindest rätselvolles Wesen. Innerer Feuereifer kann zu Selbsthingabe führen. Ein Mensch voll guten Willens im Dienste einer großen, humanitären Sache. In gewissen Fällen prophetische Intelligenz, universale Vision, überragende Leistungen (Briand, Kopernikus, Einstein, Gorki).

Fische – Stier   *Aszendent Fische und Sonne im Stier*
                   oder
                   Sonne in den Fischen und Aszendent Stier

Diffuse Gefühle, die den Menschen schubweise überrennen. Ziemlich hilflos gegenüber einer Welt ohne klare Gestalt. Sind jedoch im persönlichen Horoskop gute Aspekte vorhanden, so kann sich eine solche Gemütsanlage als sehr fruchtbar erweisen. Beruht diese auch meist auf der Sinnlichkeit, so äußert sie sich doch auch in Güte und Selbstaufopferung (Washington, Hodler).

Fische

Fische – Zwillinge   *Aszendent Fische und Sonne in den Zwillingen*
                      oder
                      Sonne in den Fischen und Aszendent Zwillinge

Die Verbindung dieser beiden Zeichen wirkt unharmonisch und erzeugt einen eigenartigen, unentschlossenen, unbeständigen, unsteten und durch die Umwelt leicht beeinflußbaren Charakter. Starke Nervosität, Gewissenskonflikte, Minderwertigkeitsgefühle (Oscar Wilde).

Fische – Krebs   *Aszendent Fische und Sonne im Krebs*
                  oder
                  Sonne in den Fischen und Aszendent Krebs

Dieser «Wasser-Typ» läßt sich vom Leben treiben; er ist abhängig von seinem Lebenskreis, wankelmütig, rastlos und chaotisch. Ohne Selbstbeherrschung und Zügelung der Phantasie überwiegen mediale und mystische Kräfte. Starke Empfindungen wandeln sich leicht in Aufopferung und Mitleid und humanitären Idealismus (La Fontaine, Montaigne).

Fische – Löwe   *Aszendent Fische und Sonne im Löwen*
                 oder
                 Sonne in den Fischen und Aszendent Löwe

Zwei einander fremde Naturen hausen im Menschen: die eine undeutlich, ungewiß, schwebend; die andere offen, direkt, gebieterisch. Der Mensch ist gezwungen, ständig von einer Welt zur andern zu wechseln, aus der Domäne strahlender Helligkeit in die des vagen, gestaltlosen Dunkels. Überwindet sich der Löwe und stellt sich in den Dienst der Fische-Ideale, so können die Gegensätze zu innerer Einheit verschmelzen. Heroische Selbstverleugnung und herzhaft-feuriges Sich-Einsetzen für die Gemeinschaft krönen ein solches Bemühen (Petrarca).

Fische – Jungfrau   *Aszendent Fische und Sonne in der Jungfrau*
                     oder
                     Sonne in den Fischen und Aszendent Jungfrau

Diese Gegensätze in Einklang zu bringen, ist äußerst schwer. Zwei Welten treten sich gegenüber: logisch, begrenzt, genau, verantwortungsbewußt die Jungfrau; flüchtig, unsicher, nachlässig die Fische. Echte innere Harmonie ist selten. Probleme des Elends, des Leidens und des Übels können dieser Natur einen echten, humanitären Sinn geben (Ronsard).

Fische – Waage   *Aszendent Fische und Sonne in der Waage*
                    oder
                    Sonne in den Fischen und Aszendent Waage

Hier ist die Waage unschlüssiger und zögernder denn je. Diese Verbindung bewirkt eine zweifelnde, leicht beeinflußbare und verletzliche Natur. Das Gefühl gewinnt auf Kosten der Überzeugung die Oberhand. Bei guten Aspekten aufopfernde Liebe und Güte.

Fische – Skorpion   *Aszendenten Fische und Sonne im Skorpion*
                      oder
                      Sonne in den Fischen und Aszendent Skorpion

Das Sprichwort «Stille Wasser gründen tief» ist dieser «Wasser-Natur» auf den Leib geschrieben. Unruhig, innerlich gequält, heftig und leidenschaftlich, empfänglich für alles Geheimnisvolle und auch Krankhafte, nach der nie erreichbaren Unendlichkeit dürstend, vermag sich ein solcher Mensch dennoch von den Dämonen in seinem Innern zu befreien, wenn er nach der Gemeinschaft strebt und sich mit dieser identifiziert (Bernanos, Hugo, Poe).

Fische – Schütze   *Aszendent Fische und Sonne im Schützen*
                     oder
                     Sonne in den Fischen und Aszendent Schütze

Zwei Jupiter-Zeichen. Alle Jupitereigenschaften kommen hier verstärkt zum Ausdruck. Idealismus und Philanthropie stehen zuoberst. Hang zum Gigantischen, meist starke Religiosität. Ein solcher Mensch sucht die größte Dimension, um sein Wesen «auszuweiten» (Lindbergh, Leonardo da Vinci, Papst Leo XIII).

Fische – Steinbock   *Aszendent Fische und Sonne im Steinbock*
                       oder
                       Sonne in den Fischen und Aszendent Steinbock

Zwei vollkommen verschiedene Welten ohne gemeinsamen Nenner: der weiche, mitleidige Fisch und der harte, nüchterne, konzentrierte Steinbock. Die Selbstzucht des Steinbocks kann immerhin die «mystische» Welt der Fische günstig beeinflussen; eine Kombination bewirkt dann einen Charakter, der sich in strenger Zucht aufopfert (Bach, Karl V., Michelangelo, die hl. Therese von Lisieux).

Fische – Wassermann   *Aszendent Fische und Sonne im Wassermann*
                      oder
                      Sonne in den Fischen und Aszendent Wassermann

Die Verbindung der zwei letzten Tierkreiszeichen verstärkt das soziale Empfinden und das Gemeinschaftsgefühl. Diese Menschen bemühen sich erfolgreich um Menschheitsprobleme und echte Freundschaftsbeziehungen. (Darwin, Galilei, Baden-Powell.) Die Gedanken versuchen das «große Ganze» zu erfassen, allgemein menschliche Probleme zu verstehen und hinter den Sinn des Daseins zu kommen. Hochbegabt, voller Liebe für geistige «Gemeinden».

Die Bedeutung der Planeten in den Fischen

Wenn man die Beziehungen zwischen Tierkreis und Planeten erforschen will, so muß man zuerst die Bedeutung der Planeten in den Zeichen erkennen. Dies ist nur möglich, wenn ein minutengenaues Horoskop vorliegt. Die nachfolgenden Ausführungen gelten demnach für den aus den Ephemeriden ersichtlichen Gestirnstand.

Mond: fördert die Neigung zu Träumen, Phantastik, Halluzination oder Hellsehen (Goethe, E. T. A. Hoffmann, La Fontaine, Edgar Poe).

Merkur: der geflügelte Götterbote steht hier im «Exil» und ertrinkt gleichsam im flutenden Element. Intuitive Begabung (Briand, Bernanos, Darwin, Malarmé).

Venus: zarte Gefühle, Feinheit; Freundschaft und Liebe stehen oft nahe beisammen. Sinn für Mystik, Wunderliches und Romantik (Bach, Dickens, Hugo, Lessing, Molière, Madame de Staël).

Mars: energisch und abenteuerlich, anarchistisch, geheimnisvolle Liebesabenteuer, oft erfüllt von unausführbaren Plänen. Die Aggressivität des Planeten kann einen chaotischen, zur Anarchie drängenden Charakter annehmen (van Gogh, Daumier).

Jupiter: Harmonie zwischen Denken und Handeln, Güte, Idealismus und Großzügigkeit. Liebe zur Wissenschaft, Mäzenatentum (Karl V.)

Saturn: Einsamkeit und Lebensernst. Abneigung gegen gesellschaftliches Leben. Die großen Qualitäten kommen oft nicht zum Ausdruck. Neigung zu Hypochondrie und Masochismus (Leconte de Lisle, Newton, Schopenhauer).

Dritter Teil

Erkenntnisse
aus der Horoskopdeutung

Die zwölf Tierkreistypen und ihre Sexualität

Jeder der zwölf Tierkreistypen erlebt Sex in anderer Weise. Jeder hat andere sexuelle Bedürfnisse. Er reagiert anders. Was ein Löwe-Typ als kalte, frigide und lustlose Reaktion auf Sex empfindet, wäre vielleicht für einen Wassermann das Höchste an Leidenschaftlichkeit und Erregung. Dabei hat natürlich keiner recht und keiner unrecht. Hier drückt sich einfach der Unterschied in ihren physischen und psychischen Strukturen aus.

Sex ist eine Funktion des Gesamtorganismus. Um herauszufinden, was für den einzelnen als normales sexuelles Verhalten gilt, muß er so viel wie möglich über die ganz individuelle und einmalige Struktur seiner Persönlichkeit zu erfahren trachten: körperlich, geistig und seelisch. Hier kann die Astrologie wertvolle Hilfestellung geben. Wer sich von einem kompetenten Astrologen sein Horoskop aufstellen läßt, erfährt mehr über seine einmalige und ganz persönliche Struktur, als sich aus tausend Aufklärungsbüchern, Vorträgen, Seminaren und ärztlichen Untersuchungen herauslesen ließe. Wahrscheinlich resultieren die meisten Sexualängste und Sexualnöte aus der Tatsache, daß Menschen versuchen, Leistungen und Reaktionen zu erbringen, die sie sich einreden und die ihnen nach ihrer ganzen Struktur einfach fremd sein müssen.

Allgemein gesagt zeigen die Vertreter der Feuerzeichen (Widder, Löwe, Schütze) die stärksten sexuellen Reaktionen und heftigste Leidenschaft. Meist brauchen sie mehr Sex als die anderen Elemente.

Für die Wasser-Zeichen (Krebs, Skorpion, Fische) ist die Stimulation der Gefühle wichtig. Nahes Beieinandersein und harmonische Zweisamkeit, gemeinsames Vergnügen am Sex bedeuten ihnen mehr als der eigentliche körperliche Akt.

Die Erd- und Luftzeichen sind kühler und weniger leidenschaftlich in ihren sexuellen Reaktionen und brauchen – im Vergleich zu den anderen Elementen – weniger direkten Sex. Die Erdzeichen (Stier, Jungfrau,

Steinbock) lassen sich durch körperliche Empfindungen stimulieren und genießen das Wohlgefühl, das mit der körperlichen Vereinigung einhergeht. Die Luftzeichen (Zwillinge, Waage, Wassermann) bevorzugen die geistige Kommunikation, die dem Sexualakt vorangeht und ihm folgt. Sie fühlen sich durch die Vereinigung zweier Seelen mehr befriedigt als durch die Vereinigung zweier Körper.

Wir haben bereits darauf hingewiesen, daß die sexuellen Nöte und Reaktionen bei allen Menschen verschieden und für jeden einmalig sind. Dennoch lassen sich bei den Menschen mit dem gleichen Tierkreis-Typus (der nicht unbedingt dem gleichen Sonnenzeichen entspringen muß) Ähnlichkeiten in ihrer Einstellung zum Sex feststellen.

Widder

Im Liebesspiel dürften Widder-Typen im allgemeinen die Führung an sich reißen. Sie sind im Sexualleben genauso aktiv wie bei allen anderen Betätigungen – und das bedeutet sehr aktiv. Sie reagieren heiß, wild und leidenschaftlich. Da sie ganz allgemein impulsiv sind, neigen sie auch beim Sex zu impulsivem Verhalten. Sehr oft gehen sie zu sexuellem Tun über, noch ehe der Partner oder die Partnerin darauf richtig eingestimmt ist. Sie lassen sich leicht erregen. Von verlängertem Vorspiel und anderen Vorbereitungen halten sie meistens nicht viel. Es hängt ganz von der jeweiligen Laune ab.

Die Widder-Typen verfügen über beträchtliche Sexualkräfte, aber nur über wenig Geduld. Hat ihr Sexualakt einmal begonnen, dann wollen sie weitermachen und ihn hinter sich bringen. Das sanfte Abklingen hinterher und langes Herumtändeln im Schlafzimmer werden als langweilig empfunden. Sie machen zwar häufig Liebe, aber fast immer nur kurz.

Negative oder wenig entwickelte Widder-Typen sind in der körperlichen Liebe häufig selbstsüchtig und egozentrisch. Ziemlich oft ist es ihnen nicht möglich, das sexuelle Verlangen und die Gefühlsbedürfnisse des Partners zu erkennen.

Stier

Die im Zeichen des Stiers Geborenen sind sehr erdverbunden. Sex spielt in ihrem Leben eine große Rolle. Wenn sie Liebe machen, dann geschieht es ehrlich, unkompliziert und erdhaft. Wenn Stiere sich mit Sex befassen, dann tun sie es gründlich. Man braucht ihnen nicht die große Liebe vorzuspielen oder sie gar zu idealisieren. Sex ist für sie eben Sex und damit gut. Die ihm zugrunde liegenden Motive sind unwichtig.

Stier-Typen gehen im Liebesspiel langsam und gründlich zu Werke. Bei ihnen dauert die vorbereitende Erregungsphase länger als bei den meisten anderen Tierkreis-Typen. Ein ausgedehntes Vorspiel ist für sie sehr wichtig. Ihre Reaktionen sind vorwiegend körperlicher Natur. Der sinnliche Teil des Vorganges bedeutet ihnen am meisten – sehen, betasten, fühlen und einander berühren.

Ganz besonders genießen Stier-Typen den absoluten Besitz der geliebten Person, solange der Akt andauert. Manchmal gerät ihnen dieser Drang außer Kontrolle, und sie gebärden sich dem anderen gegenüber ständig als besitzergreifend. Das kann ziemlich lästig werden. Ein negativer Stier hat meistens festgefahrene und kaum zu ändernde Gewohnheiten beim Liebesspiel. Wenn er sich einmal an einen bestimmten Ablauf des Sexualaktes gewöhnt hat – zum Beispiel in einer bestimmten Stellung – läßt sich das kaum jemals ändern. Stier-Geborene sind auf diesem Gebiet im allgemeinen wenig originell und erfindungsreich. Und flexibel sind sie schon gar nicht.

Zwillinge

Die sexuelle Reaktion der Zwillinge-Geborenen ist relativ kühl und mehr geistig bestimmt. Sie gehen meistens mit einer gewissen Neugierde, mit klinischer Perfektion und ohne Umschweife zu Werke. Eines steht fest, wenn man sich mit einer Zwillinge-Natur aufs Liebesspiel einläßt: Es wird dabei ziemlich viel geredet. Wenn Partner oder Partnerin dafür kein Verständnis aufbringen, kommt es womöglich zu Konflikten, vor allem dann, wenn der andere Teil einem Feuerzeichen angehört oder ein Skorpion-Typ ist. Reden, gepflegte Konversation oder gar Witzeleien erscheinen diesen Typen beim Liebesspiel als höchst überflüssig. Für den Zwillinge-Geborenen aber gehört dergleichen unabdingbar dazu. Will man einen Zwilling körperlich erregen, dann muß man ihn zunächst geistig anregen und ihn reden lassen. Nach einem amüsanten Gespräch folgt alles übrige fast automatisch.

Zwillinge-Typen verfügen über ein hochempfindliches Nervensystem. Sie neigen dazu, sich zu verkrampfen und werden leicht nervös, was sich natürlich auf die sexuellen Reaktionen auswirken kann. Wenn man mit einem Zwillinge-Typ Liebe machen will, muß man ihm tunlichst eine bequeme und entspannte Atmosphäre verschaffen.

Krebs

Die Krebs-Geborenen stehen unter einem Wasser-Zeichen und gehören daher zu den gefühlvoll Liebenden. Warme, echte und ehrliche Gefühle wirken erregend auf sie. Im Gegensatz zu den Zwillingen ist der Liebesakt für sie nicht die Fortsetzung einer geistvollen Konversation oder eine liebenswerte, kleine Eskapade. Für sie ist der Sexualakt ein tief empfundenes Erlebnis. Krebs-Typen machen kaum mit jemandem Liebe, dem sie sich nicht tiefinnerlich verbunden fühlen. Sie lassen sich kaum jemals auf beiläufige Beziehungen ohne wahre Gefühle ein. Geschieht es dennoch gelegentlich einmal, wird der Vorfall meistens hinterher bedauert.

Krebs-Typen muß man halten, umarmen und in einem Ozean warmer Gefühle baden lassen. Ob männlich oder weiblich, der Krebs wird immer ein zärtliches, besorgtes, fast mütterliches Verhalten dem Liebespartner gegenüber an den Tag legen. Und das vor, während und nach dem Akt. Es ist ratsam, bei Krebs-Geborenen darauf einzugehen, denn dadurch wird ihr sexuelles Vergnügen und die Intensität ihrer Reaktionen gesteigert.

Löwe

Das Tierkreiszeichen des Löwen ist von jeher mit machtvoller Kreativität in Verbindung gebracht worden. Dieses Zeichen umschließt einen Überfluß an ungezähmter Vitalität, Geist und Leidenschaft. Viele Astrologen behaupten, daß der Orgasmus in seiner unverfälschten kreativen Gewalt, in seinem aktiven und vitalen Ausdruck vom Löwen symbolisiert wird. Daher überrascht die Feststellung nicht, daß im ganzen Tierkreis die Träger des Löwe-Zeichens die sexfreudigsten sind (Skorpion-Typen vielleicht mit eingeschlossen).

Von ihrer Struktur her brauchen Löwen mehr Sex als die meisten anderen, vor allem wenn ihnen eine Abreaktion ihrer Triebe durch kreatives Schaffen oder entsprechende Hobbies verwehrt wird. In solchen Fällen finden sie im Sexakt ihren kreativen Ausdruck. Auf diesem Gebiet können sie ihre angeborene Leidenschaft, ihren Enthusiasmus und ihren Mut voll ausleben. Sex ist für Löwe-Typen eine Art von fröhlichem Spiel, das man nicht allzu ernst nehmen darf. Sollte der Partner zu den sensiblen Typen zählen und die Sache sehr ernst nehmen – nun, dann hat er halt Pech gehabt.

Der negative oder unterentwickelte Löwe-Typ kann, genau wie der

Widder, beim Sex egozentrisch und selbstsüchtig sein. Er sieht einfach nicht oder will nicht sehen, welche sexuellen Wünsche oder Bedürfnisse die andere Seite hat oder an welchen Punkten Partner oder Partnerin empfindlich sind. Sie neigen vielmehr zu der Ansicht, daß die Welt sich um sie zu drehen habe und daß jedermann ihrer Ansicht sein muß. Der Löwe ist in der Liebe aggressiv und leicht erregbar.

Jungfrau

Dieses Zeichen repräsentiert die Himmlische Jungfrau, deren kosmische Funktion die der Reinigung und Läuterung ist. Dem entspricht auch das sexuelle Verhalten der Jungfrau-Typen. Ihre Einstellung dazu ist von einer gewissen Prüderie bestimmt. Irgendwie haben sie das Gefühl, es mit etwas Unreinem zu tun zu haben. Die Einstellung zum Sex und ihre Reaktion darauf steht der lustvollen Haltung des Löwe-Typen fast diametral gegenüber.

Jungfrau-Geborene sind züchtig, ordentlich und kühl beim Liebesspiel. Sie halten sich gern an das Herkömmliche. Für sie ist Sex etwas, das man halt tun muß und möglichst schnell hinter sich bringt. Ganz bestimmt ist Sex für sie nichts, worüber man sich aufregen könnte. Damit ist nicht gesagt, Jungfrau-Typen wären schlechte Liebhaber. Weit davon entfernt. Sehr wahrscheinlich meistern sie die technischen Seiten des Aktes perfekt. Ihre Schwäche liegt nur in ihrer Neigung, zwar tüchtig, aber mit zu geringem Gefühlseinsatz an diese Dinge heranzugehen. Dabei spielt bei ihnen allzusehr der Kopf die größte Rolle, während das Herz und die Gefühle zu kurz kommen.

Der Löwe nimmt spontan eine sexuelle Beziehung auf. Jungfrau-Typen planen eine sexuelle Begegnung im voraus.

Waage

Wenn sich jemand auf die Struktur der Waage-Geborenen versteht, dann wird das Liebesspiel mit einem solchen Partner zu einem schönen und ästhetisch befriedigenden Erlebnis. Denn Waage-Typen gehen an Sex heran wie an die meisten anderen Dinge im Leben, nämlich allein vom Standpunkt der Schönheit aus. Sie machen nicht einfach Liebe, sondern machen daraus ein Kunstwerk, und das ist ein wesentlicher Unterschied.

Die sexuellen Reaktionen der Waage-Geborenen werden durch eine schöne und harmonische Umgebung verstärkt. Dazu gehören romantische Kopfkissengespräche bei schöner Musik. Kunstvoll wird dem ganzen Hergang eine romantische Aura verschafft. Das alles ist dem Waage-Typ unendlich viel wichtiger als die Frage, wie viele Orgasmen sich binnen einer Stunde erreichen lassen und welche sexuellen Akrobatenstücke noch nicht ausprobiert wurden. Unschöner, hastiger oder allzu wilder Sex stößt ihn sogleich ab. Bevor man zur sexuellen Tat rüstet, sollte man den Waage-Typ auf einen romantischen Mondscheinspaziergang mitnehmen, in ein Konzert einladen oder zu einem Dinner bei Kerzenlicht ausführen. Diese Dinge sind für Waagen wichtig.

Skorpion

Unter Astrologen wird immer wieder darüber debattiert, ob die größere Sexualkraft beim Zeichen des Löwen liegt oder bei dem des Skorpions. Der Löwe mag vielleicht mehr ungezügelte Sexkräfte besitzen; der Skorpion geht dabei entschieden ernsthafter und intensiver zu Werke. Die im Zeichen des Skorpions Geborenen gehen an alle Dinge mit Ernsthaftigkeit heran. Im Gegensatz zum Waage-Typ scheren sie sich wenig um eine romantische Aura, um entsprechende Vorbereitungen oder um ein vorangehendes zärtliches Gespräch. Wenn ein Skorpion-Typ Sex macht, dann macht er Sex und kümmert sich den Teufel um Vorspiel und andere Unwichtigkeiten. Seine knallharte Annäherung kann die Vertreter anderer Zeichen, die Sex gern etwas mehr mit der leichten Hand gestalten möchten, leicht stören oder gar abschrecken. Der Skorpion-Mensch sollte lernen, dafür Verständnis aufzubringen.

Ansonsten sind die Skorpion-Geborenen leidenschaftliche, gefühlvolle und explosive Liebhaber. Sie lassen sich leicht erregen und erleben den Sexualakt gern so lange wie irgend möglich, denn sie sind auch in dieser Beziehung ausdauernd. Da sie einem fixierten Zeichen unterliegen, können ihre sexuellen Gewohnheiten fest eingefahren und konservativ sein. Sie neigen nicht zu Experimenten und zur Erforschung neuer Möglichkeiten. Sie wissen sehr genau, was und wie sie sich etwas wünschen – und damit gut. Mit einem Skorpion-Typ Liebe zu machen ist kein Spiel, sondern eine sehr ernsthafte Angelegenheit, bei der es fast geschäftsmäßig zugeht.

Schütze

Für den Schütze-Geborenen – und damit unterscheidet er sich stark vom Skorpion – ist der Sexualakt nur ein weiteres sportliches Ereignis unter den zahlreichen Wettbewerben, an denen er teilnimmt. Für ihn ist es das Liebes*spiel*, dessen Aspekte und Feinheiten von allen Seiten her erforscht und durch Training gemeistert werden müssen. Schütze-Typen sind heißblütige, leidenschaftliche und enthusiastische Liebhaber. Aber im Gegensatz zu Widder- und Löwe-Geborenen brauchen sie in ihrem Sexualleben viel Wechsel und Abwechslung. Eine ständige Beziehung wird bald als langweilig empfunden, es sei denn, Partner oder Partnerin sorgen von sich aus für Abwechslung und ständig neue Erlebnismöglichkeiten.

Wie die Vertreter aller Feuerzeichen sind Schützen schnell erregt. Sie brauchen viel sexuelle Aktivität, um gesund zu bleiben und sich nicht frustriert zu fühlen. Schütze-Typen erleben Sex intensiver, wenn die Vereinigung in einem philosophischen, religiösen oder idealistischen Rahmen vor sich geht, das heißt, wenn beide Partner Mitglieder der gleichen religiösen oder idealistischen Bewegung sind oder gemeinsam für eine «gute Sache» arbeiten. Damit erhält die geschlechtliche Vereinigung idealistische Untertöne. Dadurch wird auch sichergestellt, daß an philosophischen und visionären Gesprächen kein Mangel herrscht, denn darauf sind Schütze-Typen beinahe mehr versessen als auf Sex.

Steinbock

Die Steinbock-Geborenen brauchen eine lange Zeit, um sich selbst in sexueller Hinsicht zu verstehen. Ihnen ist ein tiefer Drang nach Sicherheit und Beständigkeit angeboren. Das bestimmt häufig ihr sexuelles Verhalten. Wenn sie richtig reagieren sollen, müssen sie sich bei ihrem Partner oder ihrer Partnerin sicher und geborgen fühlen. Dieser Drang führt häufig zu Verbindungen mit bedeutend älteren Partnern. Das gilt vor allem für Steinböcke in jungen Jahren.

Sie sind außerdem von Natur aus kühl, ernsthaft und vorsichtig. Das macht sich auf allen Lebensgebieten bemerkbar, Sex mit eingeschlossen. Viele Steinbock-Typen glauben, impotent oder frigide zu sein, weil sie (ihrer Meinung nach) viel zu lange brauchen, um erregt zu werden. Außerdem kommt es ihnen oft vor, als reagierten sie niemals so hitzig und hingebungsvoll wie die anderen. Dabei ist ihnen nur nicht klar, daß ihr Verhalten und ihre Reaktionen für einen Steinbock-Geborenen völlig normal sind und überhaupt nichts mit Frigidität oder anderen Sexualproblemen zu tun haben. Es ist eine Tatsache, daß Steinbock-Typen eben viel mehr Zeit brauchen als andere, um mit ihren Partnern oder

Partnerinnen überhaupt warm zu werden. Das liegt nun einmal an ihrer Gesamtstruktur. Wer mit einem Steinbock-Geborenen Liebe machen will, sollte das wissen und sich danach richten.

Bei im Zeichen des Steinbocks Geborenen ist es höchst unwahrscheinlich, daß sie mit dem Nächstbesten ins Bett hüpfen. Sex bedeutet für sie eine ernste Angelegenheit. Wenn sie nicht sofort einen Partner finden, der ihren erregenden Vorstellungen entspricht, dann warten sie eben, bis ihnen das passende Wesen über den Weg läuft. Wie auf anderen Gebieten üben sie auch beim Sex strenge Selbstkontrolle. Sie sind meistens selbstlos, tüchtig in der Liebe und haben sehr viel Geduld mit ihrem Partner. Man darf auch sicher sein, daß sie alles, was es an Liebestechniken so gibt, brav meistern. Was auch immer ein Steinbock unternimmt, er tut es gern und deshalb gut.

Wassermann

Ähnlich dem Steinbock ist auch der Wassermann-Geborene reichlich kühl bei der Sache, wenn es um Sex geht. Heftige Gemütswallungen und Leidenschaftlichkeit zu unpassender Zeit am unrechten Ort vergraulen ihn. Das geht ihm gegen den Strich. Es macht ihn nervös und unbehaglich. Das Wassermann-Zeichen steht im Tierkreis für die höchste geistige Entwicklung. Das reflektiert sich in seiner Einstellung zum Sex. Sie ist meistens geistig bestimmt. Wassermann-Typen reagieren mit dem Kopf und nicht mit dem Gefühl oder der Seele.

Sie kennen alle möglichen Theorien über Sex und reden darüber. Sie diskutieren auch gern, aber wenn es dann zum eigentlichen Akt kommt, fühlen sie sich bei allzuviel Sex leicht unbehaglich. Die körperliche Angelegenheit ist für sie, die am liebsten unpersönlich funktionieren, allzu persönlich.

Um den Wassermann-Typ sexuell richtig aufzuheizen, muß man der Tat viele Worte vorangehen lassen. Dabei sollte sich das Gespräch um hohe und abstrakte Ideen drehen, um Wissenschaft, Philosophie, Politik, neue Weltanschauungen und Gesellschaftsveränderung. Wenn der Wassermann auf der geistigen Ebene keine Verbindung zum Partner findet, wird er auch im körperlichen Bereich zu keiner erfüllten Vereinigung gelangen. Gelingt es aber, einen Wassermann-Typ geistig anzuregen, hat man bereits den größten Teil des Weges zu seiner körperlichen Erregung hinter sich.

Eines der Hauptprobleme für Wassermann-Geborene beim Sex ist ihre

Vorliebe für graue Theorie. Sie wissen genau, wie Sex sein sollte und wie nicht. Aber Sex ist unendlich variabel und läßt sich nicht in die Zwänge einer Theorie pressen.

Fische

Für die unter dem Zeichen der Fische geborenen Menschen kann Sex zum beinahe mystischen und religiösen Erlebnis werden. Oder es wird daraus etwas, in das sie mehr oder weniger zufällig hineingeraten, entweder um jemandem einen Gefallen zu erweisen oder weil im Augenblick nichts Besseres zu tun war. Die Reaktionen werden natürlich sehr davon abhängen, wie sie gefühlsmäßig zu ihrem Gegenüber stehen. Sie lieben das Gefühl der Nähe und des gemeinsamen Erlebens, wie es mit dem Sexakt einhergeht. Das erregt sie mehr als der Akt an sich.

Mehr vielleicht als die unter anderen Zeichen Geborenen lassen sich die Fische-Typen auf Sex ein, nur weil ihnen ein Partner sympathisch ist. Sie tun es, wenn sie das Empfinden haben, daß der andere Teil etwas davon hat oder daß ihm damit aus einer inneren Zerrissenheit herausgeholfen wird. Das ist sicherlich sehr idealistisch und freundlich, führt aber keineswegs zu einem leidenschaftlichen Sexerlebnis.

Fische-Geborene sind launische Liebhaber. Wie auf den gegenwärtigen Vorgang reagiert wird, hängt ganz von der augenblicklichen Verfassung ab. Ein sicherer Weg, den Fische-Typ in Erregung zu versetzen, ist es, sich selbst mit einer Aura von Glamour, Phantasie und Geheimnis zu umgeben. So etwas mögen die Fische. Sie sind unheilbar romantische Idealisten. Man sollte sich von ihnen immer idealisieren und auf einen Sockel heben lassen, selbst wenn man der Ansicht ist, eine solche Verehrung nicht zu verdienen.

Die unglaubliche psychische Empfindsamkeit der Fische-Typen läßt sie sehr oft als sexuelle Chamäleons erscheinen. Sie reflektieren in sich selbst die Reaktionen ihrer Sexpartner. Sie neigen manchmal dazu, ihre eigene Identität aufzugeben, weil sie die Grenzlinien zum anderen aus den Augen verlieren und ganz im anderen aufgehen. Das hat positive und negative Aspekte. Auf der positiven Seite reagieren Fische-Typen gesund und normal auf einen Partner, der ausgeglichen und gesund ans Sexuelle herangeht. Bringt der Sexpartner von sich aus Verklemmtheit und Unsicherheit mit ins Liebesspiel, dann ist auch die Reaktion der Fische verklemmt und von Angst erfüllt. Wenn man mit einem Fische-Typ Liebe machen will, ist es wichtig, daß man mit einer positiven emotionalen Ausstrahlung an die Sache herangeht.

Die Planeten
und die kreative Selbstverwirklichung

Das Problem der kreativen Selbstverwirklichung ist keineswegs auf einige ausgesuchte Persönlichkeiten beschränkt. Es ist international, interdimensional und betrifft alle Gebiete. Wir sind alle mehr oder weniger mit kreativen Fähigkeiten ausgestattet. Die Quelle allen menschlichen Übels scheint im Mißbrauch oder Nichtgebrauch dieser kreativen Energien zu liegen.

Der Trieb zum kreativen Denken und Handeln läßt sich niemals auslöschen. Er kann allenfalls blockiert und eingedämmt werden. Wenn das geschieht, sucht sich die hinter dem Kreativitätstrieb stehende dynamische Kraft einen Ausgleich auf einem Weg, der nicht ihrer Natur entspricht. Um es an einem einfachen Beispiel zu erklären: Stellen wir uns vor, wir wären alle mit zwei Türen in unserer Psyche geboren. Auf der einen Tür steht «Erschaffe» und auf der anderen «Zerstöre». Wenn aus irgendeinem Grund – Dummheit, gesellschaftlicher und finanzieller Druck, Verbot durch die Eltern – die Tür mit dem Schild «Erschaffe» verschlossen bleibt, suchen sich die ewig fließenden kreativen Kräfte einen Weg durch die Tür mit dem Schild «Zerstöre». Eine andere Wahl gibt es nicht. Der dem Kosmos entstammende kreative Zwang *muß* seinen Ausdruck finden. Wenn nicht auf die eine, dann eben auf die andere Weise. Und wenn das geschieht, ergibt sich eine Umkehrung in der Polarität der Kräfte ins Negative. So wird aus unterdrückter Liebe Haß, blockiertes Mitleid verwandelt sich in destruktives Selbstbedauern, und aus blockierter Kreativität erwächst dynamischer Zerstörungswille. Damit einher gehen Frustration, Angst und Reizbarkeit plus alle anderen Übel, die sich in der Menschheit fortvererben. Multipliziert man diesen Prozeß mit schätzungsweise drei Milliarden Menschen, dann wird einem klar, warum unser Planet von einer unendlichen Woge aus negativer und destruktiver Energie überschwemmt wird. Die meisten Menschen lernen einfach nicht, wie sie mit ihrer kreativen Energie umzugehen haben.

Wenn man zuläßt, daß sich dieser Prozeß noch lange fortsetzt, besteht durchaus die Möglichkeit, daß wir uns und den ganzen Planeten vernichten. Im Gegensatz zu vergangenen Zeiten haben wir heutzutage die Möglichkeit und die Mittel dazu.

Viele okkulte Traditionen lehren, daß Höhere Wesen der Menschheit die Künste gebracht haben, Ältere Brüder des Menschengeschlechts, die zugleich Wächter über die menschliche Evolution sind. Ohne die Künste (und die Wissenschaften, die sie erst ermöglichen) wären wir heute wenig mehr als Tiere. In vielen der älteren Religionen waren Kunst und Glauben nicht getrennt, wie es heute der Fall ist. Kunst war im religiösen Leben integriert. Wer Priester werden wollte, wurde auch in den damals üblichen Künsten und Fertigkeiten unterwiesen. Er sollte die kreativen Kräfte des Kosmos dadurch erkennen, daß er die kreativen Energien in sich selbst erforschte.

Um die Mysterien der überirdischen Schöpfung zu erfassen, lernte der angehende Priester zunächst, sich mit seinen bescheidenen, kleinen Möglichkeiten selbst als Schöpfer zu betätigen. Nach einiger Zeit kam er dahinter, daß das Malen eines Bildes, die Komposition eines Liedes oder das Schreiben eines Gedichtes den gleichen Gesetzlichkeiten unterliegt wie die Erschaffung einer Milchstraße oder eines Universums. Auf diese Weise machte er sich den kosmischen Prozeß als lebendige Realität bewußt. Das war als dynamische Lebenserfahrung weitaus wichtiger als alle abstrakten Theorien und nebelhaften Visionen. Wie die Semantiker es ausdrücken würden, hatte der Lernende als Resultat seiner kreativen Erfahrungen in seinem Bewußtsein Vergleichs- oder Bezugswerte aufgebaut. Dadurch war er besser auf die Aufnahme der tieferen Lehren vorbereitet.

Kreative Selbstverwirklichung zieht weitere Vorteile nach sich. Das war den Eingeweihten in alten Zeiten wohlbekannt. Schöpferische Tätigkeit ist vielleicht die beste und praktischste Methode, die unruhigen Leidenschaften unserer niederen Natur zu kontrollieren. Hier bietet sich ein ausgezeichnetes Mittel dafür an, das niedere Tier in unserer Gefühlswelt zu zähmen und zu unterwerfen. In grauer Vorzeit wurde die Menschheit fast ausschließlich von ihren Leidenschaften beherrscht. Wenn zum Beispiel einem Urmann danach zumute war, jemanden zu töten, dann tötete er eben. Und wenn ihm eine Frau gefiel, wurde sie einfach vergewaltigt. Mischte sich der «ständige Begleiter» der Dame ein, wurde er ebenfalls erschlagen. Damals lebten die Leute noch ihre primitiven Leidenschaften aus und taten sich keinen Zwang an.

Dieselben Leidenschaften existieren heute noch. Jedoch sind sie mit dem dünnen Firniß der Zivilisation überzogen – so als wolle man einen aktiven Vulkan mit Papierservietten zudecken. Die meisten von uns können sich zwar von Mord, Raub und Vergewaltigung zurückhalten. Aber die unterdrückten Leidenschaften machen sich in periodischen Ausbrüchen von Aufständen, Revolutionen und Kriegen Luft. Wenn die Menschheit überleben will, muß sie einen gangbaren Weg finden, um ihre aufgestauten Gefühle auf gesunde Weise auszuleben. In der gesunden, konstruktiven und kreativen Selbstverwirklichung bietet sich dafür ein Ausweg an.

Kunst und Handwerk gelten seit jeher als die natürlichen Heilmethoden bei Geisteskrankheiten oder krankhaft nervösen Zuständen. Manche Fachleute behaupten sogar, die wahre Funktion der Kunst liege darin, kranke Nerven zu heilen.

Ganz gleich, womit wir unser tägliches Brot verdienen, wir brauchen ein paar Ventile für unsere kreative Energie. Das allein genügt aber noch nicht. Wir brauchen Ventile, die unserer einmaligen, ganz persönlichen Struktur entsprechen, damit sie uns die größte persönliche Befriedigung und innere Erneuerung verschaffen. Es genügt nicht, wenn eine Hausfrau zu sticken beginnt, nur weil ihre Freundinnen das auch tun. Wenn ihr Horoskop einen starken Neptun-Einfluß zeigt, sollte sie sich mit Musik, Poesie oder Malerei beschäftigen – ganz egal, was die anderen nun gerade für Mode halten.

Die Astrologie bietet ein unheimlich treffsicheres Mittel, um kreative Potenzen im Menschen aufzuspüren. Jeder Planet symbolisiert eine andere Art von kreativer Energie. Die Sternzeichen zeigen auf, wie sich diese Kräfte auswirken. Werden diese beiden Faktoren richtig kombiniert, läßt sich ziemlich genau feststellen, auf welche Gebiete ein Mensch seine schöpferischen Kräfte richtet. Dabei spielt das Vorherrschen eines bestimmten Planeten eine Schlüsselrolle. Da jeder Planet Art und Richtung bestimmter Kräfte symbolisiert, ein bestimmtes Talent aufzeigt, brauchen wir nur den am stärksten wirksamen Planeten im Horoskop eines Menschen zu suchen. Und schon haben wir einen klaren Hinweis auf seine ganz persönlichen kreativen Neigungen.

Finden wir zum Beispiel den Merkur im Zeichen der Zwillinge oder der Jungfrau, so haben wir es mit einem starken Einfluß dieses Planeten zu tun. Er bestimmt mit seiner Kraft die Talente und möglichen kreativen Wünsche oder Ventile der betreffenden Persönlichkeit. Steht die Sonne im Zeichen der Jungfrau oder der Zwillinge, ergibt sich ebenfalls ein starker Merkur-Einfluß. Denn die Sonne, der wichtigste Planet für jedermann, steht in einem von Merkur beherrschten Zeichen. Ähnlich ist es, wenn die Sonne im Zeichen des Stiers steht. Dann haben wir es mit einer von Venus regierten Persönlichkeit zu tun, denn Venus beherrscht den Stier. Steht also der Planet selbst in seinem Haus oder wird die Sonne im Horoskop eines Menschen von einem Planeten – wie nachstehend beschrieben – beherrscht, sprechen wir von einem prominenten oder starken Planeten. Das bedeutet, daß alle Talente, die dieser Planet möglicherweise sich manifestieren läßt, noch verstärkt werden. Man tut gut daran, die sich hier abzeichnenden Neigungen zu studieren. Hier liegen die natürlichen Begabungen des einzelnen, die ihn zu Höchstleistungen bringen können.

Sehen wir uns einmal an, wie die Planeten die menschliche Kreativität beeinflussen.

Sonne

Eine starke Sonne (ein Planet kann «stark» sein durch das zugeordnete Tierkreiszeichen, durch seinen Aspekt oder als Beherrscher des gesamten Horoskops) kennzeichnet eine machtvolle und kreative Persönlichkeit mit einem kräftigen Drang nach Selbstverwirklichung. Menschen dieser Art strömen meistens über von Lebenskraft und Vitalität. Sie sind dadurch die geborenen Anführer. Diese Typen brauchen kreative Ventile so notwendig wie das Baby seine Milch. Andernfalls degenerieren sie so weit, daß sie ihre Kraft dazu benutzen, über andere zu herrschen, rücksichtslos Spekulationsgeschäfte zu betreiben und arrogante Schau-Auftritte zu inszenieren. Das beste Ventil für solche Typen ist die Möglichkeit, irgendwo im Mittelpunkt zu stehen und von anderen bewundert zu werden. Das Spielen eines Musikinstruments, Schauspielerei, Regie oder Tanz wären am besten. Der starke Sonnen-Mensch braucht Beifall und Anerkennung für seine schöpferischen Anstrengungen.

Mond

Der Mond repräsentiert das Unterbewußte im Menschen und seine Neigung zu bestimmten Gewohnheiten. Bekanntlich stellt das Unterbewußtsein alles Rohmaterial für kreative Tätigkeit zur Verfügung. Vergangene Erfahrungen und Eindrücke sowie Gefühlswallungen werden im Unterbewußtsein festgehalten. Erinnerungen sind die Substanz für alle kreativen Anstrengungen. Niemand kann ohne einige Lebenserfahrung ein guter Künstler werden, mag das latente Potential auch noch so groß sein. Das Lagerhaus des Unterbewußtseins ist leer. Es muß erst gefüllt werden, bevor mit der ernsthaften Arbeit begonnen werden kann. Starke Mond-Persönlichkeiten verfügen zumeist über große Empfindsamkeit und haben ein gutes rhythmisches Gefühl. Auch die Vorstellungskraft ist gut entwickelt. Wenn das übrige Horoskop dazu paßt, lassen sich diese Fähigkeiten auf fast allen Gebieten der Kunst oder des Kunsthandwerks verwenden. Grundsätzlich am besten sind für diese Menschen Betätigungen, bei denen sie ihren Gefühlen Ausdruck verleihen können.

Merkur

Menschen mit einem starken Merkur-Einfluß sind sehr kreativ und begabt auf den Gebieten der Kommunikation. Unter ihnen findet man hervorragende Schriftsteller, Lehrer, Redner, Bühnendarsteller und Journalisten. Sie brauchen Ventile, die es ihnen ermöglichen, zu reden, ihren Ideen Ausdruck zu verleihen und den Verstand anzustrengen. Außerdem brauchen sie viel geistige Anregung von außen. Lesen, studieren, Kurse besuchen ist für diese Typen wichtig. Das brauchen sie für ihre geistige und körperliche Gesundheit. Wer das Temperament eines Merkurianers hat, sollte sich von niemandem in das hineinreden lassen, was er für seine geistige Entwicklung braucht.

Venus

Der Planet Venus vermittelt den Menschen Verständnis und Gefühl für Schönheit, Kunst und Harmonie. Vielen ist es gegeben, kreativ zu wirken und sich selbst zu verwirklichen. Doch der wahre Künstler zeichnet sich durch die Schönheit seiner Werke aus. Venusier sind bis in die Tiefen ihres Seins Künstler. Eine starke Venus vermittelt natürliches Empfinden für harmonische Farben und Formen. Das führt beim Menschen zu Begabungen auf dem Gebiet der Malerei, der Mode, der Innendekoration, der Kosmetik und so weiter. Gibt es Aspekte zum Neptun, tritt auch eine ausgesprochen musikalische Begabung auf. Bei Aspekten zum Merkur ergibt sich ein starkes schriftstellerisches Talent. Bei allem aber herrscht ein natürliches Empfinden für Ästhetik vor.

Mars

Unter starkem Mars-Einfluß stehende Menschen sind mit viel physischer Energie und innerem Antrieb ausgestattet. Sie brauchen viel Aktion und wollen immer tätig sein. Der Mars gilt an sich nicht als ein Planet der künstlerischen Impulse. Doch schenkt er die körperliche Energie und den Antrieb, ohne die schöpferische Tätigkeit nicht vorankommt. Außerdem verstärkt der Mars Kraft und Leidenschaft bei allem menschlichen Tun. Hat der Mars den Merkur im Aspekt, verstärken sich die geistigen Kräfte und die Schärfe des Verstandes. Bei so beeinflußten Typen zeigt sich ein besonders starker Hang zur Selbstdarstellung auf geistiger und verbaler Ebene. Mars mit Venus im Aspekt verstärkt die venusischen Funktionen. Die hier wirksam werdenden Energien können bei richtiger Anwendung die im allgemeinen lässigen Venusier zu schärferer Gangart bringen.

Jupiter

Menschen mit einem starken Jupiter im Horoskop haben meist eine natürliche Begabung für ernsthafte Schriftstellerei von lange anhaltender Wirkung. Sie finden auch viel Befriedigung und kreative Entspannung beim Studium von Recht, Religion, Metaphysik und Philosophie. Eine nur auf den Tag gerichtete und relativ unwichtige Kreativität befriedigt sie meistens nicht. Der einzige Weg, auf dem diese Typen wahre innere Befriedigung erlangen können, besteht in schöpferischer Tätigkeit mit Langzeitwirkung.

Saturn

Von einem starken Saturn beeinflußte Menschen bringen Disziplin und Formsinn mit. Beides ist wichtig für jede Art von künstlerischer Tätigkeit. Bei genauerem Hinsehen erweist sich im allgemeinen der Saturn als das wahre Rückgrat aller Künste und allen schöpferischen Gestaltens. Man nennt Saturn den «Herr der Manifestation». Ohne ihn gäbe es keine Kunst. Denn der Saturn vermittelt die Fähigkeit, abzuwägen, zu koordinieren und Dinge untereinander in Beziehung zu setzen. Dieser Planet befähigt dazu, eine Inspiration festzuhalten und in feste Form zu kleiden. Für manche Astrologen symbolisiert der Saturn die mathematische Seite des menschlichen Verstandes. Ein Mensch mag noch so viele schöpferische Begabungen haben, wenn er sie nicht klug, ausdauernd und gezielt einsetzt, kommt nicht viel dabei heraus. Obwohl die meisten Astrologen meinen, daß die Musik zur Domäne des Neptun gehört, spricht einiges dafür, daß auch Saturn auf diesem Gebiet wesentlichen Einfluß ausübt. Vielleicht genausoviel wie der Neptun, aber auf andere Weise. Die Essenz der Musik ist der Rhythmus. Dieser wiederum bedeutet gemessene – oder besser – abgemessene Bewegung im berechneten Zeitmaß. Hier greift Saturn ein. Dem gleichen Planeten unterstehen auch die Wissenschaften. Angewandte Wissenschaft aber gibt dem Künstler die Instrumente zum kreativen Schaffen in die Hand.

Uranus

Große Kraft, Originalität und Individualität zeichnen die schöpferische Begabung eines unter starkem Uranus-Einfluß stehenden Menschen aus. Daher ihr Drang, sich mit allem Neuartigen zu befassen. In ihrem künstlerischen Ausdruck wollen sie Einmaliges schaffen und sich zur Avantgarde zählen. Menschen unter dem Einfluß des Uranus sind vor allem auf dem Gebiet der Wissenschaften kreativ, ganz besonders begabt sind sie für alles, was mit Elektronik zusammenhängt. Sie sind von jeher Erfinder gewesen oder Leute, die Neues einführten. Vor allem haben die vom Uranus beeinflußten Menschen sofort Zugang zu den neuen Kunstzweigen gefunden, die auf neuen Technologien beruhen, wie elektronische Musik, Malen mit Lichteffekten, Film und Fernsehen. Sie sind besonders dazu begabt, die technischen Möglichkeiten der Medien zu manipulieren und auszuschöpfen, die heute so großen Anteil am gesamtkünstlerischen Eindruck haben.

Neptun

Ein starker Neptun verleiht den Menschen übersteigerte Sensibilität. Man hat gesagt, Neptun gleiche der Venus, liege aber um eine Oktave höher. Ohne Zweifel besitzen die Neptunier viele Eigenschaften der Venusier, nur sind sie bei ihnen verfeinert, empfindsamer, idealistischer und mehr auf die Ebene der Inspiration gehoben. Ein positiver Neptun verleiht die Gabe der Vision und der Inspiration, woraus die große Kunst hervorgeht. Die kreative Vorstellungskraft wird von Zeit und Raum losgelöst, sie wird universell. Wer unter einem starken Neptun-Einfluß steht und in sich das Drängen einer unbezähmbaren Vorstellungskraft verspürt, sollte seine Fähigkeiten durch Kunst disziplinieren und bereichern. Entweder als schöpferischer Künstler, als Musiker vielleicht, oder als Bewunderer der schönen Künste. Diese mächtigen Energien müssen in kreative Kanäle geleitet werden. Andernfalls könnte sich eine der für Neptunier typischen Neurosen einstellen – Unzufriedenheit, Verzweiflung, Konzentrationsverlust, Verwirrung, Erinnerungsverlust oder Drogenabhängigkeit.

Pluto

Viele Astrologen meinen, Pluto sei die höhere Oktave zum Mars. Das scheint sich bei der praktischen Ausdeutung eines Horoskops zu bewahrheiten. Ein starker Pluto verstärkt die schöpferischen Begabungen eines Menschen und verleiht ihnen mehr Antrieb. Wenn das Horoskop an sich bereits auf Kreativität hindeutet und dann ein starker Pluto hinzukommt, darf man damit rechnen, daß dieser Mensch mit allen Mitteln Hindernisse beseitigen wird, die ihm auf dem Weg zur freien kreativen Selbstbestätigung in den Weg gelegt werden. Sein Schaffensdrang macht ihn beinahe fanatisch und besessen. Wenn die von Pluto ausgehenden Kräfte unter Kontrolle gehalten werden, scheinen sie den schöpferischen Menschen auf allen Gebieten der Kunst zu befähigen, breiteste Massenwirkung zu erzielen.

Viele dieser Elemente sind in jedem Geburtshoroskop zu erkennen. Sie gehen ineinander über und vermischen sich. Nehmen wir zum Beispiel einen Menschen mit starker Venus und starkem Uranus. Stehen sie zueinander im Aspekt, beeinflussen sie eine Künstlernatur, die neuerungsfreudig ist, gern experimentiert und individualistische Züge verrät. Wenn andere Punkte des Horoskops diesen Aspekt unterstützen, haben wir vielleicht ein künstlerisches Genie vor uns. Ähnlich verhält es sich mit den übrigen Planeten. Der Astrologe fügt alle erreichbaren Tatsachen und Faktoren zu einer Synthese zusammen und erhält so ein klares Bild von der Art und der Natur des kreativen Potentials in einem Menschen. Danach liegt es an einem selbst, dieses Potential entsprechend der persönlichen Struktur auf diesem oder jenem Weg auszuschöpfen.

Wie man das Beste aus
seinem Tierkreiszeichen herausholt

Jedes Tierkreiszeichen repräsentiert eine psychische Grundhaltung – eine bestimmte und einmalige Art, die Welt anzuschauen und mit ihr fertig zu werden. Jedem Zeichen wohnen bestimmte Schwächen und Stärken inne. Wenn ein Astrologe ein Horoskop stellt, will er bei dem Auftraggeber Verständnis für diese Stärken oder Schwächen wecken, damit er die ersteren fördern und die letzteren abbauen kann.

Paradoxerweise werden zahlreiche unserer Probleme nicht durch Mängel oder offenkundige Schwächen in unserem Charakter hervorgerufen, sondern durch das Gegenteil. Wir schaffen uns Probleme, indem wir unsere *Stärken* mißbrauchen oder allzu heftig einsetzen. Dadurch heben wir unsere Qualitäten so stark hervor, daß wir Unausgeglichenheit in uns selber hervorrufen, ein Phänomen, das man auch als das «Negative des Positiven» bezeichnet.

Man könnte das mit einem Mann vergleichen, dessen Muskeln am rechten Bein besonders gut entwickelt sind. Er gebraucht daher sein rechtes Bein viel häufiger, weil es so viel kräftiger ist und seinem Willen besser gehorcht. Damit vernachlässigt er sein linkes Bein und trainiert einseitig das rechte. Nach einiger Zeit ist sein rechtes Bein noch stärker und besser entwickelt als zuvor. Dennoch hat er Schwierigkeiten beim Gehen. An seinem linken Bein hat sich Muskelschwund eingestellt – das Gleichgewicht ist gestört.

Ein anderes Beispiel: Das Hauptproblem des Widders liegt nicht in seiner Schwäche gegenüber Details. Man erwartet von ihm keine Stärke auf diesem Gebiet, weil es außerhalb seiner strukturellen Koordination liegt. Deshalb tut er gut daran, Berufe zu meiden, bei denen er sich um viele Einzelheiten kümmern muß. Sein Hauptproblem aber ergibt sich aus dem Positiven seiner Natur. Seine Begabung und Kraft, immer Neues zu beginnen, sich als Pionier zu betätigen, mit Nachdruck zu handeln, gerät ihm außer Kontrolle. Also handelt er übereilt, impulsiv und selbstsüchtig.

Ähnlich ergeht es dem Jungfrau-Menschen. Seine Stärke liegt im Analysieren und kritischen Betrachten, wodurch er sich leicht in Details verliert. Sein Problem besteht nicht darin, daß ihm der pionierhafte Antrieb des Widders fehlt. Er mißbraucht einfach seine positiven Gaben. Er übertreibt das Analysieren und Kritisieren, bis er sich in Einzelheiten festrennt. Niemand erwartet von ihm Pioniertaten. Sie entsprechen nicht seiner Funktion.

Ganz gleich unter welchem Tierkreiszeichen wir geboren sind, wir müssen das Beste daraus machen. Das bedeutet sehr oft, daß wir lernen müssen, unsere positiven Gaben unter Kontrolle zu halten, für einen Ausgleich zu sorgen, damit sie nicht durch Mißbrauch ins Negative umschlagen.

Eine hilfreiche Möglichkeit, das zu erreichen, ergibt sich aus folgendem: Man betrachtet und studiert die positiven Seiten des zum eigenen Tierkreiszeichen in Opposition stehenden Zeichens. Man versucht, so viel wie möglich davon in seine eigene Natur einzubauen. Das führt fast automatisch zu einer größeren Ausgeglichenheit der eigenen Natur.

Viele Astrologen vertreten die Ansicht, Tierkreiszeichen seien nur dann verständlich, wenn man sie in Zusammenhang mit dem in Opposition stehenden Zeichen betrachte. Jedes Zeichen ist immer nur ein Aspekt einer Dualität. Deshalb sollte man den Tierkreis als aus sechs Paaren bestehend ansehen, wobei die einzelnen Paare in polarer Opposition zueinander stehen müssen, so daß sie einander komplementieren. Diese sechs oppositionellen Paarungen des Tierkreises sehen so aus:

1. Widder (21. März – 20. April) / Waage (23. Sept. – 22. Okt.)
2. Stier (21. April – 20. Mai) / Skorpion (23. Okt. – 21. Nov.)
3. Zwillinge (21. Mai – 21. Juni) / Schütze (22. Nov. – 20. Dez.)
4. Krebs (22. Juni – 22. Juli) / Steinbock (21. Dez. – 19. Jan.)
5. Löwe (23. Juli – 22. Aug.) / Wassermann (20. Jan. – 18. Feb.)
6. Jungfrau (23. Aug. – 22. Sept.) / Fische (19. Feb. – 20. März)

Dieser Lehrmeinung zufolge kann niemand die höchste Entwicklungsstufe seines Zeichens ausleben, der nicht seine Lektion aus dem Zeichen in Opposition gelernt hat. Der Widder muß mehr zur Waage werden, der Skorpion mehr zum Stier und so weiter. Wir wollen einmal analysieren, wie sich die Lektionen aus dem oppositionellen Zeichen auswirken:

Widder – Waage

Wie erwähnt, ist der Widder mit einem mächtigen Betätigungsdrang ausgestattet, vor allem, wenn es um Neues geht. Seine wesentliche kosmische Funktion ist die eines Pioniers und Anführers. Ein Blick in die Geschichte lehrt uns, daß fast jeder wichtige Schritt in der menschlichen Entwicklung auf die Pioniertat eines einzelnen zurückgeht. Erst später, vielleicht nach dem Tode jenes Pioniers, kommen andere, um seine Entdeckung zu vervollkommnen und auszuwerten. Wo anfänglich Widerstände zu überwinden sind, die jeden Fortschritt hemmen, kommt der Widder mit seinem Vorwärtsdrängen ins Spiel. Dazu gehört selbstsichere Kraft und Stärke.

Wenn aber diese antreibenden Kräfte außer Kontrolle geraten, haben wir es mit einem impulsiven, unbeherrschten und ungeduldigen Menschen zu tun, den niemand gerne um sich hat, weil er unerträglich ist. Einen Menschen, der alles über den Haufen reitet. Das kann sehr destruktiv werden.

Der Widder sollte also von seinem Oppositionszeichen, der Waage, lernen. Die Waage ist das Zeichen der Ausgeglichenheit. Sie regiert die Prinzipien der zwischenmenschlichen Beziehungen. Während sich der Widder überwiegend mit sich selbst beschäftigt, wendet sich die Waage anderen zu. Wo der Widder nur seinen eigenen Standpunkt sieht, heißt die Waage die Meinungen beider Seiten gut. Wo der Widder heißblütig, blindwütig und enthusiastisch handelt, reagiert der Waage-Mensch kühl. Er plant und kalkuliert. Der Widder handelt erst und denkt später. Waage-Menschen denken erst und handeln hinterher.

Ein Widder kann das Beste aus den Möglichkeiten herausholen, die ihm sein Sternzeichen bietet, wenn er seine triebhafte Aktivität durch vernünftiges Denken ausgleicht und wenn er die Meinung anderer genauso klar sieht wie seine eigene. Diese Kombination erweist sich als äußerst wirkungsvoll und ist von anderen kaum zu übertreffen.

Der Waage-Mensch müßte genau das Gegenteil tun. Mißbraucht man die positiven Qualitäten der Waage, so führt das zu Unfähigkeit, Trägheit und Entschlußlosigkeit. Man verliert den Sinn für das eigene Ich und sieht sich selbst nur als Gegengewicht zum anderen.

Waage-Menschen müssen sich also etwas von der Ichsucht des Widders aneignen und lernen, tatkräftiger zu werden. Sie müssen sich zur Einsatzfreude des Widders und zu seinem unermüdlichen Durchhaltevermögen durchringen. Waage-Menschen sollten auch vom Widder lernen, nicht immer nach Kompromissen zu suchen und nötigenfalls auf der Durchsetzung ihres eigenen Willens zu beharren.

Stier – Skorpion

Den Stier kennzeichnet eine tiefwurzelnde Sucht nach materieller Sicherheit. Daher hat er von Natur aus die Fähigkeit, die Dinge zu stabilisieren und auf der physischen Ebene für Dauerhaftigkeit zu sorgen. Er kann nebulöse Ideen in eine brauchbare Form bringen. Er hat eine angeborene Fähigkeit, Geld zu verdienen, und bringt Sinn für eine stabile, in sich gefestigte Umgebung mit. Das schafft er ohne Schwierigkeiten. Darin liegt seine große Stärke. Gerät sie außer Kontrolle, dann degeneriert sie zum blinden Erwerbs- und Besitztrieb. Dann setzt er alle seine praktischen Fähigkeiten auf dieses Ziel an – und alles andere wird vernachlässigt.

Um das Beste aus seinen Fähigkeiten herauszuholen, muß der Stier einiges vom Skorpion lernen. Während der Stier blindlings mehr und mehr Güter ansammelt, beschränkt sich der Skorpion auf das Wichtige. Den Stier interessieren hauptsächlich die physischen Dinge. Der Skorpion versucht, tiefer in die Geheimnisse des Lebens einzudringen. Der Stier nutzt seine praktischen Veranlagungen ausschließlich dafür, sein eigenes Besitztum zu mehren. Der Skorpion setzt seine gleichfalls beträchtlichen praktischen Fähigkeiten im Dienst für andere ein, indem er zum Beispiel anderer Leute Besitz verwaltet.

Sobald der Stier lernt, über die materielle Welt hinauszublicken, wenn er es über sich bringt, Unnötiges beiseite zu lassen, wenn er etwas tiefer ins Leben eindringt, dann macht er das Beste aus seinem Sternzeichen.

Den Skorpion charakterisiert eine mächtige Intensität des Handelns und Konzentration auf die Erfüllung seiner Aufgaben. Das ist sein großer Vorteil. Konzentration auf das Wesentliche und die Nichtbeachtung unwesentlicher Dinge sind Schlüssel zum Erfolg auf allen Gebieten. Gleiten ihm seine Intensität und Ernsthaftigkeit aus der Hand, wird aus dem Skorpion leicht ein Fanatiker. Er kann die Leute überrumpeln, indem er allzu eindringlich wird. Er muß vom Stier lernen, was venusische Liebenswürdigkeit ist. Bevor ein Skorpion daran geht, anderer Leute Vermögen zu verwalten, sollte er zunächst vom Stier lernen, mit dem eigenen richtig umzugehen.

Zwillinge – Schütze

Die Stärke des Zwillings liegt in seinem ausgeprägten Intellekt und seiner Begabung, sich ständig mitzuteilen. Sein Drang zur Kommunikation erstreckt sich auf alle Gebiete des täglichen Lebens. Ohne ihn könnte die Gesellschaft nicht existieren. Sein Problem liegt in seiner Vorliebe, Daten und Informationen zu sammeln. Schießt er dabei übers Ziel hinaus, wird er zu einem wandelnden Lexikon voller ungeordneter, sinnlos angesammelter Zahlen und Tatsachen, die sich für keinen vernünftigen Zweck gebrauchen lassen. Zwillinge häufen gern oberflächliches Wissen an, das tieferen Anforderungen auf die Dauer nicht standhält, ohne ernsthafte Grundlagen ist und in keinen echten Zusammenhang gebracht wird.

Der Zwilling sollte beim Schützen in die Schule gehen, um wirklich das Beste aus seinem Intellekt zu machen. Der Schütze befaßt sich gern mit Kommunikation auf lange Sicht. Ihm liegt an Informationen, die für die Gesamtgesellschaft von Wichtigkeit sind. Er ordnet Wissen gern in philosophische oder metaphysische Bahnen, die von Dauer sind und die sich ausbauen lassen.

Der Intellekt des Zwillings ist ungeschult. Seine ihm angeborenen Fähigkeiten richten sich auf die unmittelbare Umgebung. Der Schütze verfügt über einen trainierten Intellekt, der zum Werkzeug geformt wird. Sein Intellekt läßt sich dazu benutzen, die Einflußsphäre einer Persönlichkeit über die unmittelbare Umgebung hinaus auszudehnen. Der Zwilling lernt durch Inspiration und unmittelbare Wahrnehmung. Er erkennt nur das Unmittelbare. Der Schütze blickt in die Zukunft. Der Zwilling hält sich vorwiegend ans Konkrete. Der Schütze sucht das Ideal. Der Zwilling muß also seinen Intellekt schulen und erweitern, um daraus ein nützliches Werkzeug zu machen.

Der Schütze neigt dazu, sich in den Visionen seiner Ideale zu verlieren und die konkreten Dinge fast ganz zu ignorieren. Vor allem die kleinen Einzelheiten des täglichen Lebens. Seine Inspirationen lassen ihn weite Überblicke gewinnen. Doch fehlen ihm meistens Kenntnisse der einfachsten Fakten. Darum fällt es ihm schwer, seine Inspirationen an andere heranzutragen, weil er sie dazu mit Daten und Zahlen untermauern müßte. Die höchsten abstrakten Wahrheiten müssen durch Modifikationen der jeweiligen Situation angepaßt werden, manchmal sogar in drastischer Weise. Passen die abstrakten Wahrheiten, die der Schütze erkennt, überhaupt ins Alltagsleben? Wird seine Vision vom Großen durch die Masse der verfügbaren Daten bewiesen oder widerlegt? Im allgemeinen kümmert sich der Schütze wenig darum. Ihm fehlen ein paar Charakterzüge des Zwillings, um eine Auswahl zu treffen und seine Inspirationen nutzbar zu machen. Der Schütze neigt dazu, seine Ideen allzu optimistisch zu beurteilen, sie heiß und aufgeregt zu verteidigen. Um den Ausgleich zu finden, sollte er aus der kühlen und sachlichen Haltung des Zwillings lernen. Die Visionen des Schützen und die Kommunikationsfreude des Zwillings brauchen einander.

Krebs – Steinbock

Der Krebs lebt in seinem Heim und schwelgt in tiefsten Gefühlen. Seine Stärke liegt darin, daß er seine Lieben ernähren und umhegen will. Auch das ist eine sehr wichtige Funktion, ohne die wir nicht überleben könnten. Eine starke Gesellschaft ist undenkbar ohne das sichere Heim für den einzelnen.

Übersteigert der Krebs diesen seinen Trieb, dann wird daraus Einengung für die anderen und «Affenliebe». Das Heim wird zum Gefängnis für die Angehörigen, das sie mehr erstickt als beschützt. Die herzlichen Gefühle des Krebs-Menschen können zu einer Umschlingung degenerieren, die sich des ganzen Heimes und der Angelegenheiten anderer bemächtigt. Für den Krebs ist nur das eigene Heim wichtig, nur die eigenen Kinder und Freunde, ferner liegende Dinge interessieren ihn nicht. Krebs-Menschen sitzen im Gefängnis ihrer eigenen unterbewußten Instinkte, in das sie auch ihre Angehörigen hineinzuziehen trachten.

Für sie ist wichtig, aus dem Drang des Steinbocks nach Ausgeglichenheit zu lernen. Der Steinbock urteilt sachlich und objektiv. Er ist unpersönlich und subjektiv zugleich. Den Krebs interessiert die Vergangenheit, den Steinbock die Zukunft. Den Krebs erfüllt nur Sorge um das eigene Heim. Der Steinbock will Karriere machen und der Öffentlichkeit dienen. Die Interessengebiete des Krebses sind eng gefaßt, die des Steinbocks notwendigerweise weiter.

Der Krebs muß lernen, daß es ohne Disziplin und kühles Abwägen kein glückliches Familienleben geben kann. Ein Heim kann nicht allein auf undifferenzierten Gefühlen aufgebaut werden. Es bedarf auch der praktischen Tüchtigkeit und des handwerklichen Könnens.

Auf den Steinbock trifft das Gegenteil zu. Seine Stärken sind Disziplin, Pflichterfüllung und Tüchtigkeit. Er wird angespornt von dem Wunsch und dem Ehrgeiz, vor der Öffentlichkeit ein solides Image aufzubauen und seinem Leben eine materiell gesicherte Basis zu geben.

Auch er hat Gefühle. Aber sie werden so stramm unterdrückt, daß er ziemlich rücksichtslos und gegenüber anderen eiskalt werden kann, wenn es um seine Karriere geht. Dieser Trieb kann so ausgeprägt werden, daß er die Belange des Heimes und der Familie als unwichtig abtut. Allenfalls hält er aus Pflichtgefühl zu den Seinen. Er muß vom Krebs die Herzenswärme und die tiefen Gefühle übernehmen. Er muß lernen, daß ein geordnetes Heim ebenso wichtig ist wie eine Karriere. Er muß Zugang zu seinen inneren Gefühlen suchen und sie andere auch spüren lassen.

Löwe – Wassermann

Der im Sternbild des Löwen geborene Mensch bringt überhöhten Lebenshunger und eine starke kreative Kraft mit. Er ist sich dieser Kraft sehr wohl bewußt und sucht ständig nach Möglichkeiten, sich ihrer zu bedienen. Es würde ihm wirklich schwer fallen, diese Kraft in sich zu verschließen. Die Sonne ist sein planetarischer Beherrscher. Seine Energie ist so stark, daß er sie ständig über seine Umgebung ergießt, anstatt sich ihr unterzuordnen. Löwe-Menschen sind die geborenen Führer – eine an sich durchaus positive Qualität. Die Gesellschaft wird immer gute Führergestalten brauchen.

Sobald der Löwe aber seine kreativen Fähigkeiten nicht zähmen kann, reißt er die Führung auch auf Gebieten an sich, für die ihm die Qualifikation durch Ausbildung oder Können fehlt. Er wird heißblütig, rücksichtslos und draufgängerisch. Er bekommt Schwierigkeiten im richtigen Umgang mit anderen. Das eigene Ich nimmt ihn so gefangen, daß er die Individualität anderer nicht mehr erkennt. Er hält sich für den Mittelpunkt, wie die Sonne, und andere sind nur dazu da, seine Herrlichkeit zu preisen.

Um das Beste aus den Gaben seines Sternzeichens zu machen, muß der Löwe den Wassermann studieren. Aus dessen unpersönlicher, über den Dingen stehender Haltung kann er einiges lernen. Das wird seine heißen, kreativen Kräfte abkühlen und ihn nach Möglichkeiten suchen lassen, sie gemäßigter, doch weitreichender, auszuleben. Er muß vom Wassermann das Wissen übernehmen, daß ein Mensch nicht ohne andere existieren kann, daß er zur Gemeinsamkeit beitragen und sich integrieren muß.

Der Wassermann muß andererseits vom Löwen die Kraft übernehmen, seine Ideen und Theorien mit mehr Schwung in die Wirklichkeit umzusetzen. Der Wassermann neigt dazu, die Wichtigkeit der Gruppe zu überschätzen und ihr den Vorrang vor dem Individuum einzuräumen. Er muß lernen, daß man humanitäre Ideale nicht ohne freie Einzelwesen durchsetzen kann. Bevor es die Bruderschaft aller Menschen gibt, muß die Menschheit zu Brüdern werden.

Die Ideale des Wassermanns lassen sich nicht in irgendeiner Gruppe manifestieren. Es bedarf dazu einer Gruppe von Individuen.

Das Zeichen des Wassermanns gehört zu den stärksten unter den geistigen, und es besteht die Gefahr, daß Wassermänner sich Ideen und Theorien mehr hingeben als der Tat. Letzteres müssen sie vom Löwen übernehmen.

Jungfrau – Fische

Die Jungfrau-Geborenen verfügen über eine hohe Fähigkeit zu analysieren und zu differenzieren. Sie erkennen Einzelheiten und wissen damit umzugehen. Jungfrau-Menschen gehen an ein großes, komplexes Objekt heran und zerlegen es in kleine Teile, die sich leichter behandeln lassen. Der Jungfrau-Mensch ist daher sehr hartnäckig, praktisch und tüchtig.

Die größte Stärke des Fische-Geborenen liegt genau beim Gegenteil. Synthese steht auf seinem Panier. Er sieht vorwiegend das Ganze, sieht die Einheit hinter den Dingen, Verbindungen und Beziehungen zwischen ihnen. Unterschiede ignoriert er. Ihn interessieren mehr die Ähnlichkeiten. Er hat einen weiten Überblick und verschenkt gern tiefe Sympathie.

Jungfrau-Menschen sehen Berge von Einzelheiten. Fische-Menschen sehen den unendlichen Raum. Die unter diesen Zeichen Geborenen betrachten die Welt durch zwei einander entgegengesetzte Instrumente – Teleskop und Mikroskop. Jungfrau-Menschen betrachten die Wirklichkeit durchs Mikroskop. Sie erkennen jede Einzelheit und schattenfeine Unterschiede. Die Fische-Menschen nehmen die Wirklichkeit wie durch ein Fernrohr wahr. Sie schauen in die Weite und in die Breite. Einzelheiten verlieren sich im Blick über das Ganze. Diese beiden Zeichen stehen komplementär zueinander. Sie brauchen sich gegenseitig.

Sobald ein Jungfrau-Geborener die Gewalt über seine analytischen Kräfte verliert, wird er kleinlich, quengelig und übergenau sich selbst und anderen gegenüber. Man nennt es auch pingelig. Er analysiert so weitgehend, daß er den Blick für das Ganze verliert. Analyse an sich ist aber bedeutungslos und destruktiv. Um wirklich effektiv zu werden, muß sie innerhalb einer Synthese angewendet werden. Bevor man mit dem Analysieren beginnt, muß man sich einen Überblick über das Ganze verschaffen. Die Sucht der Jungfrau-Geborenen nach Perfektion macht sie überkritisch. Sie verhalten sich gegenüber ihren weniger tüchtigen Zeitgenossen intolerant. Ihnen fehlt etwas von der Sympathie und dem Verständnis für andere, wie es Fische-Geborene aufbringen.

Andererseits kann visionäre Weite und ein übersteigerter Idealismus, wie er den Fische-Geborenen eigen ist, in eine Traumwelt führen. Das geht bis zur Vernachlässigung der aus dem Alltag erwachsenden Aufgaben, deren Lösung so wichtig ist für jeden Erfolg im Leben. Die täglichen Kleinigkeiten langweilen, wenn man ständig den Blick in die blauen Fernen der Zukunft richtet. Hier fehlen dem Fische-Menschen die Eigenschaften des Jungfrau-Geborenen. Starke Intuition ist für kreatives Schaffen gewiß sehr wichtig. Aber wenn man einen Wagen fährt, mit Werkzeugen hantiert oder andere Alltagsaufgaben ausführt, dann sollte man sich doch besser um die damit verbundenen Einzelheiten kümmern. Die wichtigste Lektion, die der Fische-Geborene zu lernen hat, ist diese: Er muß erkennen, wann, wo und wie er seine Intuitionen einzusetzen hat.

Wenn sich die analytischen und praktischen Fähigkeiten des Jungfrau-Geborenen mit dem visionären Schauen und dem weiten Verstehen der Fische verbinden, erhalten wir eine der stärksten Kombinationen des Tierkreises.

Vierter Teil

Historisches

Die Geschichte einer uralten Wissenschaft

11 000 v. Chr. – Atlantis und das Zeitalter im Zeichen des Löwen

Die Astrologie ist eine so alte Erfahrungswissenschaft, daß es notwendig wird, ganz weit zurückzugehen, um ihre Anfänge zu entdecken: zurück zur traditionellen Überlieferung, zurück ins Dunkel der Vorzeit, von der wir keine gesicherten Erkenntnisse haben, deren Echo jedoch in steinernen Symbolen, Hieroglyphen und Ruinen überdauert.

Die Völker aller alten Zivilisationen – von den ersten Bewohnern der Euphrat- und Tigris-Ebene (dem heutigen Irak) zu den mexikanischen Mayas, den Vorfahren der Inkas in Südamerika und den Chinesen –, sie alle praktizierten die Astrologie. Dies ist geschichtlich erwiesen. Die Frage jedoch, die noch nicht befriedigend beantwortet wurde, heißt: Wo stand die Wiege der Astrologie?

Man vermutet, daß diese Wissenschaft in Kleinasien entstand und asiatische Völkerstämme, die die Bering-Straße zwischen der Sowjetunion und Alaska überquerten, sie nach Amerika brachten, ein Ereignis, das, wie man annimmt, vor ungefähr 17 000 Jahren stattfand. Vielleicht verlief dieser Informationsaustausch auch in der umgekehrten Richtung: von den Vorfahren der Inkas und den Mayas ins asiatische Kernland. Niemand weiß es genau. Sicher ist jedoch, daß zur Zeit der Gründung der sumerischen Zivilisation im alten Mesopotamien 4000 v. Chr. die Astrologie, die Mutter aller Naturwissenschaften, des Lernens und Verstehens, in voller Blüte stand. Eine andere Theorie besagt, daß große bedeutende Erkenntnisse in der kollektiven menschlichen Psyche gewonnen und gleichzeitig von einzelnen Menschen, die Tausende von Kilometern voneinander getrennt leben, ausgedrückt werden – so wie es bei der Erfindung der Druckerpresse, der elektrischen Glühbirne und der Entdeckung des Magnetismus geschah.

Aber die traditionelle Antwort wie auch das Wissen der Eingeweihten um dieses Geheimnis ist schlüssiger – und faszinierender –, obgleich für einige vielleicht weniger überzeugend: Die Geschichte der Astrologie beginnt mit der Sage von *Atlantis,* dem verschwundenen Kontinent. Durch die Logik ihrer eigenen Methode verfolgt sich die Astrologie bis in diese legendäre Epoche um 11 000 v. Chr. zurück.

In der Sicht der Astrologie war von 11 000 v. Chr. bis 8850 v. Chr. das Zeitalter im Zeichen des Löwen, ein Zeitraum von 2150 Jahren wie das Wassermann-Zeitalter, in das die Menschheit vor kurzem eingetreten ist. Damals lebten die Menschen im sagenumwobenen Goldenen Zeitalter und verehrten nicht nur, sondern verstanden auch die Macht der Sonne, den Sonnenkönig, die Sonne als Herrscherin im Zeichen des Löwen und damit das Zeitalter des Löwen. Und damals, so wird behauptet, zerstörte selbstsüchtiges Machtstreben eine Zivilisation, die so weit fortgeschritten war, daß die Menschen selbst sie nicht mehr aufrechterhalten konnten.

Trotz fehlender Beweise gibt es einige interessante wissenschaftliche Fakten, die die Geschichten um Atlantis zumindest glaubhaft erscheinen lassen. Man hat festgestellt, daß der vernunftbegabte Mensch schon 30 000 Jahre vor Christi Geburt Erstaunliches leistete. Anthropologen fanden von ihm benutzte Schneiden, Stichel und Meißel, die einen beträchtlichen Fortschritt gegenüber der rohen Steinaxt seiner Vorfahren darstellten. Da er Motive einer einfachen Astro-Religion malte und bildhauerisch verarbeitete, beweist dies, daß er Himmelsbeobachtungen und Ahnungen von den Göttern (Divination) anstellte. Das Wort *Divination* kommt vom lateinischen *divus* – eine Gottheit oder konstante Macht. Unter seiner ursprünglichen Bedeutung verstand man eine gleichgültige Macht, deren Einwirken voraussehbar, vorhersagbar war, wie eine Gottheit oder konstante Macht sein muß, wenn man sie richtig versteht. Wo aber mehrere Gottheiten und konstante Mächte gleichzeitig und am gleichen Ort zusammenwirken, ist das Ergebnis uneinheitlich, schwer zu bestimmen. Daraus ergibt sich für den menschlichen Geist die Notwendigkeit, die Gottheiten und konstanten Mächte günstig zu stimmen – es erstaunt deshalb nicht, daß die Archäologen fanden, daß der Mensch 30 000 v. Chr. viel von magischen Riten und Zeremonien hielt. Sein okkultes und geistiges Wissen war von erstaunlich hohem Rang. Es basierte auf dem Verständnis von der Sonne als der bestimmenden Kraft des Lebens und der menschlichen Angelegenheiten durch das sich drehende Planetensystem, das man als riesiges elektromagnetisches Feld erkannt hatte (heute sind auch die modernen Astrologen so weit).

Obwohl die Bewohner von Atlantis eine ziemlich hohe Stufe auf technischem, geistigem und künstlerischem Gebiet erreicht hatten, soll ihre Gesellschaft von erbitterten Machtkämpfen zwischen den Regierenden und der Priesterschaft heimgesucht worden sein. Neid und Korruption machten sich unter der Bevölkerung breit.

Die Könige aber oder die Weisen (oder beide) waren anders. Sie verstanden die göttliche Wissenschaft von den Sternen, die Quelle all ihres materiellen und geistigen Wissens. Es war ihre Religion, und ihr Gottesdienst bestand darin, dieses Wissen auszuleben; das Leben war eine einzige Zeremonie. Für sie waren das Wissen von der Energie und die menschliche Seele eins. Diese über den Dingen stehenden Persönlichkeiten sahen die menschliche Existenz als eine ständige Bewußtseinserweiterung durch Wiederholung – ohne ein entsprechend starkes Bewußtsein war das Wissen allein ein äußerst gefährlicher Faktor. (Dies läuft parallel mit der Furcht des 20. Jahrhunderts vor einer Verbreitung des Wissens zur Herstellung der Wasserstoffbombe.) Ihre eigene «Super»-Zivilisation war in dieser Beziehung bedenklich aus dem Gleichgewicht geraten.

Vor dem großen Untergang verließ eine Gruppe von Weisen Atlantis, um sich an verschiedenen Orten niederzulassen. So entstanden die sieben Zentren der alten Zivilisation. Die Männer von Atlantis brachten nur eines mit: die von ihnen verehrte *Astro-Religion*. Das, was von ihr übriggeblieben ist und weiterbesteht, ist die Astrologie.

In einer interessanten Version der Sage wird die Personifizierung der Götter erklärt, wie sie in den meisten Geschichtsmythologien der großen Völker zu finden ist. Kurz vor der Katastrophe verwandelten sich die geistigen Führer, die die kolonisierenden Weisen gelehrt hatten, nach der Legende in lebende Götter. Im Mittelmeerraum kannte man sie unter den Namen Zeus, Hermes, Ares, Chronos, Aphrodite und Artemis, später als Jupiter, Merkur, Mars, Saturn, Venus und Mond – als Planeten.

3000 v. Chr. – Die Babylonier und das Zeitalter im Zeichen des Widders

Die ersten, von denen wir genau wissen, daß sie sich mit Astrologie befaßten, waren die Babylonier oder Chaldäer um 3000 v. Chr., die späteren Bewohner des alten Mesopotamien, in dessen Herz die fruchtbare Ebene von Euphrat und Tigris liegt. Die Entstehungszeit dieser

Kultur fällt mit dem Zeitalter im Zeichen des Widders zusammen, dem nach dem Löwen folgenden Feuerzeichen. Widder: das Zeichen nach dem Himmel blickender Schafhirten, energischen Neubeginns, großer Hitze und Trockenheit und pionierhaften Unternehmungsgeistes.

Die Babylonier waren die ersten, die ein einfaches mathematisches System entwickelten, das sie auf ihre Beobachtungen der Sonnen- und Planetenbewegungen anwandten. Am klaren Himmel über der Wüste konnten sie erstaunlich exakte Entdeckungen machen, wenn man dabei bedenkt, daß es keine Hinweise auf die Verwendung irgendwelcher Vergrößerungsinstrumente gibt. Sie entdeckten und benannten mindestens zwei Sternbilder, nämlich Orion und die Plejaden, und zeichneten Himmelskarten. Sie bauten 17–24 Meter hohe Türme, «Observatorien», wahrscheinlich um über dem Dunst und Staub der Städte bessere Beobachtungsmöglichkeiten zu haben. Aus den Berechnungen dieses Volkes entwickelten sich die Grundlagen der Astronomie, die 4500 Jahre lang die rechte Hand der Astrologie sein sollte.

Anfänglich beschränkten sich die Beobachtungen auf die Sonne und den Mond, da diese die Jahreszeiten und Wachstumsperioden bestimmen. Man erkannte schon sehr früh, daß eine erfolgversprechende Ernte von den Mondphasen abhing, und es dauerte nicht lange, bis die Planeten, die sich um die Fixsterne (ortsfeste Lichtpunkte am Himmel) bewegten, bemerkt und ihre regelmäßigen Bahnen erfaßt wurden. Da die Einflüsse von Sonne und Mond auf das Leben offensichtlich und voraussagbar waren, entdeckten die Sterngucker auch, daß verschiedene Planetenkonstellationen bezüglich der Sonne und des Mondes bestimmten vorhersehbaren Ereignissen im Leben des Staates und des Volkes entsprachen. Diese Erkenntnis kam natürlich nicht von heute auf morgen; astrologisches Wissen wurde jahrhundertelang von Generation zu Generation weitergegeben, so daß man sich auf einen großen Erfahrungsschatz stützen konnte. Irgendwann wies man dann den Planeten Namen und bestimmte Eigenschaften zu und bestimmte und klassifizierte die *12 Tierkreiszeichen*.

Die von den Babyloniern erarbeiteten mathematischen Grundlagen gelten auch heute noch. Aufgrund ihrer Beobachtungen erstellten sie Kalender und führten im ganzen Reich ein System des Informationsaustausches unter den Astrologen ein.

Es gab damals keine persönlichen Horoskope. Astrologie war eine Angelegenheit des Staates; ihre Erkenntnisse bezogen sich auf das Schicksal und die Hoffnungen des ganzen Volkes, und diese wiederum waren verkörpert in der Person des Königs: Was für den König gut war, war gut fürs Volk. In dieser Zeit wurden Voraussagen aufgrund von Sonnen- und Mondfinsternissen, Planetenkonjunktionen und den Ereignissen gemacht, die unter ähnlichen Bedingungen dem Volk und seinen Herrschern in der Vergangenheit widerfahren waren.

Die Babylonier identifizierten ihre Götter mit den Planeten und statteten sie mit der entsprechenden Macht aus: Manche waren gnädig, die meisten jedoch dem Menschen nicht gut gesonnen (es waren schlimme Zeiten). Die Astrologie wurde die Grundlage einer Staatsreligion. Die Ratgeber des Königs, Astrologen und Priester in einer Person, umgaben das Herrschaftssystem mit dem Schleier des Geheimnisvollen; es blieb so immer in der Hand weniger Mächtiger und Privilegierter. Die Astrologie wurde zwangsläufig zu einer Waffe der Politik; ihre Voraussagen entsprachen häufiger politischem Kalkül als der Wahrheit.

Inzwischen hatte *Menes* in Unterägypten die erste Pharaonendynastie begründet, und die ägyptische Kultur und Gelehrsamkeit, bei der sich alles um die Verehrung des Sonnengottes Ra drehte, begann, sich unter dem Einfluß astrologischer Tradition zu entwickeln und zu gedeihen. Das erste, heute noch vorhandene Horoskop hat im Jahre 2767 v. Chr. *Imhotep*, der Erbauer der Stufenpyramide bei Sakkara, gestellt. Einige Experten glauben, daß die Astrologie von Babylon nach Ägypten gebracht wurde, andere behaupten, daß sie sich in Ägypten eigenständig entwickelte und die babylonische Astrologie erst viel später ins Tal des Nils kam – ungefähr 400 v. Chr. –, und führen als Beweis dafür das erste bekannte babylonische Horoskop an, das für *König Nectanebus* 358 v. Chr. angefertigt wurde.

Das Alte Testament erwähnt die Astrologie sehr oft, denn die Weisen der alten Israeliten widmeten sich ihr mit großem Interesse. *Abraham*, der erste Patriarch der Hebräer, hatte mit der Sippe seines Vaters in Ur gelebt, dem Zentrum der babylonischen Kultur, bevor er seine Landsleute um 2000 v. Chr. ins Gelobte Land führte. In einem alten jüdischen Buch steht: «Abraham, der Chaldäer, trug auf seiner Brust eine große astrologische Tafel aus Ton, auf der man das Schicksal jedes einzelnen Menschen lesen konnte.» Man kann es kaum für möglich halten, daß sich die Hebräer, die 2000 Jahre zwischen Ägypten und Babylon hin- und herwanderten, kein astrologisches Wissen aneigneten. Die Hebräer waren über Generationen die Sklaven der Ägypter, bis Moses sie ungefähr 1200 v. Chr. befreite, jener Moses, der ein ägyptischer Priester war, bevor er sich an die Spitze des Aufstandes stellte. Es gibt starke

Hinweise auf eine eigenständige ägyptische Astrologie, die erst später babylonische Methoden aufnahm.

Auch bei den Ägyptern war die Astrologie die eifersüchtig gehütete Domäne einer Priesterschaft, die den Aberglauben förderte, die Astrologie jeweils nach ihrem Gutdünken auslegte und so schwache Pharaonen und das Volk in der Hand hatte.

Die Große Pyramide von Gizeh (2790 v. Chr.) ist, wie man behauptet, nach Maßen gebaut, die astrologischen Kreisen und Proportionen entsprechen – die einzige, die solche Besonderheiten aufweist. Die Große Pyramide, von *Cheops* erbaut, war ursprünglich 146,6 m hoch, 230,8 m an der Basis breit und hatte eine Grundfläche von 5,32 ha.

Um 1000 v. Chr. eroberten die Assyrer Babylon; aber sie zerstörten die Tempel nicht und stellten eine astrologische Bibliothek aus Keilschrift-Tontafeln zusammen, die fast 2000 Jahre der babylonischen Geschichte erfaßten. Über 30 000 dieser Tafeln wurden in diesem Jahrhundert in der Nähe der alten Stadt Babel gefunden.

Wegen der assyrischen Eroberungen wanderten viele Babylonier nach Nordwesten und ließen sich in Griechenland nieder.

600 v. Chr. – Die Griechen und das Zeitalter im Zeichen der Fische

Um 600 v. Chr. begann die griechische Aufklärung. Thales, Anaximander, Anaximenes, Pythagoras, Anaxagoras, Aristoteles, Plato, Hippokrates und andere bildeten die Reihe herausragender und schöpferischer Persönlichkeiten, deren wissenschaftlicher Forschungsdrang und philosophischer Weitblick diese Zeit auszeichnete. Die Astrologie schien dabei für kurze Zeit in den Hintergrund zu treten. Doch sie erfuhr eine wichtige Bereicherung in ihrem stetigen Entwicklungsprozeß: Neue astronomische und philosophische Konzepte wurden formuliert, die den Boden bereiteten für eine neue Ernte astrologischer Einsichten. Die Siedler aus Babylonien lehrten die Griechen alles, was sie über Astronomie wußten. Die Griechen führten diese Wissenschaft weiter und machten eigene, bedeutende Entdeckungen, z. B. entwickelten sie die Trigonometrie, die Grundlage aller zukünftigen astronomischen Berechnungen.

Pythagoras (fünftes Jahrhundert v. Chr.), der eine Zeitlang in Ägypten studiert hatte, war wahrscheinlich der erste, der behauptete, daß sich Erde, Mond, Planeten und die Fixsterne um die Sonne drehten; leider sind von ihm keine schriftlichen Aufzeichnungen darüber vorhanden.

Kopernikus nannte ihn als den Begründer dieser Theorie, die er selbst, wie er sagte, nur wiederaufleben ließ.

Um 150 v. Chr. entdeckte *Hipparch* die Präzession (das Vorrücken) der Tagundnachtgleiche (des Frühlings- und Herbstpunktes), ohne die exakte astronomische Beobachtungen unmöglich sind. Der Frühlingspunkt bestimmt die 2150 Jahre langen astrologischen Zeitalter. Hipparch machte seine Entdeckung bei dem Versuch, die Fixsterne zu katalogisieren, um feststellen zu können, ob neue Fixsterne auftauchten. Als er seine Listen noch einmal durchging, stellte er fest, daß sich einige Sterne «bewegt» hatten, ein Phänomen, das nur durch das Vorrücken (Präzession) des Frühlings- und Herbstpunktes zu erklären ist. Dieser begabte Grieche konnte mit Hilfe chaldäischer Daten die tatsächliche Bewegung des Mondes herausfinden.

Nachdem sie erst ihre astronomischen «Hausaufgaben» gelöst hatten, befaßten sich die Griechen allmählich auch mit der Astrologie. Der von ihnen gelieferte Beitrag war, wie in anderen Wissenschaften oder Künsten, enorm. Nach konzentrierten Forschungen unter der Anleitung chaldäischer Astrologen entwickelten die Griechen sehr bald eigene Wege und Ideen. Anstatt Astrologie als exklusive Angelegenheit für König und Volk zu betrachten, wollten sie herausfinden, was die Sterne für den einzelnen Menschen bedeuten. Dies war die *Geburtsstunde des persönlichen Horoskops.*

Die Astrologen behaupten, daß diese Entwicklung nicht zufällig geschah, denn in diesem Zeitraum begann das Zeitalter im Zeichen der Fische. Fische: das emotionale Wasser-Zeichen, das durch Leiden und Mitleid die Bindungen auflöst, die den Menschen an vergängliche Autoritäten, seien es der Fels der Kirche, die Herrschaft eines Königs, die Solidarität mit dem Volk oder eine politische Ideologie, ketten. Mit dem zwanzigsten Jahrhundert sollte der Mensch sich von den einschränkenden Bindungen gelöst haben und fähig sein, in das Zeitalter im Zeichen des Wassermanns einzutreten und zu entdecken, was seine neugewonnene Freiheit bedeutet.

280 v. Chr. richtete der Babylonier *Berosus* eine astrologische Schule auf der griechischen Insel Cos ein. In den folgenden zwei Jahrhunderten verbreitete sich die griechisch-babylonische Astrologie bis nach Rom und zog eine Fülle astrologischer Veröffentlichungen und Handbücher nach sich. Die Griechen machten eine wichtige Änderung: Sie ersetzten die «heidnischen Gottheiten», mit denen die Babylonier die Planeten bezeichnet hatten, durch ihre eigenen Götter. Der Stoiker *Poseidonios*

begründete eine Schule auf Rhodos, wo man die Erstellung persönlicher Horoskope lehrte und praktizierte. Zwei später sehr berühmte Römer – Pompeius und Cicero, der Redner und Staatsmann – haben angeblich diese Schule besucht.

Durch die Griechen wurde die Astrologie eher zu einem Medium der Interpretation als zu einem Voraussagesystem für das seelenzerschmetternde Wüten des Schicksals. Indem sie dem Menschen seine Möglichkeiten zeigte – seine Stärken und Schwächen –, versetzte sie ihn in die Lage, seinen Charakter so zu formen, wie er es für richtig hielt, und sich nicht seinen Gewohnheiten und seinem blinden Eifer unterwerfen zu müssen. Die Griechen glaubten, daß nur Narren und Willensschwache astrologische Aussagen als unumstößlichen Schicksalsspruch akzeptieren. Willensstarke Menschen, die darum kämpfen, ein wirklich eigenständiges Bewußtsein zu entwickeln, sehen in ihnen eine Auswahl von Möglichkeiten und Warnungen, die sie vermeiden oder ignorieren können.

Die Griechen entwickelten die Astrologie auch zu einem Mittel der medizinischen Behandlung. Später kam aus Ägypten der Hermes-Kult, der die verschiedenen Körperteile mit den Sternzeichen und Planeten gleichsetzte. Obwohl die astro-medizinische Wissenschaft erheblich größere Forschungsarbeit erfordert, wird sie von den meisten Astrologen der Gegenwart als vollgültige Erweiterung ihrer Kunst betrachtet.

Die Römer bestimmten die nächste Entwicklungsphase der Astrologie. Bevor sie mit der neuen Astro-Kultur in Berührung kamen, hatten sie Voraussagen anhand von Symbolen, ja sogar aus den Gedärmen von Tieren, gemacht. Das persönliche Horoskop war da schon eine Verbesserung, zumal es auch dem Empfinden der gebildeteren Römer entgegenkam, die bereitwillig die verfeinerte griechische Gedankenwelt aufnahmen. Nachdem man einmal akzeptiert hatte, daß der Blick zum Himmel eher die Antworten gab als die Innereien eines geschlachteten Tieres, wandte man sich höheren Aufgaben zu.

In Rom fand man fast an jeder Ecke einen Astrologen. Trotz heftiger Opposition von Cato, Cicero und anderen einflußreichen Römern, die vor der Dummheit warnten, sich von «diesen verschlagenen Chaldäern» beraten zu lassen, gewann die Astrologie immer mehr Anhänger und war schließlich untrennbar mit dem religiösen Leben der Römer verbunden.

Nicht einmal die wechselvollen Zielsetzungen der römischen Politik konnten den Einzug der Astrologie ins erste Jahrtausend nach Christi Geburt verhindern. *Augustus*, der mit Marc Antonius um die höchste

Macht im Staate stritt, verbannte 33 v. Chr. alle Astrologen und Wahrsager aus Rom, obwohl er an die Astrologie glaubte. Aber er wußte vom Einfluß dieser Leute und fürchtete, daß diejenigen unter ihnen, die ihm feindlich gesonnen waren, die öffentliche Meinung durch ungünstige «Voraussagen» gegen ihn beeinflußten. Nachdem er sich seines Rivalen entledigt hatte, bekräftigte Augustus seinen Glauben an die Astrologie und ließ eine Münze prägen, die das Symbol seines Tierkreiszeichens, des Steinbocks, trug.

Viele römische Imperatoren schätzten die Dienste ihrer Hofastrologen; einige von ihnen folgten dem Beispiel von Augustus und ließen Münzen mit dem Symbol ihres Tierkreiszeichens oder dem Symbol des Zeichens, in dem der Mond bei ihrer Geburt stand, prägen. Damals wurde der Mond als eine der mächtigsten Gottheiten verehrt. Heute hat er zwar seine religiöse Bedeutung verloren, doch er ist immer noch die drittwichtigste Größe im Horoskop.

Kaiser Tiberius hatte einen griechischen Astrologen. Der Astrologe und Mathematiker *Sylla* sagte dem verrückten Caligula Zeit und Umstände seines Todes voraus. *Vitellius* machte den Versuch, alle Astrologen außer seinem aus Rom zu verbannen – doch die verschlagenen Chaldäer, wie man sie nannte, prophezeiten ganz einfach, daß der Tag ihrer Verbannung auch der Todestag des Kaisers sein werde. Es erübrigt sich fast, darauf hinzuweisen, daß es Vitellius nicht darauf ankommen ließ. 52 n. Chr. versuchte *Claudius* ebenfalls, in einem, wie es hieß, «rücksichtslosen, doch wirkungsvollen» Dekret, die Astrologie zu bannen. Unter *Nero* erlebte sie dann eine neue Blüte.

Jede Geschichtsschreibung des Römischen Reiches zeugt vom ungeheuren Einfluß der Astrologie. Römische Helden und gewöhnliche Männer und Frauen starben im Glauben, unter den Sternen in den Sternbildern Herkules, Perseus und Castor und Pollux wiedergeboren zu werden. Niemand sagte ihnen etwas anderes. Auch die himmlischen Wohnungen, von denen die frühen Christen sprachen, erforderten einen Glauben, der zwar auf einer geistigeren Ebene lag, aber doch genauso lebhaft diesen Vorstellungen entsprach. Nach Jahrhunderten isolierter Entwicklung begann sich der Einfluß ägyptischer Astrologie zu verstärken, besonders nach der Eroberung Ägyptens durch Rom im Jahre 30 v. Chr.

Im zweiten Jahrhundert n. Chr. lieferte der griechische Astrologe *Claudius Ptolemäus,* der in Alexandria lebte, einen wesentlichen Beitrag. In zwei Büchern, dem «Almagest» und den «Tetrabiblios», faßte er alle bis dahin gewonnenen Erkenntnisse der Astrologie und Astronomie zusammen. Diese beiden Bücher und seine Entdeckungen brachten ihm den Ehrentitel des *Vaters der modernen Astrologie* ein. Sein astronomisches Weltbild – «Almagest» – galt 12 Jahrhunderte, bevor es vom kopernikanischen abgelöst wurde. Ptolemäus hatte richtig erkannt, daß die Erde rund ist und sich um ihre Achse dreht, doch machte er den Fehler zu glauben, daß sich die Sonne um die Erde dreht, wie es den Anschein hat. Als *Kopernikus* 1530 das Gegenteil bewies, war Ptolemäus in der Astronomie ein toter Mann. Doch in der Astrologie leuchtet sein Licht – durch die Veröffentlichung der «Tetrabiblios» – bis in unsere Tage. Und damit kommen wir zum größten Mißverständnis, das über die Astrologie im Umlauf ist.

Die astrologische Wissenschaft basiert auf der *sichtbaren* Bewegung der Himmelskörper. Der Grund dafür liegt in der Einfachheit selbst: So war es, als der Mensch zum ersten Mal den Himmel beobachtete, und so ist es auch heute noch, wenn er es tut. Vom astrologischen Standpunkt aus hat sich überhaupt nichts geändert. Die Tatsache, daß sich die Erde um die Sonne dreht, ist ein intellektuelles Konzept, das von der Sinneswahrnehmung unabhängig ist. Es gilt für jede Wissenschaft, die dieses Wissen braucht, jedoch nicht für die *abstrakte* Mutter aller Wissenschaften, die im menschlichen Geist aus dem Genius des Sehens mit bloßem Auge entstand. Die Astrologie muß keinen Mann zum Mond schicken; sie ist die Wissenschaft der inneren Offenbarung und nicht der offenen Handlungen. Die Entdeckung von Kopernikus, die die Astronomie revolutionierte, hat nicht das geringste am Anblick des Himmels, wie er sich jedem Betrachter auf der Erde bietet, geändert. (Die Entdeckung der drei «neuen» Planeten – Uranus, Neptun und Pluto – hat dieses System erweitert, aber nicht umgestoßen.) Obwohl also Ptolemäus in der Astronomie falsch lag, macht dies seine astrologischen Informationen keineswegs ungültig. Tatsache ist, daß er einen sehr wichtigen Beitrag lieferte, indem er das von Arabern, Persern, Griechen und Ägyptern in Jahrhunderten erworbene Wissen zusammentrug und uns in einem enzyklopädischen Band zur Verfügung stellte.

In den «Tetrabiblios» von Ptolemäus fanden die Astrologen zum ersten Mal in einem Werk detaillierte Angaben zur Interpretation der Planetenpositionen in einem nach der damals neuen Methode guter und schlechter Aspekte erstellten Horoskop. Ptolemäus korrigierte den Fixstern-Katalog von Hipparch und schuf Tafeln von den Bewegungen der Sonne, des Mondes und der Planeten. Er systematisierte die

Verbindung der Astrologie mit der Lehre von den vier Elementen – Feuer, Erde, Luft, Wasser – und ihren Grundeigenschaften – heiß, kalt, trocken, feucht.

Im dritten Jahrhundert erklärte *Plotinus*, der in Ägypten geborene und in Rom lebende Philosoph, der als führender Kopf der Neu-Platoniker galt: «Es ist völlig sicher, daß Bewegungen am Himmel den Lauf der Dinge auf der Erde beeinflussen.»

Mit der Ausbreitung des Christentums über Europa schien die Astrologie abermals zu verschwinden, doch stellte sich die Abnahme ihres Einflusses bald als Übergangsphase heraus. Die letzte römische Christenverfolgung geschah 303 unter Diokletian. Zwanzig Jahre später hatte Rom mit Konstantin seinen ersten christlichen Kaiser. Die alten heidnischen Götter hatten ausgedient und auch die Astrologie – als Religion. Sie war ja sowieso nie eine gewöhnliche Religion gewesen, weil sie sich nie als Konkurrenz eines Glaubens sah. Sie ist die Schule der inneren Offenbarung, die sich nur mit der Wahrheit, dem Verstehen der Kräfte befaßt, die, wie sie auch immer heißen mögen, auf das menschliche Leben einwirken. Sie liegt nicht im Streit mit dem Christentum oder einem anderen Glauben; sie stellt der Menschheit frei, sie zu nützen oder jahrhundertelang links liegenzulassen.

Die Christen des vierten Jahrhunderts verstanden das nicht, und auch nicht die fanatischen Anhänger der Astrologie, die versuchten, die Christen zu bekämpfen. Einer der leidenschaftlichsten Sprecher der Christenheit, *Augustinus*, brandmarkte die Astrologie als Teufelswerk, und damit war die Sache für die nächsten 800 Jahre erledigt. Nachdem sich dann die Kirche mit den europäischen Fürsten verband, verschwand die Astrologie fast völlig.

Jedoch nur in dem kleinen Teil der Erde, der sich Europa nennt. In der arabischen Welt erhellte die Astrologie den Weg zu neuen Höhen der Gelehrsamkeit. Die arabischen Scheichs förderten Kultur und Erziehung, obwohl sich ihre verarmten Völker manchmal nach dem Sinn und Zweck gefragt haben müssen. Sie gaben Unsummen aus für die Errichtung von Bibliotheken, den Kauf von Büchern und Manuskripten und die Aussendung von Boten, die neues Wissen sammeln sollten. Sie ließen Observatorien bauen, optische Geräte entwickeln und eigene Sternenkataloge zusammenstellen. 777 wurde in Bagdad eine Schule für Astrologie und Astronomie gegründet; 815 ließ *Kalif Al-Mamum* die Werke von Ptolemäus ins Arabische übersetzen. Um 850 hatte *Albumasar*, der einflußreichste arabische Astrologe, in Bagdad eine erfolgreiche Schule um sich versammelt. Seine Schriften wurden später von christlichen Mönchen ins Lateinische übersetzt. Albumasars vielgelesene Einführung in die Astronomie war eines der ersten Bücher, das nach der Erfindung der Druckerpresse gedruckt wurde.

Es waren die arabischen Astronomen, die die Fehler der Griechen aufdeckten und bemerkten, daß die Neigung der Ekliptik (der scheinbaren Sonnenbahn) keine konstante Größe ist. Sie erreichten ein größeres Maß an Genauigkeit in der sphärischen Trigonometrie und definierten viele Begriffe, die heute in der Astrologie benützt werden. Die Araber erkannten ihre Wichtigkeit für die Physiologie und die Medizin und entwickelten die Wissenschaft von den Planetenzyklen, den kritischen Perioden und Tagen. Mit anderen Worten: Die Araber erhielten die Astrologie nicht nur, sondern erweiterten auch ihren Wirkungskreis. Als die Mauren Spanien eroberten, führten sie diese ihre Wissenschaft in ein Europa ein, das verzweifelt nach einer Rettung aus der finsteren Zeit des frühen Mittelalters und des erstickenden, erdrückenden Einflusses der Kirche auf Kultur, Fortschritt und freie Forschung Ausschau hielt.

Die moderne Astrologie in der westlichen Welt

Im Europa des dreizehnten Jahrhunderts, mit der Übernahme maurischen Gedankenguts, waren Astrologie und wissenschaftliches Forschen wieder im Kommen. Zu diesem Zeitpunkt hatte sich die Astrologie in vier Sparten aufgespalten:

1. Die *Geburtsastrologie,* die das Geburtshoroskop, das persönliche Horoskop eines Menschen, beurteilt.
2. Die *Stundenastrologie,* die Fragen aus einem Horoskop beantwortet, das zum Zeitpunkt der Fragestellung erstellt wird.
3. Die *Mundan-Astrologie,* die Ereignisse von nationaler Tragweite voraussagt, z. B. Kriege, wirtschaftliche Krisen, Naturkatastrophen.
4. Die *Wahlastrologie* zur Bestimmung des richtigen Zeitpunkts für eine Unternehmung. So wurde z. B. die Grundsteinlegung für das Observatorium von Greenwich (bei London) zu einer Zeit vorgenommen, die vom ersten Königlichen Astrologen, John Flamsteed (1646 bis 1719), nach astrologischen Gesichtspunkten berechnet wurde.

An der neugegründeten Universität von Oxford war die Astrologie Teil des Studiums der Astronomie. Ihr erster Kanzler, *Robert Grosse-*

teste, betrachtete die Astrologie als «höchste Wissenschaft» und behauptete von ihr, sie liefere Einsichten in alles menschliche Tun. Dann gab auch die Kirche, durch *Thomas von Aquin,* einen ihrer einflußreichsten Söhne, ihr Placet. Indem er erklärte, daß Gott niedere Geschöpfe durch höhere Geschöpfe regiert und so unsere irdischen Körper durch die Gestirne, ließ er in der Astrologie Raum für den freien Willen, den für die meisten strittigsten Punkt. Kein Kirchenmann, und deshalb auch wenige Laien, konnten ein Gedankengebäude akzeptieren, in dem alles schon vorbestimmt war. Für Thomas besteht ein Kampf zwischen der physischen Existenz des Menschen (die dem Einfluß der Sterne unterliegt) und dem sich darüber erhebenden Menschen (der Gott untertan ist).

In der Zeit der Renaissance (um das vierzehnte Jahrhundert) hatte die Astrologie im christlichen Europa wieder festen Fuß gefaßt und erfreute sich der Unterstützung der größten Denker und Künstler. Während der folgenden vier Jahrhunderte wurden neue Grundlagen erarbeitet, die es ihr ermöglichten, den Skeptizismus des achtzehnten Jahrhunderts zu überleben.

Die wissenschaftlichen Entdeckungen von *Newton, Kopernikus, Tycho Brahe* und *Kepler,* die die Position der Astrologie zu untergraben schienen, dienten nur dazu, ihr einen noch festeren Platz in der Zukunft zu sichern. Denn die Astrologie hatte von der reinen Naturwissenschaft nichts zu befürchten – sondern nur von dauerhaften Vorurteilen. Um sich weiterentwickeln zu können, brauchte sie nur die Urteilskraft von Menschen mit Verstand, die sich von den schwer auszurottenden Überlieferungen der Kirche und des Staates und der Autoritätsgläubigkeit befreit hatten, die dem menschlichen Geist eine starre und unbewegliche Sicht der Dinge aufzwingen. Die Astrologie brauchte die Chance, sich in einem ursprünglichen Zustand präsentieren zu können und nur die Prinzipien beizubehalten, die präzisen astronomischen und naturwissenschaftlichen Tatsachen entsprechen. Sie braucht im Grunde eine neue Generation von Astrologen. Und dies wurde möglich, weil sich das vage, emotionale und beeindruckbare Fische-Zeitalter dem Ende zuneigte.

Der Übergang zum Beginn des wissenschaftlichen Zeitalters war nicht einfach – für die Wissenschaftler wie für die Astrologen.

Der Däne *Tycho Brahe* (1546–1601) war beides in einer Person. Er gilt als der herausragendste und genaueste Beobachter des Himmels seit Hipparch 1700 Jahre zuvor und setzte eine wissenschaftliche Entwicklung in Gang, die mit den Schwerkraftgesetzen Newtons 1693 ihren Höhepunkt fand.

Tycho stellte in seiner Freizeit Horoskope. 1572 machte er aufgrund eines auftauchenden Kometen eine interessante Vorhersage: 1592 werde in Finnland ein Mann geboren, der Großes für eine religiöse Sache leisten und 1632 sterben würde. Diese Prophezeiung stimmte fast exakt mit dem Leben und Wirken Gustav Adolfs von Schweden (Finnland war eine schwedische Provinz) überein.

Der vom dänischen König Frederik geförderte Tycho ließ der größeren Genauigkeit wegen alle seine Instrumente aus Metall statt aus Holz bauen. Er forderte, daß eine Theorie erst nach äußerst genauen Beobachtungen, wie er sie auch durchführte, aufzustellen sei. Er erstellte und gebrauchte sehr genaue Tabellen und korrigierte die von Kopernikus.

Unter seinen Schülern war ein begabter Deutscher, *Johannes Kepler* (1571–1630). Er benutzte Tychos Aufzeichnungen über die Bewegungen der Planeten und sollte mit seinen drei Gesetzen der Planetenbewegungen, die erst ein knappes Jahrhundert später durch die Newtonschen Grundgesetze der Mechanik völlig erklärt wurden, die Astronomie revolutionieren.

Auch Kepler war Astrologe und veröffentlichte astrologische Jahreskalender. Für das Jahr 1595 sagte er zutreffend Bauernerhebungen in Oberösterreich und eine Türkeninvasion vorher. Aus dem Horoskop des böhmischen Generals *Albrecht von Wallenstein* sah er schon 1624 für den März 1632 «schreckliche Unruhen im ganzen Land». Der General wurde am 25. Februar 1634 von seinen Gegnern ermordet.

Keplers Bewegungsgesetze warfen alle früheren Annahmen über den Haufen, indem sie die Planetenbahnen als Ellipsen und nicht als Kreise beschrieben. Seine astrologischen Vorstellungen nahmen auch die heutigen schon vorweg, die den Tierkreis als universelles genetisches Muster in Verbindung mit dem sich verändernden elektromagnetischen Planetenfeld des Sonnensystems sehen.

Kepler glaubte, daß «die Seele in sich die Vorstellung (Zeichen?) des Tierkreises trägt» und die Sternenstrahlen instinktiv auf die Seele wirken, «so wie der Gehörsinn und die Fähigkeit, Töne zu unterscheiden, der Musik solche Kraft gibt, daß sie den, der sie hört, zum Tanzen bringt».

Galilei (1564–1642), ein Zeitgenosse Keplers, benützte als erster ein Teleskop für astronomische Beobachtungen. Er war ebenfalls Astrologe; zwei seiner Bücher enthalten von ihm gestellte Horoskope. Er starb an dem Tag, als *Newton* geboren wurde. Und es war Newton, der die wahre

Bedeutung der drei Keplerschen Gesetze der Planetenbewegungen durch sein Gesetz von der universellen Schwerkraft (das sich als nicht so universell gültig herausstellte) erklärte.

Newtons Haltung gegenüber der Astrologie ist nicht ganz klar, aber uns ist die Antwort erhalten, die er *Halley*, dem Entdecker des nach ihm benannten Kometen, gab, als der Zweifel über die Astrologie ausdrückte: «Sir, ich habe sie studiert, Sie nicht.»

Eine der bekanntesten Vorhersagen aus dieser Zeit stammt von dem Engländer *William Lilly* (1602–1681). Er gehörte zu der neuen Generation von Astrologen, die aus dem Lateinischen übersetzte Bücher lesen und mit Horoskopen eigene Experimente anstellen konnten. 1651 sagte er die Pest und den großen Brand Londons im Jahre 1666 voraus. Einer verblüfften Untersuchungskommission, die ihn als Zeugen geladen hatte, konnte er nur sagen, daß beide Ereignisse in den Sternen geschrieben standen. In seiner Autobiographie erinnert er sich, daß er «vom Komitee mit großer Höflichkeit verabschiedet wurde».

Im 18. Jahrhundert verlor die Astrologie hauptsächlich aus Mangel an fähigen Männern, die sie praktizierten, auf dem Kontinent an Boden; nicht jedoch in England, wo sie eifrig betrieben wurde und sogar die Hexengesetze von 1735 überlebte.

Mit dem steigenden Bildungsgrad im 19. Jahrhundert begannen die Menschen, die seltenen astrologischen Werke selbst zu lesen und ein persönliches Interesse an den Sternen, unter denen sie geboren waren, und ihrer Bedeutung zu zeigen. Der Berufsastrologe konnte trotz drohender Verfolgung seine Arbeit durchführen. Er wurde durch eine stetig wachsende Anhängerschaft ermutigt, die schließlich das Recht verlangte, sich eigene Gedanken über das Gelehrte machen zu dürfen.

Die ernstzunehmenden Astrologen unternahmen immer häufiger den Versuch, astrologische Prinzipien in rationalen, wissenschaftlichen Begriffen neu zu fassen. Im 20. Jahrhundert war endlich durch die Arbeiten bekannter Astrologen der Boden bereitet. Die Arbeit wird heute von einer neuen Generation weitergeführt, die noch wissenschaftlicher, intuitiver, unkonventioneller, schöpferischer, aufgeschlossener und erfinderischer arbeitet – wie es für die Pioniere des Wassermann-Zeitalters paßt.

Die Astrologie der Hindus

Die Hindus behaupten, daß sie die älteste überlebende Zivilisation der Welt sind und die Astrologie ihre älteste Wissenschaft ist. Die erste Behauptung mag von den Chinesen und vielleicht auch von den Ägyptern bezweifelt werden. Es bleibt aber unumstritten, daß die Astrologie ein wesentlicher Teil der Geschichte der Hindus ist, die sich, wie bei allen alten Völkern, bis weit in die Welt der Mythen verfolgen läßt. Viele Spezialisten sind überzeugt, daß die Hindu-Astrologie sich eigenständig entwickelt hat. Sie wurde sicherlich nicht aus Griechenland oder den islamischen Ländern importiert, und ihre Methoden haben keinerlei Ähnlichkeit mit denen der Chinesen. Die Astrologie der Hindus war so weit fortgeschritten, daß die, die sie praktizierten, schon Tausende von Jahren vor den Griechen und lange vor den Ägyptern individuelle Horoskope erstellten.

Die astrologischen Lehrsätze der Hindus waren viel weiter entwickelt als vergleichbare in der westlichen Welt und ihr Verständnis der Astronomie ebenfalls. Ein Kapitel der Veden, des religiös-historischen Dokuments der alten Arier ungefähr 1500 v. Chr., ist der Astrologie gewidmet, den Bewegungen der Himmelskörper und ihrer Bedeutung.

Es gibt eine starke Richtung, die behauptet, daß die gesamte Struktur chaldäischer, ägyptischer und griechischer Gelehrsamkeit, insbesondere die okkulten Wissenschaften, ursprünglich aus Asien stammt. Von dem Ägypter Osiris und dem Griechen Orpheus wird berichtet, sie seien «Männer mit dunkler Hautfarbe» aus dem Osten gewesen, die die erste Botschaft brachten von den heiligen Wissenschaften eines Volkes oder einer Gemeinschaft von Weisen, die ein sagenumwobenes Leben in den Bergen im Norden Hindustans führten. Man hat auch vermutet, die Hindus hätten ihre geistige Tradition von dem älteren Volk der Arhat, das «in der Abgeschiedenheit der Berge, fern der Menschen» lebte, übernommen.

Man glaubt auch zu wissen, daß die Brahmanenpriester, die ihr Wissen durch die heilige Sprache Sanskrit geheimhielten, viel zu stolz waren, als daß sie sich ihre Wissenschaft von den Griechen, Arabern und Moguln oder einem anderen Volk der Mlechas, wie sie die nannten, die die Veden und Sanskrit, «die Sprache der Götter», nicht kannten, ausgeborgt hätten.

In der Überlieferung der Hindus wurde die Astrologie durch die geistige Autorität der Götter begründet, die ihr Wissen einer Reihe von brahmanischen Weisen, den *Rishis*, offenbarten. *Rishi* heißt: *wie ein Licht oder Stern scheinen*. Die gebildetsten Weisen waren *Maha-rishis* (große Lichter) und besaßen die Gabe der *Divya Drisati* (die höchste Einsicht). Unter den *Maharishis*, die die ersten astrologischen Werke verfaßten, war auch Parasara, der Vater Vyasas, der die Veden und die Puranas, ein weiteres, sehr altes Werk, schriftlich fixierte.

Wie alt die Hindu-Astrologie sein muß, mag man daran abschätzen, daß sich aus einer ihrer Grundthesen zwei Völkergruppen entwickeln konnten. Neben dem Tierkreis, den die Sonne durchlief, schufen die Hindus ein paralleles System von 27 Mond-Häusern, die den täglichen Weg des Mondes durch die Sternbilder beschrieben. Die miteinander konkurrierenden Symbolismen von Sonne und Mond hatten zur Folge, daß sich zwei rivalisierende Völkergruppen bildeten: die Suryas und die Chandravansas, die Kinder der Sonne und die Kinder des Monds.

Das Horoskop des Gottmenschen *Rama*, der sechsten, siebten oder achten Inkarnation Vishnus, des zweiten Gottes in der Hindu-Trinität, ist uns im großen epischen Gedicht «Ramayana», das viel älter ist als Homers «Ilias» (um 900 v. Chr.), überliefert. Aus der Position der Planeten errechneten Astrologen, daß es das Horoskop eines Mannes ist, der vor 3100 v. Chr. geboren wurde. Das interessanteste daran aber ist, daß in Ramas Horoskop die Planeten in den einzelnen Tierkreiszeichen stehen, und diese Unterteilung wurde von den Babyloniern erst ungefähr um 2000 v. Chr. vorgenommen.

Im Indien der Gegenwart ist die Astrologie immer noch weit verbreitet. Wie im Westen, so erfährt sie auch hier allmählich eine wissenschaftliche Ausrichtung, die es ihr erlaubt, sowohl auf ihren rechtmäßig erworbenen Verdiensten als auf dem schwankenden Grund emotionalen Volksglaubens zu fußen. Dies führte in der Vergangenheit, eher in Indien als anderswo, zu Irreführungen und Absurditäten. In Delhi und anderen großen Städten werden Kurse in Astrologie in Zusammenarbeit mit höheren Schulen durchgeführt. Die Hindu-Astrologie unterscheidet sich noch immer stark von der des Westens, und schon ein oberflächliches Befassen mit ihr zeigt, daß sie aus keiner unserer Quellen kommt.

Die Astrologie der Chinesen

Auch die Chinesen sind ein Volk, das behauptet, die Astrologie «direkt von den Göttern» erhalten zu haben. Die Tatsache, daß dieses riesige Kulturgebiet Tausende von Jahren vom Rest der Welt isoliert war, läßt eine in grauer Vorzeit liegende Quelle vermuten. Für die alten Chinesen existierte die Außenwelt nicht. Die Psychologie dieses Volkes, daß jenseits der Grenzen ihres Reiches nur der Abgrund lauere, scheint die Ansicht, die Chinesen hätten die Astrologie von den Hindus oder Griechen, völlig zu widerlegen. Alle bestehenden Hinweise deuten darauf hin, daß sie ihre Wissenschaften und Künste ohne Zugang zum Wissen anderer alter Kulturen schufen und weiterentwickelten.

Der Tierkreis der alten Chinesen ist völlig verschieden von dem der westlichen Zivilisationen. Obwohl ihm dieselbe Vorstellung zugrundeliegt, verbanden ihn die Chinesen mit einem Zwölfjahreszyklus und anderen Tiersymbolen für jedes Jahr. 1910 z. B. war das Jahr des Hundes, 1911 das des Schweins, danach folgten die Jahre der Ratte, des Büffels, Tigers, Kaninchens, Drachens, der Schlange, des Pferds, Schafs, Affen, des Hahns und wieder das Jahr des Hundes 1922.

Menschen, die in einem bestimmten Jahr geboren sind, haben demnach besondere Eigenschaften, die vom Wesen des betreffenden Tieres abgeleitet sind, obwohl sie nicht unbedingt den Eigenschaften der Tiere entsprechen, wie wir sie kennen. Diese Tierbeschreibungen stammen wahrscheinlich aus okkulten Überlieferungen.

So wie die Sonne in der westlichen Astrologie den Grundcharakter festlegt, wird er bei den Chinesen durch das Jahr bestimmt, unterliegt aber weiteren Einflüssen, die zu beachten sind, wenn man eine genaue Charakteranalyse erstellt. Dies und die Wichtigkeit, die die alten chinesischen Weisen dem Tierkreis zumaßen, wird im Buch *Shu King* beschrieben: «Von den fünf bestimmenden Größen ist die erste das Jahr, die zweite der Mond, die dritte die Sonne [Tierkreiszeichen], die vierte die Planetenstunde [Aszendentenzeichen] und die fünfte die astronomische Disposition (die Position der Planeten).»

In China hatte die Astrologie schon seit frühesten Zeiten ihren festen Platz. Seit den Tagen des Kaisers *Fohi* um 2752 v. Chr. bis 200 v. Chr. wurde die Astronomie ausschließlich zum Zweck astrologischer Voraussagen betrieben. Die Chinesen besaßen außergewöhnlich gute Kenntnisse der Himmelsbewegungen.

Die Kaiser wurden aufgrund ihrer astrologischen Fachkenntnisse gewählt. Kaiser *Chueni* stellte 2513 v. Chr. eine Ephemeride (ein Buch mit Tabellen) der Bewegungen der fünf Planeten zusammen. Es gibt auch Hinweise, daß er die große Planetenkonjunktion im Jahre 2449 v. Chr. beobachtete.

Marco Polo, der 1271 n. Chr. in China eintraf, schrieb: «Diese

Astrologen sind sehr geschickt in ihrer Kunst und oft treffen ihre Worte zu, so daß die Menschen großen Glauben an sie haben.»

In der chinesischen Legende wird Fohi als der Göttliche Kaiser verehrt; man bezeichnet ihn als den Drachen-Menschen, den Größten Weisen und als Vater der Götter und der Menschen. Fohi sei ein «avatar» (eine Inkarnation) der ewigen Gottheit, des Leuchtenden Himmels, gewesen und von einer Jungfrau «ohne Zutun eines Vaters» geboren worden.

Fohi gilt als der große Erzieher der Chinesen. Er lehrte sie den Gebrauch von Schriftsymbolen und wird als der «literarische Ahnherr aller Zeiten» gefeiert. Er schuf Diagramme, um den Menschen die Schaffung des Universums aus dem Chaos und die Reihenfolge der Welten zu erklären, setzte die Institution der Heirat ein und unterrichtete die Menschheit in den Künsten.

Viel später kamen die Chinesen unter den Einfluß der Mongolen, beginnend mit der Eroberung durch *Dschingis Khan* 1213. Auch die Mongolen hatten einen hohen Standard astrologischen und astronomischen Wissens erreicht.

Wie es bei vielen legendären Gestalten der Geschichte der Fall ist, so schreibt man auch Dschingis Khan göttliche Abstammung zu. Bei seiner Geburt erklärten die Astrologen, ein Gottgesandter sei auf die Erde gekommen. Sein mit den heutigen Mitteln rekonstruiertes Horoskop für den September 1186 n. Chr. zeigte eine große Konjunktion der fünf Planeten im Zeichen Waage, was seine Genialität erklären soll. Dschingis besaß astrologische Kenntnisse. In seinen «Grundzügen der Geschichte Chinas» schreibt *Herbert H. Gowen,* daß während seiner Feldzüge «der Mogul vom ungünstigen Stand der Planeten und einer Vorahnung des herannahenden Untergangs bedrückt war». Er entschied sich für die Umkehr und starb kurz darauf, im Alter von 65 Jahren, im nördlichen China.

Kublai Khan, sein Enkel, der 1279 die chinesische Sonnendynastie besiegte, war ein großer Freund der Wissenschaften, Literatur und Künste. Er förderte den Gebrauch astronomischer Instrumente, von denen man einige noch im Observatorium von Peking bewundern konnte, bevor das gegenwärtige kommunistische Regime die Macht übernahm.

Fünfter Teil

Ein bißchen Theorie
zur praktischen Anwendung

Wie man sein Horoskop verstehen kann

Eines Tages möchte fast jeder die vollständigen Einzelheiten seines Geburtshoroskops erfahren. Ein wichtiger erster Schritt dazu ist das Studium des Sonnenzeichens.

Die Sonne ist der mächtigste Himmelskörper. Sie beeinflußt die Persönlichkeit so stark, daß man ein erstaunlich genaues Bild des einzelnen Menschen geben kann, der geboren wurde, während sie ihre Kraft durch die bekannten und voraussagbaren Einflüsse eines bestimmten astrologischen Zeichens äußerte. Die Sonne ist zwar nicht der einzige Faktor, der bei der Analyse menschlichen Verhaltens eine Rolle spielt, aber man muß sie bei weitem am stärksten berücksichtigen.

Was ist ein Sonnenzeichen? Ein bestimmter Abschnitt des Tierkreises – Widder, Stier, Zwillinge usw. –, in dem sich die Sonne befand, als Sie Ihren ersten Atemzug taten. Die genaue Position entnimmt man den von Astronomen berechneten Gestirnständen, den Ephemeriden. Wenn Sie am ersten oder letzten Tag eines Sonnenzeichens geboren sind, müssen Sie Ihre genaue Geburtszeit sowie Längen- und Breitengrad Ihres Geburtsortes wissen, um feststellen zu können, in welchem Zeichen sich die Sonne zu dieser Stunde befand, denn der Wechsel findet nicht unbedingt, wie manche vielleicht glauben, um Mitternacht statt. Mit anderen Worten, die Anfangs- und Enddaten eines jeden Sonnenzeichens in diesem und jedem anderen Astrologiebuch gelten nur ungefähr, und es ist sehr wichtig, das nicht zu vergessen.

Was ist ein Geburtshoroskop? Sie können es sich wie das mathematisch genau berechnete Foto aller Planeten am Himmel im Augenblick Ihrer Geburt vorstellen. Außer Sonne und Mond gibt es acht Planeten, die Ihr Leben beeinflussen, je nach den Zeichen, in denen sie sich bei Ihrer Geburt befanden, ihrer Entfernung voneinander in Graden (Aspekten) und ihrem Standort.

Wenn Sie am 9. Juni geboren sind, sind Sie natürlich ein Zwilling, weil die Sonne zu dieser Zeit im Zeichen Zwillinge steht, und ungefähr acht von zehn Zwillinge-Eigenschaften werden sich in Ihrem Charakter finden. Der Mond, der über Ihre Gefühle herrscht, ist jedoch vielleicht im Widder gewesen und wird Ihre Gefühlshaltung mit Widder-Eigenschaften färben. Merkur, der den Verstand beherrscht, könnte im Krebs gewesen sein, so daß Ihr Denkvorgang von der Art des Zeichens Krebs wäre. Mars, der unter anderem Sprache und Bewegung beherrscht, war vielleicht im Stier, und so werden Sie ziemlich langsam sprechen. Venus mag im Löwen gewesen sein und Ihnen in der Liebe, auf künstlerischem und schöpferischem Gebiet die Kraft des Zeichens Löwe geben. Doch keine dieser Planeten-Positionen wird die Grundeigenschaften Ihrer Zwillinge-Sonne ganz auslöschen können. Sie verfeinern nur die einzelnen Züge Ihrer komplizierten Persönlichkeit.

Und noch weitere Faktoren müssen in Betracht gezogen werden, wenn Sie ganz korrekt analysiert werden sollen. Von größter Wichtigkeit ist dabei der Aszendent – das Zeichen, das am östlichen Horizont aufging, als Sie das Licht der Welt erblickten – und sein genauer Grad. Ihr Aszendent bestimmt weitgehend Ihre äußere Erscheinung (obwohl auch Ihr Sonnenzeichen eine Menge dazu zu sagen hat) und Ihr wahres inneres Wesen, auf dem die Motivierungen Ihres Sonnenzeichens beruhen. Wenn Ihr Aszendent zum Beispiel Wassermann ist, haben Sie vielleicht starke Wassermann-Neigungen und wundern sich, warum die Beschreibung Ihres Zwillinge-Sonnenzeichens nicht alle Ihre Eigenarten und Bestrebungen enthält. Die beiden wichtigsten Positionen in einem Geburtshoroskop – nach dem Sonnenzeichen – sind Aszendent und Mondzeichen.

Als nächstes müssen die Häuser des Horoskops berücksichtigt werden. Das sind mathematisch errechnete Orte, die auf bestimmte Gebiete Ihres Lebens Einfluß haben. Es gibt zwölf, für jedes Zeichen eins. Das erste Haus wird immer vom Zeichen Ihres Aszendenten beherrscht, und so geht es weiter, in entgegengesetzter Uhrzeigerrichtung im Kreis herum, der Ihr Horoskop ausmacht. Der Astrologe, der Ihr Grundhoroskop nach Angabe Ihrer genauen Geburtszeit und Ihres Geburtsortes sorgfältig berechnet hat, muß den Einfluß der einzelnen Zeichen auf diese Häuser deuten und auch die Planeten, die in bestimmte Gebiete fallen, in Erwägung ziehen. Die Verschmelzung all dieser Faktoren bei der Analyse Ihres Charakters, Ihrer Möglichkeiten und der Hinweise auf Ihre Fehler und Ihre Entwicklung in Vergangenheit und Zukunft wird die Kunst der Synthese in der Astrologie genannt. Erst hier zeigt sich der

gute Astrologe. Die Berechnung selbst ist eine verhältnismäßig einfache Aufgabe, wenn man die genauen Regeln zugrunde legt.*
Erst ein genaues Geburtshoroskop enthüllt also untrüglich die feineren Schattierungen des Charakters. Dieses Wissen macht uns toleranter gegenüber unseren Mitmenschen. Wenn man einmal erkannt hat, wie tief bestimmte Verhaltensweisen in der Natur des Menschen verwurzelt sind, wird man ihnen verständnisvoller begegnen.

Machen Sie daher nicht den Fehler, oberflächlich und vorschnell zu urteilen, wenn Sie dem Vertreter eines bestimmten Sonnenzeichens begegnen. Nicht alle Steinböcke sind bescheiden, nicht alle Löwen herrschsüchtig, und nicht alle Jungfrau-Geborenen sind Jungfrauen. Gelegentlich findet man einen Widder mit einem Sparbuch, einen ruhigen Zwilling und sogar einen praktischen Fisch. Aber sehen Sie einmal von den ein oder zwei Eigenschaften ab, die Sie irregeführt haben. Sie werden entdecken, daß der schüchterne Löwe schmollt, weil seine Eitelkeit verletzt worden ist, Sie erwischen die ausnahmsweise kokette Jungfrau dabei, daß sie Insektenvertilgungsmittel kistenweise kauft, weil es so billiger ist, und der praktische Fisch schreibt heimlich Gedichte oder lädt sechs Waisenkinder zum Weihnachtsessen ein. Der ruhige Zwilling spricht vielleicht nicht schnell, aber sein Verstand arbeitet mit Blitzgeschwindigkeit. Auf die Dauer kann niemand sein Sonnenzeichen verleugnen, wenn man Augen und Ohren nur richtig offenhält. Versuchen Sie einmal, das Zeichen eines Menschen zu erraten; es schärft Ihren astrologischen Verstand. Und Sie werden dabei etwas sehr Nützliches lernen: Sie werden die verborgenen Träume, geheimen Hoffnungen und wahren Charaktere der Menschen erkennen, ihre Nöte verstehen, sie sympathischer finden und von ihnen sympathischer gefunden werden.

* Siehe hierzu die nachfolgende Anleitung.

Kurze Anleitung
für astrologische Berechnungen

Der Tierkreis

Wollen wir einen astronomischen Überblick gewinnen, so müssen wir uns zunächst die Erde im Raum vorstellen. Wir erkennen dabei folgendes: unsere Erde dreht sich regelmäßig um sich selbst, und zwar um eine angenommene Achse, die durch ihre Mitte verläuft und Nord- und Südpol bildet. Halbwegs zwischen den beiden Polen und senkrecht zu dieser Achse befindet sich der irdische Äquator. Er teilt unsere Erde in zwei gleiche Hälften, in die nördliche und die südliche Halbkugel. Um die als Mittelpunkt betrachtete Erde wölbt sich das Universum mit seinen Planeten und Sternen. Dieses Universum wird durch eine angenommene Kreisebene dargestellt, deren Mittelpunkt der Beobachtungsort (für die Astrologie: der Geburtsort) ist. Der Himmelsraum weist dieselben Koordinaten wie unsere Erde auf. Nord- und Südpol dieser Kreisebene verlängern diejenigen der Erde. Auf gleicher Ebene dagegen liegen der Himmels- und der Erdäquator.

Die Beobachtung der Himmelsbewegungen, wie wir sie wahrnehmen, zeigt, daß die Sonne im Himmelsraum einen großen Bogen beschreibt, welcher, hinsichtlich der Sterne, ihre Jahresbahn bestimmt: die Ekliptik. Dieser «schiefe Kreis» hat eine Abweichung von 23° vom Himmelsäquator.

Die Ekliptik oder jährliche Sonnenbahn ist nun in die zwölf Sektoren des Tierkreises aufgeteilt. Man spricht von einem Himmelsgürtel, dem entlang die Sterne unseres Planetensystems wandern. In 17° breitem Gürtel ziehen sie ihre Bahn und vollenden ihre Umlaufzeit. Der Tierkreis ist die «Himmelsbahn», auf der sich der Sternenreigen unserer Planetenwelt vollzieht.

Diese Welt überträgt man auf eine Kreisebene von 360°. Sie wird seit undenklichen Zeiten (bei den Azteken wie in Babylon) in zwölf gleiche

Teile gegliedert, die die zwölf Tierkreiszeichen darstellen. Jeder Teil hat eine Ausdehnung, die 30° Länge, von der Ekliptik aus gerechnet, entspricht. Dazu kommt noch eine Unterteilung in Dekanate; jedes Zeichen wird in drei Dekanate von je 10° gegliedert. Doch bleibt der Einfluß, den man diesen Dekanaten beimißt, problematisch und wird selten berücksichtigt. Die Sonne selbst rückt täglich um rund 1° vor. Sie durchläuft somit monatlich ein Zeichen, jährlich den gesamten Tierkreis:

Himmelskarte

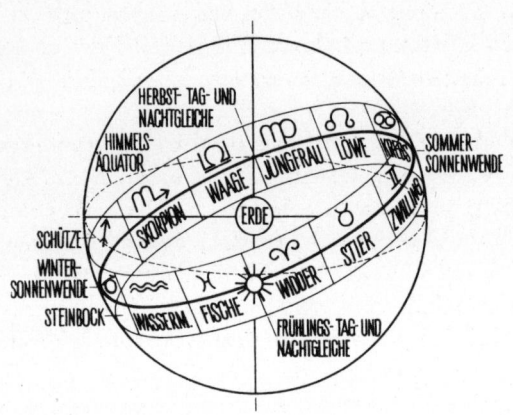

Zeichen	Symbol	Länge	Daten		
Widder	♈	0°– 30°	21. März	bis	20. April
Stier	♉	30°– 60°	21. April	bis	20. Mai
Zwillinge	♊	60°– 90°	21. Mai	bis	21. Juni
Krebs	♋	90°–120°	22. Juni	bis	22. Juli
Löwe	♌	120°–150°	23. Juli	bis	22. August
Jungfrau	♍	150°–180°	23. August	bis	22. September
Waage	♎	180°–210°	23. September	bis	22. Oktober
Skorpion	♏	210°–240°	23. Oktober	bis	21. November
Schütze	♐	240°–270°	22. November	bis	20. Dezember
Steinbock	♑	270°–300°	21. Dezember	bis	19. Januar
Wassermann	≈	300°–330°	20. Januar	bis	18. Februar
Fische	♓	330°–360°	19. Februar	bis	20. März

Für den Astrologen bedeutet der Ausdruck «in einem bestimmten Zeichen geboren», daß unser Hauptgestirn, unser Licht-, Wärme- und Lebensspender, die Sonne, bei der Geburt eine Tierkreisstellung zwischen dem ersten und letzten Grad des betreffenden Zeichens einnimmt. Daher bedeutet die Wendung «geboren im Zeichen des Widder», daß man zwischen dem 21. März und dem 20. April zur Welt gekommen ist.

Obschon die Sonne in unserer Planetenwelt eine hervorragende Stellung einnimmt, ist sie nicht das einzige Gestirn, das die Astrologie berücksichtigt. Die Sonne setzt den Begleitzug der Planeten in Bewegung: Mond, Merkur, Venus, Mars, Jupiter, Saturn, Uranus, Neptun und Pluto.

Steht nur die Sonne in einem Zeichen, so fühlt sich der betreffende Mensch von diesem und damit von seiner Tierkreis-Familie nicht wirklich geprägt; im Grunde seiner Seele entdeckt er höchstens einzelne zutreffende Züge.

Die Ähnlichkeit tritt erst offen, doch nicht vollkommen zutage, wenn einer oder mehrere Planeten sich in Sonnennähe im Tierkreis aufhalten und zusammen das gleiche Zeichen besetzen. Das gilt oft für die Planeten Merkur und Venus, die in der Nähe der Sonne kreisen und sich nie weit von ihr entfernen. So geschieht es häufig, daß Merkur oder Venus (oder beide zugleich) mit der Sonne ein und dasselbe Zeichen bewohnen. Man begreift, daß die *Tierkreis-Signatur* damit zum entscheidenden Kennzeichen wird. Die Bedeutung des Zeichens wächst mit der Zahl der einzelnen Faktoren (Planeten, Aszendent, Himmelsmitte).

Doch geht es nicht allein um die Gestirne. Die Bewegung der Erddrehung stellt auch ein Schicksalsrad dar, das nacheinander die Werte der zwölf Zeichen im Laufe des Tages zur Geltung bringt; es ist dies eine Frage des Ortes und des Geburtsmoments. Der bedeutendste Punkt ist der Tierkreis-Grad, der, zur Stunde und am Orte der Geburt, die Spitze des Ost-Horizonts bildet: dort «steigen» die Sterne auf, dort beginnt der Tag, wenn die Sonne sich dort befindet. Dieser besondere Punkt wird *Aszendent* (Aufstieg der Sterne), das dort befindliche Tierkreiszeichen *Aszendent-Zeichen* genannt, das Zeichen des Geburtsmonats dagegen *Sonnen-Zeichen*.

Das Sonnenzeichen ist gleichzeitig Aszendent-Zeichen, wenn die Geburt bei Sonnenaufgang stattfindet. Angesichts der doppelten Geltung ein und desselben Zeichens ergibt sich ein besonders stark geprägter Typ. Das Aszendent-Zeichen (gewöhnlich: Aszendent) hat ebensoviel Bedeutung wie das Sonnenzeichen, wenn nicht noch mehr. Fand die

Geburt nicht bei Tagesanfang statt, so sind die Tierkreiszeichen der Sonne und des Aszendenten zu berücksichtigen.

Der Symbolismus eines Zeichens ist also auch bei einem Menschen zu erkennen, der nicht in dem entsprechenden Tierkreismonat geboren ist. Ein Beispiel: jemand, der nicht im Widder geboren ist, kann dennoch ein höchst ausgeprägter Widder sein. Es genügen Aszendent und einige Planeten, ohne die Sonne, im Widder; umgekehrt braucht ein in einem bestimmten Zeichen Geborener nicht dem Typ dieses Zeichens zu entsprechen, wenn dieses nur von der Sonne besetzt ist. Was für den einzelnen gilt, ist indes nicht für eine ganze Gruppe gültig: wenn auch nicht alle Nativen eines Zeichens die Merkmale des bestimmten Tierkreistyps tragen, so kann sich doch eine große Mehrheit im Gesamtbild wiedererkennen. Wir stehen damit vor einer *Typenlehre*, die auf der Statistik gründet und als solche für die große Zahl gilt – ohne daß damit für diesen oder jenen besonderen Fall unbedingte Übereinstimmung verbürgt wäre.

Welches sind die Grenzdaten der Tierkreiszeichen? Wann treten wir ins Zeichen des Widder, wann verlassen wir es? Die Übergänge können von Jahr zu Jahr schwanken, Abweichungen bis zu einem Tag auftreten. So trat die Sonne 1955 am Vormittag des 21. März in den Widder, 1956

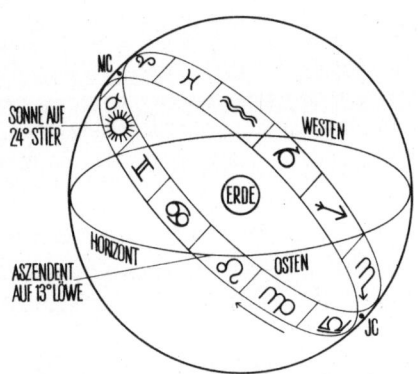

Dieser Mensch, geboren an einem 15. Mai in Frankreich um 10 Uhr, ist im Zeichen Stier geboren; sein Aszendent-Zeichen ist der Löwe. Der Aszendent befindet sich auf der Zeichnung am Kreuzpunkt des Tierkreises und der Horizontlinie.

am Nachmittag des 20. März und 1957 am Abend des 20. März. Einzig die astronomischen Ephemeriden geben Auskunft, ob der am 20. oder 21. März Geborene Fisch oder Widder und ob ein am 20. oder 21. April Geborener Widder oder Stier ist.

Wie weit das Sonnenzeichen Bedeutung gewinnt oder ob nicht ein anderes Zeichen die Persönlichkeit prägt, ist nur aus der Berechnung des Horoskops auf Grund der Geburtsminute zu erfahren.

In der Astrologie wie in der Psychologie entspricht der *Typ,* das Allgemeinbild, einer Art allgemeiner *Signatur* des einzelnen. Er bezeichnet den Charakter- und Lebensstil so sehr, daß eine stark geprägte Persönlichkeit in ihrer Eigenart sich überall erkennen läßt, im Einzelnen wie im Ganzen. Trägt daher ein bestimmter Mensch den Stempel eines bestimmten Zeichens, so bleibt er von ihm geprägt: im Alltagsverhalten wie in besondern Lebensumständen.

Diese Signatur wird freilich oft nur bruchstückhaft offenbar. Sie beschränkt sich auf einige wenige Aspekte des Menschen und bleibt doch von Bedeutung. Von größter Wichtigkeit für die Bestimmung des Individualbildes sind daher die Planetenstellungen, und zwar so weitgehend, daß zwei im selben Zeichen geborene Menschen dennoch außerordentlich verschieden sein können.

Die Häuser

Wenn wir dem irdischen Tageslauf (Erdumdrehung) folgen, stehen wir im Rahmen des Erdortes; der Himmelsraum (der Raum um einen Geburtsort) wird zweifach geteilt: durch den *Horizontkreis* in eine sichtbare Hälfte (den Himmel über uns) und in eine unsichtbare Hälfte (den Himmel unter uns) sowie durch den *Meridiankreis* in eine östliche und eine westliche Hälfte. Dadurch ergeben sich vier Tagesabschnitte:

Mitternacht: die Sonne geht über den unteren Meridian (Himmelstiefe, Imum Coeli = I. C.)
Vormittag: die Sonne geht am Osthorizont auf (Aszendent = A. S.)
Mittag: die Sonne steht in der Himmelsmitte (Medium Coeli = M. C.)
Abend: die Sonne geht am Westhorizont unter (Deszendent)

Diese vier Himmelspunkte sind besonders wichtig. Befindet sich dort ein Planet, so heißt das: ein Planet läuft über die Himmelstiefe, er geht auf, kulminiert oder geht unter; er dominiert und prägt die Persönlichkeit.

Die Zwölfteilung, die wir beim «himmlischen» Tierkreis feststellen, kehrt wieder im «irdischen» Schicksalskreis. Wir sprechen von *Häusern* oder *Feldern.*

Der Aszendent bestimmt die Spitze des I. Hauses, die Himmelstiefe die des IV. Hauses, der Deszendent die des VII. Hauses, und die Spitze des X. Hauses stimmt mit der Himmelsmitte überein.

Die Bedeutungen der zwölf Häuser:

    I. Haus Die Persönlichkeit und ihre Triebrichtungen
    II. Haus Ihre Verwirklichung: Besitz, Erwerb, Güter, Reichtum
    III. Haus Ihre Umweltbeziehungen: Geschwister, Verwandte, Nachbarn; Bildung, Schrifttum, kleine Reisen
    IV. Haus Ihre Herkunft: Familie, Eltern, Grund und Boden, Heim
    V. Haus Ihre Vergnügen: Spiel, Liebesleben, Kinder
    VI. Haus Ihre Dienstbarkeit: Arbeit, Gesundheit, Untergebene
    VII. Haus Ihre Ergänzungswelt oder Gegnerschaft: Ehe, Teilhaberschaft, Partner und offene Feindschaft
    VIII. Haus Ihr Tod (Erbschaft), Krisen und Wandlung
    IX. Haus Ihre höhere Geistigkeit: höhere Erkenntnis, Geistesleben und große Reisen
    X. Haus Ihre soziale Stellung: Karriere, Beruf, Ruhm, Ehren
    XI. Haus Ihre Freundschaften und Gönner
    XII. Haus Ihre Prüfungen: Krankheiten, Verleumdungen, Verbannung, geheime Feinde

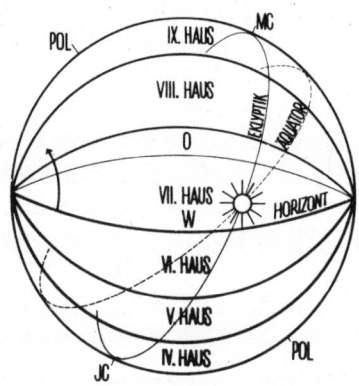

Die Planeten

So durchlaufen die himmlischen Gestirne, Lichter und Planeten die Zeichen des Tierkreises und die verschiedenen Häuser. Zeichen und Planeten wirken zusammen. In jedem Zeichen ergibt sich eine neue Kombination.

Sonne: ☉ Willenskräfte, Leben, Licht, Selbstbewußtsein, sittliches Bewußtsein, Stolz, Mut

Mond: ☾ Psychische Kräfte, Stoff, Unbewußtes, Gefühl, Romantik, Phantasie

Merkur: ☿ Das begriffliche Denken, Verstandeskräfte, Vernunftdenken, Austausch, Bewegung

Venus: ♀ Daseinsbejahung, Eros, Ästhetik, Kunst

Mars: ♂ Tatkraft, Kampfgeist, Spannung, Leidenschaft

Jupiter: ♃ Wohlwollen, Güte, Rechtlichkeit, Religiosität, Wohlstand, Zuversicht

Saturn: ♄ Hemmung und Vertiefung, Konzentration, Abkehr vom Leben

Uranus: ♅ Inspiration, Originalität, Unabhängigkeit

Neptun: ♆ Intuition, Mystik, Idealismus, Irrungen und Wirrungen

Pluto: ♇ die Macht der höllischen Kräfte der Seele

Die Aspekte

Je nach den Abständen zwischen zwei Planeten spricht man von verbundenen oder unverbundenen Planeten. Diese Verbindungen werden qualitativ gewertet. Es gibt harmonische und disharmonische Verbindungen. Man nennt sie: *Aspekte*.

So spricht man von *Konjunktionen*, wenn zwei Planeten sich auf der gleichen Tierkreisstelle vereinigen oder nur wenige Grad voneinander getrennt sind. Entsprechend den Planeten erfährt diese Verbindung eine positive oder negative Wertung. Im übrigen gibt es Aspekte, die traditionsgemäß als günstig betrachtet werden, weil sie harmonisch wirken. Von dieser Art ist das *Sextil*, eine Winkelbildung von 60°, und vor allem das *Trigon*, eine Winkelbildung von 120°.

Die Erfahrung lehrt, daß andere Verbindungen ungünstig wirken; durch die Winkelbildung der Planeten entsteht ein Zusammenwirken, bei dem sich deren Kräfte gegenseitig behindern und stören. Zu dieser

Art zählt das *Quadrat,* eine Winkelbildung von 90°, und die *Opposition,* bei welcher zwei Planeten einander gegenübergestellt sind. Je genauer ein Aspekt ist, desto intensiver wirkt er.

Die Konstellationen

Die Deutung der Himmelskarte besteht im Erfassen und Entziffern der Konstellationen, wie das Horoskop sie aufzeichnet.

Drei Elemente gehören zu einer einfachen *Konstellation:* Planet ohne Aspekt, Zeichen und Haus, zumal wenn eine innere Verwandtschaft vorliegt. Dies ist der Fall für den Planeten Venus in einem Venuszeichen (Waage oder Stier) im VII. Haus: das Liebesgefühl, ausgedrückt durch die Anwesenheit des Planeten, verstärkt sich im Zeichen der Zuneigung und äußert sich im Bereich der Ehe im VII. Haus (glückliche Liebesehe).

Selten aber bietet sich ein so eindeutiges Bild. Zu berücksichtigen sind: Planet im Zeichen, Planet im Haus, Zeichen des Hauses, Aspekte des Planeten, Position des Planeten, der das Zeichen beherrscht. Deshalb muß die Konstellation Gegenstand einer gründlichen *Analyse* werden.

Bei der Analyse der Konstellation dürfen wir aber nicht stehenbleiben. Der nächste Schritt heißt: *Synthese.* Die einzelnen Bildteile müssen nun zu einem Gesamtbild zusammengefügt werden. Erst dieses offenbart das Individuum in seiner Einzigartigkeit. Im Individualbild ist auch das Typenbild wiederzuerkennen, jedoch in einer Deutlichkeit, die mit keinem andern verwechselt werden kann. Man spricht dann nicht mehr vom Saturn schlechthin, sondern von der Saturnkraft eines bestimmten Menschen.

Entdecken Sie selbst Ihr Aszendent-Zeichen

Es ist wichtig, vorerst die Ortszeit der Geburt zu kennen.

Deutschland*

Bis zum *1. April 1892* für Süddeutschland und bis zum *1. April 1893* für Norddeutschland war die angegebene Geburtszeit gleichzeitig auch Ortszeit; es ist deshalb für Geburten *vor* diesen Daten keine besondere Berechnung nötig.

Seit dem *1. April 1892* für Süd- und seit dem *1. April 1893* für Norddeutschland gilt die angegebene Geburtszeit für den Meridian von Görlitz, 15° östliche Länge. Für jede Geburt *nach* diesen Daten ist die Zeitdifferenz vom Geburtsort zu diesem Meridian zu berücksichtigen.

So ist für Geburten, die nach diesen Daten (1892 und 1893) stattgefunden haben, die Zeitdifferenz bei *östlicher* Lage des Geburtsortes zu der gegebenen Geburtszeit *hinzuzuzählen* und bei *westlicher* Lage des Geburtsortes von der gegebenen Geburtszeit *abzuziehen*.

Die nachstehende Tabelle enthält die Zeitdifferenzen der größeren Städte Deutschlands. Das Zeichen + bedeutet, daß die Zeitdifferenz *zuzuzählen* ist, das Zeichen − bedeutet, daß die Zeitdifferenz *abzuziehen* ist. Für Geburten in Städten außerhalb dieser Liste genügt es, die nächstgelegene Stadt zu berücksichtigen.

---

* Angaben für die Schweiz und Österreich siehe die entsprechenden Abschnitte und Berechnungsbeispiele.

Anhang

Aachen	− 35 min.	Heidelberg	− 25 min.
Augsburg	− 16 min.	Jena	− 14 min.
Berlin	− 6 min.	Kassel	− 22 min.
Bonn	− 31 min.	Kiel	− 19 min.
Braunschweig	− 18 min.	Köln	− 32 min.
Bremen	− 25 min.	Königsberg	+ 22 min.
Breslau	+ 8 min.	Konstanz	− 23 min.
Chemnitz	− 8 min.	Leipzig	− 10 min.
Danzig	+ 15 min.	Lübeck	− 17 min.
Dresden	− 5 min.	Magdeburg	− 13 min.
Düsseldorf	− 33 min.	Mainz	− 27 min.
Essen	− 32 min.	Mannheim	− 26 min.
Frankfurt a. M.	− 25 min.	München	− 14 min.
Frankfurt a. O.	− 2 min.	Nürnberg	− 16 min.
Freiburg i. B.	− 29 min.	Regensburg	− 12 min.
Halle	− 12 min.	Saarbrücken	− 32 min.
Hamburg	− 20 min.	Stuttgart	− 23 min.
Hannover	− 21 min.	Würzburg	− 20 min.

Sommerzeit

Außerdem ist es wichtig, für die Jahre, in denen die Sommerzeit galt, von der gegebenen Geburtszeit *eine Stunde abzuziehen*. Nachstehend die Daten der *deutschen und österreichischen* Sommerzeit.

Jahr	Einführungsdatum		Ende der Sommerzeit
1916	30. April	bis	1. Oktober
1917	16. April	bis	17. September
1918	15. April	bis	16. September
1940/1942	1. April 1940	bis	2. November 1942
1943	29. März	bis	3. Oktober
1944	3. April	bis	7. Oktober
1945	2. April	bis	16. September

Von 1946 bis 1980 keine Sommerzeit mehr.

1980	6. April	bis	28. September
1981	29. März	bis	27. September
1982	28. März	bis	26. September
1983	27. März	bis	25. September
1984	25. März	bis	30. September

Wenn wir die Ortszeit kennen, berechnen wir die Sternzeit der Geburt. Wir zählen zu der Ortszeit (von 0 Uhr – 24 Uhr) die Sternzeit des Geburtstages. Diese Sternzeit finden wir in der Tabelle auf der nächsten Seite. Sie entspricht der Zahl am Kreuzpunkt der senkrechten Kolonne des Monats mit der waagrechten Kolonne des Tages. Die Sternzeit des 8. Juni: 17 h 03 m.

Sternzeittabelle

Tag	Jan.	Febr.	März	April	Mai	Juni	Juli	Aug.	Sept.	Okt.	Nov.	Dez.
	h m	h m	h m	h m	h m	h m	h m	h m	h m	h m	h m	h m
1	6 34	8 38	10 33	12 36	14 33	16 36	18 34	20 37	22 39	0 37	2 39	4 38
2	6 40	8 42	10 37	12 40	14 37	16 40	18 38	20 41	22 43	0 41	2 43	4 42
3	6 44	8 46	10 40	12 44	14 41	16 43	18 42	20 45	22 47	0 45	2 47	4 46
4	6 48	8 50	10 44	12 48	14 45	16 47	18 46	20 49	22 51	0 49	2 51	4 50
5	6 52	8 54	10 48	12 52	14 49	16 51	18 50	20 53	22 55	0 53	2 55	4 54
6	6 56	8 58	10 52	12 55	14 53	16 55	18 54	20 57	22 59	0 57	2 59	4 57
7	7 00	9 02	10 56	12 58	14 57	16 59	18 58	21 00	23 03	1 01	3 03	5 01
8	7 04	9 06	11 00	13 02	15 01	17 03	19 02	21 04	23 07	1 05	3 07	5 05
9	7 08	9 10	11 04	13 06	15 05	17 07	19 06	21 08	23 11	1 09	3 11	5 09
10	7 12	9 14	11 08	13 10	15 09	17 11	19 10	21 12	23 14	1 13	3 15	5 13
11	7 15	9 18	11 12	13 14	15 13	17 15	19 14	21 16	23 18	1 17	3 19	5 17
12	7 19	9 22	11 16	13 18	15 17	17 19	19 18	21 20	23 22	1 21	3 23	5 21
13	7 23	9 26	11 20	13 22	15 21	17 23	19 22	21 24	23 26	1 25	3 27	5 25
14	7 27	9 30	11 24	13 26	15 24	17 27	19 26	21 28	23 30	1 29	3 31	5 29
15	7 31	9 33	11 28	13 30	15 28	17 31	19 30	21 32	23 34	1 32	3 35	5 33
16	7 35	9 37	11 32	13 34	15 32	17 34	19 34	21 36	23 38	1 36	3 39	5 37
17	7 39	9 41	11 36	13 38	15 36	17 38	19 38	21 40	23 42	1 40	3 43	5 41
18	7 43	9 45	11 40	13 42	15 40	17 42	19 42	21 44	23 46	1 44	3 47	5 45
19	7 47	9 49	11 44	13 46	15 44	17 46	19 46	21 48	23 50	1 48	3 50	5 49
20	7 51	9 53	11 48	13 50	15 48	17 50	19 49	21 52	23 54	1 52	3 54	5 53
21	7 55	9 57	11 52	13 54	15 52	17 54	19 53	21 56	23 58	1 56	3 58	5 57
22	7 59	10 01	11 55	13 58	15 56	17 58	19 57	22 00	0 02	2 00	4 02	6 01
23	8 03	10 05	11 58	14 02	16 00	18 02	20 02	22 04	0 06	2 04	4 06	6 05
24	8 07	10 09	12 02	14 06	16 04	18 06	20 06	22 08	0 10	2 06	4 10	6 09
25	8 11	10 13	12 06	14 10	16 08	18 10	20 10	22 12	0 14	2 12	4 14	6 13
26	8 15	10 17	12 10	14 14	16 12	18 14	20 14	22 16	0 18	2 16	4 18	6 17
27	8 19	10 21	12 14	14 18	16 16	18 18	20 18	22 20	0 23	2 20	4 22	6 21
28	8 23	10 25	12 18	14 22	16 20	18 22	20 22	22 24	0 26	2 24	4 26	6 24
29	8 26	10 29	12 22	14 26	16 24	18 26	20 26	22 27	0 30	2 28	4 30	6 28
30	8 30		12 26	14 29	16 28	18 30	20 30	22 31	0 34	2 32	4 34	6 32
31	8 34		12 30		16 32		20 33	22 35		2 36		6 36

Nun kennen wir die Sternzeit der Geburt (Ortszeit plus Sternzeit des Geburtstages) und brauchen uns nur noch der Tabelle I bzw. II zuzuwenden, um das Aszendent-Zeichen zu finden. Jedes der zwölf Zeichen hat seinen besonderen Stunden-Fahrplan.

In den folgenden Tabellen sind die Positionen für die entsprechenden Breiten von 48°, 51° und 54° (Deutschland/Österreich) berechnet:

Süddeutschland und Österreich		*Mittel-deutschland*	*Nord-deutschland*
Augsburg	Trier	Berlin	Bremen
Bamberg	Tübingen	Bonn	Danzig
Bregenz	Ulm	Breslau	Hamburg
Freiburg i. B.	Villach	Dresden	Kiel
Graz	Wien	Düsseldorf	Königsberg
Innsbruck		Essen	Lübeck
Klagenfurt		Frankfurt a. M.	Oldenburg
Linz		Frankfurt a. O.	Rostock
Mannheim		Hannover	Stettin
München		Kassel	
Nürnberg		Köln	
Regensburg		Leipzig	
Saarbrücken		Magdeburg	
Salzburg		Mainz	
Stuttgart			

Tabelle I (Aszendentzeichen Deutschland und Österreich)

Süddeutschland und Österreich

Löwe	0 h 33 m – 3 h 16 m	Wasserm.	15 h 45 m – 17 h 01 m
Jungfrau	3 h 16 m – 6 h 00 m	Fische	17 h 01 m – 18 h 00 m
Waage	6 h 00 m – 8 h 43 m	Widder	18 h 00 m – 18 h 59 m
Skorpion	8 h 43 m – 11 h 27 m	Stier	18 h 59 m – 20 h 15 m
Schütze	11 h 27 m – 13 h 55 m	Zwillinge	20 h 15 m – 22 h 05 m
Steinbock	13 h 55 m – 15 h 45 m	Krebs	22 h 05 m – 0 h 33 m

Mitteldeutschland

Löwe	0 h 21 m – 3 h 10 m	Wasserm.	15 h 57 m – 17 h 06 m
Jungfrau	3 h 10 m – 6 h 00 m	Fische	17 h 06 m – 18 h 00 m
Waage	6 h 00 m – 8 h 49 m	Widder	18 h 00 m – 18 h 54 m
Skorpion	8 h 49 m – 11 h 40 m	Stier	18 h 54 m – 20 h 02 m
Schütze	11 h 40 m – 14 h 10 m	Zwillinge	20 h 02 m – 21 h 51 m
Steinbock	14 h 10 m – 15 h 57 m	Krebs	21 h 51 m – 0 h 21 m

Norddeutschland

Löwe	0 h 07 m – 3 h 04 m	Wasserm.	16 h 10 m – 17 h 14 m
Jungfrau	3 h 04 m – 6 h 00 m	Fische	17 h 14 m – 18 h 00 m
Waage	6 h 00 m – 8 h 56 m	Widder	18 h 00 m – 18 h 46 m
Skorpion	8 h 56 m – 11 h 52 m	Stier	18 h 46 m – 19 h 50 m
Schütze	11 h 52 m – 14 h 27 m	Zwillinge	19 h 50 m – 21 h 33 m
Steinbock	14 h 27 m – 16 h 10 m	Krebs	21 h 33 m – 0 h 07 m

Beispiele zur Berechnung der Sternzeit
Geburt vom 15. Juli 1890 um 13 h 30 m in Hannover.
1890 liegt vor dem 1. April 1893: keine Änderung, 13 h 30 m ist Ortszeit.
Die Sternzeit des 15. Juli ist 19 h 30 m. Die Sternzeit zur Geburt ist also:
13 h 30 m + 19 h 30 m = 33 h 00 m.
Da man immer eine Zahl unter 24 h erhalten muß, ergibt sich 33 h 00 m –
24 h = 9 h 00 m
Für Hannover in Mitteldeutschland entspricht die Sternzeit von 9 h 00 m
dem Aszendenten im Skorpion (zwischen 8 h 49 m und 11 h 40 m).

Geburt vom 1. August 1940 um 6 h 45 m in Bonn.
Für Bonn ist (seit 1893) die Zeitdifferenz von 31 min. abzuziehen.
6 h 45 m – 31 m = 6 h 14 m.
Außerdem war die Sommerzeit vom 1. April 1940 bis 1942 in Kraft, es ist
also 1 Stunde Sommerzeit abzuziehen:
6 h 14 m – 1 h = 5 h 14 m

Somit beträgt die Ortszeit	5 h 14 m
für den 1. August beträgt die Sternzeit	+ 20 h 37 m = 25 h 51 m
	– 24 h
Sternzeit der Geburt	= 1 h 51 m

Für Bonn in Mitteldeutschland ergibt sich für die Sternzeit 1 h 51 m der
Löwe als Aszendent-Zeichen (zwischen 0 h 21 m bis 3 h 10 m).

Schweiz

Für die Schweiz galt vor dem 1. Juni 1894 die Ortszeit von Bern, so daß für Geburten vor diesem Datum praktisch keine Korrektur erforderlich ist. Man geht von einer ungefähren Ortszeit aus.

Seit dem 1. Juni 1894 gilt für die ganze Schweiz die mitteleuropäische Zeit, die um eine Stunde der westeuropäischen (Meridian von Greenwich) vorgeschritten ist.

Von der gegebenen Geburtszeit ist daher eine Stunde abzuziehen (= Greenwich-Zeit der Geburt). Hinzu kommen die in Minuten umgerechneten Längengrade des Geburtsortes. So erhält man die Ortszeit der Geburt.

Tabelle einiger Städte in der Schweiz, deren Länge (in Minuten) *zur gegebenen Geburtszeit zugezählt* werden muß. Für Orte außerhalb dieser Liste genügt es, die nächstgelegene Stadt zu berücksichtigen.

Basel	30 min.	Genf	24 min.	Neuenburg	27 min.
Bern	29 min.	Lausanne	26 min.	Schaffhausen	34 min.
Brig	32 min.	Lugano	35 min.	St. Gallen	37 min.
Chur	38 min.	Luzern	33 min.	Zürich	34 min.

Vom 5. Mai 1941 bis zum 6. Oktober 1941 und vom 4. Mai 1942 bis zum 5. Oktober 1942 hatte die Schweiz die *Sommerzeit* eingeführt. Nach einer Unterbrechung von 39 Jahren erfolgte 1981 die neuerliche Einführung. Die Daten entsprechen denen von Deutschland und Österreich. Während dieser Zeiten ist eine *zusätzliche Stunde* abzuziehen.

Kennen wir die Ortszeit, so berechnen wir die *Sternzeit der Geburt.* Wir zählen zu der Ortszeit (von 0 Uhr – 24 Uhr) die Sternzeit des Geburtstages. Diese Sternzeit finden wir ebenfalls in der allgemeinen Sternzeittabelle. Sie entspricht der Zahl, die wir am Kreuzpunkt der senkrechten Kolonne des Monats mit der waagrechten Kolonne des ages finden. Die Sternzeit des 8. Mai ist somit 15 h 01 m.

Nun kennen wir die Sternzeit der Geburt (Ortszeit plus Sternzeit des Geburtstages) und brauchen uns nur noch der letzten Tabelle II zuzuwenden, um das *Aszendent-Zeichen* zu finden. Jedes der zwölf Zeichen hat seinen besondern Stunden-Fahrplan. So ist der Widder während der Geburt-Sternzeit von 18 h bis 19 h Aszendent-Zeichen.

Tabelle II (Aszendentzeichen Schweiz)

Schweiz (46–47° nördlich)

Löwe	0 h 35 m – 3 h 17 m	Wasserm.	15 h 43 m – 17 h 00 m
Jungfrau	3 h 17 m – 6 h 00 m	Fische	17 h 00 m – 18 h 00 m
Waage	6 h 00 m – 8 h 43 m	Widder	18 h 00 m – 19 h 00 m
Skorpion	8 h 43 m – 11 h 25 m	Stier	19 h 00 m – 20 h 17 m
Schütze	11 h 25 m – 13 h 53 m	Zwillinge	20 h 17 m – 22 h 08 m
Steinbock	13 h 53 m – 15 h 43 m	Krebs	22 h 08 m – 0 h 35 m

Beispiel
Wir suchen das Aszendent-Zeichen einer *Geburt vom 15. Juni 1920 um 06.30 Uhr in Bern*

angegebene Geburtszeit	06 h 30 m
Korrektur von mitteleuropäischer Zeit auf den Meridian von Greenwich	– 01 h
Greenwich-Zeit	05 h 30 m
Länge von Bern	+ 00 h 29 m
Ortszeit	05 h 59 m
Sternzeit vom 15. Juni	+ 17 h 31 m
Sternzeit der Geburt	23 h 30 m

Ergibt die Addition von Ortszeit und Tagessternzeit mehr als 24 Stunden, sind diese 24 Stunden abzuziehen.

Die Sternzeit der Geburt unseres Beispiels ist also 23 h 30 m. Wir finden in der Tabelle II während der Zeit von 22 h 08 bis 0 h 35 das Zeichen Krebs. Der Krebs ist somit Aszendent-Zeichen.

Österreich

Der einzige Unterschied zwischen Deutschland und Österreich besteht darin, daß Österreich am *1. Oktober 1891* die Zeit des Görlitz-Meridians eingeführt hat. Von diesem Datum an ist somit die Zeitdifferenz für Österreich zu berechnen.

Die nachfolgende Tabelle enthält die Zeitdifferenzen der größeren Städte Österreichs. Das Zeichen + bedeutet, daß die *Zeitdifferenz zuzuzählen* ist, das Zeichen − bedeutet, daß die Zeitdifferenz *abzuzie-hen* ist. Für Geburten in Orten außerhalb dieser Liste genügt es, die nächstgelegene Stadt zu berücksichtigen.

Bregenz	− 21 min.	Salzburg	− 8 min.
Graz	+ 2 min.	Wien	+ 5 min.
Innsbruck	− 14 min.	Klagenfurt	− 3 min.
Linz	− 3 min.	Villach	− 5 min.

Sommerzeit siehe Deutschland
Berechnung der Sternzeit siehe allgemeine Tabelle
Berechnung der Aszendent-Zeichen siehe Tabelle I

Beispiel
Geburt vom *12. Mai 1919 um 7 h 20 m in Wien.*
Da die Geburt nach dem 1. Oktober 1891 stattgefunden hat, ist die Zeitdifferenz von Wien = 5 Min. hinzuzuzählen.

Die Ortszeit ergibt somit	7 h 20 m	
	+ 5 m	7 h 25 m
für den 12. Mai beträgt die Sternzeit		+ 15 h 17 m
Sternzeit der Geburt		22 h 42 m

So setzt sich also für Wien im *Süden* (siehe Tabelle unter Deutschland) für die Sternzeit 22 h 42 m der Aszendent in das Zeichen Krebs (zwischen 22 h 05 m und 0 h 33 m).

Kleines Lexikon der Astrologie

Astronomische und psychologische Fachausdrücke in der Begriffswelt
der Astrologie

Ambivalenz: Unentschiedenheit, Unschlüssigkeit, Doppel-
wertigkeit, Doppelbödigkeit, Zwiespalt.

Analyse: Zergliederung. Planetenwirkungen, isoliert
betrachtet.

Aspekte: Kräftekonfigurationen, die sich aus bestimmten, als Winkel gemessenen Abständen zwischen Planeten ergeben. Man unterscheidet
positive (harmonische) und negative (disharmonische) Aspekte. Vgl.: Trigon, Sextil, Quadrat, Opposition.

Aszendent: Schnittpunkt des Osthorizonts mit der Ekliptik. Allgemein: Ostpunkt des Horoskops.

Dekanat: Unterteilung der Tierkreiszeichen in Abschnitte von je zehn Graden.

Deszendent: Schnittpunkt des Westhorizonts mit der Ekliptik. Allgemein: Westpunkt des Horoskops.

Dominieren: Vorherrschen (eines bestimmten Planeten).

Domizil: Einem bestimmten Planeten zugeordnetes
Tierkreiszeichen.

Eckhaus: Die vier Haupt-Schicksalsfelder (oder -häu-
ser), an Horizont- und Zenitkreis anliegend:
1., 4., 7. und 10. Haus des Horoskops. Planeten in Eckhäusern «wirken» unter sonst gleichen Umständen stärker als in andern Häusern.

Ekliptik:	Scheinbare Sonnenbahn, allgemeine Umlauf-Ebene der Planeten.
Ephemeriden:	Tabellen des täglichen Gestirnstandes.
Erdzeichen:	Stier, Jungfrau, Steinbock.
Erhöhung:	Entsprechend zum Zeichen seines «Falles» (s. d.) hat jeder Planet ein Zeichen (in Opposition zum Ort des «Falles»), in dem er erhöht steht, d. h. in seiner Qualität (*nicht* in seiner Kraft) gesteigert wird.
Exil:	Planet in dem seinem Domizil (s. d.) entgegengesetzten Zeichen. Er steht dort geschwächt in seiner Kraft.
Fall:	Jeder Planet steht in einem bestimmten Zeichen im «Fall», d. h. in seiner Qualität vermindert. Dem Zeichen des «Falles» gegenüber steht das der «Erhöhung» des jeweiligen Planeten (s. d.).
Feuerzeichen:	Widder, Löwe, Schütze.
Häuser:	Unterteilung der Tierkreis-Ekliptik in Schicksalsfelder.
Horoskop:	Geburtsbild mit Tierkreis, Planetenstellung und Schicksalsfeldern, übertragen auf einen Kreis. Abwägung von Geburtsminute und Geburtsort.
Imum Coeli (I. C.):	Himmelstiefe (Mitternacht, Nadir).
Introversion:	Verinnerlichung, Einkehr in sich selbst.
Kombination:	Zusammenspiel von Einzelkräften.
Komplex:	Astrologische Planetenballung.
Konjunktion:	Winkelabstand zweier Planeten o Grad (auf dem gleichen Tierkreisgrad). Vgl. Aspekte.
Konstellation:	Planetenstand.
Kulmination:	Übergang von Planeten oder Tierkreisgraden über den Mittagskreis oder Mitternachtskreis.
Luftzeichen:	Zwillinge, Waage, Wassermann.
Lunar:	Auf den Mond bezogen.
Medium Coeli (M. C.):	Himmelsmitte (Mittag, Zenit).
Nativer:	Geborener (Horoskopträger).
Nativität:	Geburt, Geburtszeit.

Anhang

Opposition:	180 Grad Winkelabstand zwischen Planeten. Vgl. Aspekte.
Orb (Orbis):	Umkreis o. Wirkungsbereich der Aspekte (s. d.).
Polarität:	Gegensätzliche Eigenschaften, Wirkungen und Verhaltensweisen.
Quadrat:	90 Grad Winkelabstand zwischen Planeten. Vgl. Aspekte.
Rotation:	Erdbewegung.
Sextil:	60 Grad Winkelabstand zwischen Planeten. Vgl. Aspekte.
Signatur:	Kennzeichnung, Prägung (eines Menschen durch Gestirne).
Solar:	Auf die Sonne bezüglich.
Sonnenzeichen:	Geburtsmonat.
Symbol:	Sinnbild.
Synthese:	Zusammenfügung von Einzelteilen zu einem Ganzen, Planetenwirkungen gesamthaft betrachtet.
Trigon:	120 Grad Winkelabstand von Planeten. Vgl. Aspekte.
Typ:	Charakter- und Temperamentsbild, das sich aus der Zusammenfassung bestimmter (typischer) Merkmale ergibt.
Typologie:	Psychologische Lehre von der Einteilung der Menschen in bestimmte Kategorien (nach Charakter und Temperament).
Wasserzeichen:	Krebs, Skorpion, Fische.
Zodiakus:	Tierkreis.

Quellennachweis

Die in diesem Band enthaltenen Texte wurden den folgenden Publikationen entnommen:

Erkenne dich selbst! – Feuerzeichen, die Welt der Phantasie – Erdzeichen, die Welt der Wirklichkeit – Luftzeichen, die Welt der Vernunft – Wasserzeichen, die Welt der Gefühle, aus:

Liz Greene, Sag mir dein Sternzeichen, und ich sage dir, wie du liebst, Scherz Verlag, Bern, München, Wien 1984

Die zwölf Tierkreistypen und ihre Sexualität – Die Planeten und die kreative Selbstverwirklichung – Wie man das Beste aus seinem Tierkreiszeichen macht, aus:

Joseph Polansky, Glückszeichen der Sterne – Der astrologische Wegweiser für ein reicheres Leben, Scherz Verlag 1982

Wie man sein Horoskop verstehen kann, aus:

Linda Goodman, Astrologie – sonnenklar. Eine astrologische Charakterkunde, Scherz Verlag, 17. Auflage 1984

Die Einzeldarstellungen der zwölf Tierkreiszeichen sowie die astrologischen Berechnungen im Anhang sind Auszüge aus der 12bändigen Taschenbuchreihe der «Zodiac Sternbild-Bücher», von:

André Barbault, Charakter und Schicksal des Menschen im Sternbild, Scherz Verlag 1961/1974

Die Geschichte einer uralten Wissenschaft, aus:

Astro Analysis, herausgegeben vom American Astro Analysts Institute. Deutsche Erstveröffentlichung im Goldmann Verlag, München, 1. Auflage 1979. Der Nachdruck erfolgt mit freundlicher Genehmigung des Goldmann Verlags.

Erläuterungen des Horoskopschemas auf dem Vorsatzblatt

Die *Häuser* bedeuten die Bezirke (Grundsituationen), in denen sich unser Leben abspielt. Das einem Haus zugeordnete *Tierkreiszeichen* verdeutlicht die Grundstimmung, in der wir die entsprechende Situation erleben, die Art und Weise, in der wir in ihr reagieren. Die *Planeten* und ihre Aspekte endlich geben Auskunft über die Kräfte, mit denen wir ausgestattet sind, um den verschiedenen Lebenssituationen gerecht zu werden. Die *Elemente* weisen auf ganz bestimmte Prägungen des Charakters bzw. Temperaments hin.

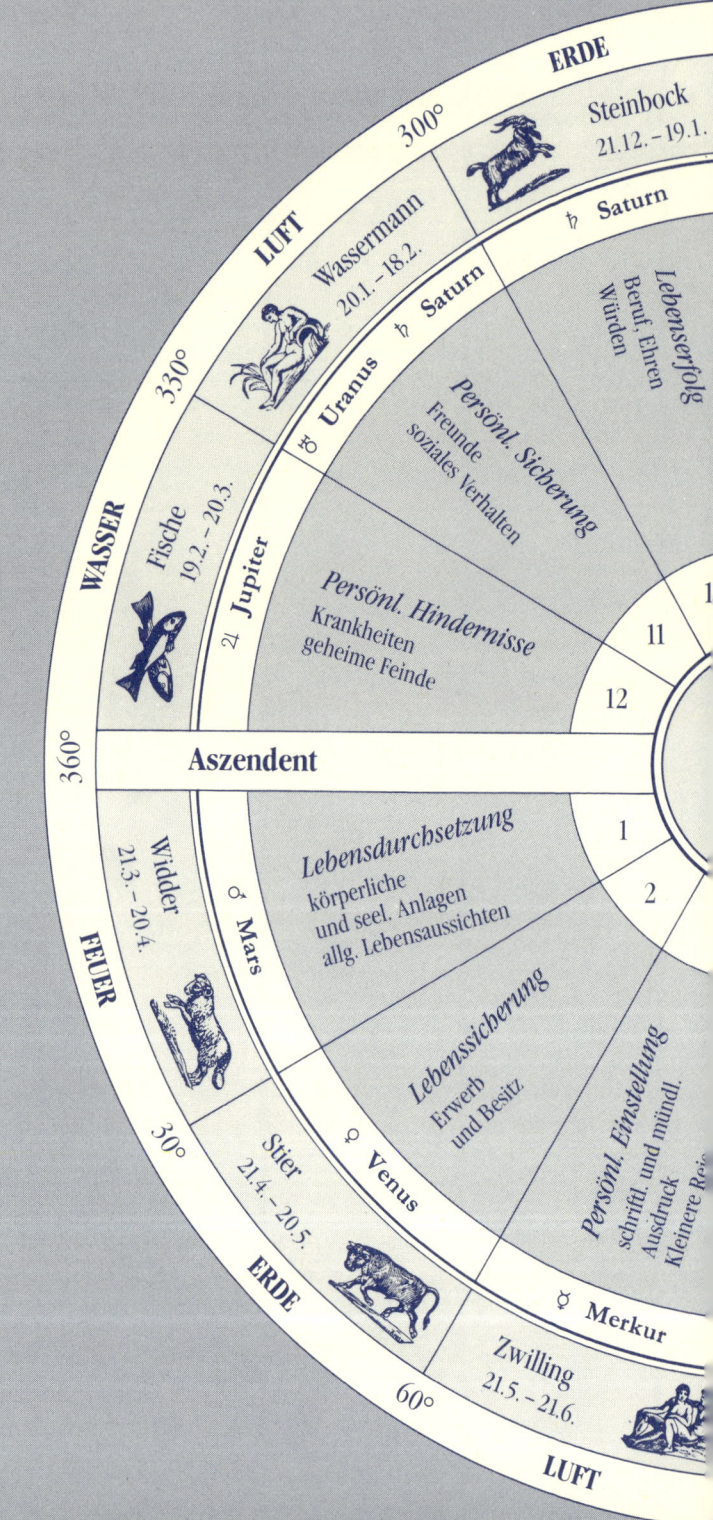

ERDE

LUFT

300°

Steinbock
21.12. – 19.1.

♄ Saturn

330°

Wassermann
20.1. – 18.2.

♃ Saturn

Lebenserfolg
Beruf, Ehren
Würden

WASSER

Fische
19.2. – 20.3.

♅ Uranus

Persönl. Sicherung
Freunde
soziales Verhalten

♃ Jupiter

Persönl. Hindernisse
Krankheiten
geheime Feinde

11

12

1

360°

Aszendent

1

2

Widder
21.3. – 20.4.

♂ Mars

Lebensdurchsetzung
körperliche
und seel. Anlagen
allg. Lebensaussichten

FEUER

30°

Stier
21.4. – 20.5.

♀ Venus

Lebenssicherung
Erwerb
und Besitz

Persönl. Einstellung
schriftl. und mündl.
Ausdruck
Kleinere Reise

ERDE

Zwilling
21.5. – 21.6.

☿ Merkur

60°

LUFT